"성령으로 들여다본 신통섭의 솔루션"

CONVERSATION WITH ONENESS GOD

하나님과의 대화

김 병 윤 지음

BOOK STAR

*이 책에서 인용한 기독교 성경의 판본은 다음과 같다.

한국어 성경
성경전서 개역개정 4판, 2005

영어 성경
King James Version(KJV), 1769 revision
New International Version(NIV), 1984 revision
The Revised Berkeley Version(BV)

*이 책에서 인용한 쿠란의 판본은 다음과 같다.

The Koran(Everyman's Library), 1993

성경을 읽지 않는 기독교인들이여!

이종록(한일장신대학교 교수, 구약학 박사)

무신론자. 말 그대로 신이 존재한다는 것을 부정하고 신을 믿지 않는 사람이다. 그러니 무신론자가 종교를 가질 리 만무하다. 거기서 한 걸음 더 나아가, 종교는 신이 존재한다는 믿음에 근거하기 때문에 무신론자는 종교에 대해서 부정적인 입장을 취하는 것이 당연하다고 여길 것이다. 그런데 무신론자가 종교를 옹호한다면?

나는 모태 기독교인, 즉 기독교인 부모에게서 태어나서 목사요 신학자로서 신학대학에서 36년째 구약성서를 가르치고 있다. 내가 좋아하는 책 가운데 『무신론자를 위한 종교』가 내 인생책 목록에서 상당히 높은 순위에 올라 있다. 『무신론자를 위한 종교』, 이 책은 누가 썼을 것 같은가? 이 책 제목만 보면, 종교를 가진 사람이 비종교인에게 종교의 유용성을 알려 주기 위해 쓴 책이라고 누구든 생각할 것이다. 이 책은 알랭 드 보통이 썼다. 알랭 드 보통은 무신론자이다. 무신론자가 무신론자들에게 종교를 권한다? 알랭 드 보통은 현대 사회가 겪는 공동체 파괴라는 심각한 문제를 해결할 수 있는 방안을 종교가 갖고 있다고 확신한다. 그래서 자신은 무신론자이지만, 신의 존재 여부나 신에 대한 믿음 여부와는 상관없이 종교는 인류 역사에서 오랫동안 존속해 왔고, 지금도 지대한 영향을 미치는 실재이기 때문에 무신론자라고 해서 종교 자체를 거부하거나 무시할 수는 없다고 말한다. 그러면서 종교에서 배울 수 있는 공동체 회복 방법을 열 가지로 나누어서 들려 준다.

나는 이 책을 읽고, 기독교 목회자들 독서 모임에서도 여러 차례 이 책을 함께 읽었는데, 이 책이 무신론자들보다 오히려 기독교인들에게 종교, 특히 기독교라는 종교가 갖는 유용성을 깨닫게 해주는 좋은 책이라고 생각하기 때문이다. 나는 대다수 기독교인들, 심지어 목회자들까지도 종교, 특히 자신들이 속한 기독교라는 종교 자체가 얼마나 귀한 인류문화유산인지 모른다고 확신한다. 가장 심각한 것은 기독교인들이 가장 소중하게 여기는 것, 하나님 말씀이라고 하는 성서 경시 풍조이다. 성서를 하나님 말씀이라고 하면서도, 성서를 오래된 어려운 책, 흥미 없는 고리타분한 책이라고 여기면서 성서 읽는 것을 싫어하고 성서를 공부하는 것을 극도로 귀찮아하고, 목회자들도 설교 시간에 흥미롭고 처세적인 이야기를 하는 게 현재 기독교 형편이기 때문이다. 상당수 목회자들이 설교를 준비할 때조차도 성서를 읽지 않는다. 그리고 성서에 대해 공부하려 하지 않고, 제대로 이해하려 노력하지 않는다. 한마디로 성서 전문가여야 할 사람들이 성서를 잘 모른다. 성경책은 넘쳐나는데 홍수에 마실 물 없다고 성서 읽는 사람, 성서 공부하는 사람 찾아보기 힘든 이 신중세 시대를 나는 심히 개탄한다.

현재 기독교가 그런 형편이기 때문에 목적이 무엇이든 성경책을 꼼꼼하게 읽는 사람이 나는 제일 사랑스럽다. 그리고 맹목적이고 그릇된 고정관념에 의한 신앙에서 벗어나기 위해 성서를 비판적으로 읽는 사람이 내게는 참 귀하게 보인다. 이런 점에서 저자 김병윤 친구는 내가 보기에 참 사랑스럽고 귀한 사람이다. 그 까닭은 50여 년 알고 지내온 중학교 동창이기 때문만이 아니다. 그가 평생을 구도자로 살아 왔기 때문이다. 전통적인 종교인이나 신앙인처럼 어떤 신적 존재를 신앙하는 것은 아니지만, 저자는 우리 삶과 우주 전체를 역동적으로 움직이게 하는 도, 삶과 죽음, 죽음 이후, 이런 종교적인 문제에 천착해 온 삶을 살아 왔고, 지금도 그 문제에 온 삶을 헌신하고 있다.

그런 내 친구가 이번에 일을 저질렀다. 성서를 인류의 행복과 평화를 위해 사라져야 할 악서로 규정하고, 그렇게 하는 것이 진정한 대각성이며, 이를 통해 순전한 종교 혁명을 일으켜야 인류가 온전한 도를 깨닫고 거기에 따라 살 수 있다고 확신하면서, 성서를 신의 말씀으로 떠받드는 기독교에 가장 강력한 도전장을 내미는 책을 펴내기 때문이다. 이 책을 쓰기 위해 저자가 기울인 노력은 가히 놀랍다. 나는 이 친구를 만나 그가 들려 주는 이야기를 여러 차례 들으면서, 저자가 들인 노력이 마르크스가 『자본론』을 쓰기 위해 기울인 노력에 버금간다는 느낌을 받았다. 수많은 책을 읽고, 수많은 사람을 만나 대화를 나누면서 방대한 분량의 원고를 작성하고, 몇 번인지 알 수 없는 첨삭 과정을 거쳐서 마침내 원고를 마무리했다.

성서학자인 내가 보기에 무엇보다 인상적인 것은 성경책을 기독교인들보다, 목회자들보다, 아니 신학자들보다 더 여러 번, 더 꼼꼼하게 읽었다는 것이다. 물론 성서에 대한 기본적인 지식이나 신학적인 지식을 갖추지 못한 상태에서 자기 나름대로 읽었다는 한계는 분명하지만, 그럼에도 불구하고 그가 성서를 비판하기 위해서, 성서의 단점을 발본색원하기 위해서 누구보다 성서를 열심히 읽고, 관련 자료들을 탐독하고, 전문가들과 대화를 나누며 조언을 구한 것은 분명한 사실이다.

나는 모태 기독교인이고 목사이며 성서학자로서 오랜 세월 신학대학에서 성서를 가르치는 사람으로서, 내 친구인 저자가 성서를 조금이라도 긍정적인 시각에서 읽기를 바란다. 하지만 기독교인들 가운데, 목회자들 가운데, 심지어 내가 가르치는 학생들 가운데, 내가 이야기하는 것을 받아들이려 하지 않고 강하게 거부하는 사람들도 여럿인 상황에서, 기독교가 대내외적으로 욕을 얻어먹는 이 한심한 형국에 진정한 도를 추구하는 저자가 성서를 조금이라도 긍정적으로 받아들이게 하는 것은 쉽지 않다는 것을 잘 안다.

그럼에도 불구하고 이 글을 쓰는 까닭은 저자가 기독교인들에게 경각심을 줄 수 있기 때문이다. 성서를 비판하기 위해서, 진정한 종교적, 정신적 혁명을 일으키기 위해서, 성경책을 인간사에서 퇴출시켜야겠다는 사명감으로 성서를 본인이 할 수 있는 온갖 노력을 기울여서 비판적으로 읽었기 때문이다.

성서를 하나님 말씀이라고 말하는 기독교인들, 거기에 근거해서 매주 몇 차례 설교를 하는 목회자들, 앞으로 목회자가 되기 위해서 상당한 기간 동안 공부하는 신학생들, 그들 가운데 저자만큼 성경책을 애독하는 사람을 거의 볼 수 없기 때문이다. 성서를 비판하기 위해서 저토록 성경책을 열독하는데, 성서를 하나님 말씀이라는 절대적인 진리라고 하면서 성경책 읽는 것에 열심을 내지 않고, 공부하지 않아서 제대로 이해하지 못하고, 성서에 꽤 무지하고, 엉성하기 짝이 없는 제 고정관념을 하나님 말씀이라고 우기면서, 성서학자가 가르치는 것을 거부하는 기독교인들이 대다수라면, 이 얼마나 부끄러운 일인가.

자신이 무신론자라고 공공연히 밝히는 알랭 드 보통이 쓴 『무신론자를 위한 종교』를 무신론자보다 기독교인들이 읽으면서, 기독교라는 종교가 얼마나 소중한 인류문화유산인지 깨우쳐야 하듯 저자가 쓴 이 책을 기독교인들이 읽으면서, 자신들이 소위 하나님 말씀이라고 하는 성경책 읽는 것에 얼마나 게으르고 나태한지 새삼 깨닫고, 성서에 대해 얼마나 무지한지, 자신들이 하나님 말씀이라고 고집하는 것이 실상은 얼마나 엉터리 고정관념인지도 실감하길 바란다. 이런 이유로 이 책을 추천한다.

교육 수준, 지적 수준이 인류 역사상 가장 높다는 이 첨단 시대에 그저 놀고먹는 본능적인 것을 라이프 스타일로 여기는 염려스러운 상황에서, 우주적 도를 깨닫기 위해, 그것을 다른 이들과 함께 나누기 위해, 힘겨운 구도자 삶을 자청하는 내 친구 김병윤 저자를 격려하며, 존경하는 마음을 담아 이 글을 바친다.

들어가는 글

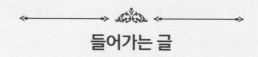

우리는 어디로부터 왔는가? 삶과 죽음은 무엇인가? 어떻게 살아야 하는가? 모든 존재의 존재 가치는 무엇인가? 이런 질문에 대한 해답을 구하고자 40여 년의 세월을 두고 이 책을 완성하기 위한 준비를 지속해 왔지만, 최종적으로 저의 집필에 대한 결심을 갖도록 해주신 아버님 김기남님과, 먼저 타개하시고 아버님과 같은 공간에서 살아생전에 아들 때문에 마음 고생이 많으셨을 어머니 장춘자님께 이 책을 증정합니다.

초등학교 5학년 때 증조부모께서 돌아가실 때 처음 경험한 죽음의 공포는 끊임없이 저를 괴롭혔습니다. 그러던 가운데 1977년 봄 대학교 정문을 넘어설 때 마른 하늘의 벼락을 맞는 경험을 하였습니다. 정신없이 쿠사(KUSA, 유네스코학생회)라는 학회의 사무실로 뛰어들어가 무의식 상태에서 적은 내용의 해답을 찾고자 긴긴 세월을 달려왔습니다. 당시 작성한 쪽지는 잊어버렸지만, 적힌 내용은 "모든 존재는 육체, 정신 그리고 영으로 구성되어 있다. 피로를 느끼는 육체와 정신은 사라진다. 하지만 태초부터 있었고 영원히 존재하는 영이 모든 존재의 본질이며, 이것은 결코 죽지 않고 존속하게 된다"라는 것이었습니다.

이 내용은 저를 더욱 심연으로 밀어 넣었습니다. 육체가 사라지는 것은 보이는 현상이니 받아들일 수 있었지만, 정신이 없는 – 즉 사고할 수 없는 – 나(self)라는 존재를 받아들일 수 없었기 때문입니다.

이후 이에 대한 답을 찾기 위해 종교 책들을 섭렵하기 시작했고, 다양한 종류의 경전들을 접하게 되었습니다. 또한, 철학자들은 이 문제를 어떤 식으로 다루었는지 궁금하여 이들이 쓴 책자를 탐구했습니다. 대학 시절 같은 하숙방을 공유했던 고등학교 선배며 연세대학교 철학과를 다니던 김정호 선배(제가 이 책의 재고가 완성되던 2021년 4월 8일 운명하셨다는 소식을 접함)의 도움으로 동·서양 철학 책들을 접할 수 있었으며, 이 선배와 저녁에 백양로를 거닐면서 인생과 철학에 대한 의견을 나누곤 했습니다.

회사 생활을 하는 중에도 답을 찾기 위해 계속 종교 서적과 철학 책을 읽고 또 읽었습니다. 김ㅇㅅ 씨와의 마찰로 회사를 그만두고 미국 유학을 떠났고, 이것이 계기가 되어 유학을 마치고 돌아와 2005년에 처음으로 『삼성신화 아직 멀었다』라는 책을 발간하였습니다. 이후 여섯 권의 책을 더 내게 되었는데, 이런 경험이 없었다면 이번 책을 낼 수 없었을 것입니다. 이 자리를 빌려 김ㅇㅅ 씨에게 진심으로 감사하다는 말씀을 전합니다.

2010년 일곱 번째 책을 냈는데 비교종교학 책인 『영(靈)과 영(零)』입니다. 구할 수 있는 모든 경전들을 읽어보고 느꼈던 점을 정리하여 출간하였습니다. 모든 존재가 하나라는 개념을 정립할 수 있었고, 존재의 본질로서 정신이 배제된 영(靈)을 받아들일 수 있었습니다. 하지만 이때까지만 해도 영의 정의에 대해서는 막연한 상태였습니다.

『영과 영』 출간 직후 저는 스티븐 호킹의 『위대한 설계』라는 책을 읽고, 자연법칙 속에 종교적 질문을 포함한 사회과학 분야의 담론에 대한 해답이 있을 것이라는 확신을 갖게 되었습니다. 저를 사로잡은 내용은 '모든 물질은 그에 대응하는 반물질을 갖고 있으며, 이들이 서로 교류하면 원래의 상태인 영(零, zero)으로 사라진다'는 것이었습니다. 『영과 영』 제목 뒤의 영(零)이 바로 이 영을 의미하는 것이었기에 이 법칙의 매혹에 사로잡혔습니다.

스티븐 호킹을 접하고 난 후 자연과학과 관련한 수많은 책을 접하면서 제가 구하고자 했던 질문에 대한 해답은 자연법칙 속에 내재되어 있고, 우리는 단지 그것을 찾아내면 된다는 것을 깨달았습니다. 이런 연구 과정을 거치면서 저는 종교를 포함한 사회과학의 법칙과 자연과학의 법칙이 따로 존재하는 것이 아니라 서로 긴밀한 연관성을 갖고 있다는 확신을 갖게 되었습니다.

이후 서점과 아마존을 이용하여 자연과학 및 서양 철학자들의 저서를 구매하여 읽었습니다. 원주에 거주하는 동안 대학교 동창이며 연세대학교 원주분교 부총장까지 지낸 친구의 배려로 경영학과 시간강사를 하면서 학교 도서관을 이용할 수 있게 되어 과학 관련 서적들을 마음껏 접할 수 있었습니다. 이런 기회가 주어지지 않았다면 이 시점에 이 책이 완성될 수 없었을 것입니다. 이런 귀중한 기회를 제공해 준 윤방섭 친구에게도 진심으로 감사의 마음을 전합니다.

자연법칙에서 도출해 낼 수 있는 존재의 본질, 참다운 삶, 그리고 신의 정의 등에 대한 개념을 정리하여 2016년 『무유(無有, Nosome)』라는 제목의 책 원고를 준비하였습니다. 참고한 서적이 주로 영어 원서였고, 자연과학 분야에 대한 번역의 한계를 느껴 영어로 집필하였습니다. 탈고 후 외국 출판사를 통해 출간하려고 다양한 방면으로 시도하고 있습니다.

2018년 그동안 꿈꾸어 오던 책을 내기로 작심하고, 제목을 '신과의 대화'로 정했습니다. 하지만 대화 형식으로 책을 써본 경험이 없고, 어떤 식으로 구성할지 구상이 떠오르지 않았습니다. 허송세월을 보냈지만 틈틈이 관련된 내용의 메모는 남겨 두었습니다.

그러다가 2021년 1월 14일 아버님 1주기 기일에 납골당에 성묘를 가서 집필을 결심하고 글을 쓰기 시작했습니다. 이런 결단이 가능했던 것은, 2020년 겨울 딸이 남겨 두고 간 책들을 정리하다가 꾸깃거려져 가장 위에 놓여 있던 『탈무드』를 접하고 대화에 참여할 적임자를 구할 수 있었기 때문입니다.

그날 이후 재고가 끝난 4월 8일까지의 삶은 제가 일찍이 경험을 해보지 못한 것이었습니다. 이 기간 동안 단 한 번도 텔레비전을 보지 않았고, 하루에 15~18시간씩 오직 집필에만 집중하였습니다.

제가 '성령으로 들여다본 신통섭의 솔루션'이라는 부제를 달게 된 것은, 잠시 머리를 식히는 동안 지속적으로 단어나 짧은 문장이 발상(發想, 내부적)이나 착상(着想, 외부적)을 통해 뇌리에 전달되고, 이를 찾으면 문장이 완성되는 경험을 했기 때문입니다. 꿈을 통해서도 책의 내용과 구성에 대한 아이디어가 제시되기도 했습니다. 이런 신비한 경험은 이후에도 지속되고 있습니다.

사회과학과 자연과학에 대한 지식이 일천한 고대 유대인들에 의해 창조된 이름조차도 불분명한 여호와 하나(느)님을 전지전능한 존재로 믿고 따르며, 그의 말을 기록하였기에 한 획의 오차도 있을 수 없다고 믿는 일부 성직자와 신도들이 있습니다.

성직자가 될 정도의 학습 능력을 가진 사람이라면 본인이 믿고 따르는 경전—특히 구약성경—의 내용 가운데 오류와 불건전한 내용이 상당 부분 있음을 충분히 이해하고 있을 것으로 믿습니다. 그런데 성전이라면서 막상 앞뒤가 맞지 않는 내용이 많고, 문구 중에 폭력적이며 선정적인 용어가 사용되고 있으며, 비과학적·비윤리적·비논리적·비역사적·비가치적·반사회적 내용들과 잘못된 관행이나 왜곡된 교리가 담겨 있음을 인지하면서도 이를 그대로 사용하고 있는 현실이 안타깝습니다.

그럼에도 불구하고 성직자는 자신을 믿고 따르는 신도들에게 무조건적으로 경전을 믿고 따르라고 주문합니다. 만약 이런 행동이 자신들의 생활과 직결되기 때문에 이런 불합리하고 비이성적인 부분을 옹호하며 일방적으로 믿음을 강요하는 것이라면, 이들은 자신들의 기득권을 보호하기 위한 방안으로 종교를 활용하며 그릇된 삶을 살고 있는 것입니다. 기존 종교—특히 구약성경을 경전의 일부로 활용하는 종교—의 행태는 기득권층이 기득권의 유효 기간을 연장하기 위한 방편으로 유통 기한이 훨씬 지난 경전을 활용하고 있을 따름입니다.

"종교인은 일반적으로 미치지 않았지만, 그들의 믿음은 절대적으로 미친 것이다."[1)]

이들은 공통적으로 생명체 중에는 인간만을 가장 우월한 존재로 치부하고 인간 중에서는 자기 민족이나 자신의 교리를 따르는 사람들만이 자신들이 창조한 폭력적이고, 이기적이고, 비이성적이고, 편가르기에 능한 신의 선택을 받아 일방적이고 전폭적인 사랑을 받고 있다고 주장하고 있습니다. 이런 사고방식은 신을 인류와 우주 공동의 선을 증진하기 위해 노력하는 존재가 아니라, 단위 민족이나 특정 집단의 권리를 지켜 주는 존재로 낮추는 결과를 초래하였고, 결국 사람들을 진리로부터 멀어지도록 하였습니다.

어떤 집단의 구성원들이—그게 민족이건, 국가건, 피부색이건, 성(性)이건, 종(種, species)이건—자신들이 다른 집단보다 가치 있다거나 다

---

1) *만들어진 신*, 리처드 도킨스, 김영사, 2007: 141

르다는 생각을 갖게 되면 갈등과 분쟁이 생기게 됩니다. 이러한 생각을 갖는 사람들은 특권 의식에 기반한 우월적인 지위를 주장하며, 자신들보다 못하고 약하다고 인식되는 다른 존재를 제멋대로 취급하는 것을 당연시합니다. 집단의 구분과 선민의식은 다른 존재와 공존 공생하는 토양을 메마르게 합니다. 기득권에 속한 사람들은 모든 존재의 평등과 가치를 부정하며 기득권에서 배제된 사람들에게 어려운 삶을 수용하라고 종용하고, 이승에서 누리지 못한 부분은 저승에서 보상받게 될 것이라는 그릇된 믿음을 갖게 합니다. 종교의 이름으로 자행되는 이런 잘못된 관행은 사라져야 합니다.

모든 인간은 평등하게 태어납니다. 이것은 인간으로 한정해서 볼 것이 아니고 모든 생명체로 확대해서 적용되어야 합니다. 모든 존재는 그 자체로서 가치를 지니고 있으며, 우리는 그들의 존재 가치를 존중해야 합니다. 인간을 포함한 모든 존재는 평등하고 그들은 나름대로의 행복한 삶을 살 권리를 타고납니다. 그것도 저승이 아니고 바로 이승에서 말입니다. 그래서 예수께서는 이승에서의 천국을 강조하신 바 있습니다.

만약 아직도 이 책을 들고 계시는 분께서는 이 책을 읽어 보고 깨우침을 얻으시기 바랍니다. 이 책을 접하는 독자께서 이 책을 통해 사후세계와 신의 의미를 정확히 파악하시고, 거기에 걸맞은 삶을 설계하고 살아나가시길 기원합니다. 여러분이 자신의 운명을 미지의 존재에 맡기지 않고 담대하게 받아들이고, 자력으로 정상적이고 긍정적인 삶을 살아갈 수 있도록 하는데 자그마한 보탬이라도 되면 좋겠다는 것이, 제가 이 책을 집필한 이유이기도 합니다. 그리고 성령은 종교인들의 전유물이 아니고 모든 존재에게 고루 들어 있습니다. 부처님과 예수님은 이를 파악하시고 신성을 찾아 해탈을 이루셨습니다.

그리고 이번에는 확실히 예수께서 설파하셨던 존재의 본질, 사후세계, 그리고 우리 모두 하나님이라는 진리를 깨우치고 사랑의 원심력을 키워나가는 방향으로 종교의 방향타를 잡고, 일반인들에게 진정한 믿음을 제공하는 제대로 된 종교의 기능이 발휘되기를 기대해 봅니다.

만약 부처님과 예수님의 진정한 가르침이 정착되었더라면, 저의 40여 년에 걸친 귀중한 시간을 진리를 파헤치려는 데 허비하는 대신, 인류 발전에 쓸 수 있었을 것입니다. 진리를 감추고 왜곡시켜 온 종교계는 이번 기회에 진심으로 참회하고 정리된 답을 내놓고 순기능을 수행하는 장소로 바뀌어야 할 것입니다. 그리고 이 책이 제가 쓰는 종교 관련 마지막 책이 되기를, 그리고 이 책이 진정한 종교 혁명의 조그마한 밀알과 불씨가 되기를 기원합니다.

자연과학의 다른 영역이 서로 통합(統合, Convergence)하여 새로운 제품과 서비스를 창출해 우리의 삶을 풍요롭고 편리하게 만들고 있듯이, 이제 우리는 사회과학과 자연과학의 통섭(統攝, Consilience)을 통하여, 인류가 찾고자 노력하는 수많은 주제와 질문에 대한 해답을 찾아 나가야 합니다. 그리고 이를 통해 파악된 진리와 사실에 입각한 이론과 지식을 구축하고 이를 서로 공유하며 그 완성도를 높여 나가야 할 것입니다.

우리는 스티븐 호킹을 비롯한 모든 과학자가 찾고자 하는 '만물의 이론(Theory of Everything)'을 언젠가는 찾아낼 것입니다. 인공지능(AI: Artificial Intelligence)을 비롯하여 보다 발전된 과학기술이 이런 답을 찾는 데 도움을 줄 것입니다. 우리 모두가 힘을 합쳐 지금까지 나온 모든 지식, 발견과 발명을 총망라하여 분석하고 결합하는 과정을 거친다면, 우주의 기원, 존재의 본질과 존재 가치 그리고 올바른 삶 등에 대한 해답을 찾게 되고, 참된 신과 소통할 수 있을 것이며, 궁극적으로 모든 존재가 '하나임(Oneness)'이라는 진리를 깨우치고 '사랑의 원심력'을 키워나가며, 우리가 살고 있는 이승에서 행복한 삶을 누릴 수 있게 되리라 확신합니다.

이 책에는 네 명의 대화자가 나옵니다. 두레스킴은 제 회사의 이름인 ㈜두레스경영연구소의 '두레스'에서 따왔습니다. 라바모스는 딸이 남긴 책 『탈무드』에서 착안한 인물로, 구약성경의 주요 인물 '모세'와 랍비를 합쳐 이름을 지었습니다. 아인스호키는 과학자입니다. '아인슈타인'과 '스티븐 호킹'을 결합하여 탄생했습니다. 바우류당은 '바우로'라는 세례명을 가진 고등학교 동창이자 친구인 조준현 덕분에 상정된 인물입니다. 결국 예수님을 이기고 기독교를 지금과 같은 기괴한 모습으로 변질시킨 바울을 상징하는 신부입니다.

이 책은 네 장으로 구성되어 있습니다. 첫 장은 구약성경이 일부 역사적 사실에 기반한 대부분의 신화라는 것과, 왜 예수님께서 구약성경과 다른 새로운 약속(신약)을 내세우시며 구약성경과 결별하려고 하셨는지를 이해할 수 있도록 구약성경의 모순점을 분석한 내용입니다. 둘째 장은 예수님의 혁신적인 사회 개혁의 의도가 어떻게 좌절되었는지, 그리고 바울의 사상이 현 기독교의 기본 교리로 자리 잡게 된 배경을 설명합니다. 셋째 장에서는 사후세계의 허구성을 지적하면서 예수께서 주장하셨던 '이승에서의 천국'의 의미를 검토하고, 마지막 넷째 장은 예수님이나 부처님과 같이 깨우치신 분들이 신이나 존재의 본질에 대해 주장하신 내용의 정당성을 자연법칙과 연계하여 정리하였습니다.

이 책은 작은 소제목으로 분류되어 독립적인 내용들을 담고 있습니다. 처음부터 끝까지 읽는 것이 좋겠지만, 일부 심적 부담이 되는 내용이 있다면 건너뛰고 편한 부분을 선택하여 읽어 나가셔도 전혀 문제가 없습니다. 이쪽저쪽 건너뛰어 가면서 읽는 식으로 전체를 읽으셔도, 처음부터 끝까지 읽는 것과 같은 효과를 갖도록 구성되어 있으니 부담 없이 읽으시면 좋겠습니다. 그리고 종교가 없으시거나 관심이 없는 분은 1~2장을 건너뛰고 바로 3장부터 읽으시더라도 제가 주장하고자 하는 사후 세계나 존재의 본질에 대한 내용을 충분히 이해하실 수 있을 것입니다.

책을 집필하는 동안 많은 지인이 관심을 갖고 고견을 주셨습니다. 대학교 1학년 때 만나 지금까지 제 곁에 머물면서 정신적·금전적 지원을 아끼지 않고 지원하며, 대원대학교 사회복지과 교수로 재직 중이고 이 책의 초고가 마무리되어 가던 2월에 세례명 엘리사벳(평화)을 받은 마누라 박미정 님에게도 진심으로 감사하다는 말을 사랑과 더불어 전하고 싶습니다. 그리고 건강하게 성장한 사랑하는 딸 윤정과 아들 동민에게도 감사의 말을 전합니다. 제 처의 세례식 때 대모로 참석하신 고난경 세레피나 씨와 함께 오신 대모의 남편이신 김한조 선배, 제 처와 같은 과에 근무하시며 집필 초기에 고견을 나눠 주신 윤석민 교수, 기독교신문 편집국장을 오랫동안 역임하시고 대한어머니회 회장이신 박에스더 님께도 감사 말씀을 드립니다.

한일장신대 이종록 교수, 김수열 목사, 김태연 목사, 마도윤 목사, 서한면 목사, 신재천 목사, 임ㅁㅎ 목사, 정병곤 목사, 정병태 목사, 진방주 목사, 최규태 전도사, 김형석 장로, 박평식 장로, 강길원, 강동성, 강성구, 강문수, 고배철, 김남권, 김남수, 김대희, 김미영, 김상길, 김상진, 김성영, 김영경, 김용균, 김종범과 그의 아들 김지수, 김화중, 김홍수, 노재명, 노영민, 노융기와 부인 이재순 님, 맹영호, 문종룡, 박기완, 박영수, 박재경, 방병국, 배기룡, 배정두, 배종한, 송경평, 송승철, 신문선, 신임하, 염동현, 이성임, 이영범, 이우열, 이용선, 이의송, 이진국, 임윤형과 부인 유주희 님, 진광근, 최성균, 최연현, 최현수, 추승문, 허백무, 허용석, 홍시봉, 홍영종, 선배 김정한, 김제영, 김준경, 김형철, 박희영, 전탁휴, 최범서, 후배 곽대웅, 구영식, 김홍광, 박근영, 송민호, 신동기, 조재철, 허찬회, 그리고 양재일 님, 박태활 선생, 성영진 회장과 부인 오경화 님, 이은진 님, 이희자 님과 딸 전미선 님, 김윤주 님과 남편 최병룡 님, 제자 윤형석 님 모두에게 감사의 말씀을 드립니다. 그리고 이 책의 출간을 결심해 주신 출판사 박정태 회장님을 비롯한 임직원 여러분의 헌신적인 협조에 대해 진심으로 감사드립니다.

과학 분야에 대해 세심한 지도를 해주신 연세대학교 원주분교 물리학과 김선명 교수, 성경 연구에 지대한 공헌을 해준 산술미디어 강경수 편집장에게도 진심으로 감사하다는 말을 전합니다.

그리고 마지막으로 지금까지 저를 만났던 모든 사람 그리고 함께한 모든 존재들에게 사랑의 마음을 전하면서 이야기를 시작하겠습니다.

2021. 12.

차례

제4장 ·· 신의 정의 ·· 353

부록 ·· 456

제1장

구약성서의 가치와 모순

제1장

구약성서의 가치와 모순

두레스킴: 오늘 이 자리에 세 분을 모시고 대화를 나눌 기회를 가지게 되어 영광입니다. 여러분, 환영합니다. 우리는 기존 종교 교리의 내용을 분석하고, 사람들이 궁금해하는 사후세계와 하나님을 어떻게 규정할 것인가에 대해 진술하게 토론하는 자리를 갖고자 합니다. 먼저 제 소개를 하고 이어서 여기 계신 세 분도 각자 소개하는 시간을 가진 뒤 네 가지 주제를 하나하나 짚어 나가도록 하겠습니다.

저는 종교 관련된 분야를 전공으로 한 적은 없지만, 어려서부터 삶과 죽음의 본질에 대한 해답을 얻고자 계속 노력해 오고 있습니다. 저에 대한 소개는 이 책의 저자 소개로 갈음하고자 합니다. 저는 이번 토론을 통해 아직까지 찾지 못한 삶과 죽음에 대한 해답을 구하고자 하며, 이것이 제가 이 모임을 주선한 목적입니다.

라바모스: 킴 소장께서 나를 불러줘서 감사하다. 나머지 두 사람과 더불어 대화를 나눌 기회를 갖게 되어 영광이다. 나는 모계를 통해 유대 핏줄을 이어받았고 예루살렘대학에서 신학을 공부하고 미국 대학원에서 서양철학을 전공했으며, 한국의 종교 문화가 마음에 들어 20년 가까이 한국 대학에서 신학과 서양철학을 강의하고 있다.

바우류당: 저는 충청도 출신으로 아버님 성이 류씨였는데 최근 법이 개정되

어 모친의 성을 함께 사용해도 좋다고 해서 성을 류당으로 바꿨습니다. 모태신앙으로 개신교를 믿다가 대학에 들어가면서 천주교로 개종한 후, 신학 공부를 마치고 신부가 되어 지금 성당에서 목회자로 활동하고 있습니다. 저는 신학대학원에서 비교종교학을 전공했습니다. 함께 토론을 한다고 해서 부담이 되었습니다만, 제 의견을 정성껏 개진하겠습니다. 잘 부탁드립니다.

아인스호키: 나는 미국 출신으로 아이비리그에서 물리학 박사과정을 마쳤어요. 제 처가 한국 사람인데 한국에 살기를 원해 여기에 들어와, 대학에서 다양한 과학 이론을 강의하며 지내고 있어요. 나는 모태신앙을 이어받아 어려서부터 대학원 과정을 마칠 때까지 교회를 열성적으로 다닌 경험이 있지요. 그런데 자연과학을 연구하면서 기존 종교의 교리가 자연법칙과 상당한 괴리가 있음을 인식하고, 지금은 기독교를 떠나 이신론(理神論, deism)적 입장에서 내 관심 분야인 자연과학의 연구와 후학 양성에 집중하고 있어요. 나는 2016년 킴 소장이 영어로 쓴 『Nosome(無有)』이라는 책 원고를 감수한 적이 있는데, 그 책을 읽고 사회과학인 종교와 자연과학의 통섭(統攝) 가능성을 깨닫게 되었어요.

라바모스: 호키 박사, 이신론과 유신론은 어떤 차이를 갖는가요?

아인스호키: 이신론자는 신이 기도자에게 응답하지 않고 죄나 고백에 관심이 없으며, 우리 생각을 읽지 않고 변덕스러운 기적을 부리지 않는다고 본다는 점에서 유신론자와 다르지요. 이신론자는 신이 일종의 우주적 지성이라고 보는 반면, 범신론자는 신을 우주 법칙의 비유적 또는 시적 동의어라고 본다는 점에서 달라요. 범신론은 매력적으로 다듬은 무신론이고, 이신론은 물을 타서 약하게 만든 유신론이에요.[2)]

두레스킴: 그럼 본격적으로 토론에 들어가도록 하겠습니다. 첫 번째 주제

---

2) *만들어진 신*, 리처드 도킨스, 김영사, 2007: 33

는 구약성경의 가치와 모순입니다. 구약성경을 통해 인간들이 구할 수 있는 가치가 무엇이며, 어떤 모순점이나 오류를 갖고 있는지에 대한 의견을 나누도록 하겠습니다. 모스 랍비님께서 먼저 한 말씀 해주시기 바랍니다.
라바모스: [여호와 하나님]께서는 세상과 인간을 당신이 보시기에 좋은 모습으로 창조하셨다. 자연의 아름다움, 경이로운 질서와 조화는 그 모든 것을 손수 지으신 [여호와 하나님]의 전지전능하심을 보여 준다. 그중에서도 인간은 [여호와 하나님]의 모습으로 지으셨기에 더할 수 없는 가치와 존엄성을 지닌다. 아름다운 세상과 그 속에서 함께 살아가는 인간은 [여호와 하나님]께서 주신 사랑의 은혜다.[3)]
두레스킴: 여호와가 천지창조의 과정에서 아담과 이브를 만들고 이들에게 "생육하고 번성하여 땅에 충만하라. 땅을 '정복[subdue]하라.' 바다의 물고기와 하늘의 새와 땅에 움직이는 모든 생물을 다스리라"(창세기 1:28)라는 조언을 합니다. 정복이라는 단어는 '제압하라'고 해석하는 것이 더 적합합니다. 여호와가 이런 지시를 내렸다면 여호와는 자신이 만물의 창조자가 아님을 선언한 것입니다. 본인이 정성껏 모든 생명체를 만든 주체라면, 아담과 이브에게 창조된 모든 생명체와 화합하며 사이좋게 공존할 수 있는 방안을 찾으라고 주문했어야 합니다.
아인스호키: 이런 식의 가르침을 따르는 사람은 인간 본위의 생각을 가질 수밖에 없을 것이고, 인간 이외의 생명체에 대한 존엄성은 설 자리가 없을 거에요. 지금 많은 종(種)의 동식물들이 사라져가고 있어, 우리는 이들이 생존 경쟁을 뚫고 살아오면서 구축한 지혜를 배울 기회를 점점 없애고 있어요. 이것은 인류가 멸종으로부터 벗어날 다양한 방법을 모색할 기회를 놓치게 할 따름이에요.

---

3) *함께 하는 여정*, 천주교 서울대교구 사목국, 가톨릭출판사, 1995: 31

두레스킴: 모스 랍비님께서 여호와 하나님이라는 용어를 사용하셨는데, 저는 여호와와 하나님은 완전히 다른 존재고, 여호와는 오직 유대인의 입장만 고려하고 이들의 이익 추구를 위해 존재하는 유대인의 신이라고 생각합니다. 그는 기분에 따라 온 민족을 죽였다 살렸다 하는 편협하며 변덕스러운 증오의 신이고, 게다가 왕을 비롯한 기득권층만 편애하고, 연약하고 힘없는 사람들을 인정사정없이 몰아치는 잔인한 존재입니다.

이와는 달리 신약성경에서 예수께서 말씀하시는 하나님은 여호와와는 달리 범위는 한정되지만, 연약하고 가난한 사람들에게 너그럽고 이들의 고통을 함께하는 사랑의 신입니다. 두 존재의 특성이 완전히 다르기 때문에 앞으로 신을 언급할 때, 구약성경의 신은 여호와로 신약성경의 신은 하나님(천주교의 경우는 하느님)으로 구분하여 사용해 주시면 감사하겠습니다.

바우류당: 하느님과 예수님에 대한 믿음은 인간이 삶을 영위해 나가는데 필수적입니다. 이를 통해 많은 도움을 구할 수 있고, 도덕적인 삶이 가능해지며 궁극적으로는 천당에 갈 수 있습니다. 그렇기 때문에 예수님께서 말씀하신 바와 같이 신약성경의 내용은 물론이고 구약성경에 기록된 내용을 있는 그대로 믿고 따라야 합니다.

아인스호키: 모든 종교 경전은 모든 인간 가정을 위하여 사랑, 자비, 자유, 정의, 평등이라는 몇 가지 일반적인 원칙을 담고 이를 가르치며, 많은 웅장하고 멋진 문장을 담고 있어요. 황금률(黃金律, 다른 사람이 자신에게 해주었으면 하는 행위를 타인에게 하라)은 전 세계에 메아리를 보내고 좋은 반향을 일으키고 있어요.[4] 하지만 우리는 본질을 제대로 알고 믿는 것이 좋겠지요.

라바모스: 종교는 흔히 신념 체계라고 잘못 알려져 있다. 종교에서는 무엇을 믿느냐가 중요한 것이 아니다. 자신의 삶에서 소중한 것을 찾아가는 과

---

[4] *The Woman's Bible*, Elizabeth C. Stanton, Prometheus Books, 1999: 12

정이며, 그 과정에서 습득된 행동이 자연스럽게 주변 사람들에게 드러나는 것이다. '믿는다'라는 영어 동사 'believe'의 의미는, '삶에 있어서 자신에게 소중한 것을 찾아 우선순위를 매기고, 그것을 충실하게 지키는 삶'이다.[5]

두레스킴: 종교를 통해 마음의 평안을 구할 수 있고, 사후세계라는 것에 대한 믿음으로 안정을 얻을 수 있다는 것은 사실입니다. 그런데 그것이 진실에 근거한 경우라면 문제가 없으나, 실상은 그렇지 못합니다. 종교는 본질적으로 추종자들이 절대자를 절대적으로 믿고 그 가르침이나 계율에 따라 살면, 사후에 좋은 세계로 가게 된다는 믿음을 갖도록 강요합니다. 그러면서 성전에서 계율로 정한 것이 선이고 그렇지 않은 것은 악으로 치부하며, 자신들의 교리만 따르라고 주장합니다. 믿음을 가져야 한다는 것에 대해 동의하지만, 믿음의 대상은 사실에 근거하고 객관적으로 증명된 이성적이고 합리적인 것이어야 합니다.

바우류당: 방금 킴 소장께서 성전(聖典)이라는 표현을 하셨는데, 이는 종교 행사를 하는 장소로서의 성전(聖殿)과 독자들이 헷갈릴 수 있으니, 다른 용어를 선정하여 사용하는 것이 바람직합니다. 저희 기독교에서는 예식을 갖는 장소로, 구약성경에서 사용하는 성전(temple)이라는 용어 대신 성당이나 교회라는 용어를 사용합니다.

아인스호키: 류당 신부의 말이 맞아요. 그런데 나는 성전이라는 표현이 궁전이라는 용어에 쓰이는 전(殿)을 같이 사용하기 때문에, 저런 대형 건물들이 나오게 된 것이 아닌가 하는 우려를 갖고 있어요. 그래서 책으로서의 성전은 성전을 그대로 사용하고, 대신 예식 장소로서의 성전은 '성쩐(holy money)'이라는 용어로 대체하는 것이 좋겠다고 생각해요. 십일조나 헌금 등이 신에게 바치는 돈이고, 이 자금을 이용하여 대형 종교 시설

---

5) *신의 위대한 질문*, 배철현, 21세기북스, 2015: 299

을 만들어 내니 이런 말로 대체하여 사용하는 것이 좋을 것 같아요.

라바모스: 아무리 그래도 성쩐이라는 용어를 거론하는 것은 경우에 어긋나니 가능하면 이런 자극적인 표현은 삼가는 것이 좋겠다. 이성적인 토론이 가능해지려면 상대방의 입장을 고려하여 적절한 용어를 골라 사용하는 것이 예의일 것이다. 그리고 또 하나, 장소로서의 성전을 성당이나 교회라는 표현으로 바꾸는 것도 적절하지 않으니, 책을 의미하는 성전을 다른 용어로 바꿔 사용하는 것이 좋겠다.

아인스호키: 기분을 상하게 했다면 사과드리지요. 워낙 거대한 종교 시설이 경쟁적으로 들어서지만, 예배나 행사를 치르지 않을 때 자선을 베푸는 등 다른 용도로 활용되지 않는 것에 대해 평소에 불만이 많다 보니, 그런 말이 툭 튀어나왔어요. 나는 부처나 예수의 가르침대로라면 성직자가 낮은 자세로 살아야 하는 것으로 알고 있어요. 그런데 시설을 어마무시하게 크게 짓고 여기에 잘사는 사람만 끌어들여 자신들의 위상을 드높이려고 하지요. 그렇게 좋은 시설이 사회적 약자들을 위해 공개적으로 활용되지 않는 것을 지적하다 보니 그렇게 되었네요.

바우류당: 사실 예수님께서는 성전을 화려하게 꾸미는 것을 허영이라고 치부하시고, 모든 이런 기념물에 대해 비판하셨습니다. "이 큰 건물들을 보느냐 돌 하나도 돌 위에 남지 않고 다 무너뜨려지리라"(마가복음 13:2, 마태복음 24:2, 누가복음 21:5).

두레스킴: 용어 하나로 이렇게 많은 시간을 낭비하는 것은 바람직하지 않습니다. 그나마 호키 박사님이 자신이 사용하신 용어가 부적절하다고 생각하고, 즉시 사과를 하시니 다행입니다. 저도 성전의 운영에 대해 불만이 있지만, 그게 현실이니 어찌하겠습니까? 앞으로 나오는 성전은 조형물이나 종교 시설을 의미하고, 책으로서의 성전은 경전으로 표기하도록 하겠습니다. 단 인용하는 경전의 내용 중 경전을 성전으로 표현한 것은

그대로 표기하거나 병기하도록 하겠습니다.
라바모스: 책을 의미하는 성전이라는 용어 사용과 관련하여 내 생각을 말하겠다. 구약성경과 신약성경은 분명히 다르고 신약성경에서 언급하는 성경(scripture)도 달리 봐야 하고, 다른 종교에서 사용하는 경전 또한 의미가 다르다. 이에 대한 구분 없이 경전이라는 용어를 사용하면 독자들이 혼란스러울 것이다. 그래서 인용하는 부분까지 포함해서 모두 상황에 맞는 용어를 사용하는 것이 좋겠다.
두레스킴: 모스 랍비님의 지적이 아주 예리하십니다. 그럼 앞으로 신약성경과 구약성경은 용어를 그대로 사용하고, 신약성경에서 언급하는 성경(scripture)은 두 성경과의 구분을 위해 성서로 부르기로 합시다. 그리고 다른 종교에서 사용하는 성전은 위에서 언급한 대로 경전으로 부르면 좋겠습니다. 인용하는 부분에 들어간 용어는 필요하다면 괄호를 써서 정확한 의미가 전달되도록 하겠습니다.

101 천지 창조

두레스킴: 그럼 본론으로 들어가 먼저 모스 랍비님이 언급하셨던 창세기의 천지창조 부분에 대한 토론을 이어가도록 하겠습니다.

천지창조는 창세기 1:1-2:3의 6일간의 이야기(전반부)와 창세기 2:4-2:25의 아담과 이브가 따로 만들어지는 이야기(후반부)로 구분됩니다. 창조된 순서를 보면, 전반부는 먼저 창조한 물이 존재하는 땅(지구)과 하늘[heaven(s), KJV판은 단수, NIV판은 복수]에 첫째 날에 빛, 둘째 날은 궁창

(땅의 물과 하늘의 물을 가르는 공간), 셋째 날은 땅과 식물, 넷째 날은 태양, 달, 별, 다섯째 날은 어류와 조류, 여섯째 날에는 육류(animals)와 인간을 창조합니다. 반면, 후반부에는 날짜 구분 없이 물[KJV판은 안개(mist), NIV판은 하천(streams)]이 존재하는 땅과 하늘들(heavens, KJV판과 NIV판 모두 복수)을 만들던 날에 첫 번째 아담, 두 번째 선악과를 포함한 나무들, 세 번째 에덴의 수원지로부터 갈라져 나온 4개의 강, 네 번째 육류(beasts)와 조류(어류에 대한 언급은 없음), 그리고 마지막으로 이브를 만듭니다.

아인스호키: 전반부 이야기의 창조주는 엘로힘(gods로 복수—북 이스라엘국에서 섬기던 신)이고 말로써 모든 창조를 완성하는데, 후반부의 창조자는 여호와(남 유다국에서 섬기던 신)로 아담을 비롯한 생명체를 흙으로 빚어서 만들어요. 각각의 이야기를 저술한 저자가 다르다는 것을 알 수 있지요. 안식일 지정 배경은 6일에 걸쳐 천지창조 작업을 마친 엘로힘이 일곱째 날에 안식했다(창세기 2:1-3)는 대목인데, 이 부분이 창세기 2:1-3에 놓인 것을 보면 후대의 편집자가 서로 다른 이야기를 꿰맞추기 위해 절묘하게 끼워 넣은 것 같아요.

바우류당: 이슬람교는 '알라가 인간을 먼지로 만들었고 한 방울의 액체(정액?)로 너희 짝(남성과 여성)을 만들었다'(쿠란 35장 11절)라고 주장합니다. 한 방울의 액체를 정액으로 볼 수 있는 것은, 쿠란 86장 6~7절에 사타구니와 갈비뼈 사이로부터 스며 나와 세차게 뿜어 나오는 액체로 창조했다'라는 표현을 보면 짐작할 수 있습니다.

라바모스: 「창세기」는 시간과 장소를 넘어 오늘날 최첨단의 과학도 풀지 못하는 '맨 처음'에 관한 이야기를 하려 했다는 점에서 놀랍다. 기원전 6세기, 대부분의 인간은 약육강식과 적자생존을 삶의 모토로 삼아 정신없이 살고 있었다. 이때 [바빌론 유배에서 돌아온—저자 주] 소수의 혁신가들이 밤하늘의 별을 보고, 들에 핀 꽃을 보고, 어린아이의 웃음을

보면서 우주와 생명의 처음을 고민했다.[6)]

아인스호키: 여호와가 천지를 창조하는 과정을 살펴보면 첫째 날에 빛을 만들고, 둘째 날은 궁창(하늘)을, 셋째 날은 땅과 식물을 만들고, 넷째 날이 되어서야 태양과 달 그리고 별을 만들지요. 첫날에 빛을 만들고 빛과 어둠을 나누었다는데, 빛을 가릴 수 있는 물질이 만들어지지 않은 상태에서 빛만 있는데 어떻게 어둠이 만들어질 수 있는지 알 수 없어요. 그리고 태양과 달을 넷째 날에 만들었다면, 그전 3일의 하루하루는 어떻게 계산했는지 궁금해요. 또 광합성을 해야 생존할 수 있는 식물을 태양이 나타나기 전에 창조했다는데, 이런 비과학적이고 비상식적인 이야기가 구약성경의 맨 앞에 놓여 있는 것을 나는 도무지 이해할 수 없어요.

두레스킴: 재미있는 것은 지구상의 강 이름으로 비손(Pishon)강, 기혼(Gihon)강, 그리고 티그리스[개역개정판은 KJV판의 히데켈(Hiddekel)을 그대로 번역하여 힛데겔]강과 유프라테스강 총 4개를 나열합니다. 기혼강은 구스[Cush, 이집트 남쪽 에티오피아(KJV판은 Ethiopia로 표기)] 지방에 있었다고 하니 나일강이나 나일강의 남쪽 수원지를 지칭하는 것으로 짐작되며, 티그리스강이나 유프라테스강은 바빌론 지역에 있는 강입니다. 비손강은 정확히 알 수는 없지만 아마도 요르단강을 지칭하는 것으로 보입니다.

아인스호키: 구약성경 KJV판에는 에티오피아로 표기된 것을 NIV판에서는 전부 구스로 이름을 바꾸고, 난하주에는 나일강 상류[나일강 상수원으로 구약 시대의 에티오피아(구스)며 현재의 수단 지역—저자 주]에 위치한 지역이라고 표기한 곳도 있고, 아닌 곳도 있어요. 하지만 신약성경에 딱 한 번 언급되는 에티오피아(사도행전 8:2, 개역개정판은 에디오피아)는 NIV판에도 에티오피아로 그대로 적고 있어요.

---

6) *신의 위대한 질문*, 배철현, 21세기북스, 2015: 413

모세의 부인이 이 지역 출신인 것을 감추기 위해 그런 것 같은데, 민수기 12:1에 보면 미리암과 아론이 모세의 부인이 에티오피아 여인이라고 모세를 비방하지요. 이런 비난을 받은 이유는 그 여인이 흑인이었기 때문이에요(예레미야 13:23에 '에티오피아인의 피부나 표범의 반점은 바꿀 수 없다'라는 표현을 보면 검은색을 의미함). 에스더, 이사야, 예레미야, 에스겔, 다니엘, 아모스, 나훔, 스바냐에도 이 지역명이 나오는데, 특히 이사야, 예레미야, 에스겔에 많이 등장해요. 이들은 남 유다국 멸망 후 이집트로 집단 이주(열왕기하 25:25-26)하여 에티오피아 지역에 머물다가, 유대인들이 바빌론 유배에서 돌아올 때 합류한 집단에 속한 것으로 보여요. 이런 경험이 출애굽기 이야기에 반영된 것 같고, 그래서 자신들이 여기에서 머문 40년(기나긴 세월—유대인들에게 40은 아주 큰 숫자며 긴 기간을 나타냄—저자 주)의 경험을 사막에서 방황한 것으로 각색한 것이 아닐까 하는 순진한 상상을 해보게 되네요.

두레스킴: 예레미야가 기원전 587년 직후에 피난 간 것을 감안하면, 창세기를 비롯한 대부분의 구약성경은 바빌론 유배 이후에 쓰인 것으로 보는 것이 합당하고, 여기에서 언급하는 지구는 중근동에 한정되었음을 알 수 있습니다. 만약 여호와가 지구를 모두 창조했다는 주장을 펼치려고 했다면, 아마존강, 양쯔강, 미시시피강, 도나우강, 센강 또는 한강 등이 언급되어야 할 것입니다.

바우류당: 티그리스강이 아시리아(개역개정판은 앗수르) 동쪽으로 흘렀다고 하는 것을 보면 창세기가 비교적 최근에 쓰였다는 것을 유추할 수 있습니다. 당시 고대 사회에서는 강력한 정부의 모습을 갖추지 못한 작은 공동체 수준의 나라가 대부분이었습니다. 아시리아는 기원전 1150년부터 750년까지 자그마한 나라로 존속하다가, 기원전 750년이 지나 확실한 제

국의 모습을 갖추었습니다.[7]

라바모스: 구약성경에 따르면 여호와가 6천 년 전에 우주를 창조하였다. 기원후 1650년경 아일랜드 성공회 대주교인 제임스 어셔(James Ussher, 1581~1656)가 성경의 인물들을 토대로 창조일을 역산한 결과 '기원전 4004년 10월 3일 일요일에 창조되었다'[8]라고 선포하였다. 이후로 여호와가 이 날짜에 천지를 창조한 것으로 믿고 있다. 유대교, 기독교, 그리고 이슬람교 근본주의자들은 이를 믿고 따르며, 유대력도 이를 그대로 수용한다. [호키 박사! 계산해 봤냐고? 나도 해 봤는데 할 때마다 틀려서 중도에 포기했다.]

아인스호키: 과학계에서 보는 관점은 이와 달라요. 인류는 최근에 출현했지만 우주는 약 138억 년 전 빅뱅에 의해 형성된 것으로 파악하고 있어요. 그리고 태양계가 속한 우리 은하의 중심에서 지구까지 3만 광년 떨어져 있고, 우리에게 가장 친숙한 은하인 안드로메다은하(M31)는 200만 광년 떨어진 곳에 있어요. 또한, 5억 광년 떨어진 준항성체(Quasar)의 빛을 우리가 관찰하고 있지요.[9] 또한, 지금까지 발견된 가장 오래된 화석이 35억 년 전의 것으로 판명된 것을 고려한다면, 최초의 생명체는 구약성경에서 지정하고 있는 시점보다 훨씬 훨씬, 더 훨씬 전에 존재했어요.

두레스킴: 구약성경에서 지구를 표현하는 용어에 공(ball)이나 구(면)(globe) 또는 타원체라는 단어는 찾아볼 수 없고, 원(반)이나 지구의 끝, 땅의 끝이라는 표현이 자주 나오며 지구를 동전의 면과 같이 평평하고 끝이 있는 원형의 모습으로 표현하고 있습니다. 아마도 구에 가장 가까운 표현은 "땅 위 궁창에(above the circle of the earth) 앉으시나니"(이사야

---

[7] *The Columbia History of the World*, John A. Garraty & Peter Gay, Harper & Row, 1981: 139

[8] *The Laughing Jesus*, Timothy Freke & Peter Gandy, Three Rivers Press, 2005: 42

[9] *Pale Blue Dot*, Carl Sagan, 1994: 23

40:22)라는 표현의 원(circle)인데, 일부 성서학자는 이를 두고 지구를 구형으로 표현한 것이라고 주장합니다.

아인스호키: 동전과 같이 평평한 원형을 공과 같은 구형이라고 고집하는 이런 사람에게는 기하학의 '기(幾)'자가 무엇을 의미하는지 묻지 않을 수 없어요. 욥기 38:13의 "그것으로 땅끝을 붙잡고 악한 자들을 그 땅에서 떨쳐 버린 일이 있었느냐"라는 표현은 평평한 사각형의 지구를 두 손으로 잡고 흔들어, 그 위에 있는 악한 사람들을 바깥으로 밀쳐 떨어뜨린다는 거예요.

두레스킴: '세상의 끝(ends of the world)'이라는 표현은 시편 22:27과 바울서신 중 로마서 10:18과 고린도전서 10:11에 나오고, 요한계시록 20:8에는 사면체(=지구의 네 모퉁이)라는 표현이 전부고, 성경 어디에도 지구가 둥근 구형이라는 표현은 없습니다. 이런 몰상식으로 인해 콜럼버스에 의한 신대륙의 발견도 1492년에야 이루어졌습니다. 결국 지구는 끝이 없고, 둥근 구형이라는 것을 알게 되었음에도 불구하고, 그런 내용을 수정하지 않고 성경은 단 한 점의 오차도 없는 진실을 담고 있다고 고집하고 있습니다.

라바모스: 로마 교황청은 '지구가 우주의 중심이 아니라 태양이 중심이고 지구는 그 주위를 공전하면서 스스로 자전한다는 주장을 했다'는 이유로 갈릴레오를 탄압했으며, 1633년에 그런 주장을 스스로 철회하도록 강요하였다. 하지만 결국 1832년에 갈릴레오의 책을 금서에서 해제했고, 1992년에는 갈릴레오에 대한 비난을 공식적으로 철회하였다.[10] 이런 내부의 변화는 인정해야 한다. 그리고 이런 문제를 들어 종교를 비난하거나 부정하는 것은 인류의 화합과 발전을 위해 지양되어야 한다.

아인스호키: 창세기 1:6-8에는 "하나님이 이르시되 물 가운데에 궁창[NIV판에는 광활한 공간(expanse)을 궁창으로 표현, KJV판에는 창공(firmament)]

---

10) *Pale Blue Dot*, Carl Sagan, 1994: 39-41

이 있어 물과 물로 나뉘라 하시고 하나님이 궁창을 만드사 궁창 아래의 물과 궁창 위의 물로 나뉘게 하시니 그대로 되니라 하나님이 궁창을 하늘이라 부르시니라"라는 내용이 나와요. 하늘과 땅을 나누고 비가 올 때 사용되는 하늘 위의 물과 강이나 바다를 형성하는 땅 위의 물을 나누었다고 주장하지요. 하지만 지금은 어린아이들도 물이 증발해 수증기가 되어 하늘로 올라가 구름이 되고, 또 비가 되어 내리는 식으로 순환한다는 사실을 알고 있죠. 창세기를 쓴 사람은 몰랐던 것 같지만요.

구약성경에 나타난 여호와의 천지창조로 만들어진 모습을 재구성하면 이 그림과 흡사할 것 같아요. 지구와 하늘을 나누는 부분을 궁창이라고 하고, 그 아래에 있는 물과 하늘의 물이 따로 있어서 비가 오면 하늘에

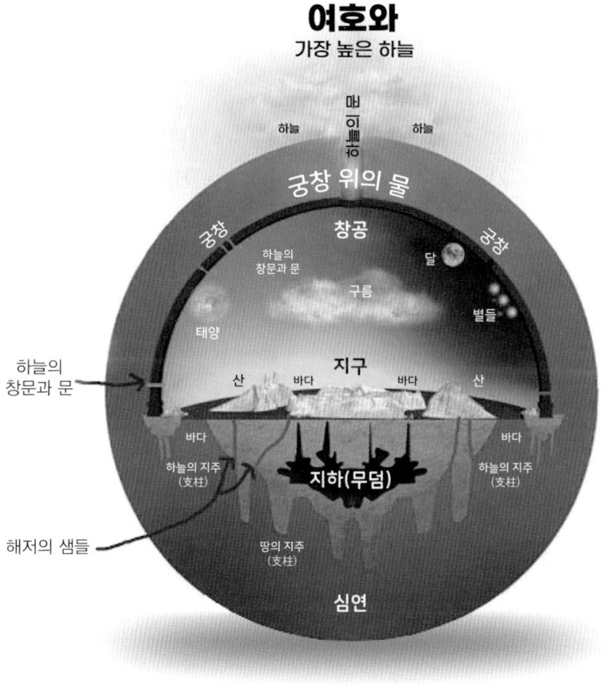

구약성서 창세기로 그려본 우주

있는 물이 지구로 내린다고 생각한 거죠. 창세기 7:11에 "그 날에 큰 깊음의 샘들이 터지며 하늘의 창문들이 열려 사십 주야를 비가 땅에 쏟아졌더라"라는 표현을 보면 알 수 있지요. 성경에 보면 하늘에는 커튼 친 창문은 물론이고 문도 있고, 지구와 연결된 지주대도 있고 오르락내리락 할 수 있는 사다리도 준비되어 있더군요.

바우류당: 이슬람교 경전 쿠란 2장 22절의 "그대들을 위해 대지를 침상으로 하늘을 천정(canopy)으로 두셨도다"라는 표현도 구약성경의 형상을 그대로 수용하고 있습니다.

로렌 H. 휘트니(1834~1912)가 쓴 『위대한 페르시아인 조로아스터의 삶과 가르침』이라는 책에는 조로아스터교의 하늘에는 문만 있다고 적혀 있는데, 구약성경에 따르면 창문도 있고, 신약성경(요한계시록)에 따르면 여러 색상의 말들도 살고 있습니다.[11)]

두레스킴: 지구에 서서 눈에 보이는 우주의 환경을 만드는 데 6일이나 걸린 여호와는 바빌론 유배가 끝나는 시점까지는 다른 행성이나, 은하 또는 다른 우주가 있을 가능성을 전혀 예상하지 못했던 것 같습니다. 그래서 상당 기간 동안 본인이 직접 또는 자신이 보낸 천사나 선지자들을 통하여 애지중지하는 유대인의 삶 속에 들어와 일거수일투족을 간섭하는 내용이 구약성경의 주를 이룹니다.

아인스호키: 그렇게 직간접적으로 간섭하던 여호와가 바빌론 유배 귀환 이후로는 활동이 없어졌어요. 태업하는지 파업하는지 아니면 죽었는지 알 수 없지만 더 이상 활동하지 않고 있는 것은 사실이에요. 천지창조 부분에서 언급했듯이 자신이 천지창조의 주인공이라고 큰소리쳤는데, 다른 행성과 은하가 존재하고 너무 많은 별들이 매일 새롭게 만들어진다는 사

---

11) *Life and Teachings of Zoroaster*, the Great Persian, Loren H. Whitney, BiblioBazzar, 2009: 62-63

실을 간파하고, 이것을 조성하는 일에 몰입되어 그런 것이 아닐까 하는 상상을 해 보게 되네요

두레스킴: 이후로 여호와는 하나님(또는 하느님)이라는 이름을 하나 덧붙인 이후로 본인의 독생자인 예수님을 잉태시킬 때 마리아를 친히 딱 한 번 방문합니다. 그리고 예수께서 탄생하실 때, 잠시 천사만 보내 소식을 전한 것을 제외하고는 거의 모습을 드러내지 않고 있습니다. 그래서인지 자신이 주절주절 읊은 안식일을 비롯한 계율을 사람들이 지키는지 여부를 챙기지 않습니다.

아인스호키: 16세기 이탈리아의 철학자인 조르다노 브루노는 태양이 수많은 별과 같은 존재라고 주장했어요. 이런 주장이 공식적으로 인정되기까지는 오랜 시간이 걸렸지요. 그 이전에는 오직 태양계만이 존재하고, 지구가 우주의 중심에 자리한다는 믿음이 지배적이었지요.

지구에서 가장 가까운 별(항성)은 프록시마 센타우리(Proxima Centauri)로 4광년이 조금 넘는 곳에 위치해 있어요. 물론 우리 은하 내에 있지요. 우리 은하만 해도 수천억 개의 별이 있고, 우리 은하는 1조 개가 넘는 은하 중의 하나예요. 규모가 작은 것까지 고려하면 우주에는 2조 개가 넘는 은하가 존재해요.[12)] 그리고 지금 이 순간에도 수많은 우주의 구성 요소들이 만들어지고 있고요. 매 초마다 수천 개의 태양계가 만들어진다고 주장하는 과학자들도 있어요.[13)]

---

12) *Cosmos*, Ann Druyan, National Geographic, 2020: 31

13) *Cosmos*, Ann Druyan, National Geographic, 2020: 197

101-2 창조론 대 진화론

두레스킴: 과학적으로 증명된 수조 개에 이르는 은하와 이를 구성하는 엄청난 숫자의 항성과 행성을 여호와가 만들면서 유독 지구에만 생명체를 만들고 다른 곳에는 만들지 않았다면 여호와는 생명체에 별 관심이 없는 것입니다. 혹은 여호와가 인간을 포함한 생명체를 만들고 창세기에서 '보기에 좋았다'고 표현한 것을 보면 생명체를 좋아했을 수도 있습니다. 하지만 이 경우에도 문제가 있습니다. 전능한 신이고, 또 생명체를 사랑했다면 지구뿐만이 아닌 우주 속 다른 곳들에도 각각의 환경에 적합한 생명체를 만들지 않았을까요? 우리 태양계 내에서도 유독 지구에만 생명체가 존재한다는 것은, 결국 여호와가 우리 인간을 포함한 생명체에게 무관심하거나 능력에 한계가 있다는 증거입니다.

성경을 집필하던 시절의 지식인들은 지구가 우주의 중심이며 더 이상 지구와 같은 곳은 없다고 믿었기 때문에 이런 논리를 펼칠 수 있었을 것입니다. 하지만 어마어마하게 많은 은하, 항성과 행성이 있다는 것이 밝혀진 지금에도 이런 주장을 굽히지 않고 있습니다.

아인스호키: 우주의 기원은 138억 년 전에 일어난 빅뱅이고, 태양계는 45억 년 전에 형성되었으며, 우리 은하의 지름이 무려 10만 광년 정도라는 것을 과학자들이 밝혀냈어요. 그럼에도 불구하고 아직도 6천 년 전에 유대 민족이 숭앙하던 여호와나 엘이라는 덜떨어진 신(들)이 우주와 지구를 포함한 태양계를 동시에 창조했다거나, 태양계를 만들기 전에 지구와 식물을 먼저 만들었다는 주장을 하면서 진화론을 인정하지 않는 종교계의 행태는 비과학적이고 몰상식의 전형이에요.

라바모스: 나는 진화론자들이 캄브리아기(5억 4300만 년~5억 1000만 년

전)에 있었던 대폭발로 인해 다양한 생명체가 동시에 출현했다고 주장하는 것에 대해 의문을 갖고 있다. 진화론을 입증하려면 모든 생명체를 서로 연결해 줄 화석이 발견되어야 하는데, 이를 찾아내지 못하는 한 진화론은 완전한 이론이 될 수 없다. 진화론을 공고히 하기 위해서는 악어의 머리를 갖고 오리의 몸을 갖는 화석들이 있어야, 악어에서 오리로 진화되었다는 것을 입증할 수 있을 텐데, 이런 중간 단계의 화석이 없기 때문에 진화론은 인정할 수 없다.

두레스킴: '왜 악어오리가 존재하지 않는가'라고 주장하는 것은 마치 늑대의 머리를 가지며 푸들의 몸을 갖는 중간 단계의 견종이 없으니, 푸들이 늑대로부터 진화되었다는 것을 인정할 수 없다고 주장하는 것과 진배없습니다. 이런 존재는 환경에 적응할 수 없으므로 출현하더라도 생존할 가능성이 전혀 없습니다. 자연의 법칙이 그렇게 무모한 모험이나 시험을 하기에는 너무 완벽하기 때문에 그런 일이 일어나지 않는 것입니다.

아인스호키: 인간은 원래는 늑대였던 강아지와 함께 살기 시작한 후, 단 1만 년이라는 짧은 기간에 인공 선택으로 엄청나게 다양한 견종을 파생시켰어요. 진화론에 따르면 캄브리아기 이전의 바다에서 초기 생명체가 출현했어요. 그리고 적절한 기후 및 환경이 갖춰지면서, 즉 산소가 풍부해지면서 식물의 종류가 다양해져서 여러 종류의 어류와 초식동물이 살 수 있게 되었어요. 이어 이런 동식물의 먹이사슬을 바탕으로 다양한 육식동물이 아주 오랜 기간에 걸쳐 나타났다는 이야기가, 여호와가 한순간에 만물을 창조해 냈다는 우화보다 훨씬 현실적이에요. 인간이 어류로부터 진화했다는 것은, 태아의 초기에 물고기 아가미의 흔적이 나타나며, 양수의 성분이 바닷물과 같은 성분의 소금기를 띠고 있으며, 임신 기간 중 태아가 이 양수 속에서 아무 문제 없이 살다가 태어나는 과정을 보면 알 수 있어요.

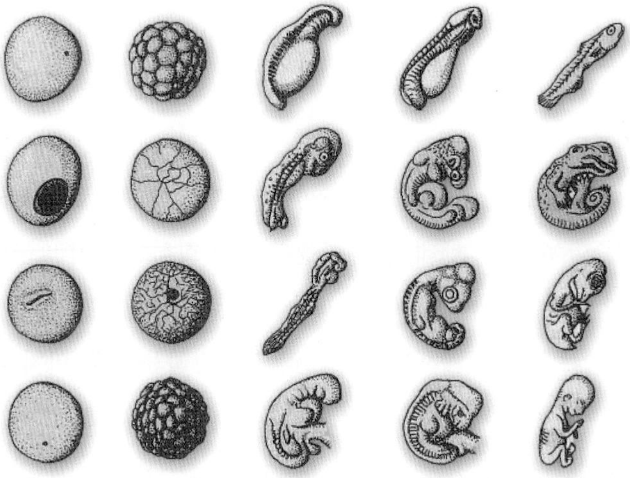

최근의 배아발생 비교도

두레스킴: 인간은 늑대가 조상인 개를 자신의 뜻대로 다양한 종으로 파생시켜, 단 1만 년 만에 원 조상인 늑대와 완전히 다른 모습으로 만들었고, 자신의 입맛에 따라 꽃의 종류와 모양을 가치가 높은 품종으로 짧은 기간에 걸쳐 개량하였습니다. 이런 변화가 짧은 기간에 이루어진 것을 고려하면 1만 년을 45억 년이라는 기간으로 대체할 경우 절대자나 인간이 개입하지 않더라도 어떤 변화든지 일어날 수 있습니다.
라바모스: 하지만 캄브리아기의 짧은 기간 내에 엄청난 생명체가 나타나려면 DNA의 다양한 조합이 동시에 이루어져야 하는데, 그 가능성은 너무 낮다. 그렇기 때문에 창조주가 6천 년 전에 나타나 6일 만에 우주를 창조하고 모든 생명체를 만들었다는 주장이 더 간단하고 이해하기 쉽다.
아인스호키: 빅뱅으로부터 138억 년, 또는 우리 태양계가 만들어지고 45억 년에 걸쳐 일어난 순차적인 진화를 부정하면서, 6일 만에 모든 생명체

가 창조될 수 있다는 것을 믿는 사고방식을 도저히 이해할 수 없군요.

바우류당: 창조론과 다윈이 주창한 진화론의 오랜 논쟁이 있었습니다만, 교황 요한 바오로 2세께서도 논리적인 진화론을 수용하셨습니다. 유신론적 진화론은 대다수의 개신교 신학교에서 가르치는 창조 관련 견해이며, 천주교도 이를 옹호하는 입장입니다. 1996년에 교황 요한 바오로 2세께서 설명한 유신론적 진화론의 천주교 버전은 다음과 같습니다. "신이 처음 창조를 하였고, 이후 진화가 일어났으며, 진정으로 인간은 보다 원시적인 형태를 가진 존재의 자손일 수 있지만, 인간의 영혼은 신의 작업을 통해 완성되었다"(교황 요한 바오로 2세, 1996).[14)]

두레스킴: 천주교에서 진화론을 수용한 것은 바람직하지만, 이를 수용했다면 성경에 잘못 기술된 부분들을 들어내야 합니다. 특히 구약성경에 문제가 되는 부분이 많습니다. 그렇다면 예수께서 신약성경을 전하시면서 구약성경을 배제하라고 주장하신 논리에 따라, 구약성경을 기독교 성경에서 배제하는 것도 고려해 봐야 할 것입니다.

라바모스: 지구가 6천 년밖에 되지 않았다는 것을 주장하고 이를 그대로 믿는 성직자들도 있지만, 천체물리학이나 빅뱅의 이론을 아는 일부 성직자들은 창세기에 나오는 하루는 우리가 경험하는 하루가 아니고, 천 년이나 그보다 훨씬 긴 기간으로 이해한다.[15)] "사랑하는 자들아 주께서 하루가 천 년 같고 천 년이 하루 같다는 이 한 가지를 잊지 말라"(베드로후서 3:8)는 표현을 보면, 신의 세계에서의 시간 개념은 인간 세계와 다를 수 있다. 마찬가지로 베드로후서 3:4에 예수가 강림하겠다는 약속을 지키지 않았다는 것에 대해 "주의 목전에는 천 년이 지나간 어제 같으며 밤의 한 순간 같을 뿐임이니이다"(시편 90:4)라는 것을 보면 시간 개념이 다

---

14) *Evolution vs. Creationism: An Introduction*, Eugenie C. Scott, 2004: 64

15) *함께하는 여정*, 천주교 서울대교구 사목국, 가톨릭출판사, 1995: 47

르기 때문에 약속 파기라고 할 수 없다.
아인스호키: 이런 식으로 해석한다면 안식일이라는 개념 자체가 성립될 수 없을 것이며, 십계명에서 네 번째로 강조하는 안식일(출애굽기 20:8-11)을 부정하는 꼴이 되지요.
바우류당: 조로아스터교 경전 아베스타는 인류의 조상 남자(Mashya)와 여자(Mashyoi)가 [마지막 날에] 흙으로부터 [대황이] 싹을 틔우듯이 자라났다고 합니다. [이들은 세상에 나온 후 부부의 연을 맺지 않고 50년간을 함께 살다가 마침내 식물의 모습이 완전한 인간의 모습으로 바뀌고, 숨(nismo, 생령)이 들어왔습니다.][16] 조로아스터교의 신 아후라 마즈다(Ahura Mazda)는 아주 긴 여섯 기간에 나눠 세상을 창조한 반면, 창세기에는 여호와가 엿새 만에 창조를 마치고 일곱째 날에는 쉬었습니다. 그리고 이날을 신성하게 여겨 안식일로 지정하였습니다. 바빌론에서는 휴식이라는 의미를 갖는 쉬는 날(Sulum)을 훨씬 전에 지정했고, 이날에는 왕도 마차를 타면 안 되는 식으로 철저히 지켰습니다.[17]
라바모스: 현재 유대교에서는 간음, 우상 숭배 및 살인 세 가지를 제외한 모든 계명과 39가지 안식일 금지 조항과 관련 부속 조항의 적용을 유보한다. 생명을 구하거나 유지하기 위한 경우라면 자동차를 이용해도 된다.[18]

---

16) *Life and Teachings of Zoroaster*, the Great Persian, Loren H. Whitney, BiblioBazzar, 2009: 35

17) *Life and Teachings of Zoroaster*, the Great Persian, Loren H. Whitney, BiblioBazzar, 2009: 13

18) *The Talmud*, A. Parry, Alpha Books, 2004: 63

102 아브라함과 십일조

두레스킴: 다음은 아브라함이 가나안 지역에 정착하는 내용과 정착하며 낸 십일조에 대한 이야기를 이어가도록 하겠습니다.

아브라함이 갈대아의 우르(Ur)를 떠나 하란을 거쳐 가나안 땅에 도착했다는데, 아브라함이 우르에서 살았는지 여부를 확인할 수 있는 기록이 없습니다. 아브라함이 가나안 지역으로 이동한 것은 기원전 2100년경으로 추정됩니다. 하지만 기원전 1000년 이전에 갈대아가 존재하지 않았기 때문에 아브라함이 갈대아의 우르라는 도시에서 이주했다는 말은 앞뒤가 맞지 않습니다. 창세기에 아브라함의 아들 이삭이 블레셋(Philistines)의 왕 아비멜렉에게 도움을 요청했다는 내용이 나오나, 블레셋이라는 지명 또한 기원전 1200년 이후에 나타납니다.

또한, 아브라함과 다른 족장들의 이야기에는 낙타가 자주 등장합니다. 하지만 낙타를 가축으로 사육하기 시작한 것은 기원전 1000년경이고, 타나크[유대교의 경전]에 자주 언급되는 낙타 대상들이 낙타에 고무, 향유나 몰약을 싣고 다닌 것은 기원전 8세기가 되어서야 보편화되었습니다.[19)]
모스 랍비님! 타나크가 유대교의 경전이라는데 이것이 모세오경이나 기독교의 구약성경과 어떤 차이가 있습니까?
라바모스: '타나크(TaNaK)는 유대인의 경전 전체를 지칭하는 용어다. 이는 기독교의 구약성경에 해당하며, 모세오경(Torah), 예언서(Nebiim) 및 성문서(Ketubim)의 첫 글자를 사용해 만든 이름이다.'[20)] 타나크와 구약성경의 차이는 거의 없고, 내용의 구성 부분에 차이가 있을 뿐이다. 기독

---

19) *The Laughing Jesus*, Timothy Freke & Peter Gandy, Three Rivers Press, 2005: 28
20) *신의 위대한 질문*, 배철현, 21세기북스, 2015: 398

교의 구약성경이 모두 39권으로 구성된 것과는 달리, 타나크는 24권의 경전으로 구성되어 있다.

아인스호키: 우르라는 지명은 지도에서 바빌론 지역에 존재하였다는 것을 확인할 수 있어요. 유대인은 자신의 조상 아브라함이 바빌론에서 살다가 가나안 지역으로 돌아왔다고 주장하지요. 그렇게 하는 이유는 자신들 조상인 아브라함이 신바빌로니아 제국이 있던 지역에서 오랫동안 머물렀기 때문에 그들과 밀접한 관계가 있다는 것을 강조하기 위해서지요.

바우류당: 또 하나 지적하고 싶은 것은, 창세기 23:16에 '상인이 통용하는 은 400세겔[바빌론 유배 이후에 사용되던 화폐—저자 주]을 달아 에브론에게 주었다'는 내용이 있습니다. 일부 비평가는 당대에는 주조 화폐가 사용되지 않았고, 이스라엘인들은 읽거나 쓸 줄 몰랐기 때문에 문서를 교환하는 것이 불가능했으며, 이웃 부족과 상거래를 하지 않았다고 주장합니다.[21)]

라바모스: '갈대아의 우르'라는 표현이 나오는 것을 보면 이 책이 빨라야 기원전 6세기 이후에 쓰였음을 알 수 있다. '갈대아는 기원전 7세기에 나보폴라사르(Nabopolassar) 왕이 남부 바빌로니아에 건립한 왕국이다. 아시리아 제국의 속국이었던 바빌로니아는 아시리아 제국의 강력한 아수르바니팔이 기원전 627년에 죽자, 나보폴라사르가 반란을 일으켜 '갈대아 제국'을 건립했다. 이 제국은 신바빌로니아 제국이라고도 하는데, 기원전 539년 페르시아 제국의 키루스가 바빌론을 점령하면서 사라진다.'[22)]

아인스호키: 결국 신바빌로니아 제국과 자신들의 조상이 긴밀한 역사적 유대관계를 갖고 있다는 것을 나타내어, 신바빌로니아 제국의 호감을 얻으려는 의도로 이런 우화를 창작한 거예요. 모세가 이집트의 박해로부터 탈출하였다는 것 또한, 오랫동안 의지해 왔으나 세력이 약해진 이집트와

---

21) *The Woman's Bible*, Elizabeth C. Stanton, Prometheus Books, 1999: 41

22) *신의 위대한 질문*, 배철현, 21세기북스, 2015: 87

의 결별을 상징적으로 보여줌으로써 신바빌로니아 제국의 호의를 얻기 위해 지어낸 이야기일 뿐이에요. 이를 종합해 보면 모세오경도 결국 바빌론 유배 이후에 유대인들이 자신들의 정통성을 확립하고 주변 국가와의 관계를 정리하기 위해 쓴 것임을 유추할 수 있지요.

두레스킴: 개신교나 천주교는 신도들에게 헌금을 강요합니다. 구약성경의 십일조를 예로 들면서 수입의 10%를 헌금으로 내라고 규정하고 있습니다. 먼저 모스 랍비께서 이런 주장의 정당성에 대해 말씀해 주시기 바랍니다.

라바모스: 십일조(tithe)는 종교단체를 운영하기 위해 필요한 것이다. 모세께서는 가나안 지역을 정복한 후 열두 부족에게 땅을 배분했다. 하지만 종교의식을 수행하는 레위족에게는 땅을 따로 나눠 주지 않았기 때문에 이들의 종교활동과 생계를 보장하기 위해 십일조를 만들었다. 목회자는 별다른 생업 없이 설교와 신도를 위한 활동을 하기 때문에 이들이 행하는 설교의 질을 높이기 위한 연구 활동과 가족의 생계에 필요한 수입을 보장해 주어야 한다. 이를 위해 신도들은 구약성경에서 제시한 대로 벌어들이는 수입의 10%를 의무적으로 내야 한다.

아인스호키: 최초로 십일조라는 세금을 납부한 사람은 아브라함이에요. 창세기 14:20에 '아브람[아브라함의 개명 전 이름]이 그 얻은 것에서 십 분의 일을 멜기세덱에게 주었더라'라는 것인데, 아브라함이 가나안 땅에 정착하는 조건으로, 그 땅의 주인 살렘 왕에게 바친 것으로 이것이 십일조 세금의 기원이에요.

두레스킴: 개신교에서는 십일조이기 때문에 신도들이 벌어들이는 소득의 10%를 교회에 납부하라고 주장하고 있습니다. 하지만 민수기 18:21-29의 내용에 따르면, 모세는 레위족을 제외한 이스라엘 열한 부족으로부터 십일조를 거둔 후, 십일조의 10%를 여호와의 몫으로 정하고, 이를 레위족에게 전달하라고 하였습니다. 즉 십일조는 국가 운영을 위한 세금이고,

이를 징수한 후 여기에서 10%를 떼어 유대교와 관련된 종교의식을 수행하는 레위족에게 경비로 사용하도록 배려한 것입니다.

바우류당: 저희 천주교에서는 십일조라 하지 않고 교무금의 형태로 신도 수입의 1/30을 기본으로 하되, 형편에 따라 더 내고 덜 내는 것도 용인하고 있습니다. 그리고 헌금도 신도에게 강요하지 않고, 자율적으로 내도록 배려하고 있습니다. 일부 신도들은 천 원도 내고 5천 원이나 만 원을 내기도 합니다.

아인스호키: 천 원 내는 신도는 천주교의 '천'자를 제대로 이해하는 사람이 되겠네요. 존중받으셔야겠어요. 그런데 그렇게 귀엽게 봐주는 신부가 몇 사람이나 될지 모르겠네요. 성당 운영도 해야지 전도도 해야지, 자금이 엄청 필요할 텐데….

[뭐여, 비교할 것을 비교하라고? 한국말로는 그 천(千)이나 저 천(天)이나 내 천(川)이나 다 천인데 왜 그러셔?]

그리고 킴 소장이 지적한 것과 같은 내용이 느헤미야에도 기술되어 있는 것을 보면, 모세 이후 기원전 400년대나 그 이후까지도 이 기준이 지속적으로 준수되어 왔음을 알 수 있어요. 이 원칙을 그대로 적용한다면, 개신교는 신도들이 봉급으로 받거나 생산 활동을 통해 얻은 소득에 대해 국가에 낸 세금의 10% 이상을 내라고 주장하면 안 되지요. "레위 사람들이 십일조를 받을 때에는 아론의 자손 제사장 한 사람이 함께 있을 것이요 레위 사람들은 그 십일조의 십 분의 일을 가져다가 우리 하나님의 전 곳간의 여러 방에 두되"(느헤미야 10:38)라는 말이 나와요.

나도 젊었을 때 교회에 나가면서 내던 십일조의 정당성에 대한 궁금증을 해소하기 위해 나름대로 성경 구절을 연구한 적이 있는데, 성경에서 언급하는 십일조는 10%를 의미하는 것이 아니라, 당시에 주민에게 부과하던 세금을 일컫는 고유명사더라고요.

두레스킴: 부가가치세가 세금의 일종이고 매출액의 10%를 세금으로 내는 것과 같이, 십일조도 당시에 국가가 생산 활동에 종사하는 사람들로부터 부산물의 10%를 십일조라는 세금으로 걷어간 것으로 보는 것이 합당합니다. 10%를 세금으로 걷었기에 십일조가 10%인 것처럼 간주되지만, 만약 20%를 걷으면 십일조는 20%가 되었을 것이고 5%를 걷으면 십일조가 5%가 되는 식으로, 십일조는 그냥 십일조라는 이름의 세금일 뿐입니다. 부가가치세가 부과되는 세율과 관계없이 그냥 부가가치세로 불리고, 소득세가 그 세율에 상관없이 소득세로 불리는 것과 같은 원리로 이해하면 되겠습니다.

라바모스: 종교 행사를 관장하는 레위족에게 전달되는 금액을 기술한 부분을 보면 십일조의 10분의 1로 명기되어 있고, 구약성경 내에 세금(tax)이라는 표현은 열왕기하 23:35와 다니엘서 11:20에만 나온다. 열왕기하에 표현된 세금은 이집트 왕에게 바치는 공물을 의미한다. 다니엘서에서 세금 징수원(tax collector)을 언급한 것은 이 책이 로마 제국의 지배를 받고 있던 시절에 쓰였기 때문이다. 여기에서 쓰인 세금이라는 것은 유대 사회에서 통용되는 세금인 십일조가 아니라, 봉건왕국인 헤롯왕국이 로마 제국에 바치던 조공(tribute)이었기에 이 용어를 사용한 것으로 이해하면 된다.

아인스호키: 세금 이야기와 연관해서, KJV판에는 로마 제국의 통치자들에게 낸 세금을 조공이라고 표기하는 반면, NIV판에는 세금(tax)으로 바뀐 것이 눈에 띄네요. 그리고 누가복음 2:3, 2:5와 사도행전 5:37의 내용과 관련하여 KJV판에서는 세금이라는 용어를 사용하는데 반해, NIV판에는 인구조사 또는 호적 신고로 단어를 바꾼 것을 보면 성경의 내용과 단어들이 얼마나 많이 변경되어 왔는지 알 수 있어요. 다니엘서의 해당 절에 '세금 징수원'을 압제자로 표현한 것이 흥미로워요. 예나 지금이나 사람들이 세금 내는 것을 싫어했음을 엿볼 수 있어요.

바우류당: 십일조와 관련해서 저도 한 말씀 더 드리겠습니다. 예수님은

진보적인 입장을 보이셨지만, 마태복음 23:23과 누가복음 11:42에서 십일조를 내라고 하셨습니다. 예수께서 십일조를 내라고 말씀하셨으니, 신자들은 당연히 이를 내야 합니다. "화 있을진저 외식하는 서기관들과 바리새인들이여 너희가 박하와 회향과 근채의 십일조는 드리되 율법의 더 중한 바 정의와 긍휼과 믿음은 버렸도다 그러나 이것도 행하고 저것도 버리지 말아야 하느니라"(마태복음 23:23)라는 말씀이 있습니다.

두레스킴: 복음서 내에서 십일조는 위에서 인용한 두 절과 누가복음 18:12 등 총 세 번 언급됩니다. 예수께서는 헤롯 왕국에 십일조를 내지만 근본을 무시하고 사는 사람들의 잘못된 행태를 지적하신 것입니다. 종교 집단에 내는 헌금이라고 한다면, 이 세금의 10%를 의미하는 것이 구약성경의 원칙입니다. 당시 서민들은 세금 십일조에 더해 로마 제국에 바치는 조공을 마련하느라 무척 힘들었을 것입니다.

라바모스: 내가 알기로 예수는 헌금과 관련하여 얼마를 내는가 하는 것보다 마음이 더 중요하다고 강조하였다. "예수께서 눈을 들어 부자들이 헌금함에 헌금 넣는 것을 보시고 또 어떤 과부가 두 렙돈(가치는 노동자 일당인 1데나리온의 1/16) 넣는 것을 보시고 이르시되 내가 참으로 너희에게 말하노니 이 가난한 과부가 다른 모든 사람보다 많이 넣었도다 저들은 풍족한 중에서 헌금을 넣었거니와 이 과부는 그 가난한 중에서 자기가 가지고 있는 생활비 전부를 넣었느니라 하시니라"(마가복음 12:42-43, 누가복음 21:1-4)라고 지적한다.

그런데 '생활비 전부'라는 문구를 언급하며 가지고 있는 재산을 모두 바치는 것이 미덕이라고 주장하는 성직자가 있으니 참으로 한심한 일이 아닐 수 없다.

프랑수아 조제프 나베, 가난한 과부의 헌금(1840)

바우류당: 저는 이 이야기와 비슷한 것을 불경에서 본 적이 있습니다. 『현우경』의 '가난한 여인의 등불'이라는 제목에서 부처가 '그 등불을 보시한 사람은 자기의 전 재산과 마음을 송두리째 바친 뒤 일체 중생을 구원하겠다는 큰 서원을 세운 것이기 때문이리라'며 그 여성에게 등광이라는 호를 수여하고 비구니가 되는 것을 허용하십니다.[23] 대승불교가 예수님의 이야기를 빌려온 것인지, 아니면 신약성경의 이야기가 부처님의 사례를 빌려온 것인지 알 수가 없습니다.

---

23) *통일불교성전*, 대한불교진흥원, 1992: 133

103 대홍수와 출애굽기

두레스킴: 지금부터는 창세기 6:5 이후에 언급된 대홍수에 대해 토론을 이어가겠습니다. 대홍수 이야기는 인간의 죄악에 대한 응징의 형태를 갖습니다. 한편 수메르 신화에서 언급된 홍수 이야기에는 무한대의 수명을 누리던 인간의 수가 급격히 증가하여 소음이 심해지자, 신들이 상의하여 홍수로 인간의 수를 줄이고 이후 수명을 한정함으로써 당면한 문제를 해결합니다. 수메르 신화에서 노아의 역할을 담당한 사람은 아트라하시스였습니다. 구약성경의 홍수 이야기는 유대인들이 바빌론 유배 기간 중에 현지에서 들은 수메르 신화를 유배에서 돌아와 자신들의 이야기로 각색한 것으로 추론할 수 있습니다. 노아의 방주 이야기 또한 유대인들이 바빌론 유배를 마치고 돌아온 기원전 5세기 이후에 기록된 이야기입니다.

바우류당: 재미있는 것은 여호와가 홍수를 기획하며 인간의 수명을 단축하겠다는 의도를 가지고 실행했는지 여부가 구약성경에는 확실히 나타나 있지 않지만, 창세기 6:3에 대홍수의 과업(?)을 완수한 후 여호와는 인간의 수명을 120세로 한정하겠다고 공언합니다. 수메르 신화의 신들이 대홍수를 통해 인간의 수명을 제한했던 방식을 여호와도 똑같이 도입하였습니다. 하지만 이 약속 또한 완전히 무시됩니다.

창세기 9-11장에 따르면 노아는 600세에 홍수를 겪고 이후 350년을 더 살다가 950세에 죽었고, 그 아들 셈은 100세에 홍수를 겪은 뒤 2년 후에 아르박삿을 낳고 500년을 더 살다 600세에 죽었습니다. 이들은 홍수가 나기 전에 태어나 수명이 길 수밖에 없는 체질이었거나, 여호와가 인간의 DNA 정보에 수명을 120세로 재설정하기 전의 유전자를 타고났으니 오래 살았다고 할 수 있습니다. 하지만 노아의 손자고 홍수 이후에 태어난 아르박삿이 35세에 셀라를 낳고 403년을 더 살다가 죽었고, 다른 자식들도 여호와가 공언한 120세를 넘어 살다가 죽은 것으로 기록되어 있습니다. [호키 박사님! 공언(公言)이 공언(空言)이 되었다고 하셨습니까? 맞는 말씀이십니다.]

아인스호키: 하여튼 사람들의 오래 살고자 하는 욕심은 예전이나 지금이나 변함이 없는 것 같아요. 그런데 과연 옛날 사람들의 수명이 더 길었을까 하는 의문을 갖지 않을 수 없어요. 현대 의학으로 밝혀진 바에 의하면, 인간이 자연 상태에서 130세를 넘어 사는 것은 불가능해요. 그런데 창세기에 출현하는 사람들의 수명은 형용할 수 없을 정도로 길어요. 그리고 아브라함이 100세고 사라가 90세 되었을 때 이삭을 낳았다고 하지요. 90세까지 월경이 가능한 여성은 있을 수 없고, 일반적으로 여성의 경우 35세 이상이 되면 난자의 신선도가 떨어져요. 이후에 낳은 후세의 건강에 문제가 생길 가능성이 높아지지요.

그래서 구약성경에 나오는 왕이나 제사장들이 여호와의 말을 안 듣고 나쁜 짓을 많이 했고, 여호와도 내가 준 유전자인데 어쩌겠나 하며 포기하고 살았던 게 아니었을까 하는 생각이 드네요. 그런데 왜 불쌍한 백성들에게는 그렇게 엄한 잣대를 들이댔을까요? 신을 잘못 고른 민족의 애환이 느껴지는군요.

두레스킴: 이런 주장은 잘못된 것입니다. 민수기 8:23-24에 제사 업무를 맡는 사람을 25세 이상에서 뽑고 50세에 퇴직을 권유하는 것을 보면, 당대의 복무 기간이 현대에 비해 짧았음을 알 수 있습니다. 또한, 시편 90:10에는 오래 사는 사람의 수명이 70세이고 아주 건강해야 80세까지 살 수 있다는 기록이 있습니다. 이런 기록의 편차를 고려한다면 구약성경은 여호와의 말을 기록한 것이 아닐뿐더러, 인간 수명에 대한 관점이 다른 저자가 다수였음을 알 수 있습니다.

아인스호키: 구약성경에 장수를 누렸다고 언급된 사람들은 물론이고, 당시 가나안 지방에 거주하던 대다수 사람들도 마찬가지로 장수를 누렸을 거예요. 하지만 지금까지 발견된 인간 화석 가운데 구약성경에서 주장하는 것처럼 장수를 누렸음을 보여 주는 것은 단 하나도 없지요. 과거 인간의 평균수명이 현대인에 비해 아주 짧았던 것만은 확실해요.

두레스킴: 노아의 방주에 실린 동물들의 숫자와 관련된 창세기 7:2-3의 기록에 따르면, 정결한 것들은 암수 일곱씩, 부정한 것은 암수 둘씩 그리고 공중의 새도 암수 일곱씩을 데려오라고 합니다. 하지만 바로 뒤에 "정결한 짐승과 부정한 짐승과 새와 땅에 기는 모든 것은 하나님이 노아에게 명하신 대로 암수 둘씩 노아에게 나아와 방주로 들어갔으며"(창세기 7:8-9)라는 말이 나옵니다. 이처럼 전지전능한 신의 말을 기록하였다는 책의 같은 장에 기록된 내용조차 앞뒤가 다릅니다.

아인스호키: 내가 노아가 만든 방주의 용적을 계산해 보았는데, 길이 137미터, 너비 23미터, 높이 14미터고 내부가 3층으로 구분된 약 2만 톤급의 선박입니다. 여기에 온 세상의 짐승들을 넣었다는 주장은 말이 안 돼요. 그리고 노아의 식구 8명이 힘을 합쳐 거대한 규모의 배를 만드는 데 그치지 않고, 이 많은 동물들을 태우고 1년 동안 물 위에 떠 있으면서 돌보기까지 하는 건 불가능하지요.

30만 톤이 넘는 대형 선박들이 5대양 6대주를 운항하고 있으니, 2만 톤급이면 그 규모가 얼마나 작은지 알 수 있을 거예요.

『성경』을 신봉하는 켄터키주의 기독교인들은 노아 이야기가 바빌론의 다신교에 뿌리를 두고 있는 줄은 까맣게 모른 채 (세금이 면제되는) 돈을 걸어 거대한 나무 방주를 지었고, 사람들은 입장료를 내고 그곳을 방문하지요.[24]

---

[24] 신, 만들어진 위험, 리처드 도킨스, 김명주 옮김, 김영사, 2021: 77

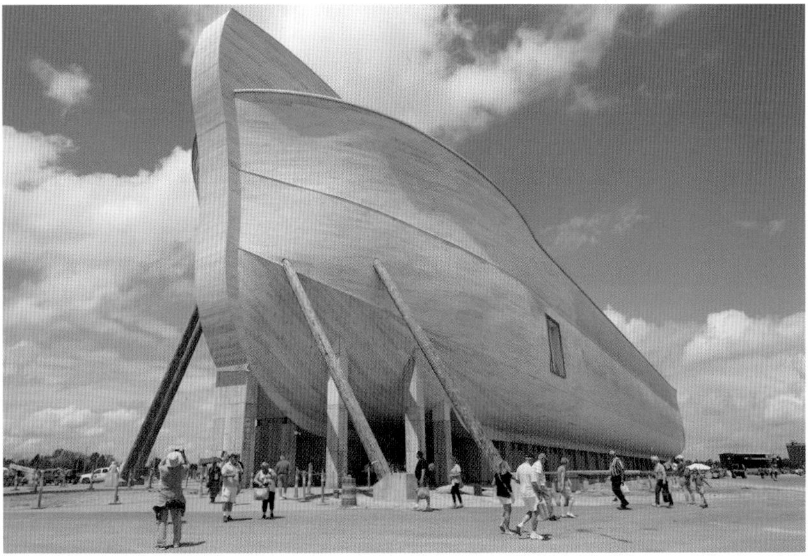

노아의 방주 재현

바우류당: 그런데 이상한 것은 이집트에서는 기원전 2400년경부터 유리를 사용했다는데, 구약성경에는 창문에 유리를 끼워 넣었다는 말이 없습니다. 그리고 동물들을 나누기 위해 방을 만들었다는데, 방을 몇 개 만들었는지는 언급하지 않습니다.[25)]

그리고 노아의 방주 이야기에 나오는 산 이름이 아라랏(창세기 8:4)인데, 이 산은 터키에 있고 높이가 5,137m입니다. 아브라함이 우르 지방에서 돌아오기 훨씬 전의 이야기에, 그보다 후에 신바빌로니아 제국의 영토가 된 지역의 지명이 언급된 것은 의외입니다. 저자가 아라랏산을 거론할 때는 이 산을 아는 사람들이 다수라는 전제가 깔려 있습니다. 그렇기 때문에 킴 소장께서 지적하신 대로 이 기록은 바빌론 유배 이후에 쓰였을 것입니다.

---

25) *Life and Teachings of Zoroaster*, the Great Persian, Loren H. Whitney, BiblioBazzar, 2009: 240

아인스호키: 창세기 7:20에 "물이 불어서 15규빗[7미터 정도]이나 오르니 산들이 잠긴지라"는 표현이 있는데, 이 책의 저자는 아라랏산이 세계에서 제일 높은 줄 알고 쓴 것 같아요. 그런데 이 산의 높이가 얼마인지는 몰랐던 것 같아요. 알았으면 물이 7미터 불자, 이 산이 잠겼다는 말을 하지 못했겠지요. 지구의 최고봉인 에베레스트산이 8,848m이니 그 이상의 높이로 물이 불었다고 해야 구약성경이 전지전능한 신의 말을 기록한 것이라는 권위를 지니게 되겠지요.

에베레스트산까지 물에 잠기려면 44억 km^3의 물이 필요한데, 대기권은 이만한 양의 물을 수증기 형태로 수용할 수 없어요. 이렇게 되면 첫째, 대기압이 지금보다 840배 높아져요. 둘째, 대기에 수증기가 99.9%를 차지하게 되고, 그러면 인간이나 동물은 숨을 쉴 수 없어요. 셋째, 이런 배합의 공기는 인간이 견딜 수 있는 온도에서는 공기로 존재할 수 없어요. 넷째, 질소와 산소의 비율이 대기 중에 0.1% 이하로 떨어지고, 구름 때문에 거의 모든 햇빛이 지표에 닿을 수 없게 되지요. 결론적으로 지구는 이 정도 규모의 물을 수용할 수 없어요.[26)]

라바모스: 내 생각에도 이처럼 많은 물이 1년 동안이나[노아가 600세 되던 해 둘째 달 17일(창세기 7:11)에 시작하고, 육백일 년 둘째 달 27일에 땅이 말랐다(창세기 8:14)고 하니 1년은 족히 됨] 잠겨 있었다면, 지구상의 모든 생명체가 살아남지 못했을 것이다. 물이 7미터 불었다는 표현이 보다 현실적인 것 같으며, 홍수의 위험을 강조하기 위한 교훈적인 내용으로 여기면 될 것 같다.

---

26) *Evolution vs. Creationism: An Introduction*, Eugenie C. Scott, 2004: 150(Soroka and Nelson 1983: 135)

노아의 방주에 승선한 동물들

두레스킴: 예전에 네피림이라는 곳에 살던 신의 아들들이 사람의 딸들이 아름다워 이들을 취하여 태어난 거인에 대한 언급이 창세기에서 노아의 방주 이야기 바로 전에 "사람이 땅 위에 번성하기 시작할 때에 그들에게서 딸들이 나니 하나님의 아들들이 사람의 딸들의 아름다움을 보고 자기들이 좋아하는 모든 여자를 아내로 삼는지라… 당시에 땅에는 네피림이 있었고"(창세기 6:1-4)라고 나옵니다.

여호와가 악해진 사람들 때문에 대홍수를 일으켜 모든 인간을 물로 싹 쓸어 버리고 노아의 가족만 살려냈다는데, 홍수가 나고 한참이 지난 시기에 쓰인 민수기 13:32-33에 "거기서 본 모든 백성은 신장이 장대한 자들이며 거기서 네피림 후손인 아낙 자손의 거인들을 보았나니"라는 기록이 있습니다. 이는 대홍수가 없었거나, 있었다고 하더라도 모든 인류가 없어질 정도의 규모가 아니었다는 것을 역설적으로 보여 주는 내용입니다.

103-1 출애굽기

두레스킴: 이 내용은 앞으로 자주 다룰 테니 여기까지만 하고, 다음은 유대 민족의 이집트 대탈출(출애굽기)에 대해 간단히 살펴보고 지나가도록 하겠습니다.

바우류당: 기원전 1250년경[이집트 신왕국 제19왕조 제3대 파라오인 람세스 2세(Ramesses II, 기원전 1303~1213, 기원전 1279~1213 재위)가 통치하던 시기—저자 주] 이스라엘 백성은 이집트에서 종살이를 하고 있었습니다. 그들이 파라오의 억압과 강제 노동이 힘겨워 여호와께 울부짖었을 때, 주 여호와께서는 모세를 통하여 그들을 이집트에서 해방시켜 주셨습니다. 이스라엘 백성은 '이집트 탈출'을 통해 살아계신 구원의 주 여호와를 생생하게 체험하였습니다.[27] 이집트에서 탈출한 이스라엘 백성은 약속의 땅으로 들어가기 전에 40년 동안 광야 생활을 했습니다. 여호와께서는 광야에서 이스라엘 백성과 계약을 맺고 열 가지 계명을 주시며, 자유와 해방에 이르는 길을 걷도록 도와주셨습니다. 여호와께서 모세를 통해 내려 주신 십계명은 우리 삶의 지표이며 길입니다.

라바모스: 열왕기상 6:1에 '이스라엘 자손이 애굽 땅에서 나온지 480년 이요 솔로몬이 이스라엘 왕이 된 지 4년에 성전 건축이 시작되었다'는 기록이 있다. 이에 따라 우리 유대교에서는 이집트 탈출이 기원전 1446년경에 이루어진 것으로 파악하고 있다. 천주교에서 이해하고 있는 시점과 200년이나 차이가 난다. 천주교의 주장대로라면 기원전 770년경에 솔로몬이 예루살렘에서 통치하고 있어야 하는데 이것은 사실일 수가 없다.

---

27) *함께 하는 여정*, 천주교 서울대교구 사목국, 가톨릭출판사, 1995: 43

아인스호키: 십계명에 안식일을 지정한 이유가, 출애굽기 20:11에는 여호와가 천지창조를 엿새 동안에 걸쳐 작업한 후, 다음 날 쉬어 이 날을 안식일로 정했다고 하지요. 반면, 신명기 5:15에는 천지창조 이야기는 언급하지 않고, 여호와가 이집트에서 노예 생활을 하던 유대인을 탈출시키고 안식일을 정한 것으로 전혀 다른 이야기를 하고 있더군요. 구약성경에서 모세가 여호와를 면담한 후 선포하고 아주 중요하게 여기는 십계명의 한 축을 차지하는 안식일을 정한 배경도 이런 차이를 보여요.

바우류당: 모세께서 십계명을 받은 장소가 출애굽기 19장에는 시내(Sinai)산이고, 신명기 5장에는 호렙(Horeb)산으로 되어 있습니다. 출애굽기에는 여호와께서 모세를 불러 40일 밤낮을 산에 머물면서(출애굽기 24:18) 본인이 증거판 둘을 돌판에 친히 쓰셔서 모세께 전달했습니다(출애굽기 31:18). 모세께서 던져서 깨트린 후(출애굽기 32:19) 여호와께서 본인이 쓰겠다고 말씀하셨지만(출애굽기 34:1) 모세께 쓰라고 지시하여

모세께서 40일 밤낮을 꼬박 새우며 증거판 둘을 새로 제작했습니다(출애굽기 34:27-28). 반면 신명기에는 여호와께서 모세께 구두로 전달하고 본인이 두 돌판에 40일 동안에 걸쳐 써서(신명기 4:13, 9:10) 모세에게 전달하였습니다(신명기 5:22, 9:10). 모세께서 던져 깨자(신명기 9:17) 여호와가 직접 하루 만에 다시 써서 모세께 전달했습니다(신명기 10:4).

아인스호키: 천지를 창조하는 데 단 6일이면 족했던 여호와가 돌판에 십계명을 새기는 데 40일이나 걸렸다는 것을 나는 이해할 수 없어요. 하늘의 일은 쉽게 하는데 땅의 일은 다른 인부들에 비해 차이가 없거나, 그들보다 실력이 훨씬 뒤떨어져요.

라바모스: 우리 유대교는 이 40일 동안 여호와께서 모세에게 모세오경에 나오는 십계명을 포함한 613개의 계율 외에도 유대 민족이 따라야 하는 수없이 많은 계율과 관습을 일러주셨다고 믿는다. 여기에서 전달된 내용 중에 구약성경에 기록된 것은 성문 형태로 남아 있지만, 나머지 내용은 선택된 사람들 사이에 구전으로 비밀리에 전달되었다.

구전법은 기원후 200년경 문서의 형태로 기록되기 시작했고, 기원후 400년경 팔레스타인에 거주하는 랍비들이 모여 예루살렘판을 만들었다. 그리고 이후 100년이 지난 기원후 500년경 바빌론 지역의 랍비들이 모여 바빌론판을 만들면서 구전법을 완성하여, 여호와께서 모세께 전달하신 모든 계율과 관습이 온전한 모습을 갖추게 되었다. 오늘날 탈무드를 연구하는 사람들은 십중팔구 기원후 499년에 완성된 바빌론판을 참고한다.[28] 탈무드에 대한 연구는 잘 훈련된 랍비들이 주도하며 권위 있는 해석을 내놓는다.

아인스호키: 이처럼 랍비들이 주도하여 새로운 형태의 법체계의 정비를 도모한 것은 구약성경에 나오는 내용의 불합리함을 알았기 때문이고, 이를 보완하기 위해 인위적으로 내용을 개편 보완했음을 짐작할 수 있어요. 이들은 구약성경의 권위를 해치지 않으면서 새로운 법체계를 도입하기 위해 여호와가 모세에게 구두로 전한 내용이 있다고 주장하지요. 이들은 이런 식으로 시대적 환경 변화에 따라 구약성경의 내용과 상충되는 규정을 도입하면서 구약성경을 수정하지 않고 그대로 놔두는 모순을 보이지요.

두레스킴: 모세의 출애굽(이집트 탈출)은 역사적 근거도 전혀 없고, 비상식적인 숫자와 기간을 언급하면서 역사적 사건이라고 그대로 믿으라고 합니다. 이스라엘 백성들이 이집트에 머문 기간에 대해서 출애굽기 12:40에 430년이라는 말이 나오는데, 이것은 에스겔 4장에서 언급한 390

---

[28] *The Talmud*, A. Parry, Alpha Books, 2004: 23, 내용 편집역주

년과 40년을 합한 430년과 맞아 떨어집니다.

하지만 출애굽기 6:16-20에 따르면, 이집트로 떠난 레위(Levi)의 증손자가 아론과 모세임을 알 수 있습니다. 이 기록에 따르면, 이들은 단 4대 만에 이집트에서 돌아왔습니다. 창세기 15:13에 아브람의 자손들이 400년간 외국에서 노예 생활을 할 것이라고 언급하는 반면, 창세기 15:16에는 '네 자손은 4대 만에 이 땅으로 돌아올 것이라'고 말합니다.

라바모스: 이실직고 고백하자면, 유대 민족의 이집트 대탈출 사건이 벌어진 시점을 기원전 14세기에서 12세기 사이로 추정하는데 그때 가나안 지역은 이집트의 영토였다. 그랬기 때문에 유대 민족이 이집트의 통치로부터 탈출했다는 것은 성립되지 않고, 이집트 영토 이곳저곳으로 옮겨 다녔다는 표현이 더 적합하다. 그리고 약속된 땅을 침략하는 내용을 담은 여호수아서에서 가나안 지역에 폼 잡고 기거하던 이집트인들을 언급하지 않은 것도 도무지 이해가 안 된다.[29] 우리 선조들이 책을 쓰면서 역사적인 사실을 조목조목 따지면서 써야 했고 실수를 알아챘으면 빨리 바꿨어야 했는데, 그러지 못한 것이 못내 아쉽다.

아인스호키: 이집트에서 탈출하여 돌아올 때의 인구가, 민수기 1:45-47의 기록에 따르면 레위인을 제외한 '20세 이상으로 싸움에 나갈 만한 이스라엘 자손을 다 헤아리니 603,550명이라'고 기록되어 있어요. 여기에 여자, 어린아이나 나이든 사람을 합하면 200만 명이 훌쩍 넘는데, 이 사람들이 40년간 황야를 떠돌며 여호와가 내려주는 만나를 먹으며 굳세게 버텼다는 거예요.

창세기 46:26-27에 "야곱과 함께 애굽에 들어간 자는 야곱의 며느리들 외에 육십육 명이니 이는 다 야곱의 몸에서 태어난 자이며 애굽에서 요셉

---

[29] *The Laughing Jesus*, Timothy Freke & Peter Gandy, Three Rivers Press, 2005: 29

이 낳은 아들은 두 명이니 야곱의 집 사람으로 애굽에 이른 자가 모두 칠십 명이었더라"라는 말과 출애굽기 1:5에 "야곱의 허리에서 나온 사람이 모두 칠십이요"라는 표현이 있어요.

출애굽기 1:1-4에 야곱과 함께 애굽에 들어간 남자들은 레위를 포함해 총 11명이라고 하지요. 이들의 가족들은 아무리 많게 쳐주더라도 1,000명은 넘지 않았을 거예요. 그리고 이들이 이집트에서 거주한 기간이 4대면 아무리 길어 봐야 150년이고, 뻥튀기해서 최대치로 잡아 봐야 430년인데, 그 사이에 인구 수가 이렇게 늘었다는 것은 상상을 초월하지요.

104 기록 오류

두레스킴: 다음은 구약성경에 나오는 내용 중 과학적, 역사적 오류가 있는 부분에 대해 함께 살펴보는 시간을 갖겠습니다. 먼저 호키 박사님이 한 말씀하시고 제가 궁금한 것을 묻겠습니다.
아인스호키: 솔로몬이 성전의 비품들 중에 놋을 부어 원형의 바다(목욕탕)를 짓는 내용이 나와요. 열왕기상의 7:26에는 2,000명이 목욕할 양의 물을 담을 수 있다고 하는 반면, 역대하 4:5에는 3,000명이 목욕할 용량을 담을 수 있다고 기록하고 있어요. 재미있는 것은 이 두 곳에서 공히 지름이 10규빗(약 4.5미터)인데 둘레가 30규빗(약 13.5미터)으로 적혀 있어요. 그런데 원형에서 지름이 10이면 둘레는 10π가 되며 π는 3.14159로 시작하는 무리수로 31.4규빗보다 커야 한다는 것은 잘 아실 거예요. 최소한 31.4규빗이나 30규빗을 넘는다는 식으로 표기해야 하는데, 그냥 30규빗이라고 적혀 있어요. 여호와가 수학 공부를 게을리했는지, 중학생들도풀 수 있는 원지름 계산 방법도 몰랐던 것 같아요. [모스 랍비! 뭐라고? 그때는 학교가 없어서 여호와가 수학을 배울 기회가 없었다는거… 이런 기초도 모르면 전지전능이라는 말을 쓰지 말아야지.]
두레스킴: 여호수아 10장에 태양이 중천에 머물렀다는 이야기가 나옵니다. 여호와가 하루 동안 태양과 달을 멈추게 하여 여호수아는 잔인하게 적을 무찌를 수 있는 시간을 법니다. 이를 어떻게 해석해야 할지 모르겠습니다.
아인스호키: 지구의 자전 속도는 시속 1,674킬로미터에요. 만약 지구가 이 속도로 돌지 않고 선다면, 적을 무찌르기는커녕 지구 위에 있는 모든 생명체가 떨어져나가 황량한 우주 속으로 던져져 죽게 되지요. 그런데 지구의 움직임을 멈추었다는 이런 허무맹랑한 이야기가 성경에 나오는 것을 과학자인 나는 도무지 이해할 수 없어요.

니콜라스 푸신, 아모리족에 대한 여호수아의 승리(1624-26)

바우류당: 여기에서 우리는 흥미로운 사실을 발견하게 됩니다. 지구의 회전이 멈춘 이야기 중에 '야살의 책'에 적힌 기록에 따라 이루었다고 주장하는데, 야살의 책이 어떤 책인가 하는 것입니다. 조로아스터교의 창시자 조로아스터가 세 명의 부인을 두는데, 이 중 한 명인 보비(Hvovi)가 속세의 아이들이 아닌 아들 셋을 낳습니다. 동정녀 성모 마리아가 성령으로 예수님을 낳는 식으로 얻은 자식들입니다. 네료상(Neryosang)이라는 천사가 이들을 낳는데 중요한 역할을 하고, 이들은 수많은 성령(천사)들의 보호를 받습니다.[30]

또한, 이들은 모두 구약성경에 나오는 선지자와 같은 역할을 하는데, 큰 아들 후시다(Hushedar)는 우주를 혁신하는 첫 천년왕국에 등장합니

30) 부록 6: 예수 행적 중 출생 부분

다. 그는 신과 협의하여 태양(빠르게 움직이는 말)을 열흘 낮과 밤 동안 멈추게 하고, 태양에게 '움직여라'는 말을 하여 움직이게 하는 기적을 행사하여, 모든 인류가 마즈다를 신봉하는 '선행 종교'를 믿게 만드는 역할을 합니다.[31] 이는 여호와의 능력을 초월하는 기적입니다.

두레스킴: 야살의 책이 여호수아 10:13 외에 사무엘하 1:18에도 언급됩니다. KJV판에는 '유다의 아이들에게 활의 사용을 가르치도록 하라; 이것은 야살 책에 기록되어 있다[(Also he bade them teach the children of Judah the use of the bow: behold, it is written in the book of Jasher), 전체 문장을 괄호로 처리]'라고 합니다. NIV판에는 '유대 족속에게 가르치라 하였으니 곧 활 노래라 야살의 책에 기록되었으되[and ordered that the men of Judah be taught this lament of the bow (it is written in the Book of Jashar)]'라고 내용이 바뀌어 있는데, 야살 책이라는 것을 가능한 한 숨기려고 시도한 것을 엿볼 수 있습니다.

라바모스: 류당 신부가 언급한 책 내용 중 '기원전 440년에 역사서를 저술한 헤로도투스(기원전 484?~425?)는 그들(페르시아인, 조로아스터교 신자)이 진리에 대해 집착하는 것을 특별히 강조하였다. 그는 그들이 거짓말하는 것을 최대의 모욕으로 간주했다. 그들은 아들이 다섯 살[부터 20세까지—역사서 내용] 될 때부터 딱 세 가지를 가르쳤으니; 말 타는 것, 활 사용하는 것 그리고 진리를 말하라는 것이었다'[32]라는 내용이 나온다.[33]

바우류당: 조로아스터교에서는 진리를 말하라는 것과 관련하여 올바른 생각[正思], 올바른 말[正語], 올바른 행동[正業] 세 가지를 강조합니다. 불교에

---

31) *Life and Teachings of Zoroaster*, the Great Persian, Loren H. Whitney, BiblioBazzar, 2009: 60

32) *Life and Teachings of Zoroaster*, the Great Persian, Loren H. Whitney, BiblioBazzar, 2009: 55

33) *Herodotus the Histories*, Oxford University Press, 1998: 62-63 (I-136, I-138)

서 강조하는 팔정도(八正道: 바르게 보고, 바르게 생각하고, 바르게 얘기하고, 바르게 행하고, 바르게 살고, 바르게 나아가고, 바르게 도를 생각하고, 바르게 마음을 정함)는 조로아스터교의 삼정도(三正道)를 확대 해석한 것으로 보입니다. 팔정도의 두 번째부터 네 번째까지가 조로아스터교의 삼정도입니다.

두레스킴: 이상의 내용을 종합해 보면 구약성경의 창세기 천지창조와 노아의 방주 이야기는 물론이고 여호수아나 사무엘 및 신명기 등 구약성경의 많은 내용이 바빌론 지역 문화(조로아스터교 포함)의 영향을 많이 받고 기록된 것임을 알 수 있습니다.

아인스호키: 다음은 음식을 골라 먹으라는 내용과 관련하여, 내가 검토한 것을 말할게요. 레위기 11:4에 금식 동물을 나열하면서 "낙타는 새김질은 하되 굽이 갈라지지 않아서 먹을 수 없다"라고 하는데, 낙타의 굽은 둘로 갈라져 있어요.

라바모스: 당대는 물론이고 이후로도 낙타는 귀중한 운송 수단으로 활용하였는데, 번식력이 낮아 마구잡이로 잡아먹으면 운송 수단이 줄어들어 불편해질 것을 우려하여 사람들이 남획하지 못하도록 그런 주장을 한 것이다.

아인스호키: 아브라함이 가나안 지역으로 이동한 것은 기원전 2100년경으로 추정되는데, 이 이야기에 낙타가 등장해요. 낙타가 가축으로 길러지고 운송 수단으로 활용된 것은 빨라야 기원전 800년대에요. 모세가 계율을 정할 때까지만 해도 낙타는 별 가치 없는 야생동물 취급을 받으며 맹수들이 우글거리는 야생에서 살았어요.

그리고 레위기 11:5-6에 사반[너구리의 일종]과 토끼가 새김질을 한다는 내용이 나오는데 너구리나 토끼는 되새김질을 하지 않아요.

라바모스: 최근에 생물학의 권위자가 산토끼에게 오랫동안 음식을 먹이지 않으니, 자신이 먹은 음식을 배설한 뒤 다시 먹는 것을 확인하였다. 이것은 비록 토끼가 반추동물은 아니지만, 되새김질하는 것을 보여 준 사

레라 할 수 있다. 그렇기 때문에 여호와의 지침에 문제가 없다.
두레스킴: 토끼가 그런 식으로 되새김질을 한다고 주장한다면, 예전에 인간들이 풍요롭게 살지 못하여 사람이 먹고 남은 음식을 개에게 충분히 줄 수 없었을 때가 있었습니다. 그때 개가 사람의 변 또는 자신이나 다른 동물들이 싸놓은 똥을 먹는 경우가 종종 있어서 똥개라는 불명예스러운 별명으로 불리기도 했습니다. 모스 랍비님 말씀대로라면, 이런 현상에 근거해서 개도 되새김질하는 동물로 억지 해석할 수 있을 것입니다.
아인스호키: 이런 식분증을 보이는 개들은 열악한 환경 탓에 모자란 영양분을 보충하기 위해서, 엄격한 배변 훈련으로 인한 과도한 스트레스를 해소하기 위해서, 대소변의 흔적을 없애 천적으로부터 새끼들을 보호하기 위해 그런 행동을 보여요. 혹은 호기심 때문일 수도 있고요. 그리고 이런 현상은 특정 동물이나 품종에 제한된 것이 아니고, 제대로 영양분을 섭취하지 못하는 모든 동물에게 나타나는 보편적인 현상이에요. 이런 식의 해석을 따르면 개는 물론이고 모든 동물을 반추동물이라고 정의할 수 있겠네요. [모스 랍비! 뭐라고, 사실 당신 입으로 말해 놓고도 뭔 말을 했는지 모르겠다고? 충분히 이해해요.]
바우류당: 혹독한 조건에서 자신의 변을 취할 수밖에 없거나['너희와 함께 자기의 대변을 먹으며 자기의 소변을 마실 성 위에 앉은 사람들'(이사야 36:12)], 조난 기간이 길어짐에 따라 투표로 희생양을 골라 사람의 살을 뜯어 먹으며 살아남아야만 했던 사람들을 반추동물로 분류할 수는 없을 것입니다.
아인스호키: 또한, 레위기 11:19에선 포유류인 박쥐를 두고 먹을 수 없는 조류로 분류하고 있습니다. 전지전능한 여호와가 저지른 이러한 오류에 대해 함구하며, 이를 바꾸려는 노력조차 하지 않고 있더군요. 구약성경에서는 낙타고기와 돼지고기를 먹는 것을 금지하는 것에 더해, 바다에 사는 동물 중에 비늘과 지느러미가 없는 조개, 문어, 오징어, 해삼, 멍게 등을 먹어서는

안 된다고 규정하고 있어요. 그런데 식품의 신선도와 보존 기간을 늘릴 수 있는 냉장·냉동 시설이 발달된 현대사회에서 이런 생명체의 오묘한 맛을 즐길 줄 아는 애호가들의 입장을 헤아리지 못하고 적어 놓은 것 같아요.

바우류당: 모세가 금식 동물을 지정한 것은 이집트의 생활풍습을 답습한 것으로 보입니다. 이집트에서는 특히 돼지고기의 섭취를 금했으며 모세가 이것을 그대로 적용하였습니다. 또한, 이집트에서는 지느러미와 비늘이 있는 물고기만 먹으라고 했는데 모세도 이를 따르고 있습니다.[34)]

라바모스: 『탈무드』에서는 기본적으로 물고기를 식물과 같은 종으로 보고 육류나 가금류와 다르게 취급하였다. 그래서 물고기에는 도축과 관련된 규정이 적용되지 않는다. 이것은 그래도 좀 쓸만한 계율이라고 믿는다.[35)] [호키 박사! 고개는 왜 절래 절래 흔드는데…]

104-1 기록 오류 2부

아인스호키: 다음으로는 성경의 내용 중, 사실과 달리 기록된 것에 대해 검토해 보는 것도 재미있겠어요.

바우류당: 다윗 왕 시절의 인구조사 기록이 있습니다. 사무엘하 24:9에는 전쟁을 수행할 수 있는 사람이 이스라엘 지역 80만 명, 유대 지역 50만 명으로 총 130만 명이고, 역대상 21:5에는 유대 지역 47만 명을 포함하여

34) *Life and Teachings of Zoroaster*, the Great Persian, Loren H. Whitney, BiblioBazzar, 2009: 222

35) *The Talmud*, A. Parry, Alpha Books, 2004: 104

전체가 110만 명이라고 기록하고 있습니다. 20만 명의 차이가 납니다. 다윗 왕 시절은 역사적 사실이 아닌 신화이기 때문에 제가 당시의 인구 조사 결과라고 거론한 자료의 신빙성 여부를 따지는 것은 어불성설입니다. 하지만 역사적 기록을 간단히 살펴보더라도, 터무니없이 부풀려진 기록임을 부인하기 어려울 것입니다.

아인스호키: 기원전 7세기 말 유다 왕국의 총인구는 몇 차례 집중적인 고고학적인 발굴을 통하여 밝혀진 자료를 토대로 정확하게 산정될 수 있으며, 그 숫자는 대략 7만 5,000명으로 추산되지요(총인구의 20%인 1만 5,000명이 예루살렘에 거주했고, 다른 1만 5,000명이 수도 부근의 농업 지대에 거주했을 가능성이 커요).[36]

다윗이 왕이 아니라 인디언의 추장과 같이 단순한 족장 수준이었음을 보여 주는 성경 내의 기록이 있어요. 사도행전 2:29에서 베드로가 "형제들아 내가 조상 다윗(patriarch David: 족장 다윗)에 대하여 담대하게 말할 수 있노니 다윗이 죽어 장사되어 그 묘가 오늘까지 우리 중에 있도다"라는 표현이에요. KJV판이나 NIV판 모두 '족장(patriarch)'이라는 단어를 사용하는데 개역개정판은 조상이라고 해요.

스데반은 사도행전 7:8과 7:9에서 12지파를 언급하면서 이들을 족장들이라고 하고 바울도 히브리서 7:4에서 아브라함을 족장으로 지칭하면서 십일조라는 세금을 낸 사실을 언급하고 있더라고요. 정말 구약성경에서 주장하는 바대로 다윗이 제대로 된 국가를 운영하고 있었고 왕의 신분이었다면 아브라함이나 12지파의 장들을 지칭하는 족장이라는 용어를 다윗에게도 똑같이 사용하지 않았겠지요. 구약성경에 등장하는 초기 주요 인사들에게 적용된 왕이라는 용어가 신약성경이 쓰인 시점의 지식인들에게는

---

36) *성경: 고고학인가 전설인가*, 이스라엘 핑컬스타인, 닐 애셔 실버먼, 오성환 옮김, 까치, 2002: 357

규모가 작은 족장 정도의 수준으로 인식되었음을 알 수 있는 대목이에요.
라바모스: [이 말을 해야 하나 마나… 뭐여, 호키 박사! 그냥 하라고?] '알렉산더 대왕이 페르시아를 멸망(기원전 332년)시키고 팔레스타인을 정복한 기원전 4세기 말 바로 이전인, 기원전 5세기와 4세기 사이에 호구조사한 자료에 따르면, [바빌로니아 유배 이후에 돌아와 거주하던 예후드주 전역의[37]] 유대 인구가 3만 명으로 나와 있다. 위대한 학자 비커만은 알렉산더 시절의 예루살렘을 초라한 부족의 불분명한 거주지라고 묘사했다. 그래서 알렉산더 이전의 그리스 책자 어디에도 유대인을 언급하는 경우가 없다.'[38] 이후로 유다 왕국은 예후드로 불리게 되었다. 페르시아 제국이 유다 왕국 자리에 설치한 주에 붙인 아람어 명칭이다. 그리고 유다 백성들은 예후딤(Yehudim) 혹은 유대인(Jews)으로 불리게 되었다.[39]
에스라 2:3 이후에 바빌론에서 예루살렘으로 돌아온 사람들의 숫자가 열거되어 있다. 에스라 2:64에는 총인원이 4만 2,360명이다. 하지만 열거된 숫자를 조금 신경 써서 더해 보면 2만 9,818명으로 1만 2,542명의 차이가 난다. 느헤미야 7:8 이후에도 에스라와 같이 바빌론에서 돌아온 사람들의 숫자가 열거된다. 7:66의 총계가 에스라와 같이 4만 2,360명인데, 적혀진 숫자들을 더해 보면 3만 1,089명으로 1만 1,271명이 빈다.[40]
두레스킴: 솔로몬 시절 병거의 말과 외양간의 숫자가 "병거의 말 외양간이 사만이요 마병이 만 이천 명이며"(열왕기상 4:26)라고 나오는 반면, "병거 메는 말의 외양간은 사천이요 마병은 만 이천 명이라"(역대하 9:25)라

---

37) *성경: 고고학인가 전설인가*, 이스라엘 핑컬스타인, 닐 애셔 실버먼, 오성환 옮김, 까치, 2002: 358
38) *The Laughing Jesus*, Timothy Freke & Peter Gandy, Three Rivers Press, 2005: 35
39) *성경: 고고학인가 전설인가*, 이스라엘 핑컬스타인, 닐 애셔 실버먼, 오성환 옮김, 까치, 2002: 346
40) *Thomas Paine Collection*, Forgotten Books, 2007: 389-90, 내용 요약

고 기록되어 10배의 차이가 납니다. 그나마 이런 착오는 필경사가 필사하다가 저지른 실수로 치부할 수 있지만, 이런 식의 실수는 열왕기와 역대의 연도 표기와 관련하여 여럿 보입니다.

몇 가지 예를 더 들어봅시다. 여호야긴(Jehoiachin)과 관련하여 '왕이 될 때에 나이가 18세라 예루살렘에서 3개월 다스렸다'(열왕기하 24:8)라는 대목이 있습니다. 그런데 '왕위에 오를 때에 나이가 팔세라 예루살렘에서 석 달 열흘 동안 다스렸다'(역대하 36:9)라는 구절도 있습니다. KJV판과 NIV 개역개정판은 후자를 8세로 표기하는데, NIV 영문판에선 주석을 달고 8세를 18세로 바꿔 놓았습니다. 아하시야(Ahaziah)와 관련해서는 '왕이 될 때에 22세라' (열왕기하 8:26)와 '왕이 될 때에 42세라' (역대하 22:2)고 적혀 있어 20년의 차이를 보이고 있습니다. 이것도 마찬가지로 KJV판과 NIV 개역개정판은 후자를 42세로 표기하는데, NIV 영문판에선 주석을 달고 42세를 22세로 바꿔 놓았습니다.

아인스호키: 덧붙이자면 이스라엘 왕 여호람(KJV은 Jehoram, NIV판 영문은 Joram으로 적고 난하주에 히브리어로는 Jehoram이라고 하는데 개역개정판은 여호람으로 되어 있음, 기원전 849-842 재위)의 즉위 연도에 대해 열왕기하 1:17에는 '이스라엘 왕 아하지아가 아들이 없어 여호람이 그를 대신하여 왕이 되니 유다 왕 여호람(Jehoram, 기원전 849-842 재위) 2년(기원전 848)이라'고 적혀 있지만 통치 기간에 대한 언급이 없고, 같은 책 3:1에는 유다 왕 여호사밧(기원전 873-849 재위) 18년(기원전 855)에 아합의 아들 여호람(아하지아의 형제)이 사마리아에서 12년 동안 통치하였다'고 기록하고 있어요.

같은 책 8:16에는 유다 왕 여호람의 즉위와 관련된 내용이 나와요. 이스라엘 왕 아합(기원전 869-850 재위)의 아들 요람 왕(KJV판이나 NIV판 모두 Joram, 기원전 849-842 재위) 5년(기원전 844)에 여호사밧이 유다의 왕으로 재임하던 때에 그의 아들 여호람이 32세에 왕이 되어 예루살렘에서 8년간 통치했다고 기록하고 있지요.[41] 북이스라엘국과 남유다 왕국의 동명이인의 왕들이 동일한 기간 통치한 것으로 기록되어 있는데, 각각의 즉위 연도나 재임 기간에 대한 기록의 오류가 보여요.

라바모스: 우리 민족의 역사 이야기만 나오면 혼돈스럽다. 아시리아의 샬마네세르 3세가 기원전 853년 카르카르 전투에서 사마리아(북이스라엘국)를 점령하여 속국으로 만들었다. 북이스라엘국의 여호람 왕이 아시리아에 바치는 조공을 충당하기 위해 유다 지역을 정비하고 통치했을 수 있다. 그렇다면 유다 지역은 기원전 722년에 북이스라엘국이 멸망하기 전에 이미 사마리아의 행정구역으로 편입되었을 수 있다.

이스라엘국이나 유다국의 왕이 동일인인 여호람이고, 북이스라엘을 통치하던 4년째 되던 해에 남유다 왕국을 정비하여 통치했다면 이스라엘 왕으로 12년 재위하였고 남유다 왕국의 왕으로 8년간 재위했다는 기록은 상충되지 않을 수 있다.

두레스킴: 두 분의 이야기가 사실이라고 한다면 여호람 왕이 나타나기 전까지 남유다 지역은 초라한 촌락이나 부족사회의 형태로 존속하고 있었다는 역사적 사실을 재확인할 수 있습니다. 이런 상태였다면 예루살렘에 솔로몬 성전이나 왕궁이 세워졌을 수 없으며, 모세, 다윗과 솔로몬 시절은 우화 속에 존재했다는 것이 입증됩니다. 남유다 지역이 국가의 형태를 전혀 갖추지 못하다가, 여호람 왕 시절에 사마리아의 행정구역으로 편입되었다면 남유다국이 북이스라엘국과 국가의 형태로 공존했다는 주장은 허구일 수밖에 없습니다. 이후로도 남유다 지역에 대한 통치의 실효성이 떨어져 남유다 지역은 이전과 같이 부족사회의 형태로 자치했다고 보는 것이 더 적합해 보입니다. 그러다가 기원전 722년에 북이스라엘국의 멸망으로 인구

---

[41] *Hammond's Atlas of the Bible Lands (성경지역 지도)*, edited by Harry T. Frank, 1990: 40, 즉위 연도에 대한 내용은 이 자료를 주로 참조함

가 대거 유입되면서 남유다는 국가의 모습을 갖추었을 것입니다.

아인스호키: 에스라 5:1에 나오는 스가랴(Zechariah)라는 선지자에 대해 KJV판에서는 잇도(Iddo)의 아들이라고 하고, NIV판에는 잇도의 후손(descendant)이라고 영문으로 기록되어 있고, 개역개정판은 잇도의 손자라고 표현하고 있어요. 개역개정판은 스가랴 예언서의 1:1과 1:7에 잇도의 아들인 베레갸(Berekiah)의 아들이 스가랴라고 쓰인 것을 고려하여 잇도의 손자로 기록한 것 같아요.

그런데 잇도는 역대하 13:22에서 선지자로 나오고, 그 당시의 왕은 르호보암(Rehoboam)으로 기원전 930~920년에 유다국을 통치하였다고 하지요. 한편 에스라 5:1에는 기원전 430년대에 예루살렘 성전 공사가 한창일 때, 스가랴가 선지자 학개(Haggai)와 함께 일한 것으로 기록되어 있어요. 약 500년 세월의 간격을 두고 따로 존재한 사람을 부자지간으로 엮는 것이 불편했는지, NIV판에서는 아들을 후손으로 바꾼 것 같아요.

바우류당: 이사야 8:2에 여호와께서 이사야에게 제사장 우리야(Uriah, 다윗 처와 동명이인)와 예베레기야(Jeberekiah)의 아들 스가랴(Zechariah)를 불러, 임마누엘이 성장하기 전에 이스라엘이 아시리아에 의해 멸망할 것을 예언하며 이를 증언하라고 주문하십니다. 예베레기야는 스가랴서에 나오는 베레갸(Berekiah) 이름 앞에 Je라는 단어를 추가한 것인데, 스가랴가 이 사람의 아들로 나옵니다. 아마도 다른 스가랴가 이사야가 살던 시절에 활약하고 있었거나, 동일한 스가랴가 시대를 뛰어넘어 이곳저곳에 동시에 존재했던 것으로 보입니다. 세례자 요한의 아버지 이름도 NIV판에는 스가랴(Zechariah)인데 KJV판에는 사가랴(Zacharias)로 기록되어 있고, 개역개정판은 충실히 KJV판을 따라 사가랴로 적고 있습니다(누가복음 1:5).

아인스호키: 학자로서 한마디 안 할 수가 없네요. 아무리 타임머신을 타고 가서 다른 시대의 내용을 기술하더라도, 동시대의 사람들이 저술할

때는 서로 자료를 공유했어야 할 텐데 각자도생한 것 같아요. 이것은 학자의 도리가 아니에요. 그리고 더 큰 문제는 성서의 내용을 자기네 편의대로 엄청나게 고쳐 대는 과정에서 이런 오류를 뻔히 알 수 있었음에도 불구하고, 2천 년이 넘는 세월 동안 수정하지 않고 방치하고 있는 성서학자나 성직자의 태도에요. 그러면서 어떻게 성경의 내용을 묻지도 말고 따지지도 말고 그냥 믿으라고 종용할 수 있나요?

바우류당: 이사야가 웃시야(기원전 783~742 재위), 요담(기원전 750~735 재위), 그리고 히스기야(기원전 715~687/6 재위) 시절에 활동한 것(이사야 1:1, 38:1)으로 되어 있는데, 고레스(신바빌로니아 왕, 기원전 550~530 재위)의 이름이 나오는 것(이사야 45:1)을 보면, 이 또한 이사야서는 바빌론 유배 이후에 쓰인 것을 알 수 있습니다. 아시리아가 멸망할 것(10:12), 바빌론으로 유배 갔다 돌아올 것(11:11)도 나오는 것을 보면 유배 이후 쓰인 것이 확실합니다. 다윗이 멸망시켰다는 모압족에 대해 예언(15-16장)하는 내용도 있습니다. 그리고 성경에서는 이 책에서만 유일하게 스랍(seraphs, 치천사)이라는 표현이 나옵니다.

그리고 KJV판에는 시리아(Syria)라는 표현도 나오는데, 당시에 이런 지명이 없었기 때문에 NIV판에서는 아람으로 바꾸었습니다. 그런데 재미있는 것은 시리아 왕 르신(Rezin)의 후손들이 바빌론 유배에서 함께 돌아온 명단(에스라 2:48, 느헤미야 7:50)에 들어가 있는데, 이사야가 특히 여러 번 르신을 언급하고 있습니다.

두레스킴: 이사야의 개역개정판에 들양(wild goats, 13:21)과 숫염소(wild goats, 34:14)로 번역되어 있는 동물 이름이 KJV판에는 사티로스(satyr)로 표기되어 있는데, 이는 그리스·로마 신화에 나오는 반인반수(半人半獸: 반은 사람 반은 동물)의 신을 의미합니다. 그리고 특히 이사야에 섬(island)이라는 표현이 자주 나오는 것을 보면, 이 책의 저자는 그리스의 지배를

받고 있거나 그 지배에서 벗어난 지 오래 지나지 않은 시점에 살았고, 그리스 문화와 역사에 해박한 지식을 가진 사람으로 보입니다.

아인스호키: 아니, 그럼 뭐여? 세 사람을 포함한 모든 선지자가—물론 다니엘은 빼고—같은 시기에 돌아온 후 각자 맡은 과거로 타임머신 타고 가서 행한 공상과학소설 같은 이야기를 예언서라고 성경책에 넣었다는 거예요? 게다가 이사야는 거의 '빽 투더 퓨처'의 내용처럼 시공을 초월하는 삶을 살았구먼요. 이들이 각각 다른 타임머신을 타고 과거로 가서 미래 세대의 운명을 바꿀 비행(非行)을 저지른 관계로 성경에 오류가 많고 인류의 삶이 꼬인 것이 아닌가 하는 의문이 드네요. [뭐여, 모스 랍비! 그래도 당신네 조상이니 비행 청소년이란 용어는 쓰지 마라고? 그런데 그들의 기록된 발자취를 들여다보면 비행 청소년이 아니라 우주 비행 청소년단 같어…]

라바모스: 이사야 14:11에 비파(harp)로 표기되는 악기가 KJV판에는 비올(viol)로 나오는데 비올은 현대의 바이올린의 전신으로 중세기[15세기 중반이나 후반에 스페인에서 처음 나타난 이후 르네상스(1400~1600) 시대와 바로크(1600~1750) 시대[42]]에 널리 사용된 악기임을 고려하면 이사야서의 내용 일부가 중세기에 추가되거나 수정이 이루어진 것으로 추정할 수 있다.

아인스호키: 그리고 내가 찾은 내용 중 KJV판의 민수기 22:5에는 발람이 브올(Beor)의 아들인 반면, 베드로후서 2:15에는 보소(Bosor)의 아들이라고 표기해요. 그런데 NIV판에는 두 곳 다 브올의 아들로 수정해 놨더군요. 발람은 이민족인데 여호와가 직접 찾아가거나 천사를 보내 대화하며 의견을 나누는 모습을 보여요. 이것은 민수기 12:6-8에 "내 말을 들으라 너희 중에 선지자가 있으면 나 여호와가 환상으로 나를 그에게 알리기도 하고 꿈으로 그와 말하기도 하거니와 … 그(모세)와는 내가 대면

---

[42] Renaissance music - Wikipedia

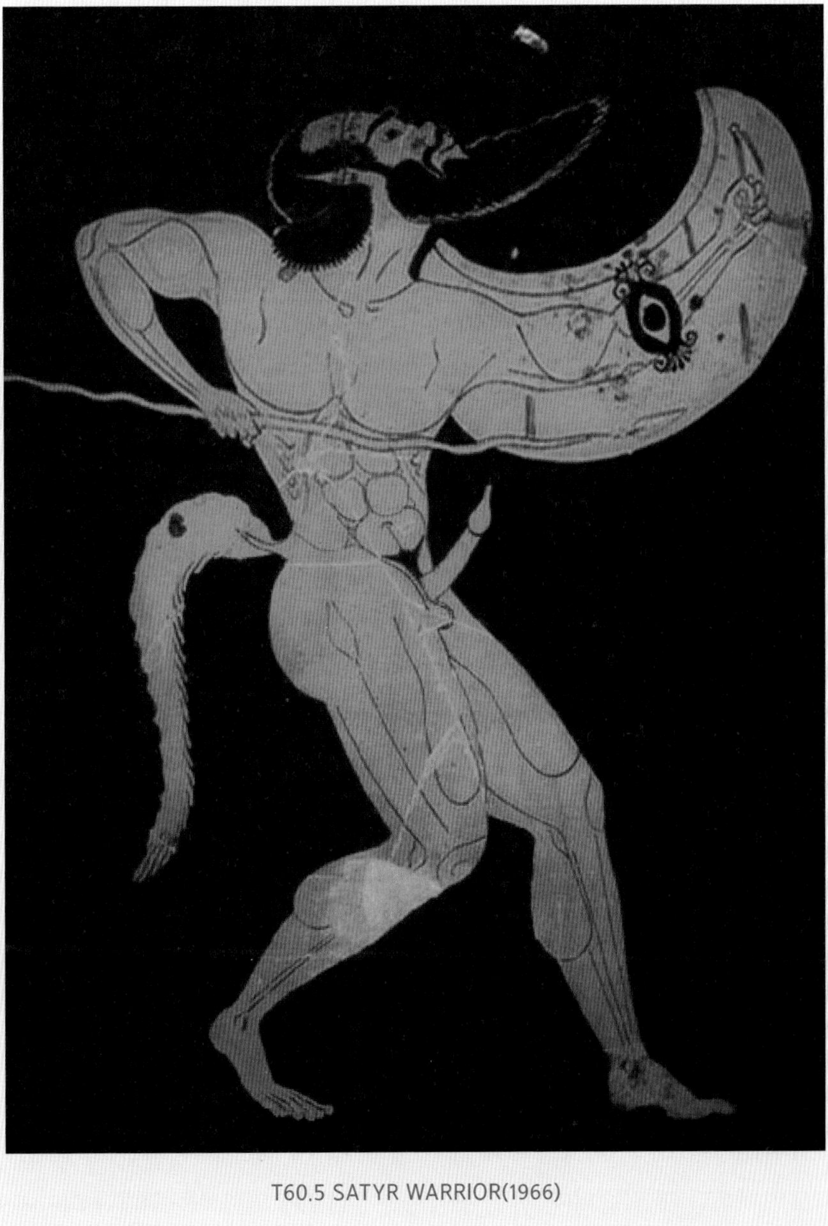

T60.5 SATYR WARRIOR(1966)

하여 명백히 말하고 은밀한 말로 하지 아니하며 그는 또 여호와의 형상을 보거늘"이라는 표현과 배치되더군요. 여호와는 제멋대로의 화신임을 입증하는 거예요.

한편 성직자나 성서학자는 불합리한 내용을 자기 편의에 따라 고치고 이런 사실을 함구하기 때문에 성경의 신빙성을 떨어뜨리고 있어요. '어린아이들'이라는 단어를 '청년들'로 교체함으로써 잔인한 행위를 희석시키려고 하거나, '남자'를 '인간'이라는 단어로 교체하여 여성을 고려하는 듯한 내용으로 바꾸는 것이 대표적이지요. 또한 '마녀(witch)'를 '주술사(무당, sorceresss)'로 수정하여 마녀사냥에 대한 역사적 비판으로부터 벗어나고자 하는 노력도 엿볼 수 있어요.

두레스킴: 호키 박사님 말씀을 듣고 보니 제가 본 것 중에 눈에 띄는 구절이 있습니다. 열왕기하 2:23-25에 선지자 엘리사가 어린아이들이 자신을 대머리라고 놀려 대자 암곰 두 마리를 수풀에서 불러내 42명의 아이들을 찢어 죽이는 장면이 나옵니다. KJV판에는 순진무구하고 나이 어린 아이들(little children)인데, 애들을 죽이는 것이 너무 잔인하다고 생각했는지, NIV판에는 아이들을 소수의 젊은이들(some youths)이라는 단어로 교체하였습니다. 마을에 사는 불량배 청년들이 놀려 혼내 주었다는 식으로 대상을 의도적으로 바꿔 엘리사의 잔혹한 행위를 희석시키려고 한 것으로 보입니다.

바우류당: 엘리사는 열왕기에 자주 나오고 신약성경에도 비중 있는 선지자로 등장하는데, 이 사람에 대한 기록이 역대기에는 전혀 나오지 않습니다. 역대기 저자가 엘리사의 선지자로서의 품행에 불만을 가졌거나, 엘리사가 행했다고 열거되는 기적의 신빙성을 아주 낮게 보았기 때문에 그에 관한 기록을 모두 빼버린 것 같습니다. 사실 구약성경에 나오는 역사서는 현대적 의미에서 보면 역사서라기보다는 신학적인 창작물 이상의 의미를 갖기 어렵습니다.

105 윤리적 문제

두레스킴: 앞에서 엘리사가 자기를 놀렸다고 곰을 불러내 어린아이들을 찢어 죽인 이야기가 나왔으니, 이와 연결해서 지금부터는 구약성경이 윤리적으로 참고할 만한 가치가 있는가에 대해 살펴보도록 하겠습니다.

라바모스: 만약 구약성경이 없거나 여호와가 모세를 통해 율법을 전하지 않았더라면, 인간 사회는 동물의 세계와 마찬가지로 무질서해지고 부정이 만연했을 것이다. 유대교나 기독교가 영향력을 행사할 수 있는 구역(교구)을 설정하여, 그 안에 있는 구성원들을 성직자가 보호하고 인도하는 역할을 해왔다. 이런 기능이 없었다면 사회에 정상적으로 적응하기 어려운 사람들이 머물 장소가 없었고 그 사회는 골머리를 앓았을 것이다.

바우류당: 영국에선 수도원이 병자들을 보살피고, 사람들을 교육하고, 가난한 사람들에게 잠자리와 음식을 제공했었습니다. 그런데 헨리 8세가 수도원을 강제 폐쇄하면서 이를 대신할 기구를 마련하지 않아 사회적 문제가 발생하기도 했습니다.[43]

아인스호키: 국가의 저소득층에 대한 지원 제도가 정착하기 전에 종교단체가 그런 역할을 대신해 온 것은 사실이지요. 하지만 지금은 그런 기능을 국가가 전담하다시피 하고 있어서 종교계에서 할 일이 별로 없어요. '한국 개신교회가 평균적으로 전체 재정 가운데 3.88%만을 불우이웃 돕기 등 교회 밖의 사회봉사비로 사용하고 있다'[44]는 지적을 새겨볼 필요가 있어요. 그리고 동물들과 인간을 비교하지 마세요. 동물들은 인간들이 개입하기 전까지는 자연법칙에 따라 나름대로의 질서를 지키며 잘 살아왔고, 부정

---

[43] *일상적 폭력 폭력적 종교*, 이종록, 쿰란출판사, 2017: 332

[44] *기독교 변하지 않으면 죽는다*, 존 쉘비 스퐁, 한국기독교연구소, 2001: 13

이라는 것은 눈을 씻고 봐도 찾을 수 없었어요. 오히려 종교계야말로 자신들이 믿는 신의 이름을 앞세워 원주민들을 집단 학살하고 강제로 땅을 빼앗고, 기득권 세력과 결탁하여 자기들의 몫을 챙겨 호의호식(好衣好食)하고 축재(蓄財)하는 데 앞장섰던 과거의 오류로 점철되어 있어요. 이 장에서 다루는 주제와 벗어나는 내용이니 여기까지만 할게요.
바우류당: 오늘날의 종교단체는 종교뿐만 아니라 사회, 문화, 정치, 경제를 아우르는 기관이 되었습니다. 그리고 한국에 들어온 기독교는 도박, 음주 및 흡연을 금지한 덕분에 여성들의 환영을 받아 널리 퍼진 것이 사실입니다. 이런 식으로 종교가 각 사회의 문제점을 파악하고 분석하여 사회가 올바른 방향으로 나아갈 수 있도록 공헌한 것은 부인할 수 없습니다. "교회는 그리스도의 몸으로서 만물 안에서 만물을 충만하게 하시는 그리스도의 충만함이니라"(에베소서 1:23). 그리스도의 몸인 교회는 여러 지체들을 가지고 있는데, 하느님께서는 이 모든 지체들이 조화를 이루어 서로 돕고 성장하기를 원하십니다.[45)]
두레스킴: 두 분의 의견은 인정하지만, 그런 주장은 근거가 빈약한 기존 종교를 정당화하는 이유가 될 수 없습니다. 그리고 존재의 본질을 제대로 이해한다면, 그럴 필요성이 없어질 것입니다. 그리고 지금은 종교가 제공하던 공동체를 국가, 공공기관 또는 민간 기업이 많이 해소하고 있기 때문에 종교의 필요성이 점점 사라지고 있습니다.

예수께서 생각하셨던 이상향은 예식, 성전, 그리고 성직자가 없는 순수한 종교였습니다. 이것은 정의로운 양심과 인간의 힘으로 세상사의 도덕적 판결을 하는 것입니다. 우리는 이렇게 살도록 만들어져 있고 앞으로 살아나가야 할 길입니다.[46)]

---

45) *함께 하는 여정*, 천주교 서울대교구 사목국, 가톨릭출판사, 1995: 79
46) *The Life of Jesus*, Ernest Renan, BiblioLife, 1863: 250

아인스호키: 모세오경에 나오는 율법에는 바빌론 유배 중에 접한 내용들이 많이 있지요. 특히 기원전 1728년에 즉위한 것으로 추정되는 함무라비가 제정한 세상에서 가장 오래된 법 조항의 하나인 '눈에는 눈, 이에는 이'라는 동태(同態, 같은 형태) 복수법이 있는데, 이것이 출애굽기 21:23-25에 "생명은 생명으로, 눈은 눈으로, 이는 이로, 손은 손으로, 발은 발로, 덴 것은 덴 것으로, 상하게 한 것은 상함으로, 때린 것은 때림으로 갚을지니라"라고 바빌론 법전의 내용을 확대 인용하는 대목이 눈에 띄더군요.

라바모스: 유대교에서는 그 부분을 같은 형태로 복수하는 것이 아니라 잘못한 행위에 대해 금전적 보상을 하면 책임을 면할 수 있는 것으로 해석하고 있다.

두레스킴: 패역한 아들과 관련하여 "사람에게 완악하고 패역한 아들이 있어 그의 아버지의 말이나 그 어머니의 말을 순종하지 아니하고 부모가 징계하여도 순종하지 아니하거든 … 그 성읍의 모든 사람들이 그를 돌로 쳐죽일지니 이같이 네가 너희 중에서 악을 제하라"(신명기 21:18-21)라는 처벌 규정이 있습니다.

만약 전지전능한 여호와의 율법에 따라 자기 마음먹은 대로 자식들의 생명이나 인격권을 처리해도 된다고 생각하며 행동하는 사람이 있다 해도 구약성경을 액면 그대로 믿는 사람들은 그 사람을 비난하기 어려울 것입니다.

바우류당: 자식을 마음대로 처분하는 것과 관련하여 구약성경에 아브라함이 이삭을 죽이려다 미수에 그친 장면이 나옵니다. 반면에 사사기 11장에는 입다가 여호와에게 '암몬족과 싸워 이기고 무사히 돌아오면 처음으로 자기를 영접하는 자를 번제물로 바치겠다'는 약속을 지키기 위해 가장 먼저 자신을 반갑게 영접한 딸을 피도 눈물도 보이지 않고 장작 위에 올려 놓고 멱을 딴 후 불태워 죽입니다.

그리고 십계명을 거론한 후 이어지는 출애굽기 12:7에는 모세가 사람들이 자신의 딸들을 여종으로 팔 수 있다고 공언하고, 여종을 구매한 사람이 여종을 어떻게 처리할지에 대해 자상하게 부연설명까지 곁들입니다.

두레스킴: 그런데 '번제에 바치는 동물은 수컷만 되고 수컷이라도 같은 어미가 난 암컷 뒤에 태어난 동물은 제물로 바칠 수가 없다는데'[47] 어떻게 처녀를 번제에 바쳤다고 하는지 저는 도무지 이해할 수 없습니다. 그리고 이 이야기를 통해 우리는 남아 선호 사상과 남녀 차별을 확인할 수 있습니다.

아인스호키: 신명기 22:20-21에는 딸의 순결과 관련하여 "그 처녀에게 처녀의 표적이 없거든 그 처녀를 그의 아버지 집 문에서 끌어내고 그 성읍 사람들이 그를 돌로 쳐죽일지니"라는 규정도 있더라고요. 옛날에 처녀성을 파악할 수 있는 과학기술도 없는 상태에서 확실한 기준도 제시하지 않고 처녀성 여부 하나로 여성을 죽이라고, 그것도 잔인하게 돌로 쳐죽이라고 했는지 생각만 해도 끔찍해요.

지금도 이슬람교를 따르는 나라에서는 이런 식의 만행이 자행되고 있지요. 킴 소장 말대로 이런 만행에 대해 구약성경을 믿는 사람들은 이들이 여호와의 가르침에 따라 그런 행위를 했다고 주장하면 뭐라고 반박할 수 있을까요? [어이, 모스 랍비! 한마디 해 보시지.]

라바모스: 밝히기 조금 창피하지만, 구약성경에서는 처녀의 표적 여부를 잠자리를 가질 때 자리옷에 피 묻은 것으로(신명기 22:17) 판정했다.

그리고 아브라함은 이삭을 죽이지 못했는데, 유다 왕 아하스(기원전 735~715 재위)는 자기 아들을 번제에 바쳐 불에 태워 죽였다(열왕기하 16:3). 성서학자들은 이러한 풍습이 독자적이고 고립된 이교도의 관행이 아니라 주민과 토지의 풍요와 안녕을 하늘의 신들에게 비는 복합적인 종교의식의 일부였다는 것을 증명했다.[48]

---

47) *The Woman's Bible*, Elizabeth C. Stanton, Prometheus Books, 1999: 78

48) *성경: 고고학인가 전설인가*, 이스라엘 핑컬스타인, 닐 애셔 실버먼, 오성환 옮김, 까

두레스킴: 아하스 왕이 자신의 아들을 번제로 바쳤다는 것은 북이스라엘이 멸망하기 전까지 남유다에서는 이교도의 영향이 상당한 수준이었음을 증명합니다. 아하스가 통치하던 중에 북이스라엘이 멸망하고 제사장들이 내려온 뒤 히스기야 왕이 종교 개혁을 단행하고, 이후 요시야 왕 시절에 이르러 개혁이 완성됩니다. 하지만 이런 조치는 오래지 않아 바빌로니아의 침공으로 끝나게 됩니다.

라바모스: 킴 소장이 유대인들이 이교도의 영향으로 자식들을 번제로 바쳤을 것이라고 한 것은 내가 앞에서 밝힌 내용과 상충된다. "내(여호와)가 그들에게 선하지 못한 율례와 능히 지키지 못할 규례를 주었고 그들이 장자를 다 화제(=번제)로 드리는 그 예물로 내가 그들을 더럽혔음은 그들을 멸망하게 하여 나를 여호와인 줄 알게 하려 하였음이라"(에스겔서 20:25-26)라는 구절이 나온다. 이 내용은 기원전 590년대에도 유대인들이 이교도들과 같은 방식으로 장자를 번제로 바치라고 규정한 여호와의 율법을 지키고 있었음을 보여 준다. 에스겔은 여호와가 지정한 이런 관습이 잘못이었음을 명백히 지적하고 있다.

바우류당: 민수기 5:11-31에 남편이 처의 비행에 대한 물증이 없지만 의심이 가는 경우, 제사장은 거룩한 물을 애간장을 녹일 정도의 쓴 물로 만들고 여기에 성막 바닥의 먼지를 넣고 저주의 글을 빨아 섞어 비난받는 여성에게 마시게 하였습니다. 넓적다리가 마르고 배가 부으면 저주를 퍼붓고, 그런 증상이 나타나지 않으면 결백한 것으로 판정했습니다. 일종의 신명재판(神明裁判)인데 이럴 경우 내장이 안 녹고 견디는 여성이 있었을지 궁금합니다.

아인스호키: 이런 구약성경의 가르침을 충실하게 따라 중세에는 물증도

치, 2002: 283

없는 수많은 여성을 마녀로 몰아 지독한 고문을 가해 죽이고, 고문을 이겨내면 마귀의 보호를 받는 마녀라고 저주하며 화형에 처했지요. 마찬가지로 구약성경에 나온 내용과 다른 주장을 한 과학자나 지식인을 박해한 사례는 종교계의 모순을 적나라하게 보여 주고 있지요. 영국에서는 18세기까지만 해도 성직자가 죄 없는 여성들을 마녀라고 법정에 끌고 가면 소위 배웠다는 판사들이 이들에게 고문을 가하도록 하거나 사형 판결을 내렸어요.[49] [어이, 모스 랍비! 이 율법의 조항이 신명기(申命記)가 아닌 민수기(民數記)에 나오는데 왜 신명(神明) 재판이라고 불리는겨? 한자로는 다르다고… 나도 알어. 그냥 웃자고 해본 소리여…]

49) *The Woman's Bible*, Elizabeth C. Stanton, Prometheus Books, 1999: 93

두레스킴: 여호와가 불순종에 따르는 징벌을 "너희가 이같이 될지라도 내게 청종하지 아니하고 내게 대항할진대 내가 진노로 너희에게 대항하되 너희의 죄로 말미암아 칠 배나 더 징벌하리니 너희가 아들의 살을 먹을 것이요 딸의 살을 먹을 것이며"(레위기 26:27-29)라고 제시하고 있습니다.
아인스호키: 신명기 28장에는 불순종에 따른 저주가 언급되지요. 53-55절에는 남자가 '자궁의 소산인 아들과 딸의 살을 먹되 이를 자기 처나 다른 자식들에게 나눠 주지 않게 하고'라는 대목이 있고, 57절에는 여자가 '자기 다리 사이에서 나온 태와 자기가 낳은 어린 자식을 남몰래 먹으리니'라는 주문이 있지요. 이사야 9:20에는 '배가 고파 각각 자기 팔의 고기를 먹을 것[영문으로는 '각자 자기 자손(아이)의 살코기를 먹을 것(Each will feed on the flesh of his own offspring)']이라는 표현이 나와요.
바우류당: 같은 구약성경을 참고하여 만들어진 이슬람교의 쿠란 17장 31절에 "궁핍의 두려움으로 너희 자손을 살해하지 말라. 알라가 그들에게 일용할 양식을 주나니 너희에게도 마찬가지라 그럼으로 그들을 살해하는 것은 큰 죄악이라"라고 하면서 여호와의 주문과는 달리 훨씬 부드러운 말로 가르침을 설파하고 있는 것과 대비됩니다.
라바모스: 나도 한 가지만 덧붙이고자 한다. 에스겔 5:10에 "네 가운데에서 아버지가 아들을 잡아먹고 아들이 그 아버지를 잡아먹으리라"라는 말이 나온다. 성경에 이런 표현이 들어가면 안 된다. 여기에서 언급되는 지명 그발강 근처 델아빕(Tel-Abib near the Kebar River, 3:15), 디블라[6:14, Diblah(NIV판), Diblath(KJV판)]나 바마(20:29, Bamah)라는 지명은 구약성경 시절에 존재하지 않았다. 이런 표현은 오직 에스겔에만 나오고 성경 다른 곳 어디에도 에스겔이라는 이름이 나오지 않는 것을 보면 누군가가 후에 이 책을 작성하여 끼워 넣은 것으로 보인다.
두레스킴: 저도 에스겔을 읽으면서 특이한 점을 발견했는데, 그것은 네 생

물(four living creatures, 1:5-10)이라는 표현이 다니엘의 큰 짐승 넷(four great beasts, 7:3-7), 그리고 요한계시록의 네 생물[four living creatures(NIV판) 또는 four beasts(KJV판), 4:6-7)]과 비슷합니다. 종말론을 언급하며 이야기를 꾸려나가는 구성도 서로 유사합니다. 그리고 이마에 표시를 하라는 주문이 에스겔 9:4에 나오는데, 이런 표현은 요한계시록의 이마나 손에 표(시)한다는 내용과 같습니다. 누가 누구 것을 도용한 것인지 확증할 수 없습니다. 단 에스겔의 표시는 우상숭배를 하지 않는 사람들에게, 요한계시록에는 우상숭배한 사람들에게 한다는 차이가 있습니다.

아인스호키: 그러면 저승에 갔을 때 여호와는 표시를 가진 사람들을 우대하거나 멸시해야 하는데, 이렇게 표시 방식이 달라지면 어떤 기준으로 판단할까요? 신도 해먹기 참 어렵겠어요. 저 잘났다고 나대는 사람마다 다른 기준을 제시하니 헷갈리겠지요. 또한, 에스겔 15:14와 15:20에 노아, 다니엘(Daniel), 욥 세 명의 이름이 나오는데, 다니엘의 이름이 나오는 것이 뻘쭘했는지, 난하주에는 다니엘을 다넬(Danel)이라는 이름일지도 모른다고 해석해 놓았어요. 샤넬이라면 우리가 알겠지만 다넬은 유명한 이름도 아니고, 성경 내 어디에도 그런 이름이 나오지 않아요. 이런 식으로 억지 해석하면 안 되지요. 다니엘 이름이 나온 것을 보면 이 책의 저자는 틀림없이 다니엘 이후의 사람일 거에요.

라바모스: 에스겔과 요한계시록에 나오는 동물들은 사자, 황소, 독수리, 사람으로 똑같다. 누군가가 다른 저자의 작품을 베낀 것이 확실해 보인다. 다니엘의 동물들은 사자, 곰, 표범에 열 개의 뿔이 달린 동물이니 차이가 나지만 네 마리의 동물을 설정한 것은 동일하다.

바우류당: 저도 에스겔을 읽으면서 왜 구약성경을 따르는 사람들 중에 많은 사람이 성형수술을 하고 치장을 과하게 하는지 이해하게 되었습니다. 여호와께서 '아름답고 유방이 뚜렷하고 네 머리카락이 자랐으

나'(16:7)라는 말이나, '코고리를 코에 달고 귀고리를 귀에 달고 화려한 왕관을 머리에 씌웠나니'(16:12)라는 말을 직접 하십니다. 아무리 이스라엘을 풍요롭게 만들었다는 비유를 위해서라지만 성경에 이런 표현을 넣은 것은 무리가 아닐 수 없습니다.

그리고 이렇게 치장시켜 놓았는데 이후 창녀와 같이 되어 이 나라 저 나라에 달라붙어 음행을 저지른다는 표현을 쓰는데, 창녀나 매춘부라는 표현 또한 바람직하지 않습니다. 특히 창녀라는 말이 에스겔과 요한계시록에 자주 나오는 것을 보면 위에서 여러분께서 지적하셨듯이 두 저자의 성향이 같음을 알 수 있습니다. 창녀나 매춘부라는 표현은 창세기, 레위기, 신명기, 여호수아, 사사기, 이사야, 호시아, 예레미야에도 세 번 이상 나옵니다.

두레스킴: 조심스럽지만, 에스겔이나 다니엘은 요한계시록을 합리화시키기 위해 후대에 작성하여 끼워 넣은 작품이 아닐까 하는 생각을 해보게 됩니다. 하지만 어떤 것이 먼저 쓰였는지에 대해서는 확신할 수 없습니다.

105-1 윤리 문제 2부

두레스킴: "두 사람이 서로 싸울 때에 한 사람의 아내가 그 치는 자의 손에서 그의 남편을 구하려 하여 가까이 가서 손을 벌려 그 사람의 음낭을 잡거든 너는 그 여인의 손을 찍어버릴[잘라낼, cut off her hand] 것이고 네 눈이 그를 불쌍히 여기지 말지니라"(신명기 25:11-12)라는 표현이 있습니다. 이것 또한 여성 차별과 남성 우월주의를 보여 주는 표현이 아닐 수 없습니다.

아인스호키: 창세기 19:30-38에는 롯의 두 딸이 자기 아버지에게 포도주를 마시게 한 후 근친상간을 통해 자손들을 이어가자는 음모를 꾸미고, 번갈아 가며 윤간하여 모두 성공을 거두어 그 자식들이 모압과 암몬의 조상이 되었다는 이야기가 나와요. 이런 행위를 정당화하는 것은 결코 용서받지 못할 거예요. 그리고 과학적으로도 근친상간은 불완전한 후손을 낳을 수 있기 때문에 피해야 해요. [어이, 모스 랍비! 내 말 새겨들어요.]

두레스킴: 창세기 35:22에서 이스라엘(야곱이 여호와의 지시대로 바꾼 이름, 창세기 32:28)은 자신의 장남인 르우벤이 후일 12지파를 구성하는 아들들 중 두 명을 낳아준 자신의 첩 빌하와 동침한 것을 알아차립니다. 하지만 이후 르우벤은 이런 천인공노할 배은망덕한 행위에 대해 아무런 제재를 받지 않고 빌하가 낳은 두 아들들과 12지파의 한 지파씩을 나누어 갖습니다. 지파의 장이 되거나 권력을 쥐는 사람은 어떤 행동을 해도 면죄될 수 있다는 인식을 심어줄 수 있기 때문에 이것도 문제가 될 수 있습니다.[50]

라바모스: 참고로 여호와가 야곱의 이름을 이스라엘로 바꾸라고 한 것은, 자신을 위해 싸우라는 의도가 담겨 있다. '이스라엘은 가나안인의 신 엘(El, 엘로힘)을 위한 전사를 의미하고, 예루살렘은 가나안인이 믿던 살렘이라고 불리는 신의 이름을 따서 지은 지명이다.'[51]

바우류당: 노아가 홍수 이후 정착하여 첫 작물로 포도를 재배합니다. 그런데 노아가 수확한 포도로 포도주를 가장 먼저 주조하여 마신 뒤 장막 안에 벌거벗고 누워 있었는데, 이 모습을 본 함[가나안의 아버지로 불림]이 보자 그를 저주합니다. 모스 랍비님, 이를 인지한 노아가 노발대발했다는데, 왜 그런 것입니까? 성경의 내용만 읽어서는 왜 그랬는지 알 수 없습니다.

라바모스: "가나안의 아버지 함이 그의 아버지의 하체를 보고 밖으로 나

---

50) 부록 3: 이스라엘 12지파

51) *The Laughing Jesus*, Timothy Freke & Peter Gandy, Three Rivers Press, 2005: 33

가서 그의 두 형제에게 알리매"(창세기 9:22)에서 하체를 보았다는 것은 성관계를 하였다는 뜻이다. "각 사람은 자기의 살붙이를 가까이 하여 그의 하체를 범하지 말라 너는 네 아버지의 아내의 하체를 범하지 말라 이는 네 아버지의 하체이니라"(레위기 18:6-7)에서 자기 아버지의 하체를 보았다는 표현은 자기 아버지인 노아나 노아의 아내며 함의 어머니인 여성과 성관계를 했다는 의미다. 그런데 이를 형제들에게 자랑삼아 떠들었기 때문에 노아의 저주를 받게 된 것이다.

두레스킴: 대홍수가 휩쓸고 지나간 후에 노아가 취한 여성이라면 자기 부인밖에 없을 텐데, 그렇다면 이것은 함이 자기 어머니와 성관계를 가졌다는 것을 의미합니다. 그나마 여기에서는 아버지인 노아가 부정한 행위를 한 함을 저주하는 말이라도 나오는데, 르우벤의 경우에는 이런 조치도 없이 그냥 지나갔습니다. 첩에 대한 차별 대우를 엿볼 수 있습니다.

아인스호키: 그러면 그 당시 유다에서 첩은 공용으로 인식했다는 말이 되네요. 그리고 노아가 처음에는 막내아들 셈이 성추행한 것으로 오해한 것 같아요. 아마도 술이 덜 깨서, 둘째 아들 함을 막내인 셈과 헷갈렸나봐요. 하긴 이름이 함이나 셈으로 한 자고, 받침도 'ㅁ'을 같이 사용하니 그럴 만도 했겠네요. 그런데 "노아가 술이 깨어 그의 작은 아들이 자기에게 행한 일을 알고 가나안은 저주를 받아 그의 형제의 종들의 종이 되기를 원하노라"(창세기 9:24-25)라고 정작 저주를 퍼부은 대상은 함의 넷째 아들인 가나안이니 나중에 함의 소행인 것을 알아챈 것 같아요.

더 웃기는 것은 저주를 퍼부은 함의 아들은 미스라임(Mizraim, 이집트, 창세기 10:6) 왕국, 함의 손자인 니므롯은 시날(Shinar, 바빌로니아, 창세기 10:10) 왕국과 앗수르(아시리아, 창세기 10:11) 왕국을 창건하는 엄청난 저주(?)를 받게 되지요. 하여튼 구약성경에 나오는 유명한 왕들은 전부 다 부도덕한 사람들만 골라두었더라고요. [어이, 모스 랍비! 나만 잘못 본 건

가? 뭐여, 내 말이 맞다고…]

바우류당: 구약성경의 연대기를 따져보면 노아는 기원전 2948년에 태어났고 600세가 되던 기원전 2348년에 홍수를 겪은 것으로 추정할 수 있습니다. 노아의 아들이나 손자가 떠나기 이전에 이미 이집트는 초기 왕조 시대(기원전 3150~2686)와 구 왕조 시대(기원전 2686~2181)의 국가가 완성되어 있었습니다. 여호와의 진노로 지구를 뒤엎은 대홍수가 일어난 것으로 추정되는 해보다 약 200년 앞선 기원전 2550년에 기자 피라미드가 그 위용을 드러낸 것을 보면, 이집트는 여호와가 친히 내린 대홍수 피해를 피한 것으로 보입니다. 그래서인지 1860년 조사에서 내부 부장품의 일부가 훼손되지 않은 상태로 발굴되었습니다.

바빌로니아 제국이 설립되기 전 지금의 이라크 지역에는 수메르 도시국가(기원전 2800~2360)들이 이미 형성되었습니다. 그리고 아브라함이 떠났다는 우르 지역이 기원전 1950년에 몰락하고 고대 바빌로니아 제국이 설립되었으며, 익히 들어 알고 있는 함무라비 왕이 기원전 1728~1686년에 통치하며 법령을 제정한 바 있습니다. 아시리아 제국은 이후 기원전 1100년경에 시작되었으니 니므롯이 티끌만 한 영향을 주었을 수도 있지만, 노아와 관련된 내용은 역사적 사실로 볼 때 이루어질 수 없는 내용이라는 것이 확실히 밝혀졌습니다.

두레스킴: 자기 부모나 부모의 첩을 범하고도 처벌받지 않고 살 수 있다는 교훈 아닌 교훈을 주고, 비행을 저지른 자식을 꾸짖지도 않고 그냥 넘어갑니다. 그리고 꾸짖더라도 괜한 연좌제를 적용하여 손자를 말로만 혼내고, 오히려 가증스러운 범죄를 저지른 자식의 집안이 더 번성한다는 이런 이야기를 통해 우리가 배울 것이 무엇인지 고민해 보시기 바랍니다.

함의 자손들이 이집트, 아시리아, 바빌로니아를 건국했다는 기록을 보면, 우리는 창세기의 내용 전부가 바빌론 유배에서 돌아온 후나 그 이후에 쓰여진 것을 알 수 있습니다. 그리고 유대 민족이 강대국들과 혈연으로 이어진다는 것을 내세워 이들의 자비를 구하려는 애절함을 읽어낼 수 있습니다.

아브라함은 메소포타미아에서 돌아오고 모세는 이집트로부터 옵니다. 이 두 가지의 이야기는 바빌로니아나 이집트 둘 중에 누가 지배 세력이 되든 상관없이 이들을 즐겁게 해줄 자료를 문서 보관소에 보관하고 있다가 상황에 맞춰 유용하게 사용할 수 있었습니다.[52]

라바모스: 랍비인 내가 구약성경의 내용에 대해 비판하는 입장이 되어서는 안 되는데, 여러분이 지적하는 내용을 보고 한마디만 덧붙이고자 한다. 사사기 19장에 '어떤 레위 사람과 그의 첩' 이야기가 나온다. 그곳에서 장인어른의 대접을 받으며 사흘 밤을 지새우면서 설득하여 함께 가는 것으로 결정하였지만 장인어른이 더 머물라고 해서 사흘을 더 지새고 7일째 되는 날 함께 떠난다. 밤이 되어 숙소를 찾는 데 어려움을 겪고 있다가 친절한 노인의 도움으로 그 집에서 잠을 청하게 된다. 그런데 갑자기 마을 불량배[KJV판은 the men of the city, certain sons of Belial, NIV판은 some of the wicked men of the city]들이 찾아와 동성애를 즐기기 위해 레위인을 내놓으라고 한다. 노인이 자기 딸과 레위인의 첩 둘을 대신 내놓겠다고 설득하다가, 결국 레위인의 첩만 내준다. 첩은 다음 날 아침 이들에게 밤새 집단으로 강간당하고, 죽은 채로 문지방에서 발견된다. 레위인은 시체를 싣고 자기 집에 이르러 첩을 칼로 열두 조각 내어 이스라엘 사방에 두루 보낸다.

처나 첩이 바람을 피우면 부모나 남편이 이를 용인하고 받아들여도 궁극적으로 인과응보(因果應報?)를 받게 된다는 것을 강조하기 위해서 이런

---

52) *The Laughing Jesus*, Timothy Freke & Peter Gandy, *Three* Rivers Press, 2005: 46

이야기를 집어넣었는지 모르겠지만, 이런 류의 이야기를 통해 어떤 교훈을 얻을 수 있을지 의문스럽다. 구약성경에 이런 류의 이야기를 더 이상 방치해서는 안 된다.

두레스킴: 위의 이야기와 비슷한 내용이 창세기 19장 '소돔과 고모라의 멸망' 이야기에 나옵니다. 소돔 백성들이 롯의 집에 몰려와 롯의 집에 찾아온 천사 두 명과 성교(동성애)하기 위해 이들을 내놓으라고 하니, 자기 딸을 대신 성 노리갯감으로 내놓겠다고 역제안합니다. 당시에도 동성애나 집단 성폭행이 자주 일어났음을 알 수 있습니다. 그런데 이런 내용을 성스럽다고 자부하는 성경에 적나라하게 넣어둘 필요가 있는지 묻지 않을 수 없습니다.

아인스호키: 여러분은 그나마 건전한 내용들을 다루셨는데, 내가 찾은 사례는 표현의 정도가 너무 심해서 입을 떼는 것조차 힘들어요. 하지만 용기 내서 두 가지만 보여 줄게요.

"그가 그의 음행을 더하여 젊었을 때 곧 애굽 땅에서 행음하던 때를 생각하고 그의 하체는 나귀 같고 그의 정수는 말 같은 간부를 사랑하였도다"(에스겔 23:19-20)의 개역개정판은 번역의 수위를 낮추어서 표현한 것인데, 영문을 그대로 번역하면 "그녀는 이집트에서 창녀로 살던 젊은 시절을 상기하며 더더욱 난삽해졌다. 그녀는 성기가 나귀의 것과 같이 크고, 사정하는 강도가 말과 같이 센 남성들에게 욕정을 느꼈다"는 내용이지요.

다른 하나는 내 사랑하는 자가 문틈으로 손을 들이밀매, 내 마음이 움직여서[My beloved put in his hand by the hole *of the door*, and my bowels were moved for him(아가 5:4, KJV판), My lover thrust his hand through the latch-opening; my heart began to pound for him(NIV판)]라는 표현인데, KJV판에서 문의 틈이라는 단어에서 '문의(of the door)'라는 부분이 이탤릭체로 적힌 것을 보면 이 부분이 후에 첨가된 것으로 보여요. 5:3절의 옷을 벗고 샤워하는 장면에 이어지는 이 부분은 남녀가 사

랑을 나누는 장면이겠지요. 나는 너무 낯 뜨거워 번역할 엄두가 나지 않으니, 독자께서 스스로 읽어 보시고 판단하는 것이 낫겠네요.
아마 성서학자들도 이런 표현들이 너무 적나라해서 그 수위를 낮추려고 다양한 시도를 한 것으로 보여요. 그런데 과연 이런 식의 표현을 담은 책자를 자녀나 지인에게 건네주며 성경에 적힌 대로 읽고 따르라고 권유할 수 있는지 묻지 않을 수 없어요.
바우류당: 아가(雅歌)는 노래 중의 노래, 가장 아름다운 노래로 솔로몬이 연인과 사랑을 나누는 노래입니다. 성직자들은 이 부분을 기독교와 교회와의 사랑의 관계를 시적으로 표현한 것으로 해석하고 있기 때문에 전혀 야한 내용으로 받아들이지 않습니다.
두레스킴: 19금 포르노 영화 내용에 자녀들에게 교훈이 될만한 이야기가 나오거나, 연인들 사이에 인생을 살며 도움이 될만한 대화가 일부 포함되었다고 이것을 건전한 영상물이라고 할 수 없을 것입니다. 마찬가지로 대부분의 내용이 교육적이고 도움이 되는 이야기로 구성되어 있더라도 몇 군데에 아주 폭력적이거나 선정적인 내용이 적나라하게 표현된 책이 있다면, 이 도서를 자식이나 지인에게 권장하는 것 또한 바람직하다고 할 수 없을 것입니다.
라바모스: 마지막으로 전쟁 방식과 관련하여 사무엘하 2:12-17에, 다윗과 이스보셋 양 진영에서 따로 선발된 12명의 젊은이들, 모두 24명이 두 줄로 서서 각기 상대방 머리를 잡고 칼로 옆구리를 찔러 일제히 죽는 장면이 나온다. 요압과 아브넬이 그런 게임을 통해서 하려는 것이 무엇인가? 그 결투는 룰렛 게임처럼 일정한 법칙을 갖는 게임으로 보이는데, 이것은 전쟁할 마음이 없는 사람들을 일부러 부추겨서 전쟁을 하게 만드는 흥분제 같은 것인가? 요압과 아브넬이 서로 협의하에 이런 게임을 했다는 데서(2:14), 그리고 그 일 후에 전쟁이 "심히 맹렬"(2:17)했다는 점에서, 그런

혐의가 상당히 사실이라는 확신을 갖는다.[53)]

구약성경에 나온 이런 내용을 나열하자면 며칠 밤을 세우면서 이야기를 해도 끝이 없을 것이다. [호키 박사! 왜 인상을 쓰시나? 그냥 넘어가자고? 알았어…] 그럼 여기까지만 하고 다음 주제로 넘어가도록 하겠다.

---

53) *일상적 폭력 폭력적 종교*, 이종록, 쿰란출판사, 2017: 191

106 역사적 고찰

두레스킴: 열왕기상 4:21에 따르면 솔로몬이 통치한 지역은 유프라테스 강부터 이집트의 접경 지역까지라고 합니다. 열강들이 널려 있는 가운데, 단기간에 이렇게 넓은 국토를 확보할 수 있었다는 것은 이해하기 어렵습니다. 이스라엘에서 오랜 기간 동안 발굴 작업을 하였지만, 구 왕국의 흔적을 찾아내지 못하고 있는 것이 이를 입증하고 있습니다. 결국 우화 속의 잔재를 현실에서 찾으려고 하니 찾을 수 없는 것입니다. 다윗이나 솔로몬 왕국의 흔적을 찾기 위한 고고학적 발굴 작업이 이스라엘에서 수차례에 걸쳐 대대적으로 이루어졌지만, 어떠한 흔적도 찾아내지 못함에도 불구하고 마치 이 시대가 역사 속에 존재한 것처럼 미화되고 있습니다.

바우류당: 일부 학자들은 이집트 왕조의 기록 중 이스라엘을 기원전 925년에 침공한 것을 참고하여 구약성경에 나오는 이집트 왕 시삭이 이스라엘을 기원전 925년에 정복하였으며, 이때는 이미 솔로몬이 죽은 상태라고 주장합니다. 구 왕국의 분열이 기원전 922년에 이루어졌고 솔로몬이 이때까지 통치하고 있었다면, 솔로몬이 통치하고 있을 때 이집트의 침공이 이루어졌을 수도 있다는 이야기가 됩니다. 하지만 솔로몬이 성경에 묘사된 대로 엄청난 규모의 왕권을 누리고 있었고 이들에 맞서 전쟁이 일어났더라면 이스라엘을 점령했다는 단순한 기록만 남아 있지는 않았을 것입니다.

라바모스: 고대 이집트 문헌에는 히브리인을 '샤수(Shasu)'라 했는데, 그 의미는 '맨발로 이동하는 자'다. 이들은 기원전 13세기 파라오 메르넵타(Mernepta, 기원전 1213-1203 재위) 석비에 '이스라엘'이라는 명칭으로 등장한다. 이 석비에는 고대 이집트어로 "이스라엘은 초토화되었고, 그 자손은 더 이상 없다"라는 문장이 등장한다. 샤수는 모압과 에돔 그리고 이

스라엘[왕국] 지역 출신 사람들을 총괄적으로 지칭하는 용어다.[54]

메르넵타 석비

아인스호키: 솔로몬이 죽은 연대에 대해 기원전 922년, 930년 또는 935년 등 다양한 의견들이 있어요. 솔로몬 왕국이 실재 존재했더라도 솔로몬 사후 길게 봐야 10년이라는 아주 짧은 시간이 지난 후에 이집트의 침공으로 심각한 타격을 입었다면, 구약성경에서 묘사하는 정도로 강한 왕국이었다고 할 수 없지요. 성경에는 다윗(역대상 29:27)과 솔로몬(역대하 9:30)이 각각 40년 동안 통치하였다는 기록이 있어요.

다윗은 기원전 1000~961년까지 그리고 솔로몬은 기원전 961~922년까

54) *신의 위대한 질문*, 배철현, 21세기북스, 2015: 283

지 통치했다는 주장이 그나마 연대기적으로는 설득력이 있어 보여요.[55] 물론 북왕국과 남왕국으로 나뉘기 전에 통일 국가가 있었을 가능성도 있지만, 그전 사회는 부족 단위의 집단으로 존재하고 있었다고 보는 것이 더 설득력이 있어요. 다윗과 솔로몬의 왕국도 모세의 이집트 대탈출 우화와 마찬가지로 상상의 나래 속에 그려진 신화에 불과한 거예요.

라바모스: 솔로몬의 지혜로움을 보여 주기 위해 솔로몬이 자식의 소유권을 두고 두 여인을 재판하는 모습이 나온다. 하지만 출애굽기 18장을 보면, 모세가 백성들을 직접 재판하던 것을 지켜보던 이드로가 부장 제도를 제안해서 모세가 그 제도를 도입하는데, 여기에 비추어 보면 솔로몬 당시 이스라엘에서 일어나는 모든 일을 솔로몬이 직접 재판했을 리 없다. 만약 그랬다면, 솔로몬이 다스리는 나라는 엄밀한 의미에서 나라가 아니고, 솔로몬도 실제로 왕이 아니었을 것이다. 솔로몬은 족장 정도였을 것이고, 그가 다스리던 지역은 촌락 정도였을 가능성이 크다.[56] 다윗과 솔로몬 시절의 이스라엘은 부족사회나 심지어 씨족사회 형태의 소규모 집단으로 존립했을 개연성이 높다.

두레스킴: 유다 왕국과 이스라엘 왕국이 기원전 922년에 동시에 설립된 것을 보면, 강대국인 이집트가 침공하여 통치하기 편하게 나라를 둘로 쪼개 각 나라의 왕을 내세운 것으로 추론할 수 있습니다. 기원전 925년 이집트가 이스라엘을 정복한 후 정지 작업을 통해 북쪽은 이스라엘, 남쪽은 유다로 양분하여 속국으로 삼았던 것일 수 있습니다. 하지만 이것도 신빙성이 떨어집니다.

아인스호키: 구약성경에 실명이 언급되는 파라오들이 있는데, 자주 언급

---

[55] *Atlas of the Bible Lands (성경지역 지도)*, edited By Harry T. Frank, Hammonds, 1990: 40

[56] *일상적 폭력 폭력적 종교*, 이종록, 쿰란출판사, 2017: 182-183

되는 왕은 시삭[(Shishak), Sheshong , 기원전 935~914 재위]으로 여로보암이 솔로몬으로부터 피해 몸을 숨겼던 왕으로 나와요(열왕기상 11:40). 시삭 왕은 기원전 925년에 예루살렘을 침공하는데 성경에서는 당시를 유다왕 르호보암 5년(기원전 917년, 열왕기상 14:25, 역대하 12:2)으로 기록하고 있어요. 기원전 922년에 이스라엘이 이스라엘과 유다의 두 나라로 갈라지면서 역사에—그것도 상상 속에 그려졌을 가능성이 높은—모습을 드러내지요. 만약 이것이 사실이라면, 이집트가 두 나라를 속국으로 삼았던 것으로 보이며, 그런 연유로 실명이 여러 차례 나온 것으로 보여요.

다음에 등장하는 이집트 왕은 열왕기하 17:4에 나타나는 소(So)에요. 북쪽의 이스라엘이 기원전 722년에 아시리아에 의해 멸망되기 전에, 이 왕에게 편지를 보내 도와달라고 부탁한 사건을 기술하며 나오는 이름이에요. 하지만 당시에 이집트가 여러 나라로 나뉘어 있었기 때문에 어느 왕인지 특정할 수 없어요.

다음은 예레미야 46:2에 나오는 느고 왕[Neco, 네카우 II, 기원전 609~593 재위]이에요. 요시야 왕(Josiah, 기원전 640-609 재위)은 이집트 느고 왕에 맞서 벌인 므깃도(Megiddo, 열왕기하 23:29, 역대하 35:22) 전투에서 전사해요. 열왕기하에서는 칼에 베여 죽고, 역대하에서는 활을 맞고 중상을 입은 후 죽었다고 해요. 이후로 유다국은 이집트의 속국이 되지요.

예레미야 44:30에만 유일하게 언급된 이집트의 호프라 왕[Hophra라는 익명을 갖는 아프리스(Apries, 기원전 589-570 재위)]은 유다의 마지막 왕 시드기야(Zedekiah, 기원전 597-587)와 바빌론의 느부갓네살 왕(Nebuchadnezzar, 기원전 605-562)의 실명이 나오는 곳에 등장해요.

파라오의 신하로는 창세기 37:36과 39:1에 이집트로 팔려온 요셉을 산 친위대장 보디발(Potiphar)이 나오고, 역대상 4:18에는 에스라의 아들 메렛이 부인으로 맞이한 파라오의 딸 비디아(Bithiah)의 이름이 나와요.

바우류당: 흥미로운 것은 유대인들이 이집트에서 오랜 기간 거주하던 중에 재위했던 파라오들의 이름이 나오지 않는다는 것입니다. 특히 요셉이 이집트에서 총리가 되어 모시던 왕의 이름이나, 모세가 대담하게 이집트로부터 대탈출(출애굽)을 감행했을 당시 유대인들을 혼내 주려고 쫓아온 이집트 왕의 이름조차 언급되지 않습니다. 그리고 모세 시대나 이후 대부분의 이집트 왕을 이름 없는 파라오(그것도 대문자 Pharao)로 부릅니다. 이는 구약성경에서 묘사하는 그런 사건들이 역사적으로 존재하지 않았기 때문일 것입니다.
두레스킴: 에스라에서 언급하는 바사(Persia, 페르시아) 왕 다리오(Darius, 다리우스)가 다리우스 1세(기원전 522~486 재위)를 말하는지, 다리우스 2세(기원전 433~404 재위)를 언급하는지 명확하지 않습니다. 그런데 성전 공사를 중단시키라는 아닥사스다 1세(Artaxerxes, 기원전 465~433 재위)의 서신이 에스라 4:17-22에 게재되어 있고, 에스라 4:24에 "성전 공사가 바사 왕 다리오 제2년까지 중단되니라"라는 표현이 나오는 것을 보면 여기에서 언급되는 왕은 다리우스 2세가 분명합니다.[57]

에스라 7:1에 따르면 에스라(기원전 480~440)가 아닥사스다 왕의 통치기간 중인 기원전 458년 바빌론 유배로부터 돌아왔습니다. 만약 에스라가 이 책의 저자라면, 자신이 기술하는 시절의 왕이 다리우스 1세인지 2세인지도 구분하지 않고 썼다는 말이 됩니다. 에스라서 또한 에스라가 기록한 것이 아니고, 역사를 잘 알지 못하는 후대의 저자가 기록했을 가능성이 높습니다. "에스라의 첫 세 절의 내용은 역대하 마지막 두 절의 내용과 거의 똑같습니다. 어떤 부분이 다른 부분을 잘라 섞었는지 모르지만, 이 두 부분에 대해 각각의 저자가 다른 저자의 작업 내용을 몰랐거나

[57] 부록 1: 구약성경에 등장하는 열강의 왕 연대기

편집자가 저자들을 몰랐을 것입니다."[58)]

라바모스: 느헤미야는 바빌론 유배에서 기원전 445년에 3차로 귀환하여 기원전 433년까지 유다 땅 총독으로 부임한 사람(느헤미야 5:14)으로, 느헤미야 2:1에 나타난 연대를 보더라도 에스라와 비슷한 시기의 사람임을 알 수 있다. 이 책에서는 예루살렘성이 복구되지 않고 방치되어 있으니, 아닥사스다 왕에게 자신이 예루살렘으로 돌아가 재건할 수 있도록 허락해 달라고 간구하여 허락을 받고 진행한 작업을 열거하고 있다.

아인스호키: 이는 에스라에 언급된 내용과 배치되는데, 최소한 다리우스 1세 때에 재건되었다는 주장이 잘못되었음을 확인해 주고 있어요. 느헤미야는 실존 인물일 가능성이 높고, 시점은 특정할 수 없지만 그 책을 저술한 것은 확실해 보여요. 산수에도 능했던 지식인이 확실한데요, 5:11에 1/100이라는 표현이나 하루의 1/4을 KJV판에는 1/4(one fourth part)로, NIV판에는 1/4(a quarter)로 표기한 것 또한 느헤미야가 유일해요.

바우류당: 느헤미야가 똑똑한 사람이고 실존 인물인 것은 확실한데, 제가 보기에는 에스라하고 사이가 좋지 않았던 것 같습니다. 제사장 에스라를 지칭하면서 학사(8:1)라거나 마지못해 제사장 겸 학사(8:9)라고 기록하고, 에스라의 조상에 대해서도 제멋대로 기록하고 있습니다.[59)]

두레스킴: 일부 학자들은 성경의 기록을 빌려 예루살렘 성전이 세 번에 걸쳐 조성되었다고 합니다. 첫 번째가 열왕기상 6장에 언급된 솔로몬 왕이 건설했다는 솔로몬 성전으로, 만약 구약성경의 내용대로 건설되었다면 기원전 950년경에 완공되었을 것입니다. 하지만 다윗과 솔로몬 왕국 이야기는 바빌론 유배를 마친 후나 더 후대의 사람들이 쓴 신화이기 때문에 이 성전은 실존하지 않습니다. 솔로몬 성전에 대한 기록이나 유적은

---

58) *Thomas Paine Collection*, Forgotten Books, 2007: 387, 내용 요약 번역

59) 부록 2: 에스라 족보

고고학자들이 지금까지 찾고자 여러 차례 시도했지만, 흔적을 발견하지 못하고 있습니다.

두 번째가 에스라나 느헤미야에서 언급하는 바빌론 유배 이후에 지은 성전입니다. 이 성전이 기원전 516년에 완공되었다고 주장하는 학자들도 있으나, 만약 이 성전이 실재로 존재했다면, 위에서 살펴본 바와 같이 기원전 431년에 착공하여 4년(에스라 6:15)이 지난 기원전 427년에 완공된 것으로 보는 것이 합리적인 추론입니다.

에스라 7장 이후에 에스라가 바빌론 유배에서 돌아와 보았다는 성전은 가상의 상징물이거나 허구일 가능성이 큽니다. 아니라면 에스라라는 책은 에스라가 쓴 것이 아니고 에스라 사후에 에스라를 잘 모르는 저자가 집필했을 가능성도 있습니다.

아인스호키: 그렇다면 제2 성전이 언제 완공되었는지 명확하지 않지만, 실제로 존재했을 가능성은 있네요. 그런데 느헤미야 6:15에 52일 만에 성벽 공사를 마쳤다는 기록과 에스라 6:3에 세로가 30미터, 높이가 30미터라는 기록만 있어서 그 규모를 정확히 파악할 수 없지만 제2 성전의 규모는 크지 않았을 것이라고 추정할 수 있어요. 예루살렘 지역에 건설되었고 제2 성전으로 익히 알고 있는 스룹바벨 성전은 존재하지 않았거나 존재하였더라도 아주 소규모의 건물이었을 거예요. 앞에서 살펴본 바와 같이 바빌론 유배 이후 3만 명 정도의 유대인들이 예후드라는 지역에 살았는데 이런 인력으로 지을 수 있는 건물의 규모는 한계가 있을 수밖에 없었겠지요. 제3 성전은 기원후 63년에 제2 성전을 보수 확장한 헤롯 성전으로 이는 실존했지요.

바우류당: 에스겔 40-43장에 언급된 성전의 모습은 환상 속에서 그려진 것입니다. 그러나 성전의 치수를 정확히 기술하려고 시도한 것을 보면, 실재 존재했던 다른 성전을 참고하여 묘사한 것으로 보입니다. 제 생각에는

바빌론 왕궁을 참고하였지만, 그 규모를 훨씬 줄여 놓은 것 같습니다. 자금성과 경복궁의 규모에 차이가 나는 것과 같은 개념으로 보면 됩니다.
라바모스: 이실직고하겠는데, 지금은 유대인과 이스라엘인을 같은 민족으로 보지만, 예전에는 완전히 다른 민족이었고 심각할 정도의 적대감을 가지고 살았다. 이스라엘인은 팔레스타인 북부에 거주하며 사마리아를 수도로, 유대인은 팔레스타인 남부에 거주하며 예루살렘을 수도로 삼고 살았다.[60] 이스라엘인은 이집트의 시삭 왕(Shishak, 기원전 935~914 재위)이 기원전 925년에 이스라엘을 점령하였다는 역사적 기록 이후, 아무런 기록을 남기지 않고 조용히 살고 있었다.

북왕국의 오므리 왕(기원전 876~869 재위)은 사마리아를 건설하였으며, 모압에서 발견된 메사 비석에 이 왕의 기록이 남아 있고, 고고학자들이 이 왕이 지은 것으로 보이는 사마리아의 건물터를 발견한 바 있다. 아시리아의 샬마네세르 3세(Shalmaneser III, 기원전 859~824 재위)가 기원전 853년 카르카르 전투에 출동한 아합(Ahab, 기원전 869~850 재위) 왕의 대규모 전차 부대에 대해 언급하였고, 고고학자들은 이 시대에 지은 것으로 보이는 사마리아의 대형 건물, 이스르엘의 복합 건물, 므깃도의 궁전 및 하솔의 성벽과 성문을 발견하였다. 샬마네세르 3세는 여호람 왕(Jehoram, 기원전 849~842 재위) 시절에 사마리아를 침공하여 속국으로 만들어 버렸다.
이후 사마리아는 아시리아의 속국으로 존속했다. 예후 왕(Jehu, 기원전 842~815 재위)은 샬마네세르 3세에게, 요아스 왕(Jehoash, 기원전 801~786 재위)은 아닷니라리 3세(Ada-nirari III, 기원전 807-782 재위)에게, 그리고 므나헴 왕(Menahem, 기원전 745~738 재위)은 디글랏빌레셀 3

[60] *The Laughing Jesus*, Timothy Freke & Peter Gandy, Three Rivers Press, 2005: 33

세(Tiglath-pileser III, 기원전 745~727 재위)에게 조공을 바쳤다는 내용이 아시리아의 기록에 남아 있다. 아시리아의 디글랏빌레셀 3세는 사마리아의 갈릴리와 이스르엘 계곡을 점령하고, 북부의 여러 이스라엘 도시를 파괴한 후, 베가 왕(Pekah, 기원전 737~732 재위)을 폐위하고 호세아(Hoshea, 기원전 732~724 재위)를 왕위에 앉혔다.

이때 유다국의 아하스(Ahaz, 기원전 735~715 재위)는 아시리아의 속국이 되기로 자청하였다. 결국 기원전 722년에 북왕국 사마리아가 역사 속으로 사라지자, 그곳에 거주하던 주민 수만 명이 집단으로 남쪽으로 피난 왔다. 당시 예루살렘의 인구는 1천여 명 정도였는데, 이주민이 몰려오는 바람에 1만 5,000명으로 폭증하였다. 그리고 몇만 명에 불과하던 유다의 인구가 12만 명가량으로 늘어났다. 유다는 경제적 혁명을 거쳐서, 농촌 마을과 부족에 기초를 둔 전통적인 사회 체제에서, 국가의 중앙집중식 통제하에 상품 작물을 재배하고 산업 사회로 변화했다.[61] 이때 이후로 아무런 존재감이 없던 남유다국이 역사에 모습을 드러낸다.

두레스킴: 남쪽 유다국은 북쪽 이스라엘이 망하기 전까지는 아무런 영향력이 없던 황무지나 마찬가지의 장소였습니다. 기원전 722년에 이스라엘인들이 대거 유다국으로 이주하면서 국가의 형태를 갖추었습니다. 부족국가 형태로 운영되던 유다 지역은 이후 발전된 국가 형태를 갖추어 나갑니다. 이때부터 주변 강대국의 관심 지역이 되어 히스기야 왕(기원전 715~687/6 재위) 14년인 기원전 701년에 아시리아 왕 산헤립(Sennacherib, 기원전 705~681 재위)에게 점령당하고, 유다국은 아시리아의 속국이 되어 조공을 바치는(열왕기하 18:13-16) 사건이 벌어집니다. 또한, 그 당시에 중근동 지역에 새롭게 등장한 바빌로니아에 우호적이었던 요시야 왕(기원전

61) *성경: 고고학인가 전설인가*, 이스라엘 핑컬스타인, 닐 애셔 실버먼, 오성환 옮김, 까치, 2002: 역사적 내용 요약 발췌, 연대기는 Atlas of the Bible Lands 내용 참고

640~609 재위)은 아시리아와 동맹을 맺은 이집트 느고 왕(Neco II, 기원전 609~593 재위)과 벌인 므깃도 전투에서 전사합니다. 이후 유다국은 이집트와 바빌로니아의 틈바구니에 끼어 이집트의 속국으로 20여 년을 지내다가, 바빌로니아의 느부갓네살 왕(기원전 605~562 재위)에 의해 기원전 587년에 멸망하고 국민들은 강제로 유배를 당하게 됩니다.

106-1 철기 시대

두레스킴: 구약성경에 철에 대한 언급이 자주 나오는데 철기 시대가 언제부터 시작되었는가를 따지기에 앞서, 중국과 한국의 고대사에 대해 잠깐 살펴보고 토론을 이어가도록 하겠습니다.

중국 하(夏, 기원전 21~17세기)나라의 경우 논란의 여지는 있으나 실존했을 것으로 봅니다. 하나라를 무너뜨리고 세운 상(商, 기원전 1523~1027)나라는 은허로 수도를 이전한 후 은(殷)나라로 불리는데, 최근 은허의 유적 발굴 이후 실존했던 국가로 인정되었습니다. 이어 나온 주(周, 서주 기원전 1027~771, 동주 기원전 770~256)나라는 은나라의 제후국이었으나 은나라 주왕(紂王)의 폭정에 대항하여 은나라를 무너뜨리고 패권을 잡은 나라입니다.

주나라는 춘추 전국 시대(春秋戰國時代, 기원전 403~221)가 열리면서 세력이 약해지고, 진(秦, 기원전 221~207)나라가 중국의 통일왕조로 들어섭니다. 이로서 전국 시대가 막을 내리고, 이후 한(漢, 기원전 202~기원후 220)나라로 이어집니다. 유교의 시조인 공자는 기원전 551년에 태어나 기원전

479년에 죽었고, 철기 시대는 기원전 500년경에 시작합니다.[62]
바우류당: 고조선(기원전 2333~108)은 단군왕검이 세웠다고 전해지는 청동기 문명을 기반으로 한 한반도 최초의 국가입니다. 『삼국유사』(고려 충렬왕 재임 시기인 1281년에 기록된 삼국 시대의 역사서)의 기록에 따라 실존했던 국가라는 것이 밝혀지지만 관련 기록이 거의 없습니다. 기원전 108년 중국의 한나라는 고조선을 점령하고 통치를 위해 고조선을 네 개의 지방행정구역으로 분할합니다. 이것이 우리가 알고 있는 한사군(기원전 108~기원후 314)입니다. 한나라의 한사군 설치는 직접 통치를 위한 것이 아니었고, 위만조선 사회 내부의 지배 세력 재편을 통해 친 중국 세력이 정권을 잡도록 조치한 것입니다.
아인스호키: 인류 역사에서 철기 시대가 시작된 시점은 기원전 1200년경이라는 것이 정설이에요. 그런데 내가 검토한 바에 따르면, 철기가 시작되기 훨씬 전의 기록이라는 모세오경에 철에 대한 내용이 나와요. 창세기 4:22에 철이 처음 언급되는데, "씰라는 두발가인을 낳았으니 그는 구리와 쇠로 여러 가지 기구를 만드는 자요"라는 구절이에요. 이때는 기원전 3100년경으로 추정되는데, 청동을 이용하여 기구를 만들어 사용하는 것도 어려웠을 시절에 철을 정제하고 재련하여 도구를 만들었을 리는 없어요.

신명기 8:9에도 모세가 "그 땅의 돌은 철이요 산에서는 동을 캘 것이라"는 표현이 나오지요. 그런데 이때는 기원전 1400년대나 1300년대의 일로 추정되는 이집트를 탈출한 직후의 기록으로, 이런 것이 가능했을지 의심이 들어요.
라바모스: '뛰어난 중국의 청동 야금술은 기원전 3000년대에 시작하였으며, 마침내 중국은 세계에서 가장 빠른 주철 생산 기술을 기원전 500년

---

62) *Columbia History of the World*, John A. Garrarh & Peter Gay, Harper & Row, Publishers, 1981: 108

경에 확보할 수 있었다'[63]라는 주장도 있다. 아람인들은 기원전 11~8세기경 시리아 북부 지방에서 강력한 세력을 과시하고 있었는데, 이때 철기를 사용했을 가능성이 거의 없지만, 사용했다고 하더라도 기껏해야 활촉이나 못을 만드는 수준을 벗어나지 못했을 것이다.

두레스킴: 구약성경에 "여호와께서 유다와 함께 계셨으므로 그가 산지 주민을 쫓아내었으나 골짜기의 주민들은 철 병거가 있으므로 그들을 쫓아내지 못하였으며"(사사기 1:19)라는 표현이 나옵니다. "요셉 자손이 그들에게 이르되 그 산지는 우리에게 넉넉하지도 못하고 골짜기 땅에 거주하는 모든 가나안 족속에게는 벧 스안과 그 마을들에 거주하는 자이든지 이스라엘 골짜기에 거주하는 자이든지 다 철 병거가 있나이다 하니"(여호수와 17:16)라는 기록도 있습니다. 사사기 4:3과 4:13에는 철 병거 900대를 보유한 하솔의 야빈 왕이 언급되는데, 전지전능하다는 여호와도 그를 어찌하지 못합니다. 여기에서 우리는 전지전능한 존재로 묘사되는 여호와의 소심함과 유대인의 무력감이 철로 만든 무기의 위력 때문이었음을 엿볼 수 있습니다.

라바모스: 여호수아 12:7-24에는 여호수아와 이스라엘 자손이 "쳐서 멸한 그 땅의 왕들" 명단을 나열하는데 모두 31명이나 된다. 그들은 왕이라기보다는 촌장이나 부족장에 가까웠을 것으로 보인다. "야빈 왕은 철 병거 구백 대"(사사기 4:3)를 갖고 있었다. 하솔이 제대로 된 국가도 아닌데 병거를 구백 대나 소유하고 있었다는 것은 그리 신빙성이 있어 보이지 않는다.[64]

아인스호키: 신명기 3:11에는 바산 왕 옥이 엄청난 규모의 철 침대(5x2.2미터)를 만들어 사용했다는 기록도 있어요. 역대상 22:3에는 다윗이 솔로몬이 짓게 될 성전에 쓰일 못을 철로 만들어 제공했다는 표현도 있더군

---

63) *Guns*, Germs, and Steel, J. Diamond, W.W. Norton & Company, 1997: 330
64) *일상적 폭력 폭력적 종교*, 이종록, 쿰란출판사, 2017: 156

요. 신명기는 모세가 활동하던 기원전 14~13세기, 여호수와는 기원전 13~12세기 그리고 사사기나 다윗 시대는 기원전 11~10세기경으로 추정할 수 있거든요. 하지만 이때는 청동기 시대여서 철 병거가 사용될 정도의 기술이 발전된 상태가 아니었어요. 그렇기 때문에 킴 소장이 언급한 대로 이 책들이 당대에 쓰였을 가능성은 전무하고, 철 병거가 사용될 정도면 아무리 빨라야 기원전 6~5세기로 보는 것이 합리적이에요.

라바모스: '히타이트의 무와탈리시 왕은 기원전 1286년에 시리아 전 지역을 놓고 이집트의 람세스 2세와 전쟁을 벌였다. 이 전쟁은 철기와 전차를 사용한 히타이트와 청동기를 사용한 이집트와의 싸움이었는데, 승리는 무기가 우수한 히타이트에게 돌아갔다. 이로써 히타이트 제국은 그 세력이 매우 강대해졌다'[65]라는 내용을 읽은 적이 있다. 그리고 콜럼비아 대학교에서 출간된 세계사에는 '철은 탄소로 강화되면 동보다 강해지지만, 제련에는 특수한 지식이 요구되고 적열(red heat)에서 망치로 두드려 원하는 모양을 만들어 내야 한다. 소아시아 지역에서 기원전 2500년경 철기에 대한 지식을 어렴풋이 갖게 되었다' 하고,[66] 마찬가지로 펠리칸 세계사에도 기원전 20세기경에 철이 전차의 부품으로 사용되기 시작했고, 곧 이어 전차 바퀴테에 철이 사용되었다고 한다.[67]

아인스호키: 콜럼비아 세계사에서는 바로 이어 '알 수 없는 이유'로 지중해 지역에서는 기원전 1200년 이전에 철의 사용이 보편화되지 않았다고 해요. 그리고 펠리칸 세계사에서도 바로 이어 "철기와 청동기 시대를 나누는 것은 기원전 1000년으로 '보는 것이 나쁘지 않다. 하지만 이것도 기억

---

[65] *한 권으로 읽는 이야기 세계사*, 이보영 엮음, 아이템북스, 2009: 32

[66] *Columbia History of the World*, John A. Garrarh & Peter Gay, Harper & Row, Publishers, 1981: 87

[67] *The Pelican History of the World*, J.M. Roberts, Penguin Books, 1983: 103

을 되살리기 위한 것 이상은 아니다.' 그 이후로 철의 사용이 보다 많아지지만, 심지어 문명이 발달된 일부 지역에서는 한참 동안 청동기 문화를 유지하였다"라고 상세하게 부연설명을 하지요. 내가 학자로서의 경험을 이야기할게요. 학자들이 어쩔 수 없는 압력을 받을 경우 양심은 팔 수 없고 그렇다고 밥줄을 놓을 수도 없을 경우에 이런 식의 표현을 종종 하지요. 이것 말고도 앞으로 구약성경의 내용을 분석하면서 전개되는 여러 정황을 보면, 구약성경의 집필 시점에 대해 보다 구체적으로 이해하게 될 거예요.

바우류당: 제가 읽은 적이 있는 책에서는 청동기 시대를 기원전 3500~1150년, 철기 시대 1기는 기원전 1150~900년, 2기는 기원전 900~586년으로 분류하고 있습니다. 킴 소장께서 주장하시는 기원전 1200년이 철기 문화가 태동한 가장 빠른 시점으로 볼 수 있습니다.[68)]

106-2 구약성경 기록 시점

두레스킴: 모세오경의 마지막 책인 신명기를 쓴 저자는 "이에 여호와의 종 모세가 여호와의 말씀대로 모압 땅에서 죽어 벳브올 맞은편 모압 땅에 있는 골짜기에 장사되었고 오늘까지 그의 묻힌 곳을 아는 자는 없느니라"(신명기 34:5-6)라는 표현을 빌려 모세오경을 모세가 썼다는 주장을 우회적으로 부인하며, 심지어 모세는 신화적 존재라는 것을 완곡하게 표현하고 있습니다.

---

68) *성경: 고고학인가 전설인가*, 이스라엘 핑컬스타인, 닐 애셔 실버먼, 오성환 옮김, 까치, 2002: 33

구약성경의 많은 곳에 오늘(날)까지라는 표현이 나옵니다. 이는 구약성경의 내용이 당대에 기록된 것이 아니고 상당한 시간이 지난 후에 쓰인 것을 짐작하게 합니다.

바우류당: 고대 유대 민족은 다른 나라들에 의한 지속적인 침략에 무방비로 노출되었습니다. 기원전 922년에는 이집트, 기원전 700년에는 아시리아, 기원전 586년에는 바빌로니아, 기원전 332년에는 마케도니아의 알렉산더 대왕, 기원전 198년에는 시리아, 그리고 마지막으로 기원전 63년에는 로마의 침략을 받아 이들의 속국으로 지내다가 기원후 112년에 로마에 의해 완전히 멸망되는 비운을 겪습니다.[69] 그래서 이들은 자기 민족의 자긍심을 높이기 위해 독립 국가의 모습을 그리고자 모세오경이라는 신화를 창작한 것으로 보입니다.

라바모스: 여러분이 읽고 있는 구약성서[성경]는 사실 유대인들의 경전 『토라』였다. 이 경전은 기원전 3세기에 그리스어로 번역되었고, 기원후 4세기에는 로마 제국의 언어인 라틴어로 번역됐다. 기원전 3세기 그리스 번역본을 '칠십인역,' 기원후 4세기 라틴어 번역을 '불가타(Vulgata)'라 한다.

바우류당: "신명기에 기록된 여호와와 이스라엘 백성 사이의 언약을 기록한 형식이 기원전 7세기 초 아시리아의 종주국 조약과 비슷한 점을 학자들이 지적한다. 신명기는 계획된 연설, 축복 및 저주의 양식, 새로운 정착 마을의 건설 기념식을 통해서 사상을 표현하는 점에서 초기 그리스 문학과 여러 가지 유사점을 보여 준다. 간단히 말해서 신명기 원본이 열왕기하에 언급된 율법 책이라는 데에는 의문의 여지가 없다."[70] 신명기는 힐기야가 쓴 원본에 이후 수차례에 걸쳐 다양한 저자들이 첨삭을 한 것

---

[69] *The Jesus Mysteries*, Timothy Freke & Peter Gandy, Three Rivers Press, 1999: 178

[70] *성경: 고고학인가 전설인가*, 이스라엘 핑컬스타인, 닐 애셔 실버먼, 오성환 옮김, 까치, 2002: 327-328

으로 보입니다. 이러한 첨삭이 하스몬 왕국 때까지 이어지면서, 초기 그리스 문학의 영향을 받았을 것입니다.

또한, "수십 년에 걸친 발굴에 의해서 유다에서 기원전 8세기 말 이전에는 눈에 띌 만한 수준의 문자 보급이 이루어지지 않은 사실이 드러났다. 끝으로 족장들의 이야기가 후대 왕국 시대의 현실, 주로 기원전 7세기의 역사적 사실에 관한 언급으로 가득 찬 것도 중요한 점이다."[71]

두레스킴: 이스라엘국에서 내려온 제사장 힐기야가 요시야 왕의 총애를 받고 신명기를 작성합니다. 힐기야가 작성한 신명기가 구약성경 최초의 문서이며, 여기에서 신명기 역사서인 여호수아, 사사기, 사무엘 상·하 및 열왕기 상·하가 작성됩니다. 한편 남쪽 유다국 제사장 출신들은 여호와를 중심으로 독자적인 문서들을 만들어 냅니다. 구약성경이 요시야 왕 시절에 확정되었다면, 엘로힘 중심의 이스라엘국 출신 제사장들이 주도하여 구약성경이 정리되었을 개연성이 높았습니다. 하지만 세부 내용들이 작성되기 전에 유다국이 멸망하고 바빌론 유배가 이루어졌습니다.

바우류당: 사실 초기에 쓰였던 구약성경의 내용은 저자의 의도에 따라 내용이 달리 서술되었습니다. 예레미야도 자신의 뜻과 달리 뜯어고치는 저자들에 대해 신랄한 비판을 하였습니다. "너희가 어찌 우리는 지혜가 있고 우리에게는 여호와의 율법이 있다 말하겠느냐 참으로 서기관의 거짓의 붓이 거짓되게 하였나니"(예레미야 8:8)라고 비난합니다.

저자마다 다른 의도를 갖고 수정을 가하고 경우에 따라서는 필경사의 실수로 인해 내용이 많이 변질된 것은 부인할 수 없습니다. 사실 구약성경이나 신약성경 모두 저자들은 서로 다른 이해관계로 엮여 있었고, 각자가 자신이 속한 집단의 이해를 증대시키기 위해 내용을 의도적으로 변경

---

71) *성경: 고고학인가 전설인가*, 이스라엘 핑컬스타인, 닐 애셔 실버먼, 오성환 옮김, 까치, 2002: 377

했던 것은 사실입니다.

라바모스: 신명기 역사서는 전체 장(열왕기상 11장)을 할당하며 솔로몬이 저지른 죄를 나열하며, 왕국의 분할에 대한 솔로몬의 책임을 추궁하고 있다. 역대기 역사서에는 이런 내용이 전혀 나오지 않는다. 신명기 역사서에 위대한 선지자 이사야가 히스기야 왕을 책망하는 내용이 있다. 이사야는 왕의 잘못 때문에 그의 아들들이 바빌론에서 내시가 될 것이라고 말한다(열왕기하 20:12-19). 역대기에서는 이런 내용이 사라지고, 비난 대신에 왕에 대한 신의 심판이 있을 것이라는 내용을 한 절을 통해 암시한다(역대하 32:31). 요약하자면, 역대기는 솔로몬과 히스기야를 다루면서 부정적인 요소들을 빼버렸다.[72)]

아인스호키: 열왕기하 22장(역대하 34장)에 제사장 힐기야가 기원전 620년경 성전에서 신명기를 발견했다고 하지요. 만약 모세가 이 책을 썼다면, 900년 동안 숨겨져 있던 것이지요. 파피루스에 썼다면 500년도 지나지 않아 다 썩어 버렸을 거예요. 그리고 송아지 가죽에 썼더라도, 900년을 버티지 못하고 잉크가 전부 사라져 버렸겠지요. 신명기가 실제로는 훨씬 늦은 시기에 제작되었다는 것을 의미해요. 그렇다면 의문이 생기게 되지요. 만약 신명기가 기원전 600년대까지 쓰여지지 않았다면, 모세오경의 다른 책들은 대관절 언제 제작되었다는 것인가 하는 거예요.[73)] 아마도 힐기야의 발견은 이 세상에서 가장 극적이고 위대한 발견이 아닐 수 없어요.[74)]

힐기야의 이야기를 자세히 살펴보니 힐기야가 이 책을 저술해 놓고, 왕에게 찾았다고 거짓 보고한 것으로 보여요. 에스라가 바빌론 유배 이후에

---

72) *Who wrote the Bible?*, Richard E. Friedman, HarperCollins, 1989: 212

73) *Life and Teachings of Zoroaster*, the Great Persian, Loren H. Whitney, BiblioBazzar, 2009: 58-59

74) *Life and Teachings of Zoroaster*, the Great Persian, Loren H. Whitney, BiblioBazzar, 2009: 254

이 내용을 어느 정도 수정하였는데, 이 책에 대한 저작권은 힐기야가 갖는다고 결론 내릴 수 있지요.[75)]

라바모스: 열왕기를 비롯하여 모든 구약성경의 내용이 기원전 620년경에 작성된 신명기 이후에 쓰였다는 것을 결정적으로 보여 주는 대목은, 열왕기상 13:2에 여로보암 왕(기원전 922~901 재위)이 제단에서 분향할 때 요시야 왕(Joshia, 기원전 640~609 재위)의 이름을 언급하는 것이다.

요시야 왕이 왕권을 강화하려던 시절에 유다국으로 내려온 이스라엘국의 '실로(Shiloh) 제사장'[76)] 계통이 실권을 잡게 되었다. 특히 신명기를 집필한 것으로 여겨지는 힐기야의 아들 예레미야(예레미야 1:1)의 딸 하무달(Hamutal)이 요시야 왕의 왕비가 되었기에(열왕기하 24:18) 이들이 권력의 핵심을 차지하게 된다.

요시야의 아들이며 유다국의 마지막 왕 시드기야(Zedekiah, 기원전 597~587 재위) 때 유다국이 멸망한 후 페르시아왕이 임명한 총독 그달리야(Gedaliah)가 살해되자, 보복이 두려워 예레미야를 포함한 다수의 유대인들이 이집트로 집단 이주한다(열왕기하 25:25-26). [뭐여, 호키 박사! 이런 것을 진정한 귀향(歸鄕, Home Coming)이라고? 하긴 틀린 말은 아니다.]

두레스킴: 모스 랍비님께서 예레미야가 보복을 두려워했다고 하셨는데 그 보복은 바빌로니아의 보복이 아니라 유대인들의 친바빌론파에 대한 보복을 의미합니다. 예레미야의 행적을 살펴보면 경술국치 때 이완용이가 저지른 행적과 다를 바가 없음을 알 수 있습니다.

예레미야는 친바빌론파로 38:2에 '바빌론 왕국에 항복하는 자는 살리니 그는 노략물을 얻음 같이 자기의 목숨을 건지리라'라고 주장하고

---

75) *Life and Teachings of Zoroaster*, the Great Persian, Loren H. Whitney, BiblioBazzar, 2009: 255, footnote

76) *Who wrote the Bible?*, Richard E. Friedman, HarperCollins, 1989: 122

38:17에도 '네(유다국의 시드기야 왕)가 만일 바벨론의 왕의 고관들에게 항복하면 네 생명이 살겠고 이 성의 불사름을 당하지 아니하겠고 너와 네 가족이 살려니와'라며 겁을 줍니다. 이런 발언으로 바벨론의 느부갓네살 왕이 '그(예레미야)를 데려다가 선대하고 해하지 말며 그가 네게 말하는 대로 행하라'라는 지령을 사령관 느부사라단에게 친히 내립니다(예레미야 39:11-12). 그리고 예레미야는 자신의 목숨을 부지하기 위해 친바빌론파로 총독 자리에 오른 그달리야에게 빌붙어 삽니다. 그러다가 그달리야가 살해되자 많은 유대인이 유배 생활을 하고 있는 바빌로니아가 아닌 이집트를 선택하여 망명합니다.

바우류당: 예레미야가 유대인들의 미움을 샀다는 것은 예레미야의 주장과 같은 내용의 예언(친바빌론 정책 옹호)을 펼치던 우리야가 보복이 두려워 이집트로 도망갔다가 잡혀 끌려와 처형당한(예레미야 26:20-24) 것을 보면 알 수 있습니다.

아인스호키: 예레미야 16:2에 여호와가 "너(너희 즉 유대인들)는 이 땅에서 아내를 맞이하지 말며 자녀를 두지 말지니라"라고 한 것에 기반하여 예레미야가 독신으로 살았다고 주장하는 사람들이 있어요. 그런데 모스랍비가 지적한 하무달이라는 딸에 이어 같은 책 35:3에 예레미야의 아들 야아사냐(Jaazaniah)와 그의 형제들이 언급되지요. '너(희)는 결혼하거나 자녀를 갖지 말라'는 것은 전쟁으로 예루살렘이 멸망할 것이며 바빌론 유배라는 고통이 곧 닥칠 테니 '유대인들은 결혼하거나 아이를 갖지 말라'는 훈수의 개념으로 봐야지 이미 애들을 여럿 낳은 예레미야를 지칭하는 것이 아니에요. 예레미야는 다수의 자녀를 두었다고 보는 것이 맞아요.

그리고 동명이인이 같은 책에서 언급되는 경우가 나오면 두 사람이 어떻게 다른지를 먼저 규명하고 이야기를 전개하는 것이 저자의 기본자세예요. 특히 저자와 같은 이름을 갖는 동명이인이 존재할 경우에는 더더욱 그렇지요. 이런 기본마저 무시하고 기록한 것을 보면 예레미야가 이 책을 모두 저술한 저자가 아닐 수 있고 이 책의 내용에 대한 신뢰도 또한 저하될 수밖에 없어요.

같은 책 7:1에 "여호와께로부터 예레미야에게 말씀이 임하니라 이르시되"라고 하는데, '나에게'가 아니라 '예레미야에게'라고 하는 것은 이 장의 저자가 예레미야가 아님을 입증하는 구절이에요. 이런 식의 표현이 자주 나오지요. '나에게 임하다'로 시작하는 1~6장, 13~16장 및 28~29장은 예레미야가 저술한 것으로 볼 수 있지만, '예레미야에게 임하다'로 시작하는 7~12장, 18~27장 및 30장 이후의 내용은 예레미야가 아닌 다른 사람이 저술했을 가능성이 높아요. 36:4에 예레미야가 바룩에게 대필할 것을 지시했다는데 이 또한 누군가가 바룩의 이름을 빌려 임의대로 편집하였음을 보여 주는 대목이에요.

바우류당: 실로라는 단어는 예언서 중에는 예레미야에만 수차례 나오지만 여호수아, 사사기, 사무엘상 및 열왕기상에도 나오는 것을 보면, 이 책들의 집필에 예레미야나 실로 출신 제사장들이 주도적으로 개입한 것을 알 수 있습니다. 창세기 49:10에도 야곱이 아들들을 축복하면서 "규와 유다의 통치자의 지팡이가 '실로가 오시기까지(KJV판은 until Shiloh come, NIV판은 until he comes to whom it belongs라는 뜻을 알아챌 수 없는 표현으로 바꿈)' 이르리니"라면서, 이미 이스라엘국이 멸망하고 유다국에 난민들이 내려온 후대의 역사적 장면을 언급하고 있습니다. 그리고 이 단어가 시편 78:60에도 나오는데 공교롭게도 '아삽의 시' 편에 나옵니다. 아삽의 시가 나오는 제3권 73~83장 또는 제3권 전체가 예레미야 이후에 집필되었음을 짐작하게 하는 내용입니다.

두레스킴: 구약성경의 내용이 어느 정도 완성되고 정리된 시점이 바빌론 유배 이후였기 때문에 어느 누구도 주도권을 쥘 수 없었습니다. 그래서

양쪽의 주장을 다 수용하다 보니 천지창조 순서, 십계명 받은 장소, 방주의 동물 숫자와 같이 상충되며 중복되는 내용들을 짜깁기하여 실을 수밖에 없었을 것입니다. 이 내용이 추후 하스몬 왕국 시절에 재편집 과정을 거치면서 상당한 수정과 첨삭이 이루어져 현재의 모습을 갖추게 된 것으로 보입니다.

아인스호키: 모세가 모세오경을 저술하였다는 것은 이미 살펴본 바와 같이 실현 가능성이 전무하지요. 토마스 페인(기원후 1737~1809)이 이와 관련하여 검토한 내용을 공유하려고 해요. "창세기 36:31에 '이스라엘 자손을 다스리는 왕이 있기 전에 에돔 땅을 다스리던 왕들은 이러하니라'는 표현은, 이스라엘 왕이 존재하던 시점을 경험한 사람이 쓴 것이어야 한다. 이를 고려하면 최소한 사울이 살던 시절이나 어떤 이라는 단어가 쓰인 것을 보면, 다음의 다윗 왕 또는 이스라엘 왕조 시절의 사람이 쓴 것으로 봐야 한다. 역대상 1:43에 '이스라엘 자손을 다스리는 왕이 있기 전에 에돔 땅을 다스리던 왕들은 이러하니라'라는 동일한 표현이 나온다. 이를 보면 창세기의 36:31은 역대상의 내용을 발췌한 것으로 볼 수 있으므로 창세기가 역대상의 저술 시점보다 이전이 될 수가 없다.[77] 한편 시편 137장은 유대인들이 바빌론 유배 시절의 사건을 기념하며 쓴 것이기 때문에 다윗 시절보다 최소 400년 후의 기록일 수밖에 없다."[78]

두레스킴: 시편 137장이 바빌론 유배 이후에 쓰인 것이라고 했는데, 이 장보다 더 앞인 73~82장에 나오는 '아삽의 시'나 시편 제3권 전체가 훨씬 후에 편집되었을 가능성이 있다는 것도 흥미롭습니다. 조금 전에 류당 신부께서도 실로라는 단어를 가지고 아삽의 시에 대한 의문을 제기하셨는데, 시편 74:8에 예수님이 활동하던 시절에 예배 장소로 활용하던 회

---

77) *Thomas Paine Collection*, Forgotten Books, 2007: 370, 내용 요약

78) *Thomas Paine Collection*, Forgotten Books, 2007: 393

당(synagogue)이라는 단어가 나옵니다(2장 206-1 '성서와 회당' 참고).
바우류당: 아삽은 역대상 6:39에 레위 제사장의 14대 손으로 다윗 왕 시절에 여호와의 성전에서 찬송하는 직분을 가졌고, 역대상 15:19에는 놋제금을 치면서 노래하는 역할을 맡은 레위족 출신의 사람입니다. 이 사람이 당시 여호와의 성전에서 부르던 노래를 시의 형태로 남겼습니다. 다윗 시절의 애환을 담고 역사적 가치가 있기 때문에 저희 설교에서도 이 아름다운 시가 자주 인용됩니다.
아인스호키: 그럴 줄 알고 내가 구약성경에 나오는 아삽 관련 족보를 전부 훑어 봤어요. 흥미로운 것은, 아시리아를 언급하고 북이스라엘의 멸망을 예언하는 이사야가 열왕기하 18장의 내용을 원용하는 거예요. 아삽의 시는 아시리아 침공으로 이스라엘국이 멸망하는 것을 한탄하는 시가 유력해 보이나 킴 소장이 지적한 '회당'이라는 용어가 쓰인 것을 보았을 때 이후의 사건을 묘사하였을 가능성도 있어요.
확실한 것은 이 아삽의 시는 다윗이나 솔로몬 시절을 노래할 수 없어요. 왜냐하면 다윗과 솔로몬의 왕국은 이미 살펴본 바와 같이 실존하지 않았으니까요.
바우류당: "여호와여 예루살렘이 멸망하던 날을 기억하시고 에돔 자손을 치소서 그들의 말이 그 기초까지 헐어버리라 헐어버리라 그 기초까지 헐어버리라 하였나이다. 멸망할 딸 바벨론아 네가 우리에게 행한 대로 네게 갚는 자가 복이 있으리로다. 네 어린 것들을 바위에 메어치는 자가 복이 있으리로다"(시편 137:7-9)라는 표현이 있습니다. 또 "그들의 어린아이들은 그들의 목전에서 '메어침을 당하겠고'[메어쳐서 가루로 만들고] 그들의 집은 노략을 당하겠고 그들의 아내는 '욕'(강간)을 당하리라"(이사야 13:16)라는 내용도 나옵니다.
아인스호키: 위에 언급된 내용들을 보면 유대인이 바빌론 유배 생활을

하며 받았을 고통과 애환이 느껴지네요. 하지만 아기를 바위에 메치라거나 남의 아내를 강간하라는 주문은 아무리 원한이 깊더라도 상식적으로 쓸 수 있는 용어는 아니지요. 그나마 잔인한 표현이 별로 없고 배울만한 구절이 간혹 눈에 띄는 시편의 한 곳에 이런 내용이 자리 잡고 있는 것이, 한편으로는 불편하기도 하고 한편으로는 애석하고 짠하네요.

잠언은 솔로몬의 말을 모아 놓은 것이라고 하는데 25장 이후의 것은 솔로몬 사후 250년 이상의 시간이 지난 후에 쓰인 것을 알 수 있지요. 잠언 25:1에는 "이것도 잠언이요 유다 왕 히스기야(기원전 715~687/8 재위)의 신하들이 편집한 것이니라"라는 표현이 있어요.[79] 잠언 31장은 솔로몬의 것이 아니고 르무엘 왕의 것이에요. 르무엘은 이스라엘이나 유다의 왕이 아니고 비유다국의 왕이지요. 그리고 욥기의 저자가 히브리어식 표현을 하지 않는데도 불구하고, 구약성경에 넣어놓고 누가 저자인지를 밝히지 않고 있어요. 잠언 31장의 르무엘의 잠언 바로 앞에 위치한 잠언 30장의 아굴의 잠언 또한 비유대인이 작업한 내용으로, 합리적이고 구상과 표현이 뛰어난 기도에요. 이 잠언들의 1절에는 원래 '예언서'라고 적혀 있었는데[KJV판도 두 장 모두 예언(prophesy)으로 적혀 있음], 30장은 '경고(oracle)'로, 31장은 중간에 '책임(burden)'으로 바뀌었다가,[80] 30장과 같이 '경고(oracle)'로 바뀌어 NIV판에 기록되어 있어요. 개역개정판은 모두 잠언으로 번역하고 있지요.

바우류당: 하여튼 역대기가 이스라엘 왕국과 유다 왕국의 사건을 기록한 내용이니, 이는 이스라엘 왕국이 망한 기원전 722년 이후에 쓰였습니다. 잠언마저 기원전 700년 이후에 기록되고, 이사야서도 바빌론 유배에서 돌아온 시점에 쓰인 것으로 볼 수 있습니다. 그렇다면 구약성경은 유

---

[79] *Thomas Paine Collection*, Forgotten Books, 2007: 394, 내용 요약

[80] *Thomas Paine Collection*, Forgotten Books, 2007: 392, 내용 요약

다 왕국까지 망하고 바빌론 유배에서 돌아온 후나, 그 이후의 기록이라는 킴 소장의 주장이 보다 합리적 추론으로 보입니다.

아인스호키: 다니엘서와 관련하여 한마디 하자면, 다니엘서는 로마 제국이 실질적 지배를 하고 있었던 이스라엘의 봉건 왕국인 마카베오 왕조의 하스몬 왕국과 관련된 시점이나 그 이후에 쓰인 거예요.

다니엘 8:14에 2,300일이 지나면 성소가 정결하게 될 것이라는 표현이 나오는데, 이것은 안데오코스 4세[Antiochus IV, 기원전 216~164, 169~163 유대 지역 통치]가 지배한 이후 하스몬 왕국이 들어섰는데 이 기간과 정확히 맞아떨어져요. 그래서 다니엘은 이 역사적 사건이 진행된 이후에 글을 쓴 것이 확실해요. [모스 랍비가 웬일이여… 박수를 다 치고…]

라바모스: 하스몬 왕국 이야기가 나왔으니 나도 한마디 하겠다. 유다 마카베오(기원전 190~160 재위)는 당시 유대 지역을 지배하던 셀레우코스 제국에 반기를 들어 하스몬 왕국을 세웠다. 이후 로마의 장군인 폼페이우스가 시리아를 정복하고 기원전 67년에 하스몬 왕국을 로마의 세력권에 편입시키기까지 1세기 동안 유대인들의 민족주의가 폭발적으로 성장했고 새로운 시대가 열렸다.

예루살렘 성전은 기원전 164년에 다시 봉헌되었고, 새로운 달력이 채택되고, 영토를 확대하기 위한 군사작전이 시작되었다. 이 기간 중에 우리가 타나크(일명 구약성경)라고 알고 있는 책들이 집필되고, 편집되고, 수정되었다. 이는 팔레스타인 전체를 통치하고자 하는 하스몬 왕국의 희망을 신화적으로 정당화한다는 목적을 위한 것이었다.[81)]

바우류당: 구약성경에 등장하는 인물 가운데 실존 가능성이 가장 높은 느헤미야는 제2 성전의 성곽 중수 작업을 52일 만에 해치운 총독이며, 역

---

81) *The Laughing Jesus*, Timothy Freke & Peter Gandy, Three Rivers Press, 2005: 39

사서에 나오는 에스라(느헤미야 12:1), 선지자 역할을 한 예언서의 저자 오바댜(10:5), 다니엘(10:6), 예레미야(10:2, 12:1), 스가랴(12:35)와 함께 동시대에 바빌론에서 예루살렘으로 돌아왔습니다. 그렇기 때문에 다니엘을 로마 제국 시대와 연결 짓는 것은 적합하지 않습니다.

두레스킴: 느헤미야서에서 언급한 다니엘은 예언서의 다니엘과 동명이인으로 보입니다. 성서학자들은 구약성경의 다니엘서가 기원전 160년대 이후에 기록된 것으로 추정하고 있습니다. 저도 개인적으로 성경을 연구하면서 신약성경에만 나오는 성서(scripture, 다니엘 10:21), 신의 아들(Son of God, 다니엘 3:25), 영생(everlasting life, 다니엘 12:2)과 같은 표현이 구약성경 중에는 유일하게 다니엘서에서만 나오고, 세금(tax)이라는 용어가 사용된 것을 보고 그럴 것으로 짐작했습니다.

다니엘서에 나오는 느부갓네살 왕은 신바빌로니아 제국의 왕으로, 기원전 605년부터 562년까지 재위했습니다. 신바빌로니아 제국은 느부갓네살 왕 이후 벨사살(Belshazzar) 섭정왕을 끝으로 기원전 539년에 멸망하였습니다. 다니엘이 느부갓네살 왕 때도 활동(1:1)했고, 다리오 2세(기원전 433~403 재위)가 통치하기 시작한 해에도 활동(9:1)한 것으로 기록되어 있습니다.

이처럼 기원전 2세기 혹은 그 후에 다니엘서를 쓴 저자가 기원전 6세기의 왕인 벨사살에게 꿈 해몽을 해주었다는 식으로, 흘러간 역사를 후대에 기록한 내용임에도 불구하고 심각한 역사적 오류를 발견할 수 있습니다.

바우류당: 킴 소장께서 느헤미야서의 다니엘과 예언서의 다니엘이 동명이인일 가능성이 있다고 하셨는데, 지금까지 검토한 내용과 다니엘서가 예언서 열일곱 권 가운데 다섯 번째로 배치된 것을 보면 동일인일 가능성이 농후합니다. 그렇다면 예언서들은 실제로는 바빌론 유배에서 돌아온 인물들이 쓴 것이 아니고, 하스몬 왕국 시절에 지배층이 자신들의 정체성을 확보

하기 위해 기원전 2세기부터 1세기에 걸쳐 집필한 것으로 추정할 수 있습니다. 예언서뿐만 아니라 구약성경 전체가 그러할 가능성도 있습니다.

아인스호키: 나도 류당 신부의 추측이 보다 설득력이 있다고 생각해요. 기발한 발상이네요. 그렇다면 지금까지 검토하던 예언서가 바빌론 유배에서 돌아와 쓴 것으로 추정한 것이 모두 허당이 되겠고, 구약성경의 내용 가운데 기원전 1세기 이후에 사용되던 용어가 사용된 것 또한 설명이 가능하겠네요. 지금까지 구약성경의 유대 역사에 등장하는 수많은 왕들과 관련된 유적 또한 명확히 밝혀진 것이 없고, 기원전 1세기에 활약한 헤롯 왕의 무덤을 제외한 다른 수많은 왕들이 묻혀 있는 능조차 발굴되었다는 소식을 접해본 적이 없어요.

그리고 다니엘 10:21에 진리의 글(book of truth, KJV판은 scripture of truth)로 표현된 것은 1장 104에서 검토했던 조로아스터교의 경전 야살의 책을 말하는 것일 수 있어요. 다니엘은 조로아스터교의 영향을 받고 사후세계에 대한 개념을 정립한 것으로 보여요.

두레스킴: 류당 신부님이 언급하신 바빌론에서 돌아온 사람들 중에 예레미야가 들어가 있는 것은 역사적 사실과 다릅니다. 이미 앞에서 살펴본 바와 같이, 예레미야는 이집트로 이주했다가 돌아왔다고 보는 것이 맞습니다. 그런데 예레미야는 느헤미야가 바빌론에서 총독으로 돌아올 때도 오고(느헤미야 10:2), 이후 스룹바벨이 총독으로 부임할 때도 함께 옵니다(느헤미야 12:1). 성서학자들은 느헤미야서에서의 순서와 상관없이 스룹바벨이 먼저 돌아왔다고 하는데, 이것은 책에 기록된 순서와 달라 억지주장일 수 있습니다. 그런데 요시야 왕의 장인 예레미야가 이들이 돌아올 때 함께 올 수 없습니다. 가장 빨리 돌아온 집단이 기원전 538년경에 돌아왔는데, 당시 예레미야의 나이는 100세가 훨씬 넘었습니다.

이런 내용을 종합해 보면 느헤미야 또한 본인이 쓴 것이 아니고, 훨씬 후대의 사람이 역사적 사실을 전혀 고려하지 않고 기록한 것일 수 있습니다. 이 책에 다니엘까지 언급되는 것을 보면 다니엘이 활동하던 시절의 사람이 저자일 가능성도 배제할 수 없습니다.

라바모스: 모든 민족이 자신들만의 정체성을 확립하고 싶은 욕망을 갖는다는 것을 우리는 역사를 통해 충분히 배워 왔다. 그리고 솔직히 나도 모세오경에 담긴 내용이 열왕기나 역대기를 쓴 저자들의 입김이 작용했다는 것, 열왕기나 역대기 내용 중에 우리 조상들이 바빌론 유배 기간 중에 겪은 소수 민족의 애환, 상실감과 애절함을 담지 않을 수 없었고, 세계 역사 속에서 자신들의 역할에 대한 자긍심을 찾고자 하는 의도가 있었음을 인정한다. 우리 유대교 내부에서도 구약성경의 기록 대부분이 바빌론 유배 이후에 기록된 것임을 사실로 받아들이고 있다.

바우류당: 저희도 구약성경은 빨라야 바빌론 유배 이후 아니면 하스몬 왕국 시절에 쓰인 것으로 파악하고 있지만, 내용이 너무 방대하고 서로 상반되는 상황이 많아 역사서로 볼 수 없다고 판단하고 있습니다. 그러므로 구약성경을 역사적인 사건을 다루는 역사서로 활용하지 않고 그런 부분은 무시하고 설교합니다.

두레스킴: 선지자 이야기가 나왔으니 선지자가 왜 바빌론 유배 이후로 자취를 감추었는지 따져 보는 것도 의미가 있을 것 같습니다. 선지자는 신의 성령이 이들에게 임하고 기적을 행하고 미래를 내다보는 능력을 가진 사람을 일컫는데, 모세는 여호와가 환상이나 꿈을 통해서뿐만 아니라 직접 대면하여 업무를 전달했기(민수기 12:6-8) 때문에 선지자 중의 선지자로 불렸습니다. 하지만 이후 뜸하다가 사무엘이 기원전 10세기에 등장한 이후 기원전 590년대에 활동했던 에스겔을 마지막 선지자로 볼 수 있습니다. 다니엘이나 말라기는 책이 쓰인 시점을 고려하면 선지자로서의 역할을 수행했다고 볼 수 없습니다.

바우류당: 이미 지나간 역사를 돌아보며 책을 쓴다면 미래를 예언하는 것처럼 꾸며낼 수 있습니다. 하지만 구약성경의 일부를 차지하고 있는 책들이 실제 쓰이기 시작한 시점부터는 선지자를 내세워 미래를 예측하는 식으로 이야기를 전개하는 것이 불가능했기 때문에 미래를 예언하는 선지자가 사라진 것으로 추정해 볼 수 있습니다.

그리고 구약성경의 배열 순서에 따르면 역사서에 에스라, 느헤미야, 에스더가 나오는데, 이 사람들만이 바빌론 유배 직후에 돌아와 구약성경의 틀을 잡는데 기여한 것으로 보입니다. 나머지 예언서에 나오는 인물들은 하스몬 왕국 때 구약성경의 전반적인 문제점들을 검토하고 예언의 형식을 빌려 보완하는 역할을 했던 것 같습니다.

라바모스: 정말 이래도 되는가 하는 자괴감을 감출 수가 없다. 하지만 토론에 솔직히 참여하겠다고 약속했는데, 그냥 지나쳐서는 안 될 것 같아 한마디 하겠다. 스가랴의 저술 시기와 관련하여 따져볼 것이 있다. 헬라가 그리스(Greece)라는 용어로 언급되는 곳은 스가랴 9:13의 "시온아 내가 네 자식들을 일으켜 헬라(Greece) 자식들을 치게 하며 너를 용사의 칼과 같게 하리라"와 사도행전 20:2 두 곳이며, 그레시아(Grecia)라는 이름으로 나오는 곳은 다니엘 8:21, 10:20 및 11:2, 요엘 3:6과 사도행전 3:6, 6:1, 9:29 및 11:20이다.

류당 신부가 앞에서 언급했지만 기원전 161년 유다 마카베오가 셀레우코스 제국을 물리치고 하스몬 왕국을 세웠다. 그런데 이런 역사적 사실을 기록할 수 있다는 것은, 이 책이 쓰인 시점이 하스몬 왕국이 세워진 이후라는 것이다. 다니엘서는 물론이고 스가랴, 요엘 및 말라기가 모두 하스몬 왕국 시절에 쓰인 것일 수 있다. 그렇다면 나머지 예언서들도 이때 집단적으로 작성된 것으로 추정할 수 있다. 그게 아니라면 이때나 이후에 편집되었을 개연성도 배제할 수 없다.

두레스킴: 성서학자들은 이사야의 40~55장을 제2 이사야로, 56장 이후 마지막 66장까지를 제3 이사야로 보고, 스가랴의 뒷부분인 9~14장을 제2 스가랴로 부르면서, 뒤에 작성되어 원래의 책에 끼워 넣은 것으로 파악하고 있습니다. 신약성경에 인용되는 부분이 여기에서 많이 나오는 것을 보면, 작성 시점이 신약성경이 작성된 이후 구약성경과의 연결을 확고히 하기 위해 조작하여 끼워 넣은 작품이 아닐까 하는 추론을 해볼 수 있습니다.
바우류당: 지금까지 살펴본 바에 따르면 이사야서도 최소 세 명의 저자가 있는 것으로 보이고, 스가랴도 두 명의 저자가 개입하였고, 예레미야도 두 명 이상의 저자나 편집자가 손을 댄 것을 알 수 있습니다. 이것은 큰 줄기에서 파악된 것이고 종교의 필요성에 따라 구약성경은 물론이고 신약성경에도 수많은 첨삭이 이루어진 것은 부인할 수 없습니다. 큰 줄기의 첨삭은 각 나라 언어로 번역되기 전까지, 이후로는 용어나 문장에 대한 조정을 통한 변조가 이루어진 것으로 보입니다.
아인스호키: 내가 NIV판에서 찾아보니, 그리스라는 나라 이름이 이사야에 한 차례(이사야 66:19), 에스겔에 두 차례(에스겔 27:13, 27:19) 더 나오는 것을 보았어요. 개역개정판은 모두 KJV판을 따라 야완으로 되어 있더군요. 원래 KJV판에는 노아의 손자로 나오는 야완(Javan)이 그리스(Greece)의 조상이 되었다는 유대인들의 전통적인 믿음에 근거해서 NIV판에는 야완을 그리스로 바꿔 올려 놓았더라고요. 그렇게 본다면, 유대인들은 모든 강대국의 선조가 되었는데 후손들이 유대인들을 뺑뺑이 돌리면서 고루고루 속국으로 만들어 고생시킨 유일한 민족이고, 사실이라면 기네스북에 올라갈 역사적 사건이에요. [어이, 모스 랍비! 뭐여, 또 손을 저으시네, 그럼 이번에도 그냥 지나가지요. 뭐라고, 시리아는 빠졌다고? 천만의 말씀, 시리아도 나오네요.]
아브라함의 형제인 나홀의 아들 브두엘이 딸 리브가를 낳아요(창세기

22:20-23), 이삭은 40세에 조카뻘인 리브가를 아내로 맞이하지요. 리브가의 남자 형제가 라반[후에 요셉에게 두 딸을 시집 보냄]인데, 라반을 아람(KJV판은 시리아) 족속이라고 하지요(창세기 25:20). 어떻게 1~2대를 지나면서 유대인이 시리아인으로 바뀔 수 있는지 알 수 없어요.

바우류당: 신명기 26:5-8에 '모세의 조상은 아람(시리아) 사람으로서 이집트에 내려가 거기에서 소수로 거류하였더니 거기에서 크고 강하고 번성한 민족이 된 후 박해를 피해 대탈출을 감행했다'라고 합니다. 그렇다면 유대 민족은 시리아 민족과 같은 민족이라고 볼 수 있고, 아니라 해도 최소한 모세는 시리아인입니다. 그런데 대체 왜 구약성경 시절부터 원수처럼 싸우더니 현대까지 이어오며 피 튀기는 전쟁을 벌이는지 알 수 없습니다.

아인스호키: 위에 살펴본 것을 통해 알 수 있듯이 구약성경—특히 그중에서도 모세오경—에 기술하고 있는 내용들은 한갓 허구에 불과하지만, 유대교, 기독교 및 이슬람교를 믿는 사람들 중 많은 사람은 실제로 있었던 일이고 미래에 일어날 일들을 그 당시의 실제 인물들이 예언했다고 믿고 있지요.

바우류당: 쿠란의 저술 시기에 대한 것도 무함마드가 죽고 난 이후에 쓰인 것이라는 주장이 있는데, 쿠란 17장 74절에 '만약 우리(알라)가 네(무함마드)가 온전한 믿음을 갖도록 하지 않았더라면 너는 그들에게 조금이나마 기울일 뻔했다'라는 문장에서 현재나 미래형이 아니라 과거분사형으로 표현하고 있는 것을 보면, 무함마드가 알라의 말을 기술한 것이 아니라 후대의 사람들이 기록한 것으로 보입니다.

무함마드의 계시는 기원후 610년에 시작하여 무함마드가 죽기 직전인 632년까지 지속되었습니다. 쿠란에 나오는 계시는 20년의 기간에 걸쳐 조금씩 드러났지만, 이 계시가 책으로 구성된 것은 무함마드가 죽고 난 이후입니다. 단편으로 존재하던 계시들은 마하메트의 사위 우스만(Uthman)의 주도로 660년경에 쿠란으로 통합되었습니다. 그러나 일부 학자들은 쿠란이라는 경전은 10세기 이전에는 존재하지 않았다고 주장합니다.[82)]

두레스킴: 세 분의 주장에는 충분한 일리가 있습니다. 하지만 우리가 이런 내용까지 다루기에는 자료의 한계도 있고, 이런 부분은 역사학자나 고고학자들이 밝혀낼 것으로 믿고 간략하게 정리하고 다음 주제로 넘어가도록 하겠습니다.

이처럼 엄청난 오류가 있음이 밝혀졌음에도 불구하고 성직자들은 이를 외면하고 무조건 경전에 적힌 내용을 그대로 믿으라고 억지를 부리거나, 의도적으로 자신들에게 불리한 사실들을 숨기려고 합니다. 이슬람교는 구약성경의 역사를 그대로 원용하면서 아담, 노아, 아브라함, 다윗, 솔로몬 및 세례자 요한 등을 선지자로 부르며, 이들을 예수님이나 무함마드와 같은 존재로 숭앙하고 있습니다. 여기에서 언급되는 세 종교에 더해 모르몬교도 구약성경을 그대로 받아들이고 있는 것이 참으로 흥미롭습니다.

---

82) *The Laughing Jesus*, Timothy Freke & Peter Gandy, Three Rivers Press, 2005: 85-86

107 구약성경의 효용

두레스킴: 구약성경이 아직도 그 권위를 갖고 성경의 많은 지면을 할애하고 있는 것이 의문인데, 지금부터는 이 내용을 다뤄 보도록 하겠습니다. 일단 다음 문장을 참조하면서 진행하는 것이 좋을 것 같습니다. "이런 문제점들을 지니고 있는 구약성경이 왜 성경의 대부분을 차지하고 있는가 궁금할 것이다. 저자가 보기에는 구약성경이 존재해야 할 정당성은 단 두 가지뿐이다. 첫째, 적절히 신약성경과의 타협을 통하여 통치 수단으로 활용하는 데 도움이 된다. 둘째, 십일조의 헌금을 정당화하는 데 필요하다. 이 두 가지를 제외하고는 다른 이유를 찾을 수 없다." [83)]

라바모스: 사실 구약성경은 이미 지나간 역사적 사실들을 여호와의 예언이라는 형태로 짜깁기하며 합리화시키고 있다. 그러다 보니 누군가가 잘못한 것을 지적하다가도, 당대에 이에 대한 처벌이 이루어지지 않으면, 역사적으로 비운을 경험한 다음 세대나 여러 세대 후에 벌이 내려졌다고 묘사한다. 지배자들의 만행과 악행에 대해서는 무거운 죄를 사해 주는 사례가 빈번히 나온다.

바우류당: 만약 예언서가 우리가 검토한 바와 같이 실제로 집필된 시기보다 더 이른 시기에, 후대에 일어난 일을 예언한 것처럼 쓰인 게 사실이라면 과거의 왕들을 멋대로 징벌하는 내용을 담긴 힘들었을 것 같습니다. 결국 전쟁에서 지고, 정복당한 후대의 왕들에게 그동안의 책임을 묻는 식으로 쓸 수밖에 없었을 것입니다.

아인스호키: 기독교는 콘스탄티누스 1세(기원전 272~337, 306~337 재위)

---

83) 영과 영, 김병윤, ㈜두레스 경영연구소, 2010: 364

에 의해 313년 밀라노 칙령으로 기독교를 용인하고 결국 국교로 채택하지요. 당시 기독교를 국교로 채택할 때 구약성경이 정치적으로 활용하기 좋겠다 판단한 것으로 보이네요.

라바모스: 콘스탄티누스 1세가 313년 그리스도교를 공인한 이후 율리아누스 황제(331~363, 361~363 재위)는 그리스도교를 반대하고 이교 숭배를 시도했으나 실패했다. 약 20년 뒤 테오도시우스 1세(347~395, 379~395 재위)는 이교 숭배를 금지하고 삼위일체를 기반으로 한 그리스도교를 381년 로마 제국의 유일한 공식 종교로 지정한다. 그리스도교는 처음부터 권력의 종교였다.[84)]

"불행히도 초기 기독교도들은 낮은 문명 단계의 관념을 반영하며 야만으로 가득 찬 유대 문서들을 자신들의 경전에 포함시켰다. 구약의 계시를 맹신하는 경건한 독자로서는 찬동할 수밖에 없는 무자비하고 폭력적이며 편협한 가르침과 모범들이 과연 얼마나 많은 해악을 끼치면서 인간의 도덕을 타락시켰는지 이야기하기는 결코 쉽지 않다. 구약성경은 박해 이론의 무기고였다."[85)]

두레스킴: 콘스탄티누스 1세는 영특하게도 종교가 국민들을 통합하는 데 도움이 된다는 것과 구약성경을 받아들이면 자신들의 기득권을 옹호하기 위해 필요한 내용(법규정과 희생양을 만드는 조건)을 고안해 내고 이를 따르라고 할 수 있음을 간파하였습니다. 기독교를 국교로 채택한 이후 자신들에게 유리한 방향으로 해석될 수 있도록 성경의 내용을 고쳐 왔고, 문제점이 드러날 것을 우려하여 성경의 개인 소장을 금지하였습니다.

---

84) *신의 위대한 질문*, 배철현, 21세기북스, 2015: 21

85) *일상적 폭력 폭력적 종교*, 이종록, 쿰란출판사, 2017: 379, John Bagnell Bury, A History of Freedom of Thought, 박홍규 옮김, 《사상의 자유의 역사》 (서울: 바오출판사), 2006: 66

종교지도자들은 자신들의 경전은 신의 말씀을 기록한 것이라고 주장하는데, 사실 그 말은 당시에 각 신흥 종교가 등장할 때 권력을 쥔 기득권층이 기존 종교의 성직자나 지식인들과 협력하여 작성한 것입니다.

라바모스: 콘스탄티누스 1세는 니케아 공의회에서 궁전으로 돌아온 이후 자기 부인을 증기탕에서 질식시켜 죽이고, 아들을 살해하고, 자신의 권위에 도전하는 적들을 무자비하게 죽이는 일을 계속하였다. 그리고 온전한 구원을 받기 위해, 세례를 미루다 죽어가는 침상에서 받았다.[86] 구원받는 가장 효율적인 방법을 쓴 것이다.

아인스호키: 그럼 통치자들이 종교를 이용하여 자신들의 권익을 보호하거나 증대해 온 것이군요. 이들은 자신들의 잘못은 내부 구성원의 믿음이 부족하여 생긴 것으로 백성들이 믿도록, 성직자들의 권위를 통해 선전하고 백성 중 일부를 희생양으로 바치는 의식을 통해 무마시키고 면책특권을 누렸겠군요. 그 반대급부로 터무니없는 내용을 앞세워 부귀영화를 누리고자 하는 성직자들에게 다양한 금전적 혜택을 주는 한편 신도들을 착취하는 관행을 눈감아 주었고요. 누이 좋고 매부 좋은 사이에 일반 백성들의 뼛골만 빠진 거네요.

두레스킴: 그리고 이들은 자신들이 채택한 기독교 교리의 잘못이 드러나는 것을 막기 위해 고대 문명의 보고인 알렉산드리아 도서관을 불사르는 만행을 저질렀습니다. 이것은 중세 암흑기를 예고하는 사건이었습니다. "알렉산드리아의 문명의 황금기는 참을성 없는 기독교 '신성' 로마 제국의 탄생과 더불어 막을 내렸다. 고대의 지적 자산과 문화적 성취에도 불구하고, 기독교도들은 이들[그리스 학자들]을 '시골 거주민'이라는 의미를 갖는 '이교'로 치부하였다. 기독교 광신도들은 기원후 415년 3월 당시 알

---

86) *The Laughing Jesus*, Timothy Freke & Peter Gandy, Three Rivers Press, 2005: 78

렉산드리아 도서관에서 일하던 위대한 과학자며 철학자인 미혼이며 아름다운 히파티아(Hypatia, 기원후 360~415)를 끌어내려 옷을 벗기고 전복 껍데기로 살을 뼈에서 발라낸 다음, 남은 시신을 불살라 버렸다. 이런 악랄하고 야만적인 행위를 주도한 알렉산드리아의 대주교 키릴로스(기원후 375~444)는 나중에 성인으로 추인된다. 이 위대한 도서관은 마침내 이교도의 미신으로 치부되며 철저하게 파괴되고, 지식의 보고는 사방팔방으로 흩어져 바람 속으로 사라져 버렸다. 기독교 로마 황제 테오도시우스(기원후 347~395, 379~395 재위)는 제국 내 모든 이방 성전들을 폐쇄하고, 사상 초유의 분서(焚書, book-burning)를 시작하였다. 이로 인해 서구 사회는 5세기부터 천 년 동안 지속된 '중세 암흑기(Dark Ages)'를 경험하게 된다."[87] 초기 기독교는 자신들과 의견이 다른 학문과 과학을 이교도의 사상이라고 폄훼하였고, 이런 생각은 이후 지속되어 인류 발전에 커다란 장애물로 작용하였습니다.

2천 년이 넘는 기간 동안 다양한 욕구 충족을 위해 종교에 의지했던 사람들은 종교의 세력을 키우는 역할을 톡톡히 해냈으며, 결국 종교에 의해 이용만 당했습니다. 하지만 그동안 엄청난 수의 신도를 확보한 기독교와 이슬람교는 한편으로 신도들을 이용하여 엄청난 부를 축적하면서 다른 한편으로는 권력과 야합하여 공동으로 잘못된 교리를 미화시키는 작업을 지속해 오고 있습니다.

아인스호키: 한편 이들은 내부 규율을 정하여 이를 어기는 사람들을 제명하는 방식으로 남아 있는 구성원들을 자기 뜻대로 다루고 있지요. 지도자가 위반 사항을 일일이 확인하지 않더라도 다른 구성원이 다른 누군가의 규율 위반을 신고하는 방식으로 조직이 자율적으로 통제될 수 있도록 만들지요. 공산국가와 독재국가도 이런 방식으로 국민들을 통제하곤

---

[87] *The Hermetica*, T. Freke & P. Gandy, Penguine Group, 1999, introduction xvii

알렉산드리아에서 철학자 히파티아의 죽음, Louis Figuier

하지요. 이를 통해 공포심을 불러일으켜 조직의 구성원들이 다른 생각을 하지 못하도록 통제하는 것이, 이런 시스템의 영속성을 위해 필요한 조치임을 이들은 잘 알고 제대로 수행하지요.

라바모스: 통치자나 가진 자는 구약성경의 내용을 상황에 따라 얼마든지 활용할 수 있다. 왕이나 성직자는 자신들이 저지른 실정이나 잘못에 대해 백성이나 신도들이 여호와를 믿지 않고 다른 신을 믿거나 믿음이 신실하지 않기 때문에 신이 저주를 내렸다고 책임을 전가한다. 왕이나 통치자들에게 구약성경은 왕권을 유지하기 위한 금상첨화의 선물이다. 전도서 10:20에는 "생각으로라도 왕을 저주하거나, 침실에서라도 부자를 저주하지 말라. 공중의 새가 그 소리를 전하고, 날짐승이 네가 한 말을 전파할

것이다"라는 표현이 나오고, 시편 28:8에 "여호와는 그들[백성]의 힘이시요 기름 부음 자들의 구원의 요새이시로다"라는 표현 또한, 왕의 신분을 백성의 힘[희생과 착취]을 빌려 구원해 주는 절대적 위치로 격상시킨다.

바우류당: 이슬람교를 만든 무함마드 역시 통치하는 사람에게 구약성경이 아주 유리하게 사용될 수 있다는 장점을 파악했기 때문에 구약성경을 도입합니다. 절묘하게 자신들이 아브라함의 첫째 아들 이스마엘의 후손이라고 주장하면서 저승에 대한 언급이 없는 구약성경의 단점을 그리스 철학자들의 아이디어를 도용하여 자기 나름대로 그려낸 천당과 지옥으로 메워 종교화에 성공하였습니다. 무함마드는 '현명'하게도, 통치자가 구약성경과 같은 신을 내세운다면 자기 잘못을 전부 백성들에게 전가하기 쉽다는 점, 신의 이름을 빌려 백성들을 자신이 원하는 대로 따르도록 만들기 쉽다는 점을 간파했던 것입니다.

두레스킴: 결국 구약성경은 백성들에게 이승에서의 불공평한 삶을 그대로 받아들이고 살 것을 주문하기 위한 이야기들로 채워져 있습니다. 지금까지 살펴본 바와 같이 구약성경에 등장하는 가진 자, 성직자, 권력자는 여호와의 보호를 받으며, 자신들의 가증스러운 범죄 행위에 대해 불쌍하고 무고한 백성을 희생양으로 제공하고, 면책특권을 누리며 호의호식하며 잘 삽니다. 예수께서는 이런 불공평함을 극복하고 이승에 천국을 만들자고 하셨습니다. 그런데 바울을 위시한 다른 특권층은 사후세계를 설정하고, 이승에서의 불공평은 저승에서 보상받을 수 있다는 논리로 변질시킵니다. 이에 대해서는 2장 이후에 자세히 다루도록 하겠습니다.

아인스호키: 구약성경을 믿거나 구약성경에 근거하여 만들어진 종교의 공통점은, 자신들이 내세우는 신을 믿지 않는 자들과는 상종하지 않고 끝까지 싸워 굴복을 받아내야 한다고 믿는다는 거예요. 실제로 이들은 지금까지 지구상에서 벌어진 전쟁의 많은 부분에 책임이 있어요. 사랑과

봉사로 인류의 평화를 추구해야 할 종교가 분열과 갈등을 조장하고 전쟁을 부추긴 셈이지요. 이렇게 변질된 종교들은 세상을 불안하게 만들었을 뿐 아니라, 아직도 세를 확보하고 키우는 데 안간힘을 쏟고 있어요. 이들 종교는 모든 사람에게 평등하게 부여되어야 할 기회를 기득권층에게만 유리하게 만들고 이를 합리화시키고 있어요. 이러한 종교의 경전이 없어지지 않는 한, 인류는 불운한 미래를 향해 나아갈 수밖에 없을 거예요.

두레스킴: 그럼에도 불구하고 유대인들은 여호와가 오직 자기 민족만 지켜주는 존재로 부각시키며, 구약성경은 다른 민족을 쳐부술 때 이 신의 도움을 받는 것으로 기술하고 있습니다. 이런 주장의 배경에는 천지창조의 내용과 달리 다른 민족은 별개의 신이 따로 창조했기 때문에 자신들과는 다르다는 생각이 깔려 있지 않나 하는 추측이 가능합니다.

아인스호키: 유대인은 자신들만이 선택된 민족이라는 폐쇄적 사고에 갇혀 있기 때문에 다른 민족들과의 분쟁을 피할 수 없고, 이런 현상이 오늘날까지 이어져 내려오고 있어요. 유대교와 이슬람교는 같은 민족들 간에 빌리는 돈에 대해서는 이자를 받지 않도록 규정하고 있지요. 그런데 여호와는 이민족을 상대로 하는 고리대금업은 버젓이 인정하고 있어요. 자기들 간의 금전 거래에 따른 이자 손실을 다른 민족에게 고리로 돈을 빌려줘서 회복할 수 있게 한 것이죠.

NIV판에서는 이자(interest)라는 단어를 써서 "네가 형제에게 꾸어주거든 이자를 받지 말지니 곧 돈의 이자, 식물의 이자, 이자를 낼 만한 모든 것의 이자를 받지 말 것이라 타국인에게 네가 꾸어주면 이자를 받아도 되거니와 네 형제에게 꾸어주거든 이자를 받지 말라"(신명기 23:19-20, NIV판)라고 하는데, KJV판에는 "Unto a stranger thou mayest lend upon usury; but unto thy brother thou shalt not lend upon usury"라고 하여 고리(usury: 높은 이자)라는 단어를 사용하면서 이방인들에게 고리대금업을 하라고 부추기고 있어요.
바우류당: 이슬람교의 창시자인 무함마드와 유대인들과의 사이가 벌어지고 철천지원수가 된 것도 이런 규정 때문이었습니다. 무함마드는 아브라함과 이집트 출신 여종인 하갈 사이에 난 이스마엘이 자신들의 조상이기 때문에 아랍인들이 아브라함의 자손이라는 명분을 내세워 당시에 필요한 전쟁 자금을 유대인들로부터 무이자로 빌리려고 했습니다. 하지만 유대인들은 아랍인들과 같은 민족이 아니라며 높은 이자를 요구하여 사이가 틀어졌고(쿠란 5장 12-13절), 무함마드는 "그들은 금지된 고리를 뜯어갔으며 백성들의 재산을 가식으로 삼켜 버렸다. 우리(알라)는 불신자들을 위해 고통스러운 파멸을 준비하였다"(쿠란 4장 161절)라며 유대인들을 신랄하게 비난합니다. 그리고 20세기까지 유럽의 여러 나라에서 유대인들이 비난과 억압을 받고 히틀러에 의한 유대인 대학살이 일어난 것도 유대인들의 고리대금업과 밀접한 연관이 있습니다.
두레스킴: 유대교, 이슬람교 및 기독교 간의 사이가 더욱 벌어지게 된 것은, 기독교가 이슬람교가 점령하고 있던 예루살렘을 탈환하겠다는 생각으로 벌인 십자군 전쟁 중에 서로가 자신들이 믿는 신의 이름을 빌려 벌인 잔인하고 잔혹한 행위들이 기여한 바가 큽니다. 지금은 큰 규모의 종교 전쟁이 일어나지 않고 표면적 평온을 유지하고 있지만, 환경이 조성된다면 언제든 대규모의 종교 전쟁이 재발할 수 있습니다. 성직자들이 이성이 아닌 감정에 호소하여 사람들을 선동하고 다른 집단에 대한 살인 행위를 정당화한다면 언제든지 일어날 수 있는 일입니다.

107-1 구약성경의 한계와 결론

두레스킴: 위에서 살펴본 것처럼 구약성경 일부가 바빌론 유배 이전에 쓰였을 가능성도 있지만, 거의 대부분이 바빌론 유배 후나 그 이후에 유대 민족의 자긍심을 불러일으키고 정통성을 확보하고자 했던 소수민족의 애환과 절실함이 창조해 낸 우화일 뿐입니다.

바우류당: 모세오경에는 열왕기나 역대기를 쓴 사람들이 아니고는 알 수 없는 사건들이 기록되어 있습니다. 그리고 이러한 역사서도 각 책에서 다루는 시대에 살았던 사람들이 직접 쓰지 않은 것으로 보입니다. 후대에 열강들의 틈바구니에 끼어 소수민족으로서 겪었을 상실감과 애절함이 묻어나는 내용이 담겨 있기 때문입니다. 자신들의 애환을 이런 식으로 달랠 수밖에 없었던 그들의 사연을 생각하면 유대 민족에 대해 안쓰러움을 감출 수 없습니다.

라바모스: 천지창조는 두 개의 서로 맞지 않는 이야기로 구성되어 있고, 노아의 홍수 이야기에서 방주에 실은 동물의 수도 구절마다 제각각이다. 모세가 십계명을 받은 장소도 이름이 다르다. 또한, 신을 지칭하는 용어도 두 가지로 나뉘어 적혀 있는 것이 구약성경의 실제 모습이다. 이것은 바빌론 유배에서 돌아와 역사를 되찾기 위해 구약성경의 내용을 작성하는 과정에서 예레미야, 느헤미야나 에스라 또는 유다국이나 이스라엘국을 대표하는 지식인들 사이에 의견 차이가 심해서 이런 결과가 도출된 것으로 보인다.

유대교는 환경 변화에 따라 랍비가 주축이 되어 이런 구약성경의 내용상의 모순점을 극복하고 유대 민족의 유대를 도모하기 위해 구약성경을 재해석하여 『탈무드』를 포함한 다양한 형태로 신의 계시라는 이름을 빌려 새로운 말씀을 전달하고 있다. 그런데 기독교나 이슬람교는 환경 변화에 따르는 재해석의 과정을 시도하기보다 구약성경을 성스러운 경전으로 치부하고 그대로 수용하며 믿고 있다. 이것은 세계 역사와 문학사에서 일어난 '기적 중 최고의 기적'이라 아니할 수 없다. [호키 박사! 뭐라고? 불가사의라고 하면 된다고… 그래, 잘났다.]

아인스호키: 구약성경에 나오는 바와 같이 아담과 이브를 여호와가 창조해서 여기에서 모든 민족이 파생하였다면, 유대인과 비유대인을 구분할 이유가 없을 것이에요. 마찬가지로 구약성경의 대홍수가 실제로 있었고, 여호와의 주문대로 노아가 방주를 만들고 자신과 자기 마누라 그리고 세 아들과 세 며느리 등 총 여덟 명만이 그 배를 타고 살아남았다면, 그 이후에 태어난 지구의 인간들은 모두 노아 집안의 후손이 되어야 할 거예요. 그런데도 유대인과 비유대인으로 구분하고 피부 색깔을 따지며 차별하는 것이 무슨 의미가 있겠어요? 구약성경의 표현이 사실이고 전지전능한 존재의 말이라고 주장한다면, 모든 인간은 같은 민족이고 같은 핏줄이니 구분을 버리고 두루 사랑하는 것이 맞아요. 이를 부정한다면 구약성경의 표현이 현실과 완전히 동떨어진 신화 속의 이야기라는 것을 스스로 인정하는 꼴이 되는 것이지요.

라바모스: 기독교가 세속적인 차원에서 벗어나지 못하는 근본적인 이유가 구약성경에 있다. 구약성경에 속한 문서들은 원래 전혀 성스러운 문서가 아니었으며, 폭력이 난무하는 냉혹한 생존 경쟁의 현실을 반영하는 문서들이었다. 그런데 이를 포함한 문서들이 성서로 공인된 이후로 신적인 정당성을 부여받음으로써 그 세속적인 문서들에 바탕한 인간(사회)의 근원적이고 일상적인 폭력성을 신적인 의지로 이해하게 되었다. 기독교인들이 이를 깨달아야 한다.[88]

---

[88] *일상적 폭력 폭력적 종교*, 이종록, 쿰란출판사, 2017: 12

성경은 어떤 사건이 발생했던 그 시점이 아니라, 그것을 기록하는 시점에서의 시대적 요구에 따라 기록 여부를 결정하고, 또 발생했던 시대의 상황보다 기록하는 시대의 상황을 더 많이 반영할 수밖에 없다. 성서가 무엇을 말한다고 해서 그것을 무조건 하나님이 하시는 말씀으로 받아들이는 것은 성서 기록의 특징을 모르는 '맹목(盲目)'이다.[89]

두레스킴: 구약성경이 없어지지 않고서는 모든 존재가 하나라는 진리를 실행하기 어려울 것입니다. 근본적으로 구약성경을 따르는 조직들은 분열을 조장하고 자신들만의 권익을 내세우며 세력을 키워왔습니다. 구약성경에 기반을 둔 종교는 어떤 형태로든 이런 근간이 무너지면 자신들의 특권을 유지할 수 없다는 것을 알기에 쏟아지는 비판에 대해 굳건히 반발해왔고 위협, 회유와 조작을 통해 기반이 무너지는 것을 막아왔습니다.

바우류당: 이사야에 나오는 '새 하늘과 새 땅을 바라는 마음'이 유대인들이 약소국으로 받았던 설움과 애환을 제대로 보여 줍니다. "보라 1) 내가 새 하늘과 새 땅을 창조하나니 … 2) 그들이 심은 것을 타인이 먹지 아니하리니 3-1) 내 백성의 수한(수명)이 나무의 수한과 같겠고 … 3-2) 이리와 어린 양이 함께 먹을 것이며 사자는 소처럼 짚을 먹을 것이며 뱀은 흙을 양식으로 삼을 것이니 나의 성산에서는 해함도 없겠고 상함도 없으리라 여호와께서 말씀하시니라"(이사야 65:17-25)라는 내용이 나옵니다. 이런 식으로 표현할 수밖에 없었던 여호와의 비통함과 애절함을 엿볼 수 있습니다.

라바모스: '권위 있는 통역사의 성경에 따르면 이 문장의 의미는 현 세상을 완전히 파괴하고 새로운 세상을 만든다는 것이 아니라, 현 세상을 완전히 변화시키겠다는 의미다. 그리고 여기에는 어떠한 천상의 개념도 담겨 있지 않다. 마지막으로 구약성경에 끼워 넣어진 다니엘서 이전의 유대

---

89) *일상적 폭력 폭력적 종교*, 이종록, 쿰란출판사, 2017: 86

성경 내에는 인간이 천상으로 올라간다는 표현이 전혀 나오지 않는다. 고대 종교인들은 하늘(heaven)이 사후에 가는 장소가 아니라, 땅 위(on earth)에 있다고 믿었다.'[90] 우리 유대교도 1)의 새 하늘과 새 땅을 이승이 아닌 다른 곳에 짓는 것이 아니라, 이 세상을 바꾸어 유대인의 삶을 보다 풍요롭게 하겠다는 것으로 해석한다.

바우류당: 이사야도 바빌론 유배에서 돌아온 사람들이 구약성경을 만들면서 가공의 선지자로 등장시킨 인물입니다. 여기에서 2)의 표현을 보면 이들이 바빌론에서 노예의 신분으로 일한 것을 알 수 있습니다. 자신들이 열심히 노력하여 재배하거나 생산한 것을 종주국에게 빼앗기는 억울함에서 벗어나고 싶은 심정을 읽을 수 있습니다. 그리고 3-1)과 3-2)의 표현은 비과학적이지만, 자신의 무능함으로 인해 바빌론 유배라는 시련을 당한 자

[90] *Heavens on Earth*, Michael Shermer, Henry Holt and Company, 2018: 66

기 백성에게 여호와가 오죽하면 이런 표현까지 빌려가며 달래려 했을까 싶습니다. 유대인의 비통함과 억울함이 배어 있는 문장이 아닐 수 없습니다. 하지만 어느 종교도 거룩한 것, 신성한 것, 혹은 신적인 것에 대한 독점을 주장할 수는 없습니다. 실로 이러한 독점적 주장 속에 종족 살해(genocide)의 충동이 배태되어 있는 것입니다. 즉 나만이 홀로 절대적으로 옳은 것이 될 수 있는 하나의 방식은 다른 모든 사람이 죽는 것이기 때문입니다. 그리고 다른 모든 사람이 죽는 하나의 방식은 내가, 우리가, 혹은 우리의 하느님이 그들을 죽이는 것입니다. 다음 천 년 시대를 위한 도전은 자기 신앙의 온전한 정체성을 지키면서 동시에 다른 사람들의 신앙의 정체성을 부정하거나 파괴하지 않는 것입니다.[91)]

아인스호키: 유대 민족은 그동안 구약성경을 앞세워 인류의 역사 속에서 저질렀던 잘못된 관행에 대해 솔직히 용서를 빌고, 당신들의 신화인 구약성경을 믿고 따르는 사람들에게 잊어달라고 이야기하고, 이 책을 거두어 주세요. 그래야만 이 세상은 보다 행복하고 살기 좋은 곳으로 변할 거예요.

두레스킴: 그리고 마지막으로 위에서 살펴본 바와 같이 무수히 많은 오류, 변덕이 심한 여호와의 그릇된 계율, 혐오스럽고 폭력적이고 반인륜적이며 비도덕적인 내용을 담고 있는 유대 민족의 신화인 구약성경을 성스러운 책이라고 귀중한 자녀를 비롯하여 다른 사람에게 읽거나 믿으라고 종용하는 것이 올바른 자세인지, 우리 모두 신중하게 고민해 보아야 할 것입니다.

---

91) *예수는 누구인가*, 존 도미닉 크로산 지음 한인철 옮김, 한국기독교연구소, 1998: 59

제2장

신약성경의 의미와 한계

제2장

신약성경의 의미와 한계

두레스킴: 기독교, 천주교, 이슬람교 등 구약성경에 기반한 모든 종교는 구약성경의 여호와를 신약성경의 하나님이나 쿠란의 알라와 동일한 존재로 보고 숭앙하고 있습니다. 여기에서는 두 존재가 완전히 다른 상황에서 도출된 별개의 신이라는 것을 다뤄보도록 하겠습니다. 그리고 신약성경이 나오게 된 배경과 신약성경의 두 핵심 주인공인 예수님의 생애와 바울의 역할에 대해 살펴보기로 합시다. 첫 번째 주제는 구약성경과 신약성경의 관계입니다. 이를 위해 아래 내용을 참고하고 토론을 진행하도록 합시다.

"구약성경과 신약성경의 구분이 생기게 된 배경은 로마 제국의 지배를 받는 상황에서 기존의 종교 지도자들이 로마 제국과 결탁하여 대다수 국민을 어렵게 만들자 이에 반발하여 자연스럽게 생겨난 새로운 복음을 담은 교리가 복음서인 신약성경으로 발전되었다. 요한복음 8:42-45에서 예수는 '만약 하나님이 너희 아버지였다면 너희가 나를 사랑하였을 것이다. 왜냐하면 내가 하나님으로부터 나와 여기에 있기 때문이다. 나는 스스로 온 것이 아니고 그가 나를 보냈다. 왜 너희는 내 말을 알아듣지 못하느냐? 너희가 참고 내 말을 듣지 않기 때문이다. 너희는 아비로 마귀(여호와)를 두고 있으며 그의 욕망을 실천하고자 한다. 그는 처음부터 살인자며 진리가 그 속에 없으므로 진리 편에 서 본 적이 없다. 그는 자연스럽게 거짓말을 한다. 왜냐하면 그(여호와)는 거짓말쟁이요 거짓의 아비기 때문이다. 그러나 내가 진리를 말하기 때문에 너희가 나를 믿지 않는다'라고 말한다. 마귀가 여호와를 지칭하는 것이라고 하면 이를 믿지 않는 기독교인이 있겠지만, 복음서를 통해 예수께서 구약성경에 대해 일관적으로 반대 입장을 내세우는 것을 보면 마귀를 여호와로 보는 것이 정당하다."[92]

대다수 기독교인들은 예수님이 언급한 마귀(악마)가 여호와를 지칭한다는 사실을 부인할 것입니다. 하지만 예수님이 구약성경(특히 율법이라고 지칭되는 모세오경)에 대해 반대하는 입장이었으며, 위의 대화 속에서 '너희 아버지(여호와)'와 나의 아버지(신, 하나님)'의 차이를 분명히 언급하면서 여호와를 악마라고 비난하고 있습니다. 고대 유대인들이 자신의 아버지가 아닌 존재를 아버지라 부르는 대상은 절대자인 신 이외에는 없었습니다. 여기에서 예수님이 '너희 아버지'라는 단어를 사용한 것은 모세오경에 나오는 신으로 유대인들이 믿던 여호와를 언급하시는 것입니다. 예수님이 복수를 사용하지 않으셨기 때문에 기독교인이 너희 아버지를 제사장들을 지칭하는 것이라고 주장하는 것은 틀렸습니다. 예수께서 분명하게 언급하신 진리를 왜곡하고 감추기 위해 천주교에서는 신도들에게 신부를 '아버지'라 부르라고 한 것은 아닌지 의심이 듭니다.

바우류당: 도입부부터 심상치 않아 흥미로운 토론이 될 것 같습니다. 신부는 '영신적 아버지'를 의미합니다. 그래서 우리나라에서는 신부로 많이 불리며, 일부 신자는 앞의 부분을 떼고 아버지로 부르기도 합니다. 서양에서는 그냥 아버지로 불리고 있습니다.

라바모스: 바울이 고린도전서 4:15에서 '그리스도 예수 안에서 복음을 통하여 내(바울)가 너희의 아버지가 되었다'고 주장한다. 그래서 성직자인

---

92) 영과 영, 김병윤, ㈜두레스 경영연구소, 2010: 359-360

신부를 아버지로 부르게 된 것 같다.

두레스킴: 신약성경은 예수님이라는 구세주를 내세워 기존의 구약성경에 기반을 두고 세를 길러온 기득권 집단으로부터의 해방을 부르짖는 서민들을 대변하고 질서와 규범에 대한 새로운 복음(하나님의 나라가 가까이 왔다)을 전달하려는 시도였습니다. 신약성경은 제사장을 비롯한 이미 형성된 집권 세력의 이기주의 및 특권의 독점에 대해 반발하며, 자신들에게 부여된 천부적인 권리를 되찾고자 하는 일종의 종교 혁명이었습니다.

아인스호키: 예수가 활동하던 시기에 로마 제국의 통치하에 있던 유대인들의 고통은 극심했어요. 그들은 로마 제국 지배자들의 입장을 일방적으로 옹호하며 특권을 누리던 봉분왕이나 제사장들이 자신들을 그런 극한 상황으로 몰아넣고 외면하고 있다고 생각했고, 이들에 대한 불만이 극에 달해 있었지요. 하지만 초기에 쓰인 복음서들은 요한복음과 같은 극단적인 표현은 하지 않고 비유를 통해 구약성경과의 결별을 선언하고 있어요. 마가복음 2:21-22의 "생베 조각을 낡은 옷에 붙이는 자가 없나니 만일 그렇게 하면 기운 새 것이 낡은 그것을 당기어 헤어짐이 더하게 되느니라. 새 포도주를 낡은 가죽부대에 넣는 자가 없나니 만일 그렇게 하면 새 포도주가 부대를 터뜨려 포도주와 부대를 버리게 되리라. 오직 새 포도주는 새 부대에 넣느니라 하시니라"라는 표현을 빌려 구약성경과의 결별을 선언하지요. 같은 내용이 마태복음 9:16-17과 누가복음 5:36-39에도 나와요.

라바모스: 예수가 태어나고 자라던 시절의 유대교는 제사장의 정통성 문제로 분파 간의 갈등이 심했고, 변화된 시대 환경에 따라 새로운 교리를 요구하는 사회적 욕구를 충족시키기 위해 구약성경과 대비되는 새로운 교리를 제시하는 새로운 복음이 등장하였다. 특히 하스몬 왕국 시기에 모세가 규정한 제사장의 자격을 갖추지 못한 유대인이 제사장 직분을 차지하자 정통 제사장의 직계에 속한 사람들이 반발하여 제사장직을 두고

치졸한 싸움을 벌였고, 이에 사람들은 환멸을 느꼈다.

갈라디아서 3:23-25에서 바울은 "믿음이 오기 전에 우리는 율법 아래에 매인 바 되고 계시될 믿음의 때까지 갇혔느니라 이같이 율법이 우리를 그리스도께로 인도하는 초등교사가 되어 우리로 하여금 믿음으로 말미암아 의롭다 함을 얻게 하려 함이라 믿음이 온 후로는 우리가 초등교사 아래에 있지 아니하도다"라고 하면서 그리스도 예수가 옴으로써 율법(law)으로부터 해방되었다는 입장을 밝힌다.

바우류당: 이들은 구약성경과는 확실히 차이가 나는 새로운 형태의 복음을 요구했습니다. 이런 필요성을 충족시키기 위해 예수님을 하느님의 아들이라는 신분으로 격상시켜 제사장보다 우위를 점하면서 하느님의 말씀을 전하는 형태로서의 초기 기독교가 형성될 수 있는 사회적 배경이 성숙되었습니다.

"우리도 어렸을 때에 이 세상의 초등 학문 아래에 있어서 종노릇 하였더니"(갈라디아서 4:3)라는 표현이 나옵니다. 여기에서 언급되는 초등 학문은 사람들을 종과 같이 부려 먹기만 하는 잘못된 가르침인 구약성경을 지칭하는 말입니다.

라바모스: "예수가 예루살렘 성전을 방문하고 돌아오면서 단 하나의 생각을 굳히고 이후로 자신의 마음속에 공고히 간직하고 있었는데, 그것은 고대 유대 종교와의 타협은 가능하지 않다는 것이었다. … 이후로 예수는 유대교 개혁자가 아니라 유대교 파괴자의 입장을 견지하였다. 메시아 개념을 갖는 종파의 일부는 메시아는 모든 사람에게 공통으로 적용될 수 있는 새로운 율법(복음)을 가져올 것으로 기대했다."[93]

[93] *The Life of Jesus*, Ernest Renan, BiblioLife, 1863: 206

201 구약성경과의 관계

바우류당: "만약 첫 언약[구약성경]이 흠이 없다고 한다면, 두 번째 언약[새로운 복음]을 추구할 이유가 없을 것이다 … 새 언약[예수님의 가르침]이라 말씀하셨으매 첫 것[구약의 가르침]은 낡아지게 한 것이니 낡아지고 쇠하는 것은 없어져 가는 것이니라"(히브리서 8:7, 8:13)라는 말씀이 있습니다. 또한, 예수께서 "내가 하나님의 뜻을 행하려 왔나이다 하셨으니 그 첫째 것을 폐하심은 둘째 것을 세우려 하심이라"(히브리서 10:9)라고 말씀하시면서 구약성경을 없애고 새로운 복음을 세우겠다는 공언을 하십니다.

"형식과 외모를 중요시하는 의식 위주의 율법은 순수하고 영적인 숭배방식으로 바뀌고 모든 풍토와 모든 인류의 조건에 동일하게 적용되었으며, 피로 치르는 의식은 보다 무해한 물로 치르는 의식으로 바뀌었습니다. 신의 호의에 대한 약속이 부분적으로 아브라함의 자손들에만 한정되던 것이 자유인과 노예, 그리스인과 야만인, 그리고 유대인과 이방인에게 골고루 제시되었습니다."[94] 또한, 같은 책에서 '모든 제사장은 날마다 서서 똑같은 제물을 반복적으로 바치며 제사를 지내는데 이 제사는 어떤 죄도 제거할 힘을 갖지 못한다. 그러나 예수께서는 우리를 위하여 단 한 번의 영원한 제물을 바치고 하나님의 우편에 앉았다'(히브리서 10:11-12)라고 지적하면서, 더 이상 죄를 정죄하지 못하는 무용지물인 제물을 올리는 제사장들의 관행을 의미 없는 일로 만들어 버렸다고 공언합니다.

두레스킴: 류당 신부께서 언급하신 히브리서 8:8-12까지는 예레미야의 31:31 이후의 내용을 그대로 인용하고 있는데, 새 언약(new covenant)이

---

94) *On Christianity*, Edward Gibbon (1737-1794년), Prometheus Books, 1991: 6-7

라는 표현이 구약성경에서 유일하게 나오는 곳이 이곳입니다. 여호와가 모세와 맺은 언약을 깨뜨리고 새로운 언약을 맺는다고 하였는데, 이것이 사실이라면 여호와조차도 모세오경은 더 이상 의미를 갖지 않는다고 공언한 것이 됩니다. 하지만 예레미야에서 이스라엘 집과 유다 집과 새로운 언약을 맺는다는 표현은 새 언약이 유대인들에 한정된다는 것을 의미합니다.

아인스호키: 심지어 로마서 3:20에는 "율법의 행위로 그의 앞에 의롭다 하심을 얻을 육체가 없나니 율법으로는 죄를 깨달음이니라"라는 표현까지 써가며 구약성경을 서슴없이 비난하고 있거든요.

그리고 고린도전서 16:55-57에는 "사망아 너의 승리가 어디 있느냐 사망아 네가 쏘는 것이 어디 있느냐 사망이 쏘는 것은 죄요 죄의 권능은 율법이라 우리 주 예수 그리스도로 말미암아 우리에게 승리를 주시는 하나님께 감사하노니"라는 표현을 통해 율법을 통해 죄가 나왔고, 이 죄를 통해 사망이라는 잘못이 이루어진 것을 지적하지요. 그러면서 예수의 새로운 가르침으로 이것을 극복하게 되었다고 주장해요.

고린도전서 15:44 이후에 '첫 아담은 살아 있는 육체적 존재가 되었지만 마지막 아담은 생명을 주는 영으로 결국 사망을 삼키고 이기는 존재'로 대비하며 논리를 펼치는데, 여기에서 마지막 아담은 예수를 지칭하는 거예요.

라바모스: 나도 이와 관련하여 유대교에서 성스럽게 여기는 할례와 연결된 내용을 찾은 게 있다. 바울은 빌립보서 3:2에서 구약성경의 가르침을 고집하며 할례를 강요하는 집단을 개에 비유하기도 하고 사악한 자들로 표현하면서 그들을 삼가라고 경고한다.

또 갈라디아서 5:2-4에도 '할례를 받았다고 예수가 조금도 유리하게 해주지 않을 것이며, 율법을 통해 합리화하려는 모든 사람은 예수로부터 끊어지고 은혜를 받지 못하게 될 것이라'라고 하며 과거의 경전이었던 구약성경과의 단절을 요구한다.

아인스호키: '할례 할래 안 할래, 안 하면 기독교인이 될 수 없어'라고 하는 사람에게 과학자로서 내가 한마디 안 할 수가 없군요. '원래 성기 포피는 성적으로 흥분하게 되면 위로 말아 올려져 고리를 형성하여 성행위 시 성적 쾌감을 증진시키도록 고안된 것이에요. 할례를 받은 남자와 그 배우자는 이런 야만적 시술로 인해 그들의 즐거움을 빼앗긴 셈이며, 이는 처음에는 종교의 이름으로, 최근에는 '건강 증진'의 명분과 의사들의 추가적인 소득을 위해 갓난 남자 아기들에게 시행하고 있어요.'[95] 이슬람교에서 여성들의 성기를 절제(female genital mutilation, 약자 FGM) 또는 여성 할례(female circumcision)를 하여 여성의 성적 쾌감을 앗아가는 것 또한 자연법칙을 무시하고 자행되는 아주 잔인한 짓이에요. [어이, 모스 랍비! 마님에게 쫓겨나지 않고 아직까지 사는 거 보면 참 대단하네… 혹시 할례 안 한 거 아니요?]

바우류당: 제가 제대로 인식하지 못하고 지나쳤던 부분을 많이 지적해 주셨습니다. 하지만 예수님이나 사도 바울께서 말씀하신 것은 율법의 일부 내용에 해당되는 것이지, 구약성경 전체를 부정하는 것은 아닙니다. 그리고 신약성경에 두 분이 지적한 것과는 정반대로 "그러나 이제 율법과는 완전히 다른 하나님의 정의가 [예수님의 가르침으로 인해] 알려지게 되었다. 이를 율법과 선지자들이 증언하고 있다"(로마서 3:21)라는 말이 나옵니다.

율법과는 완전히 다른 하느님의 가르침이 존재하지만, 율법이나 선지자들이 증언한 것이라는 표현에 비춰 보면 구약성경의 존재를 부정하는 것이라고 볼 수 없습니다. '이는 율법과 선지자들이 증언하고 있다'라는 표현에 이어, "그렇다면 우리는 믿음으로 율법을 폐기할 것인가? 전혀 그럴 수 없다. 대신에 우리는 율법을 지지해야 한다"(로마서 3:31)라는 말씀이 있는데, 구약성경 전체를 부정하는 식의 논리를 전개하는 것은 무리입니다.

---

95) *성경의 시대착오적인 폭력들*, 존 쉘비 스퐁, 한국기독교연구소, 2007: 140

라바모스: 마태복음 5:17-18에서 예수는 "내가 율법이나 선지자를 폐하러 온 줄로 생각하지 말라 폐하러 온 것이 아니요 완전하게 하려 함이라 진실로 너희에게 이르노니 천지가 없어지기 전에는 율법의 일점 일획도 결코 없어지지 아니하고 다 이루리라"라고 공언했다. 그리고 누가복음 16:17에도 "그러나 율법의 한 획이 떨어짐보다 천지가 없어짐이 쉬우니라"라는 내용도 나온다.

두레스킴: 이것은 신약성경의 전체적인 맥락과 완전히 동떨어진 주장입니다. 그런데 여기에 버젓이 기록된 것을 보면 신약성경 문맥의 오류를 볼 수 있고, 이런 표현은 신약성경의 신빙성을 저하시키고 있습니다. 이것은 예수께서 전반적으로 주장하시는 내용이나 밝히시는 신념과 상반되는 것입니다. 추정컨대 마태복음이나 누가복음은 구약성경에 철저했던 유대인이 쓴 것으로 보입니다.

바우류당: 하지만 비슷한 내용의 "율법과 선지자는 요한의 때까지요 그 후부터는 하나님 나라의 복음이 전파되어 사람마다 그리로 침입하느니라(16절) 그러나 율법의 한 획이 떨어짐보다 천지가 없어짐이 쉬우리라(17절) 무릇 자기 아내를 버리고 다른 데 장가 드는 자도 간음함이요 무릇 버림 당한 여자에게 장가드는 자도 간음함이니라(18절)"(누가복음 16:16-18)라는 말씀도 있습니다.

두레스킴: 세례자 요한을 기점으로 그 이전의 율법과 이후의 복음이 다르다며 구약성경과의 결별을 선언하는 16절의 문장에 이어 17절에 어색한 표현을 쓰면서 정반대의 논리를 펼치는 것을 보면, 17절 이후는 누군가가 마태복음을 참조하여 후에 이 구절을 첨가한 것으로 볼 수 있습니다. 18절에는 이상한 비유까지 들고 있습니다. 이런 식의 표현 배치는 저자가 강요에 의해 문구를 고칠 때 흔히 사용하는 기법입니다.

신약성경 내에 완전히 상반되는 두 가지의 내용이 공존하며, 구약성경을 인정할 수 있는 명분을 제공하는 것은 불가사의가 아닐 수 없습니다. 앞에서 살펴본 바와 같이 원본이 만들어진 이후에 많은 첨삭이 의도적으로 이루어진 것을 볼 때, 류당 신부님이 제시하신 문장은 후에 억지로 끼워 넣어진 것으로 추정됩니다.

라바모스: 신약성경에는 이런 주장도 있다. 예수가 "나는 이스라엘 집의 잃어버린 양 외에는 다른 데로 보내심을 받지 아니하였노라"(마태복음 15:24)라고 주장한다. 또한, 예수는 열두 제자를 내보내면서 "이방인의 길로도 가지 말고 사마리아인의 고을에도 들어가지 말고 오히려 이스라엘 집의 잃어버린 양에게로 가라"(마태복음 10:5-6)라고 지시하고 있다. 예수가 유대인의 복음에만 신경 쓰고, 다른 민족의 구원에는 관심이 없다고 분명히 말하고 있다.

그리고 앞에서 언급된 예레미야에서 이스라엘 집과 유다 집과 새로운 언약을 맺는다는 표현을 히브리서가 그대로 원용하고 있는데, 그렇다면 신약성경도 결국 유대인들에 한정되는 것으로 해석될 수 있다.

아인스호키: 마태복음의 저자는 유대인 중심의 사고방식에 집착하고 있으며, 구약성경과 신약성경의 연결고리를 찾고자 노력한 것으로 보이네요. 예수의 탄생과 관련해서도 출생 후 모세의 삶과 같이 박해를 피해 이집트로 피신했다가, 다시 돌아와 나사렛에 정착하게 하는 것도 그런 맥락으로 이해할 수 있어요.

202 복음서 작성 시점

바우류당: 성경에는 우리가 배울만한 좋은 말씀들이 많습니다. "구하라 그리하면 너희에게 주실 것이요 찾으라 그리하면 찾아낼 것이요 문을 두드리라 그리하면 너희에게 열릴 것이니"(마태복음 7:7, 누가복음 11:9)라는 표현을 보면 긍정적인 사고를 갖고 사는 것이 좋고, 적극적으로 찾는다면 이룰 수 있다는 것을 보여 줍니다. 사랑하라, 부모를 공경하라, 이웃은 물론이고 심지어 적도 사랑하고, 한쪽 뺨을 맞으면 다른 뺨도 내밀라 등도 그렇습니다.

두레스킴: 참고로 복음서는 마가복음(넓게는 기원후 50~150년 사이에 쓴 것으로 보나 65~75년 사이에 쓰인 것이 유력)이 가장 먼저 쓰였고, 마태복음과 누가복음은 85~90년 사이에 쓰인 것으로 추정됩니다.[96] 이후 요한복음이 저술된 것으로 보입니다. 바울서신 중 일부는 마가복음 이전에 작성된 편지인 것을 감안하고 신약성경의 내용을 검토하는 것이 좋겠습니다.

아인스호키: 마가복음은 예수 사후 40년이 지난 시점에 복음서 중 최초로 쓰였고, 이후 마태복음은 기원후 90~100년 사이에 유대인 저자가 썼고, 누가복음 및 사도행전 두 권은 100~120년 사이에 비유대인인 저자 한 사람이 쓴 것으로 알려지기도 하지요. 누가복음 1:3에 나오는 데오빌로(Theophilus) 각하라는 이름이 사도행전 1:1에도 나오고, 사도행전의 저자가 자신이 먼저 쓴 글[누가복음]을 데오빌로에게 전했다고 하는 것을 보면 누가복음과 사도행전은 같은 저자가 썼다고 추론할 수 있어요. 사도행전 25:26에는 아그립바 왕(Agrippa II, 기원후 50~93년)의 이름도 나오네요.

---

96) *The Jesus Puzzle*, Earl Doherty, Canadian Humanist Publications, 1999: 193 & 196

라바모스: 마태복음 24장, 마가복음 13장 그리고 누가복음 21장에 공히 성전이 무너지는 모습을 그린 것은 기원후 70년에 예루살렘이 로마 제국 군대의 침략을 받아 파괴되는 장면을 묘사한 것이다. 이를 고려하면 신약성경이 쓰인 시점은 그 이후가 맞다. 여기에서 예수는 당시에 살던 사람들의 세대가 지나기 전에 오겠다고 약속했다. "내가 진실로 너희에게 말하노니 이 세대가 지나기 전에 이 일이 다 일어나리라."(마태복음 24:34, 마가복음 13:30, 누가복음 21:32) 그런데 그 약속은 지켜지지 않았다.
아인스호키: 일부 학자들은 한 세대를 40년으로 보고, 예수가 죽은 것으로 추정되는 기원후 29년이나 33년에서 40년이 지난 70년에 예루살렘이 점령당한 것, 그리고 73년에 최종 저항지인 마사다가 점령당한 사건을 주목하지요. 이때 침략한 로마 제국 군대 사령관인 티투스(Titus Flavius Vespacianus, 기원후 39~81, 79~81 재위)를 신약성경에 나오는 '사람의 아들(Son of Man)'로 볼 수 있다고 주장해요.[97] 유대의 역사가 요세푸스는 『유대전쟁사』에서 유대 구세주 예언은 실제로 전쟁에서 승리한 베스파시아누스 황제(기원후 9~79, 69~79 재위, 티투스의 아버지)를 지칭한다고 밝히지요.[98] 그렇다면 예수의 약속이 지켜졌다고 할 수 있겠네요.
라바모스: 그렇고 보니 로마 황제들이 임마누엘 외에 예수의 출현과 관련이 있다고 자주 인용되는 이사야서의 내용을 활용하여 자신들을 신으로 부르도록 한 근거로 삼았을 수 있다. "이는 한 아기가 우리에게 났고 한 아들을 우리에게 주신 바 되었는데 그의 어깨에는 정사를 메었고 [government(정부)를 운영 또는 통치하고] 그의 이름은 '기묘자라, 모사라, 전능하신 하나님이라, 영존하시는 아버지라, 평강의 왕(prince)이라 할 것

[97] https://www.youtube.com/watch?v=HS0WSEuousE 참고한 영상을 더 이상 재생할 수 없다.

[98] *The Jesus Puzzle*, Earl Doherty, Canadian Humanist Publications, 1999: 210

임이라 그 정사와 평강의 더함이 무궁하며'['훌륭한 조언자, 전지전능한 신(여호와), 영원한 아버지, 평화의 왕자라 불릴 것이다. 그의 정부(국가)는 계속 커질 것이며 그곳에서의 평화는 끝이 없을 것이다']"(이사야 9:6-7).

아인스호키: 모스 랍비여! 당신은 어떻게 내가 지금까지 전혀 인식하지 못하고 있던 이런 귀중한 자료를 찾았나요? 찬찬히 들여다보니 로마 황제가 '여호와께서 이런 말씀도 하셨다'고 하면서, 백성들로 하여금 자신들을 왕뿐만이 아니라 신으로 부르라고 주장할 수 있었겠네요. 그래서 가면 갈수록 정부의 규모를 키우고 자신들이 근무하는 장소를 더욱더 멋지게 꾸며가는 건지 나도 모르겠지만, 국가를 운영하는 사람들은 이를 빌미로 자신들의 조직을 터무니없이 키워나가더라도, 여호와의 말씀을 금과옥조(金科玉條, 금과 옥처럼 귀중하게 받들어야 할 규범)로 삼고 사는 사람들은 할 말이 없겠네요. [모스 랍비! 내가 문자 썼다고? 이것은 새발의 피여, 한국에 산 지가 얼만데… 뭐라고? 조족지혈(鳥足之血)이라고도 한다고, 잘 났어 정말. 그리고 위에서 '우리에게'라는 말은 '말우리(구유)'가 아니라, '우리로부터'라는 말이라는 것을 독자분을 위해 확실히 짚고 넘어가야겠네요.]

라바모스: 마가복음이 16장으로 짧은 반면, 마태복음은 28장, 누가복음은 24장으로 구성된 것 또한 마가복음이 최초로 쓰여졌고, 이것에 근거하여 다른 복음서들이 나왔다는 증거가 된다. 하지만 복음서들의 원본이 존재하지 않는 상황에서 그 내용은 복사본을 작성한 사람들의 의도에 따라 멋대로 바뀌거나 첨삭되어 많이 변질되었다. 그런데 이를 예수의 말이라고 주장하며 내용을 절대적인 것으로 믿으라고 하는 것은 어불성설(語不成說)이다. [호키 박사! 뭐? 당신만 문자 쓰는 게 아녀… 나도 내일모레면 서당 개 20년이여!]

바우류당: 독일 개신교 신학자들이 3세기에 걸쳐 집중적으로 복음서를 연구한 결과는, 근본주의자들이 예수님에 대해 갖고 있는 생각을 완전히

뒤집어 놓았습니다. 정밀한 조사를 거쳐 이들은 요한복음이 아주 늦게 기록되어서 예수님의 목격담을 적은 내용이 될 수 없다는 결론을 내렸습니다. 마태복음, 마가복음 및 누가복음에서 예수님은 적절한 비유를 들며 가르침을 펼칩니다. 하지만 요한복음에서는 유대인 목공의 아들이라고 생각하기 어려울 정도로, 유창한 그리스어로 장문의 직설적인(verbatim) 연설을 하고 있습니다. 또한, 요한복음은 다른 복음서와 완전히 다른 사건들을 기술하고 있습니다.

독일의 문헌학자 칼 라흐만(Karl Lachman)을 비롯한 저명한 학자들은 내용의 차이에도 불구하고 마태복음, 마가복음, 누가복음은 많은 공통점을 가지고 있다는 것을 밝혀냈습니다. 이 유사성은 가장 간결하고 가장 먼저 나온 마가복음을 참조하여 마태복음과 누가복음을 만든 데서 기인합니다. 요한복음은 아주 늦게 저술되었고 마태복음과 누가복음이 마가복음을 기초로 해서 작성된 것이라면, 마가복음만이 예수님 삶의 목격담일 가능성이 있습니다. 학자들은 마가복음이 기원후 70년에서 2세기 초에 작성된 것으로 믿고 있습니다. 가장 빠른 시점을 기준으로 하면 마가가 목격자일 수 있습니다. 하지만 이상하게도 마가는 예수님을 안다고 하지 않습니다.[99]

---

99) *The Jesus Mysteries*, Timothy Freke & Peter Gandy, Three Rivers Press, 1999: 146

203 예수 생애 - 탄생

두레스킴: 그럼 지금부터는 다음 주제인 예수님의 탄생에 대해 검토하는 시간을 갖도록 하겠습니다. 먼저 탄생 이전의 상황에 대해 살펴보겠습니다.
바우류당: 예수님의 탄생은 온 세상 사람들에게 구원을 가져다 주는 기쁜 소식입니다. 예수님의 탄생 소식을 전해 듣고 제일 먼저 달려온 사람들은 들판에서 양을 치던 가난한 목자들이었습니다. 초라하게 말구유에서 탄생하셨듯이, 예수께서는 가난하고 보잘것없는 사람들과 함께하기 위해 이 세상에 오셨습니다.[100)]
아인스호키: 예수의 출생과 관련한 기록을 살펴보면, 마태복음에 따르면 아무리 늦어도 기원전 4년에 태어났다고 추정할 수 있어요. 마태복음 2:1에 예수가 헤롯 왕(기원전 37~기원전 4 팔레스타인 통치) 때 베들레헴의 집에서 출생했다고 적혀 있어요. 동방박사들이 예수가 출생한 장소를 방문하여 공물을 바쳤고, 이후 박해를 피해 이집트로 떠났다가 이스라엘로 돌아와 나사렛에서 살았다고 하지요. 마태복음은 예수를 구약성경에서 약속한 구세주로 간주하며 이야기를 전개해요.
두레스킴: 한편 예수님의 탄생 시점과 관련하여 누가복음 2:1-2에서는 요셉과 약혼한 마리아가 나사렛에 살다가, 로마 제국의 초대 황제인 가이사 아구스도[Caesar Augustus, 기원전 63~기원후 14, 기원전 27~기원후 14 재위]가 인구조사를 실시하자 이를 위해 베들레헴으로 갔다가, 여관방을 구하지 못해 그곳 구유에서 예수님을 낳았다고 합니다.
기원후 6년 로마 제국이 직접 통치하기 위해 구레뇨(Quirinius, 기원전 51~

---

100) *함께 하는 여정*, 천주교 서울대교구 사목국, 가톨릭출판사, 1995: 51

기원후 21)를 시리아 총독으로 파견하고 유대 지역의 인구조사를 실시했습니다. 헤롯 왕의 뒤를 이은 아켈레우스(Herod Archelaus, 기원전 23~기원후 18, 기원전 4~기원후 6 재위)가 기원후 6년에 폐위된 이후의 일입니다.

마태복음의 동방박사들

누가복음의 목자들

라바모스: 이 기록에 따르면 예수가 태어난 해는 가장 빨라야 기원후 6년이다. 예수가 세례를 받은 해는 누가복음 3:1에 디베로 황제(Caesar Tiberius, 기원후 14~37 재위)가 통치한 지 열다섯 해가 지난 시점으로, 따져 보면 기원후 29년이고 본디오 빌라드(Pontius Pilatem 기원후 27~37 재임)가 유대 총독으로 있을 때와 일치한다. 그렇다면 예수는 23세에 복음을 전파하기 시작했고, 3년간 활동했다면 기원후 32년에 26세의 젊은 나이로 죽었다. 그런데 누가복음 3:23에는 예수가 가르침을 시작할 때의 나이가 30세쯤 된다고 말하고 있으니, 앞뒤가 맞지 않는다.

아인스호키: 내가 누가복음에서 이상한 점을 발견했는데, 세례자 요한의 어머니와 예수의 어머니 두 사람의 임신 시기가 6개월 차이로 요한이 조금 빨라요(Luke 1:26). 그런데 요한의 엄마 엘리사벳이 임신한 시기가 헤롯 왕 때(Luke 1:5)라고 하니, 킴 소장 분석에 따르면 기원전 4년 전에 임신했겠지요. 예수가 태어난 시점은 아구스도 황제가 인구조사를 하라고 독촉할 때니 빨라야 기원후 6년이잖아요. 그럼 예수는 엄마 마리아의 뱃속에서 때가 지났으니 나오라고 마리아가 간절히 기도했음에도 불구하고, 말을 안 듣고 버티면서 9년 이상 엄마 자궁 양수에서 헤엄치며 놀다가 나왔거든요. 올림픽 수영선수로 나가면 금메달 10개쯤은 충분히 목에 걸었을 거에요. [모스 랍비! 뭐라고? 아, 그래서 예수가 물 위를 걷는 기적을 보이고 물고기도 많이 잡아올렸을 거라고? 그냥 웃지요.]

라바모스: 여기에서 한 가지 이상한 점을 발견할 수 있는데, 요셉이 베들레헴에서 호적 신고를 했다는 것이다. 마태복음에 따르면 두 연인이 베들레헴에서 살다가 이집트에서 돌아와 예수가 해코지당할 것이 두려워 나사렛으로 거주지를 옮겼다고 주장한다. 그런데 누가복음에 따르면 요셉은 로마 제국이 세금을 걷기 위한 목적으로 호적을 정리하라는데 아직 결혼하기 전(마리아는 요셉의 가족 구성원이 아니니 함께 호적을 정리할 하등의 이유가 없

음—저자 주)이고 만삭이기까지 한 마리아를 나사렛에서 멀리 떨어진 본적지, 다윗의 동네 베들레헴(요셉의 본적지일 수도 없지만, 나사렛에서 베들레헴까지 가려면 147킬로미터 떨어진 예루살렘을 거쳐 남쪽으로 9킬로미터를 더 내려가야 함—저자 주)까지 데려간다. 두 사람이 약혼만 한 상태라면 부득이 만삭인 마리아를 동반할 필요도 없었을 것이고, 로미오와 줄리엣처럼 사랑이 너무 깊어 서로 떨어지는 것이 죽기보다 싫었다면 나사렛에서 가까운 동네(나사렛에서 6.4킬로미터 정도 떨어진 행정 중심지인 세포리스—저자 주)[101]를 찾아가 신고할 수도 있었을 것이다. [뭐여, 호키 박사! 휴대폰이 없어서 검색할 수 없었을 거라고? 로마 경찰에게 물어보면 알려주지 않았을까?]

바우류당: 이것은 구약성경 이사야 7:14에 나오는 임마누엘에 관한 예언 그리고 미가 5:2의 구세주 관련 예언을 이루기 위한 것으로, 믿음이 있는 사람은 그런 노고는 아무것도 아닌 일로 받아들이고 성경의 말씀대로 살아갑니다. 요셉이 그런 희생적인 자세를 몸소 보여 준 것입니다.

그리고 또 "유대 땅 베들레헴아 너는 유대 고을 중에서 가장 작지 아니하도다. 네게서 한 다스리는 자가 나와서 내 백성 이스라엘의 목자가 되리라"(마태복음 2:6)는 관련 내용이 기록되어 있고, 난하주를 달아 이사야와 연결된다는 내용을 명확히 설명하고 있습니다. 또한, "베들레헴 에브라다야 너는 유다 족속 중에서 작을지라도 이스라엘을 다스릴 자가 네게서 내게로 나올 것이라 그의 근본은 상고에, 영원히 있느니라"(미가 5:2)라는 표현도 있습니다.

아인스호키: 대관절 예수와 임마누엘이 어떻게 관련되며 천 년은 족히 넘을 세월을 두고 살았던 족보상의 조상 다윗의 동네인 베들레헴이 왜 요셉의 고향이 되는지 내 상식으로는 도무지 이해할 수 없어요. [어쭈구리, 이번에는 웬일로 모스 랍비가 인정을 다 하고 그러시는가?]

---

101) *예수왕조*, 제임스 D. 타보르, 대한교과서, 2006: 55-56참조하여 각색

203-1 예수 탄생과 직업

두레스킴: 예수님 탄생 이전의 이야기가 너무 길어지니 이 정도에서 마치면 좋겠습니다. 다음 주제로 넘어가서 예수님의 탄생, 집안과 직업에 대한 토론을 이어가도록 하겠습니다. 임마누엘에 관한 내용은 그 이후에 다루도록 하겠습니다.

바우류당: 예수님이 태어나실 때 동방박사들이 방문합니다. 이들은 지금의 박사들과 같이 해박한 지식을 갖춘 사람들로, 이들이 예수께서 탄생하신 곳을 방문하였다는 것은 예수님 탄생의 의미를 여실히 증명하고 있습니다. 이처럼 축복받는 삶을 시작하셨기 때문에 우리 모두 예수님을 믿고 따릅시다.

아인스호키: 동방박사(拍士)를 나와 같은 현대의 박사(博士)와 같다고 생각하는 것은 잘못이에요. 이들은 여자 무당에 대비되는 남자 무당을 일컫는 박수(拍手)거나 술객(術客, 점성술사)으로 보는 것이 합당해요. 다니엘 2:10에 왕의 꿈을 해석하기 위해 다니엘을 포함한 '박수에게나 술객에게나 갈대아인들[NIV판, KJV판에는 박수, 마법사 또는 점성술사]에게 물었다고 하지요. 이들을 총체적으로 일컫는 용어는 다니엘 2:12에 사용된 현자(wise man, 개역개정판에는 지혜자로 번역)예요. 다니엘 5:11과 5:15의 내용을 참조하면 당시에 점을 치거나 무당의 역할을 하던 사람(마법사는 제외)들을 현자로 불렀던 것을 알 수 있어요.

동방박사들의 경배(1626-9)

마태복음 2:1에 나오는 동방박사는 KJV판에는 현자로, NIV판에는 박수(Magi)로 표기되어 있어요. 박수를 조로아스터교의 사제 계급으로 보는 학자들도 있지만, 별자리를 보고 예수가 태어난 장소를 찾아왔다면 술객(점성술사)이거나 성경에 기술된 박수의 신분으로 보는 것이 합당해요.

라바모스: 예수의 탄생과 관련하여 동방박사들이 베들레헴에 있는 요셉의 집을 방문하여 보배함을 열어 황금과 유황과 몰약을 예물로 전했다(마태복음 2장)는 상황과, 베들레헴 지역의 목자(양치기)들에게 천사가 나타나 수많은 천군들과 함께 탄생을 축복하고 떠난 후, 목자들이 구유에 누인 예수를 찾아가 요셉과 마리아에게 천사의 이야기를 전했다(누가복음 2장)는 완전히 다른 상황이 펼쳐진다. 마태복음과 달리 누가복음에는 동방박사는 물론 선물 이야기도 빠져 있다. 그리고 왜 천사와 천군들이 마리아에게 직접 찾아오지 않고 목자들에게만 나타났는지에 대한 설명이 없다.

아인스호키: 나도 예수의 탄생과 관련하여 천사가 임신을 알려주는 장면에 대해 검토해 봤는데, 마태복음에는 요셉이 마리아가 임신한 사실을 알고 관계를 끊으려 하니, 이름 없는 천사가 (베들레헴 자신의 집에서 자고 있는) 요셉의 꿈에 나타나 파혼을 극구 말리지요. 그러면서 태어나는 아이를 임마누엘(immanuel)로 부르라고 알려주는데 요셉이 마리아가 낳은 아기를 예수(Jesus)로 작명해요. '잉태한 자는 성령(Holy Spirit)으로 된 것이라'(마태복음 1:20)는 구절은 이 임신이 하나님의 성령의 대리자에 의해 이루어졌음을 의미하지만, 직설적으로 하나님이 예수의 아버지라는 말은 하지 않아요.[102] 그런데 누가복음에는 가브리엘 천사가 갈릴리의 나사렛에 살며 요셉과 약혼한 처녀 마리아를 친히 찾아와 하나님의 은총으로 임신할 것을 알리며, 태어나는 아이를 예수라 부르라고 부탁해요. 그런데 막상 출산 때는

---

102) *예수왕조*, 제임스 D. 타보르, 김병화역, 대한교과서, 2006: 65

다른 천사들이 목동들에게 나타나지요. 그렇다면 가브리엘이라는 천사(구약성경의 내용에 따르면, 고관대작—저자 주)가 임신 때는 직접 찾아왔지만, 막상 출산 시에는 다른 공무원들을 보내, 그것도 마리아에게 직접 찾아오지 않고 목동들을 통해 '축하한다'는 말을 전달하라고 한 것이 아닐까 하는 생각이 드네요.

바우류당: 예수께서 사시던 시대에는 결혼하지 않은 여인이 임신하는 것보다 더 비천한 것은 없었습니다. 유대인들이 예수님께 "우리가 음란한 데서 나지 아니하였고 아버지는 한 분뿐이시니 곧 하나님이시로다"(요한복음 8:41)라고 한 요한의 기록은 또 다른 암시일까요? 이 발언은 분명히 예수께서 음행으로 태어났음을 의미합니다.[103] 그리고 요한복음은 예수님의 기적 출생 이야기를 생략했으나, 두 번(1:45, 6:42)이나 예수님을 요셉의 아들이라고 했습니다.[104]

두레스킴: 류당 신부님, 예수님의 집안은 가난했습니까? 아니면 부유했습니까? 그리고 예수님의 직업은 무엇이었습니까?

바우류당: 그것을 알아서 무엇을 하시려고 하는지 모르겠습니다만, 예수님의 집안은 가난하였습니다. 그리고 예수님 부친 요셉의 직업은 목수였으나, 예수님은 특별한 직업이 없었습니다.

두레스킴: 누가복음 2:24에 보면 예수님의 부모가 아들의 정결 예식을 올리는 날에 주의 율법[가난해서 어린 양을 바칠 형편이 안 되면 산비둘기 두 마리나 집비둘기 새끼 두 마리를 바쳐라(레위기 12:8)]에 따라, 산비둘기 한 쌍이나 혹은 어린 집비둘기 두 마리를 제물로 바치려고 했다고 적혀 있습니다. 이로 미뤄볼 때 예수님의 부모는 자신들의 생활 형편이 궁색하다는 주장을 하고, 이에 맞춰 예식을 치른 것으로 보입니다. 그렇다면 동방박사

---

[103] *만들어진 예수 참 사람 예수*, 존 쉘비 스퐁, 한국기독교연구소, 2009: 72

[104] *만들어진 예수 참 사람 예수*, 존 쉘비 스퐁, 한국기독교연구소, 2009: 75

들이 전한 보배함에 들어 있던 예물의 양이 아주 미미했거나, 가치가 떨어지는 것일 수밖에 없습니다. 하지만 먼 곳에서 역사적인 예수님의 탄생을 축복하기 위해 온 사람들이 바친 예물의 가치가 형편없을 것이라고 보기는 어렵습니다.

아인스호키: 그럼에도 불구하고 가난한 집안에 적용되는 제물을 바쳤다고 한다면, 요셉과 마리아가 재산을 허위로 신고한 것이네요. 이처럼 탄생이나 작명 과정에 대한 내용도 서로 달라요. 서로 다른 두 가지의 상황이 동시에 성립할 수 없음에도 불구하고, 이런 내용을 성경에 병존시키고 믿음으로 그대로 받아들이라고 한다면, 어떤 것을 택해야 하는 것이 합당한지에 대한 의문을 가질 수밖에 없어요.

그리고 바울이 고린도후서 8:9에서 '예수의 은혜를 너희가 알거니와 부요(rich)하신 이로서 너희를 위하여 가난(poor)하게 되심은 그의 가난함으로 말미암아 너희를 부요하게 하려는 것이다'라는 주장과 상반되지요. 그렇다면 누군가는 거짓말을 하고 있는 거에요.

라바모스: 나는 예수의 직업을 목수로 알고 있다. 마가복음 6:3에 "이 사람(예수)이 마리아의 아들 목수가 아니냐 야고보와 요셉[Joseph, KJV판은 요세(Joses)]과 유다와 시몬의 형제가 아니냐 그 누이들이 우리와 함께 여기 있지 아니하냐 하고 예수를 배척한지라"라는 표현이 있다. 요셉의 직업이 목수였으니 예수도 가업을 이어받아 목수 일을 한 것으로 보인다. 그런데 직업을 목수로 언급하며 테크톤(tekton)이라는 단어가 사용되었는데, 당시의 테크톤이라는 직업은 오늘날 건설 현장의 (일용)노동자 정도다.[105] 그리스-로마 세계의 한 학자가 『속어 사전』을 출판했는데, 이 책에는 무식한 하층 계급 사람들에 대한 그들의 편견이 드러나 있다. '테크

---

105) *성경 왜곡의 역사*, 바트 어만 지음/민경식 옮김, 성림출판, 2006: 371

톤'은 그 책에 실린 경멸적인 용어들 가운데 하나다.[106)]

두레스킴: 예수님의 직업이 목수였다는 것이 흥미롭습니다. 마태복음과 누가복음에서 예수께서 태어나실 때의 상황을 서술한 이후, 누가복음 2장에서 예수께서 12세 때 부모와 여행하셨다는 것을 제외하고는 예수께서 복음을 전파하기 시작한 이전의 활동에 대한 기록을 찾아볼 수 없습니다. 그런데 마가복음에서만 예수님의 직업을 목수로 특정하고 있습니다.

마태복음의 저자는 예수님의 직업을 목수라고 언급하기 불편하였는지, 아니면 예수님의 직업이 목수라는 것을 몰랐는지 "이는 그 목수의 아들이 아니냐 그 어머니는 마리아, 그 형제들은 야고보, 요셉[Joseph, KJV판은 요세(Joses)], 시몬, 유다라 하지 않느냐 그 누이들은 다 우리와 함께 있지 아니하냐"(마태복음 13:55-56)라고 하면서 예수님의 직업을 언급하지 않고 요셉의 직업이 목수라고만 말합니다.

라바모스: 마가복음에는 예수를 목수라고 했는데, 마태복음에는 '목수의 아들'로 바꾼 것이 눈에 띈다. 마가복음에서 "예수를 '마리아의 아들'로 부른 것은 곧 아버지가 없다는 뜻이며, '사생아'(私生兒: 혼인 관계에 있지 않은 남녀 사이에서 출생한 아이)라는 의미다. 유대 사회에서 아이들은 어머니가 아니라 반드시 아버지의 딸이나 아들로 지칭한다. 마가는 이름으로든 다른 방식으로든 요셉을 한 번도 언급하지 않았다. 그는 부권(父權)의 문제를 완전히 피해 버린다. 이 같은 침묵에는 반드시 뭔가 그럴만한 이유가 있다. 이와 대조적으로 마태는 마가의 용어를 재빨리 변조하여 사생아라는 힌트조차 알아차릴 수 없도록 바꾸었다. 심지어는 후대에 기록된 마가복음의 그리스어 판본은 원문을 '마리아와 요셉의 아들'로 바꾸어 이 스캔들을 '해결'하려 한 사실도 발견된다."[107)] 마가복음에서 언

106) *예수는 누구인가*, 존 도미닉 크로산 지음, 한인철 옮김, 한국기독교연구소, 1998: 67
107) *예수왕조*, 제임스 D. 타보르, 김병화 역, 대한교과서, 2006: 92-93

급되는 요셉은 예수의 시신을 자기가 준비한 무덤에 안장한 사람이며 이것이 전부다. 예수의 아버지 요셉은 전혀 언급하지 않는다.

아인스호키: 내가 검토한 바에 의하면 예수의 직업은 목수보다는 석공에 더 가까웠을 것으로 추정돼요. 이를 추론할 수 있는 내용을 인용할게요. 아래 문장에 사용된 용어는 건설 전문가가 아니면 사용하기 어려운 단어들이에요.

"그 집을 반석 위에 지은 지혜로운 사람 같으리니 비가 내리고 창수[물이 불어남]가 나고 바람이 불어 그 집에 부딪치되 무너지지 아니하나니 이는 주추를 반석 위에 놓은 까닭이요"(마태복음 7:24-25)와, "집을 짓되 깊이 파고 주추를 반석 위에 놓은 사람과 같으니 큰 물이 나서 탁류가 그 집에 부딪치되 잘 지었기 때문에 능히 요동하지 못하게 하였거니와"(누가복음 6:48)가 그런 사례지요.

두레스킴: 류당 신부님, 예수님이 읽고 쓰는 것이 가능하셨을지 궁금한데, 어떻게 알고 계시는지 알려주시기 바랍니다.

바우류당: 예수께서는 일용 노동자에 가까운 직업을 가지고 계셨기 때문에 당신이 책을 읽으시고(누가복음 16-20) 글을 쓰셨다는(요한복음 8:1-11) 성경의 기록은 신빙성이 떨어집니다. 특히 글을 썼다는 대목이 등장하는 요한복음의 '간음하다 잡힌 여성'은 후에 삽입된(2장 207 신약성경의 조작 참조) 것이고, 유일하게 누가복음에만 글을 읽으신 것으로 나오는데, 이 부분도 조작되었을 가능성이 높습니다. 글을 읽으실 정도였다면 직업으로 서기를 택할 수도 있었을 텐데 그런 삶을 살지 않으신 것을 보면, 예수님은 지혜로웠지만 읽고 쓰시는 것은 불가능했던 것으로 보는 것이 합리적입니다.

203-2 동정녀 마리아

두레스킴: 예수님의 어머니 마리아가 동정녀인가 하는 것에 대한 논쟁이 아직도 뜨거운 것으로 알고 있습니다. 이 문제를 다뤄 보고 지나가도록 하겠습니다.

라바모스: 앞에서 살펴본 마가복음 6:3과 마태복음 13:55-56 외에 요한복음 2:12에 예수가 그 어머니와 형제들과 제자들과 함께 가버나움으로 내려갔다는 표현이 나오는 것을 보면, 예수는 네 명의 형제 외에 다수의 자매가 있었다. 그렇다면 천주교에서 마리아를 성모로 추앙하고 숭배하는 것이 합당한가에 대한 의문이 든다.

바우류당: 마가복음의 저자는 여러 자녀를 낳은 마리아가 동정녀가 아니라고 생각했음에 틀림없습니다! 그러므로 마태가 동정녀 탄생 전설의 창작가로 부상되는 것입니다.[108]

두레스킴: 마가복음 6장에 나오는 표현은 예수께서 사시던 고향 사람들의 주장이고, 사도행전에 예수님의 형제 야고보가 예수님 사후에 예루살렘에 위치한 성전의 책임자로 있었다는 것과 연결시켜 보면, 마리아가 예수님의 형제자매를 여럿 낳아 길렀다고 볼 수 있습니다. 그렇다면 마리아는 어떤 남자와 성관계를 가져 예수님의 형제자매들을 낳았는가 하는 질문을 해보지 않을 수 없습니다.

신약성경에는 성령이 마리아를 임신시켰다고 하는데, 이전이든 이후든 마리아가 남편 요셉이나 다른 남자의 아이들을 낳았다고 한다면 동정녀 마리아라는 표현은 적절하지 않고, 예수님 탄생의 신비로움에 대해서도

108) *만들어진 예수 참 사람 예수*, 존 쉘비 스퐁, 한국기독교연구소, 2009: 76

의문을 품지 않을 수 없습니다.

바우류당: 기독교에서는 예수님의 형제자매는 요셉이 마리아와 재혼하기 전에 전처에서 낳은 애들이거나 사촌 형제자매를 지칭하는 것으로 이해하기 때문에 성모 마리아님의 동정성에 대해 다투는 것은 의미가 없다고 생각합니다.

성모 마리아님은 이해할 수 없는 상황에 처할 때에도 묵묵히 하느님의 뜻을 받아들이고 행하는 참된 믿음을 보여 주었습니다. 마리아를 어머니로 공경한 사도들의 뒤를 이어 가톨릭교회는 초대 교회로부터 오늘에 이르기까지 성모 마리아를 교회의 어머니로서 공경합니다.[109)]

기원후 431년에 이전의 이교도들이 여신을 숭배하던 주요 장소인 에페소스에서 열린 기독교 공의회에서는 예수님의 어머니 마리아에게 축출된 여신(ousted Goddess)이라는 지위를 수여하고 '천당의 여왕'과 '신의 어머니'로서 숭배하도록 조치하였습니다.[110)]

아인스호키: 사도행전 1:13과 21:18에는 예루살렘에 형성된 초기 기독교의 지도부를 형성하는 12 사도 중에 예수의 동생인 야고보, 요한 및 베드로가 특별한 권한을 행사한 것으로 묘사되어 있지요. 야고보가 예수의 형이라는 설이 있는데 이는 확실치 않지만, 요셉의 전처와 사이에 난 아들이라면 당연히 예수의 이복형이 되니 형이라는 주장도 가능하겠네요.

라바모스: 요셉은 예수가 공적인 활동을 하기 전에 죽었다.[111)]예수의 아버지가 누구인지 모르지만 요셉은 아니었다. 요셉은 자식 없이 죽었으므로 유대식 율법에 따라 '글로바' 혹은 '알패오[알페우스]'가 그의 '대체자'

---

109) *함께 하는 여정*, 천주교 서울대교구 사목국, 가톨릭출판사, 1995: 84-85

110) *Jesus and the Lost Goddess*, Timothy Freke & Peter Gandy, Three Rivers Press, 2001: 44

111) *The Life of Jesus*, Ernest Renan, BiblioLife, 1863: 101

가 되어 과부인 마리아, 예수의 어머니와 결혼했다. 그의 첫아들인 야고보, 즉 예수 바로 다음 동생은 법적으로는 죽은 형 요셉의 대를 이어 그 이름을 남기기 위해 '요셉의 아들'로 알려졌다. 이는 곧 예수에게 그의 어머니인 마리아에게서 태어났지만 아버지가 다른 네 명의 의붓동생 그리고 최소 두 명의 의붓누이가 있었음을 의미한다.[112)]

두레스킴: 『예수왕조』에서는 예수님의 형제자매를 글로바의 자식이라고 주장하는데, 요한복음 19:25에 예수님의 처형 장소에 나타난 사람들(부록 6: 예수 행적 참조)은 '그 어머니(성모 마리아)와, 이모와, 글로바의 아내 마리아와 막달라 마리아입니다. 그들의 주장에 따르면 성모 마리아가 두 번 나오는 꼴이 됩니다. 부록 5 예수님의 제자 명단 아래에 나오는 야고보는 세베데 아들 야고보와 구분하기 위해 마가복음에서는 작은 야고보(15:40)로 불리고, 마태복음, 마가복음, 누가복음 및 사도행전에 모두 알패오의 아들로 나옵니다.

알패오가 요셉의 동생이고 이 사람이 형사취수제에 따라 요셉을 대신해서 마리아를 부인으로 삼고, 야고보를 비롯한 예수님의 형제자매를 낳았다는 추론이 가능합니다. 그런데 제자 중 마태나 레위로 언급되는 인물 또한 마가복음에서 알패오의 아들(마가복음 2:14)이라고 하는데, 이 이름이 예수님의 형제를 언급할 때 나오지 않은 이유가 무엇인지 알 방법이 없습니다.

아인스호키: 마리아가 다른 남자(알패오로 추정)와의 관계를 통해 낳은 두 번째 아들의 이름이 요셉[Joseph, KJV판에는 마리아의 첫 남편은 요셉(Joseph)인 반면 마리아가 낳은 둘째 아들은 요세(Joses)로 기록]인 것을 보면 알패오가 죽은 형을 기리기 위해 마리아의 첫 번째 남편 요셉의 이름을 붙여준 것으로 보여요. 그렇다면 신약성경에서 알패오의 아들로 언급

---

112) *예수왕조*, 제임스 D. 타보르, 대한교과서, 2006: 55-56참조

되는 야고보와 레위는 알패오가 전 부인과의 사이에서 낳은 아들들일 가능성이 있어요. 예수의 사후 얼마 지나지 않아 예루살렘 성전의 책임자로 야고보가 등장하는 것을 보면 야고보는 예수보다 나이가 더 많았다는 것을 짐작해 볼 수 있어요. [뭐여, 모스 랍비! 소설 쓰는 것 같다고? 그래도 심증이 가니 그냥 지나칠 수는 없잖여…]

바우류당: 정말 이 말은 하지 않으려고 했는데, 사실 제가 대학원에서 성경 공부할 때, 이 부분이 궁금해서 교수님께 물어보고 검토해 본 적이 있습니다. 저희가 낸 결론은 알패오도 이미 결혼했다가 어떤 사유인지 몰라도 홀로 살다가 예수님 출산 후 홀로된 형수인 (성모) 마리아를 취하여 부부의 연을 맺었는데, 이전의 결혼에서 난 자식 중의 한 명이 레위라는 이름을 갖는 아들이었다는 결론을 낸 적이 있습니다.

아인스호키: 그렇다면 마가복음의 저자가 실존 인물 예수의 집안에 대해 속속들이 알고 있었다는 이야기가 성립되고, 마가복음의 기록이 예수의 삶에 대한 것을 정확히 기록하고 있다는 결론을 낼 수 있겠군요. 마태복음의 저자는 의도적으로 레위라는 사람으로 가장했지만, 예수 집안의 내부 사정을 전혀 모르고 구약성경과 연결시키기 위한 목적 하나를 달성하기 위해 복음서를 작성한 거예요. [내가 정곡을 찔러버린 거 맞지요. 어이, 모스 랍비! 뭐, 부럽다고… 그렇다고 죽지는 말아요.]

두레스킴: 이 내용은 여기까지만 하고, 다음은 예수님의 어머니 마리아가 동정녀인지에 대해 검토하는 시간을 갖도록 하겠습니다. 특히 구약성경이 예수님의 탄생과 관련한 예언을 하였다는 주장의 신빙성도 함께 다루며 진실이 무엇인지 살펴보도록 하겠습니다.

라바모스: 동정녀가 애를 낳았다는 것은 예수가 행사한 기적과 같이 자연의 법칙을 거스르는 현상이다. 한편 임마누엘을 예수와 연결시켜 해석하는 기독교의 행태를 나는 도저히 이해할 수 없다. 임마누엘은 이사야가

기원전 722/721년에 북이스라엘이 아시리아의 침공으로 멸망할 것이라는 예언의 신빙성을 더하기 위해 설정한 인물로 그 소임을 다한 가공의 인물이다. 그런데 이 사람과 예수가 무슨 상관이 있다는 것인지 알 수 없다.

이런 비합리적이고 비과학적인 주장이 나온 데는 번역 과정에서의 오류가 일조했다. 이사야의 예언과 관련된 히브리어 원본은 "임신한 젊은 여자를 보라"라고 적혀 있다. 이사야가 동정녀를 말하고자 하였거나 기적적인 임신을 말하고자 했다면, 그는 다른 히브리어를 사용했어야 한다. 이사야 7:14에 '젊은 여자'라는 의미를 갖는 히브리어 'almah'를 그리스어로 번역하면서 젊은 소녀나 숫처녀(virgin)를 지칭하는 그리스어 'parthenos'를 사용했다. 그런데 마태복음의 저자가 이사야를 인용하면서 히브리어 원본을 참조하지 않고 그리스어로 번역하면서 숫처녀라는 단어를 무심코 사용하여 동정녀 논란을 불러일으킨 것이다.[113] 사무엘하 13:18에서도 형용사로 쓰인 처녀(virgin)라는 단어는 '결혼하지 않은'으로 해석하고 있다. 마리아는 약혼은 했지만 결혼은 하지 않았기 때문에 '결혼하지 않은' 여자들 중의 하나였을 뿐이다.

두레스킴: 개역개정판에 등장하는 처녀라는 단어가 꼭 'virgin'을 의미하는 것도 아닙니다. "내 처녀들과 내 청년들이 칼에 쓰러졌나이다"(예레미아애가 2:21)의 '처녀와 청년'을 KJV판은 'my virgins and my young men'으로 썼는데, NIV판에는 'young men and maidens'로 바꾸었습니다. NIV판에서는 'virgins'를 'maidens'로 바꾸었습니다. 이런 식으로 동일한 내용을 설명하는데 상황에 따라 다른 단어를 혼용하고 있습니다. "그 날에 아름다운 처녀들과 젊은 남자가 다 갈하여[목이 말라] 쓰러지리라"(아모스 8:13)도 마찬가지로 KJV판에는 'fair virgins and young men'

113) *https://www.ncronline.org/news/media/lo-virgin-shall-conceive-or-not-depending-translation*

으로 명기하는데 반해 NIV판에는 'beautiful young women and young men'이라는 용어를 사용하고 있습니다.

아인스호키: 숫처녀는 약혼하지 않거나(출애굽기 22:16), 출가하지 않거나(레위기 21:3), 또는 과부나 이혼 당한 여자나 창녀 짓을 하는 더러운 여인이 아닌(레위기 21:14) 여자를 지칭하는 용어지요. 그렇기 때문에 숫처녀가 아기를 낳으면 미혼모 신분이 되는 거예요.

라바모스: 모든 복음서에서 예수를 사람의 아들이라고 표현하고 있으며 여기에서 사람은 남성(man)을 지칭하기 때문에 요셉이거나 마리아와 관계를 가진 다른 남자의 아들이다. 그렇지 않으면 여호와가 남성이 되어야 한다. 다른 복음서에는 사람의 아들이라는 용어가 신의 아들이라는 표현보다 절대적으로 많이 나오나, 요한복음에서만 신의 아들과 사람의 아들이 동일한 비중으로 다루어지고 있다. 그렇지만 요한복음에서는 예수가 요셉의 아들이라고 공공연히 언급한다. 그렇기 때문에 복음서에서 요한복음을 배제하지 않는 한 동정녀 마리아라는 말은 성립할 수 없다.

아인스호키: 과학적으로 예수가 여호와와 마리아 사이에 난 남자라고 한다면, 예수는 남성이기 때문에 Y염색체를 지니고 있어야 해요. 마리아는 생물학적으로 X염색체만 보유하고 있기 때문에 만약 여호와의 Y염색체를 얻지 못한다면, 이 둘이 아무리 발버둥을 치더라도 남자애를 만들어낼 확률은 '0(Zero)'이에요. 예수가 여성으로 태어났다면, 그나마 복제양 돌리처럼 마리아를 복제해서 나왔다는 가설이 성립할 수 있지요. 하지만 예수가 남성이기 때문에 그럴 개연성은 전혀 없다고 봐요.

마찬가지로 1장 103에서 여호와의 아들들로 언급되는 천사들도 Y염색체를 보유해야만 지상의 여성들과 관계를 갖고 아들이나 딸을 낳을 수 있지요. 구약성경에서는 가끔 여호와를 이승의 왕, 천사는 판검사를 포함한 고위 관료나 직급이 높은 군인 같은 고관대작으로 지칭하는 경우가 있어요.

라바모스: 마태복음이나 누가복음에서는 후에 마리아의 남편이 되지만 예수의 친부라 불릴 수 없는 요셉의 조상을 나열하면서 예수의 족보를 따져 다윗과 연결시키는데, 해괴망측하고 전혀 설득력이 없다. 예수 할아버지, 즉 예수의 호적상 아버지 요셉의 아버지의 이름이 마태복음에는 야곱이고, 누가복음에는 헬리다. 누가 진짜 예수의 할아버지인지 궁금하다.

아인스호키: 아마도 예수를 잉태시킨 존재는 성령이기 때문에 할아버지가 어떤 이름으로 불리더라도 의미가 없어서 신중을 기하지 않았다고 주장할 수 있어요. 그리고 일부 성직자들의 주장처럼 누가복음에 기록된 조상의 이름은 예수의 모친 마리아 집안의 제사장 가문 족보를 기록한 것일 수 있겠지요. 하지만 남성 본위의 사회에서 모계의 족보를 언급한다는 것은 말이 되지 않아요. 예수의 바로 2대 위인 할아버지의 이름까지 명백한 오류를 보인다면 신약성경의 기록 또한 신뢰하기 어렵다고 할 수 있겠지요. 그리고 그 족보도 모순투성이인데 부록을 참조하세요.[114)]

바우류당: 원죄의 오염을 피한 마리아의 출생을 '무흠수태'(無欠受胎, Immaculate Conception, 흠결 없는 임신)라고 부릅니다. 이 마리아 출생 신화는 교황 피우스 9세의 칙령에 의해 1854년 12월 8일, 로마 가톨릭교회의 공식적인 신조가 되었습니다. 약 100년 후 1950년 11월 1일, 교황 피우스 12세는 마리아 신화의 다음 단계로서 성모 마리아의 육체적 승천을 선포했습니다. '무흠수태'로 인하여 마리아는 타락한 인간에서 벗어날 수 있었고, 육체적 승천을 통해 원죄의 형벌을 벗어날 수 있었습니다.[115)] [호키 박사님! 예, 맞습니다. 마리아의 처녀막은 임신할 때도 그랬고 출산할 때도 전혀 파괴되지 않고 그대로 보존되었다는 주장입니다. 하지만 제가 교황청에 기초 성교육을 받으라는 말은 할 수 없습니다. 그러면 당장 잘려요…]

---

114) 부록 4: 신약성경에 나온 예수 가계도

115) *성경의 시대착오적인 폭력들*, 존 쉘비 스퐁, 한국기독교연구소, 2007: 124-125

204 예수의 성매매 진실

두레스킴: 일단 주제를 바꿔서 지금부터는 마리아의 몸을 빌린 성령으로 인해 인간의 모습으로 태어나셨다는 예수께서 살아가시며 보이신 인간적인 모습과 기적에 대해 검토하도록 하겠습니다. 예수께서 성매매를 하셨으며 막달라 마리아가 창녀였다는 주장이 있습니다. 먼저 이 주제에 대해 알아보도록 하겠습니다.

라바모스: 내가 이 관습에 대해 잘 아는데, 예수가 살던 시절에는 성매수자가 여성에게 향유를 제공하고 그 가치에 따라 여자를 고른 후 성관계를 갖는 관습이 있었다. 신약성경 내용 중에 여자가 예수에게 향유를 붓는 장면이 나오는데, 이를 보면 예수가 성매매를 한 것으로 추정된다. "예수께서 베다니 나병 환자 시몬의 집에 계실 때에 한 여자가 매우 귀한 향유 한 옥합을 가지고 나와서 식사하시는 예수의 머리에 부으니 제자들이 보고 분개하여 이르되 무슨 의도로 이것을 허비하느냐 이것을 비싼 값에 팔아 가난한 자들에게 줄 수 있었겠도다 하거늘 예수께서 … 내 몸에 이 향유를 부은 것은 내 장례를 위하여 함이니라"(마태복음 26:6-12)라는 내용이 있고, "그 동네에 죄를 지은 한 여자가 있어 예수께서 바리새인의 집에 앉아 계심을 알고 향유 담은 옥합을 가지고 와서 예수의 뒤로 그 발 곁에 서서 울며 눈물로 그 발을 적시고 자기 머리털로 닦고 그 발에 입맞추고 향유를 부으니"(누가복음 7:37-38)라는 장면이 나온다.

바우류당: 모스 랍비님, 무슨 말씀을 이렇게 심하게 하십니까? 예수께서 '내 장례를 위함이라'고 명확하게 말씀하신 것을 보면, 사랑하는 사람이 죽기 전에 벌인 의식인데 그런 허무맹랑한 주장을 하시면 안 됩니다.

두레스킴: 일단 두 분은 진정하시고 호키 박사님은 위에 언급한 마태복

음과 누가복음 이외의 다른 복음서에도 이런 기록이 있다는 것을 찾으셨다는데 어떤 내용인지 살펴보고 토론을 이어가도록 하겠습니다.

아인스호키: 동일한 주제가 네 복음서에서 모두 다루어진 사건은 별로 없는데, 여자가 예수에게 기름을 붓는 이야기가 그중의 하나에요. 모스랍비는 두 복음서의 이야기만 했는데, 나머지 두 복음서에도 비슷한 기록이 남아있어요. [뭐여, 알고 있는데, 내가 낚아챘다고? 그래도 시작했으니 내가 그냥 진행할게…]

"예수께서 베다니(Bethany) 나병 환자 시몬의 집에서 식사하실 때에 한 여자가 매우 값진 향유 곧 순전한 나드 한 옥합을 가지고 와서 그 옥합을 깨뜨려 예수의 머리에 부으니 어떤 사람들이 화를 내어 서로 말하되 어찌하여 이 향유를 허비하는가 이 향유를 삼백 데나리온 이상에 팔아 가난한 자들에게 줄 수 있겠도다"(마가복음 14:3-5).

로마 은화 데나리온

요한복음 12장에도 동일한 기록이 있는데, 장소는 베다니에 있는 나사로의 집이고 나사로의 여동생인 마리아가 기름 붓는 주인공으로 등장해요. 마가복음과 동일한 금액이 언급되지요. "유월절 엿새 전에 예수께서 베다니에 이르시니 이곳은 예수께서 죽은 자 가운데서 살리신 나사로가 있는 곳이라 거기서 예수를 위하여 잔치할 새 마르다는 일을 하고 나사로는 예수와 함께 앉은 자 중에 있더라 마리아는 지극히 비싼 향유 곧 순전한 나드 한 근을 가져다가 예수의 발에 붓고 자기 머리털로 그의 발을 닦으니 향유 냄새가 집에 가득하더라 제자 중 하나로서 예수를 잡아 줄 가룟 유다가 말하되 이 향유를 어찌하여 삼백 데나리온에 팔아 가난한 자들에게 주지 아니하였느냐 하니"(요한복음 12:1-5).

NIV영문판에는 1년의 임금으로 적혀 있고, KJV판에는 300펜스로, RBV[116)]판에는 300데나리온[denarii, denarius(로마 제국 은화)의 복수]이라는 화폐단위를 사용하고 있어요. 300펜스나 300데나리온이 어떻게 1년의 임금이 될 수 있는가를 찾아보았지요. 그랬더니 마태복음 20:2에 포도원 품꾼의 품삯이 하루에 1데나리온으로 나오더군요. 이를 따져 보니 정말 1년 임금이 충분히 되겠어요.

두레스킴: 그렇다면 요즘 임금 수준으로 따지면 최소한 3천만 원에서 1억 원까지 갈 수 있습니다. 상당한 금액이어서 제자들이 불만을 나타냈고, 재정을 담당한 것으로 보이는 유다가 화를 낼 만하다는 생각이 듭니다. 그런데 일회성 성매매나 장례 준비를 위한 비용으로 썼다고 하기에는 금액이 너무 큽니다. 마치 혼인할 때 내는 지참금 규모에 버금가는 수준입니다. 하지만 예수께서 약혼이나 결혼을 하셨다고 주장하는 사람들이 소수인 것을 보면 명확하지는 않습니다. 그러나 여자가 예수께 기름을 붓

---

116) *국제기드온협회(Gideons International)에서 편찬한 신약전서본*, The Revised Berkeley Version(RBV)

는 행위는 즉위하는 왕을 위해 제사장이 거행하는 의식과 같이 성스럽고 의미 있는 의례를 의미하는 것은 분명해 보입니다.

예수님과 마리아의 향유

아인스호키: 그러고 보니 위의 이야기와 바로 이어지는 마태복음 26:14-16에 가롯 유다가 예수를 대제사장들에게 팔아넘기는 장면이 나오지요. 예수가 기름 붓는 일에 많은 돈을 허비하는 것에 대해 제자들이 불만을 표출하는 것을 보고, 유다가 다수의 의견을 반영해서 이들의 대리인으로 예수를 팔아넘긴 것이 아닌가 하는 생각이 드네요. 유다가 왜 예수를 배신했을까 하는 의구심을 갖고 있었는데 킴 소장의 이야기를 듣고 보니 앞뒤가 맞아떨어지는 것 같아요.

바우류당: 호키 박사께서 베다니라는 장소를 말씀하셔서 성경을 살펴보니 마태복음, 마가복음, 요한복음에서는 모두 이 장소에서 기름 부음이 이루어졌고, 시점에 대해서는 마태복음과 마가복음에 따르면 예수님이 처형당하신 유월절 이틀 전에, 요한복음에 따르면 유월절 엿새 전에 이런 의식이 거행되었습니다. 이에 반해 누가복음의 기록으로는 장소나 일시를 특정할 수 없습

니다. 단, 누가복음에는 성 세례자 요한께서 생존하셨을 때 이 사건이 일어났다고 하니 다른 복음서에서 특정하는 시기보다 훨씬 전이 확실합니다.
아인스호키: 내가 자료를 검색해 보니 누가복음에서 언급하고 있는 장소는 베다니가 아닌 갈릴리(Galilee)며, 이 사건이 일어난 시점은 예수가 죽기 1년 전이라고 하네요.[117)]
두레스킴: 누가복음을 제외한 나머지 복음서에서 지정하는 장소 베다니는 예루살렘에 가깝습니다. 기름 붓는 상황이 예수님의 사망 시점과 가까이 연결되어 있고, 십자가에 매달려 돌아가시는 내용이 곧 이어지는 것과 일맥상통하는 것 같습니다.
라바모스: 그런데 마리아가 예수에게 기름 붓는 내용이 또 나온다. "이 마리아는 향유를 주께 붓고 머리털로 주의 발을 닦던 자요 병든 나사로는 그의 오라버니더라"(요한복음 11:2)라는 것인데, 이 장면은 위에 언급된 시점보다 이전에 일어난 일이고, 위의 경우와는 전혀 다른 별개의 사건으로 봐야 한다. 마리아가 예수에게 기름 붓는 행위가 수차례 이루어졌다. 그리고 누가복음 10:38-42에는 요한복음에 나오는 마르다가 예수를 영접하는데 그 동생 마리아가 사랑을 독차지하자, 예수에게 이에 대한 불만을 표시하는 이야기가 나온다. 예수와 마리아는 아주 친밀한 연인 관계이거나 부부 사이였을 수 있다.
아인스호키: 요한복음 11:2의 이야기는 KJV판과 RBV판에 공히 괄호로 처리되어 있어서 이후에 삽입된 것으로 보여요. 그런데 RBV판에는 이럴 경우 일반적으로 내용을 이탤릭체로 처리하는데 괄호로만 표시하고 그대로 놔둔 것이 이상해요.
바우류당: "또한 악귀를 쫓아내심과 병 고침을 받은 어떤 여자들 곧 일

---

117) *https://www.gotquestions.org/alabaster-box.html*

곱 귀신이 나간 자 막달라인이라 하는 마리아와 헤롯의 청지기 구사의 아내 요안나와 수산나와 다른 여자가 함께하여 자기들의 소유로 그들을 섬기더라"(누가복음 8:2-3)라는 내용을 보면, 막달라 마리아는 전 재산을 바치고 예수님을 따라다니며 예수님과 제자들의 시중을 들었기 때문에 예수께서 돌아가시기 전에 특별히 챙기신 것 같습니다. 연인 관계로 비화시켜 볼 것이 아니라 사제지간으로 보는 것이 더 정확할 것 같고 부채나 노동에 대한 임금 정산 관계가 있어서 이를 청산한 것으로 보입니다.

아인스호키: 위에서 유다가 예수를 팔아넘긴 이유에 대한 이야기가 나와서 말인데, 유다가 어떻게 죽었는가에 대해 두 가지 설이 있어요. 하나는 마태복음 27:5-8에 "유다가 은을 성소에 던져 넣고 물러가서 스스로 목매어 죽었다 … 그러므로 오늘날까지 그 밭을 피밭이라 일컫느니라"는 것이고, 다른 하나는 사도행전 1:18-19의 "이 사람[유다]이 불의의 삯으로 밭을 사고 후에 몸이 곤두박질하여 배가 터져 창자가 다 흘러나온지라 이 일이 예루살렘에 사는 모든 사람에게 알리어져 그들의 말로는 그 밭을 아겔다마라 하니 이는 피밭이라는 뜻이라"고 적혀 있어요.

신약성경에도 이런 오류가 공존하고 있어요.

바우류당: 마태복음과 누가복음의 저자들은 요셉을 스무 냥에 팔아먹으려고 했다는 요셉의 형 유다(Judah)에서 착안해 유다(Judas)라는 이름의 공동의 주인공을 탄생시켰습니다(창세기 37:27-28). Judas라는 이름은 그리스어 표기입니다. '마태복음의 저자는 이스라엘의 목자 왕이 '은 삼십 냥' 때문에 배신당하고 이 돈이 성전의 도기(陶器)에 입금되는 상황(스가랴 11:12-13)과, 다윗을 배반했던 아히도벨(Ahithophel)이 스스로 목매어 죽은 장면(사무엘하 17:23)을 엮어 각본을 만들었습니다. 반면 누가복음에선 사무엘하의 이야기를 빌려 예수님께 입 맞추는 신호로 체포를 유도하고, 유다가 죽을 때 창자가 흘러나오는 시나리오를 만들었습니다. 다

윗이 군사령관 요압을 퇴역시키고 아마사라는 사람으로 교체하자(사무엘하 17:25), 요압은 아마사 뒤를 쫓아가 그를 발견하고 아마사의 턱수염을 잡고 그의 얼굴을 끌어당기며 우정의 키스를 하는 척합니다. 그는 이 과정에서 칼로 그의 배를 찔러 창자를 도려냅니다(사무엘하 20:5-10).'[118]

아인스호키: 신약성경에 예수가 술을 좋아했다는 기록이 나오지요. "인자는 와서 먹고 마시매 말하기를 보라 먹기를 탐하고 포도주를 즐기는 사람이요 세리와 죄인의 친구로다"(마태복음 11:19)라는 기록이 있고, "인자[예수]는 와서 먹고 마시매 너희 말이 보라 먹기를 탐하고[폭식가이고] 포도주를 즐기는 사람[NIV판에는 술주정뱅이로 KJV판에는 술고래로 표현]이요 세리와 죄인의 친구로다 하니"(누가복음 7:34)에도 나와요.

바우류당: 예수께서는 도시에서 파티를 즐기는 인물(partygoer)로 간주되었으며, 아마도 실제로 그랬을 것입니다. 예수께서는 술자리를 즐겼던 것으로 보이며, (사회적 계층과 관계없이 모두가 어울리는) 개방형 밥상을 즐겼음이 분명합니다. 그는 음식과 술을 나누며 번득이는 대화를 나눌 자리를 마련할 수단이 없었을 것입니다. 그러나 그는 다른 사람들이 마련한 자리에 참석하는 것을 주저하지 않았습니다. … 신명기 21:18-21에 "불순종하고 거역하는 아들이 있으면 '이 녀석은 불순종하고 거역하기만 합니다. 도대체 순종하지를 않습니다. 먹보[KJV판은 glutton(폭식가), NIV판은 profligate(방탕아)]와 술꾼[술에 잠긴 자(drunkard, 술고래)]입니다'라고 말하면 온 시민이 돌로 쳐죽일 것이다"라는 내용이 나오는데, 먹보와 술꾼(a glutton and a drunk)이라는 말은 어쩔 도리가 없는 아들에게 적용된 형용사임이 분명합니다.[119]

---

118) *성경의 시대착오적인 폭력들*, 존 쉘비 스퐁, 한국기독교연구소, 2007: 278-279, 내용 참조 편집

119) *예수에게 솔직히*. *로버트 펑크 지음*, 김준우 옮김, 한국기독교연구소, 1999: 294-295

두레스킴: 예수께서 죽음을 앞두고 혼약을 맺은 것 같다거나, 살면서 소외 당하는 사람들과 더불어 폭음과 폭주를 하셨다는 이야기를 통해 예수님도 인간적인 삶을 사셨다는 것을 엿볼 수 있습니다. 그런데 이런 표현이 마태복음과 누가복음에만 나오는 것과 예수님을 비하하려는 의도를 보이는 것이 특이합니다. 그리고 류당 신부께서 언급하신 유다의 죽음과 관련된 이야기도 이 두 복음서가 신약성경을 기어코 구약성경과 엮으려 애쓰는 모습을 보이는 것이 흥미롭습니다.

아인스호키: 예수를 먹보와 술꾼으로 묘사한 것은 성서를 통틀어 마태복음과 누가복음에만 나와요. 마태와 누가는 예수를 죽인 사람들의 행위가 정당하다는 것을 강조하기 위해 이런 표현을 쓴 것으로 보여요. 이들은 예수를 죽을죄를 지은 방탕아로 치부하고 있지요. 자신들이 옹호하는 사람들이 예수를 죽이고 욕보인 것을 합리화하기 위해 이런 표현을 하는 것 같아요. 2장 205의 예수의 죽음에서 이 내용을 더 다루니 이 정도만 언급하고 넘어갈게요.

204-1 성경의 기적

두레스킴: 그러면 지금부터는 예수께서 행하신 기적과 관련된 내용에 대해 토론을 이어가도록 하겠습니다.

바우류당: 예수님의 위대하심은 신비한 탄생에 더해 기적을 행하신 데 있습니다. 병든 자를 고치시고, 죽은 자를 살리시고, 물 위를 걸으시고, 소량의 먹거리로 수많은 사람을 배불리 먹게 하는 능력을 보이셨습니다. 그리고 예수님 본인은 기꺼이 당신의 희생을 통하여 인류를 원죄로부터 구하셨습니다.

아인스호키: 예수가 귀신에 들린 사람들을 치료하는 이야기가 마태복음 8:28-34, 마가복음 5:1-20, 누가복음 8:26-39에 공히 적혀 있어요. 마태복음에는 예수가 두 명을 치료하기 위해 돼지 큰 떼를, 마가복음은 한 명을 치료하기 위해 2천 마리나 되는 돼지를, 누가복음에는 한 명을 치료하기 위해 돼지 떼를 바다에 빠트려 몰살시키고 환자를 회복시키지요.

죽은 사람을 살리는 것도 아닌데 증상의 심각성을 확인하지 않고 엄청난 수의 돼지를 몰살시켰다는 것은 비이성적인 행위지요. 또한, 인간의 병을 치료하기 위해 순진무구한 수많은 돼지를 희생양으로 삼았다는 것은 인간 본위의 사상과 다른 생명체를 경시하는 잘못된 인식을 보여 주는 사례예요. 게다가 그 많은 돼지를 죽이고 주인에게 돼지고기 값을 치렀는지에 대한 언급도 없어요. 2천 마리면 엄청난 금액일 텐데 불쌍한 우리 가롯 유다의 속이 엄청 뒤집어졌겠네요.

두레스킴: 현대에도 병을 고치기 위해 귀신을 퇴치하거나 안수기도에 의지하는 사람들이 있지만, 이런 방법은 모두 눈속임이거나 효용이 없는 것으로 판명되었습니다. 그리고 이런 내용을 소설이나 영화로 제작하여 사

람들을 호도하는 경우가 종종 있습니다. 최근에는 신도들을 대규모로 모아 놓고 부흥회를 열면 빠지지 않고 등장하던 이런 단골 메뉴가 군중의 호감을 불러일으키지 못하기 때문에 그나마 잠잠해졌지만, 예전에는 심하다 싶을 정도로 영화나 텔레비전 프로그램에 많이 등장했었습니다.

아인스호키: 사실 현대 의학에서 약의 효능을 시험하기 위해 신약과 위약[僞藥, 가짜 약, 플라세보(placebo)]을 사용하는 경우가 있는데, 간혹 위약을 복용한 사람에게 효과가 나타나는 경우가 있어요. 이는 심리적인 안정을 얻어 낫는 경우거나, 이미 나을 때가 되었는데 그 약을 먹고 우연히 나은 경우지요. 나으려는 의지가 강하면 약을 쓰지 않고도 낫는 경우가 자주 생겨요. 그리고 기도하는 것을 통해 병이 나은 사람도 있는데, 이것 또한 심리적 안정이 주는 긍정적인 효과 때문이에요.

라바모스: 심지어 마태복음 8장에는 문둥병 환자를 말로 낫게 하고, 중풍 환자는 나으라는 말을 환자의 주인인 백부장에게 전하여 낫게 했다는 이야기가 나온다. 예수나 제자들이 환자를 고친 이야기가 자주 언급되는데, 이로 인해 그들의 증상이 어느 정도 개선되었으며 그 효과가 얼마나 지속되었는지에 대한 언급은 전혀 없다.

아인스호키: 마가복음 7장에는 예수가 '귀 먹고 말 더듬는 사람에게 안수해 달라고 하니 손가락을 양 귀에 넣고 침을 뱉어 그의 혀에 손을 대서 고치고', 같은 책 8:23에는 '맹인의 눈에 자신의 침을 뱉고 안수를 하여 고쳤다'는 이야기가 나오지요. 한편 마가복음 6:13에는 '많은 귀신을 쫓아내며 많은 병자에게 기름을 발라 고치더라'는 의료 요법이 소개되고, 요한복음 9:6-7에는 '맹인을 고치기 위해 침을 뱉어 진흙을 이겨 눈에 바르고 실로암 못에 가서 씻으라고 했다'는 새로운 치료 기법을 선보이지요. 그나마 기름을 발라 치료하는 것이나 진흙을 이겨 바르고 씻게 한 것은 연고라도 생각나게 하니, 침으로 고쳤다는 것에 비해 훨씬 그럴 듯해 보

이기는 해요. 어쨌거나 그 효과를 입증할 길은 없지만, 예수와 그 제자들이 의학 기술이 발달되지 않은 당시의 열악한 환경 속에서 다양한 의료 기술을 개발하고 적용하려고 심혈을 기울인 것은 가상해요.

라바모스: 마태복음 21장과 마가복음 11장에는 예수가 배가 고파 무화과 열매를 따먹으려고 했는데, 수확기가 아니어서 열매가 없자 그 나무를 뿌리째 말라 죽게 한다. 수많은 기적을 행하고 빵 다섯 조각과 두 마리의 물고기로 수천 명을 배불리 먹일 수 있는 사람이 철이 되지 않아 나무에 열매가 맺히지 않은 당연한 자연현상에 대해 성질을 내고 그 나무를 말라 죽였다는 것은 말이 안 된다. 마태복음 24장과 마가복음 13장의 내용으로 미뤄볼 때 예수는 무화과나무의 열매가 언제 열리는지 분명히 알고 있었다.

두레스킴: 모든 복음서에 예수께서 오천 명을 먹이는 기적 이야기가 나오는데, 마가복음(6:37)과 요한복음(6:7)에선 이들을 먹이기 위해 필요한 200데나리온의 금액을 산정합니다. 금액이 언급된 것을 보면, 예수님과 그 제자들이 사람들을 모아 가르침을 베풀 때마다 자신들이 확보한 돈으로 음식물을 구매하여 사람들에게 무상으로 제공했다는 사실을 미뤄 짐작할 수 있습니다. 많은 돈이 드는데도 불구하고 기꺼이 자비(自費)를 털어 배고프고 가난한 사람들을 모아 자선을 베풀며 가르쳤다는 것이 이 이야기의 핵심인데, 사람들은 돈을 들이지 않고 먹였다는 기적만 따지고 있습니다. 가리키는 달은 보지 않고 손가락만 보고 있는 실정(實情)입니다.

아인스호키: 한편 예수가 물 위를 걷는 기적은 마태복음 14:22-27, 마가복음 6:45-52, 그리고 요한복음 6:16-24에 나오는데, 마태복음에서는 예수가 기적을 보여 준 직후에 베드로가 예수의 도움을 받아 물 위를 걷는 기적을 보이려다 실패하지요(마태복음 14:28-33). 예수가 베드로에게 '물 위를 걸어오라'고 주문했음에도 불구하고, 그대로 이루어지지 않았다는 것은 예수가 지닌 능력의 한계가 드러난 거예요.

예수님께서 물 위를 걸으신 사건

바우류당: '예수께서 물 위를 걸었다'는 문장은 은유적으로 해석하면, 성서에서 물이나 바다는 항상 혼돈을 상징하므로 혼돈의 세상인 물에 빠지지 말라는 뜻으로, 살아가면서 유혹에 빠지지 말고 도덕적으로 살 것을 촉구하는 것입니다.[120]

라바모스: 요한복음 11장에 죽은 지 나흘이 지나 썩은 냄새가 진동하는 나사로에게 '나오라'는 주문을 하여 살려냈다고 한다. 예수가 이런 기적을 뽐낸 것은 나사로가 사랑하는 연인 마리아의 오빠였기 때문에 어려운 주문이지만 할 수 없이 들어준 것 같다. 하지만 이런 행위는 죽음에 대한 오해를 불러일으킬 수 있다.

오히려 부처가 죽은 아이를 데리고 와 살려달라고 간구하는 여인에게 '그 집안의 구성원 중 누구도 죽은 적이 없는 사람으로부터 겨자씨를 얻

---

120) *인간의 위대한 질문*, 배철현 저, 21세기북스, 2015: 123

어오면 살려주겠다'라고 답하며, 모든 사람은 결국 죽을 수밖에 없다는 만고의 진리를 가르치는 방식이 훨씬 낫다.

두레스킴: 기적을 행할 수 있다고 주장하거나, 이런 말을 곧이곧대로 믿는 것은 역설적으로 신의 완벽함을 부정하는 행위입니다. 천지창조를 이룬 존재가 전지전능하다면 자신이 만든 법칙이 깨지는 현상이 일어나는 것을 허용하지 않을 것입니다. 만약 이런 현상이 가능하다면 자신의 통제 범위를 뛰어넘는 영역이 존재하는 것이 되기 때문에 이런 창조자는 전지전능하다고 불릴 수 없을 것입니다.

아인스호키: 예수가 살린 사람이 아직도 살아 있거나, 그 뒤로 죽지 않았다면 그런 능력의 특별함을 인정할 수 있겠지요. 그렇지 않다면 아무 의미가 없고 괜히 죽은 자도 살아날 수 있다는 착각만 불러일으킬 수 있을 거예요. 그리고 성경 어디에도 살아난 사람이 그 후에 어떻게 살았는가에 대한 언급은 전혀 없어요. 대단한 기적이라고 말하기에는 그 이후가 너무 무미건조하고 기적으로 열거되는 내용들이 너무 조악해요. [뭐여, 모스 랍비! 나사로는 살아난 후에 예수의 성매매 현장에 있었다고? 진짜 그렇네…]

두레스킴: 다른 주제로 넘어가기 전에 기적을 행한 것이 예수님께 한정된 것인가에 대해 살펴볼 필요가 있습니다. 예수께서는 죽은 자를 살리는 능력을 보이셨다고 합니다. 그런데 열왕기하 4장에는 예수께서 태어나시기 850년 전에 엘리사가 행한 기적이 나열되고 있습니다. 사람을 살리는(열왕기하 4:8-37) 기적을 엘리사가 이미 보여 주었고, 이 내용이 예수님의 이야기보다 훨씬 설득력이 있어 보입니다. 예수께서 포도주를 무한정 만들어 내신 것과 유사하게, 엘리사는 엄청난 양의 기름을 짜내는(열왕기하 4:1-7) 기적을 보입니다. 또 같은 장에 엘리사는 보리떡 20개와 자루에 담은 채소로 100명을 먹이고도 음식을 남기고(열왕기하 4:42-44), 독이 든 국에 밀가루를 뿌려 독을 없애 먹을 수 있게 만드는 기적(열왕기하 4:38-41)을 행합니다.

라바모스: 예수가 말이나 안수를 통해 귀신을 불러내 문둥병을 치료한 것과 달리, 열왕기하 5장에서 선지자 엘리사는 문둥병 환자의 몸을 요단강에 일곱 번 씻어 정화해 고쳐 준다. 그리고 엘리사는 환자의 선물을 굳이 사양하는 아름다운 모습을 보여 준다. 6장에는 더 나아가 엘리사가 나뭇가지를 던져 물에 빠진 쇠도끼를 떠오르게 하고(6:1-7), 침공하는 아람(시리아)군의 눈을 잠시 멀게 하는(6:8-23) 등 예수에 못지않은 기적을 보여 주었다.

아인스호키: 그런데 엘리사는 자신의 몸종인 게하시가 자신이 거절한 선물이 아까워 조금 챙기는 죄를 저지르자 게하시 본인은 물론이고 후손들까지 문둥병에 걸리도록 만드는 초능력을 발휘했지요. 그런데 열왕기하 8:4에는 게하시가 계속 엘리사를 위해 일하고 있어요. 엘리사의 주문으로 게하시가 문둥병에 걸렸다가 화해한 후 낫게 해주고 재고용한 것인지, 아니면 동명이인의 다른 사람을 고용한 건지 설명이 없으니 어찌된 영문인지 알 수 없더군요.

바우류당: 요단강에서 몸을 씻는 것과 같은 치료법은 우리 신약성경에도 나옵니다. "예루살렘에 있는 양문 곁에 히브리 말로 베데스다라 하는 [연]못이 있는데 거기 행각 다섯이 있고 그 안에 많은 병자, 맹인, 다리 저는 사람, 혈기 마른 사람들이 누워 [물의 움직임을 기다리니 이는 천사가 가끔 못에 내려와 물을 움직이게 하는데 움직인 후에 먼저 들어가는 자는 어떤 병에 걸렸든지 낫게 됨이더라] 거기 서른여덟 해 된 병자가 있더라"(요한복음 5:2-5)는 것입니다. 이 표현에서 보듯이 병자들이 물에 몸을 담금으로써 병을 치유하기도 하였습니다. 예수께서는 환자의 믿음을 보시고 당신의 한없는 자비와 사랑으로 병에 걸린 환자의 신체뿐만 아니라 마음과 영혼까지 온전히 치유하셨습니다.[121]

---

121) *함께 하는 여정*, 천주교 서울대교구 사목국, 가톨릭출판사, 1995: 111

두레스킴: 괄호 친 부분인 4절이 영문 KJV판에는 있는데 영문 NIV판에는 빠져 있지만 개역개정판은 KJV판을 그대로 번역해 놓았습니다. 아마도 엘리사의 치료법을 알게 되자, 이런 부분을 삽입하여 예수께서 행하시던 치료법에 대한 의구심을 불식시키려 한 게 아닌가 하는 생각이 듭니다. 하지만 이 이야기에서 이런 치료를 가능하게 했던 주체는 예수님이 아니고 천사입니다. NIV판에서는 이런 치료 주체의 오류를 인지하고 이 부분을 삭제한 것으로 보입니다. 이후의 이야기에 예수께서 병력이 38년이나 되어 걸을 기력이 없어 연못에 들어갈 수 없었던 환자에게 '걸어가라'는 말씀으로 완치하는 장면이 연출됩니다.

라바모스: 복음서의 저자는 엘리사를 모델로 하여 예수의 기적을 만들어낸 것 같다. 기적을 행하는 것이 모두 엘리사가 행한 유형을 따라간다. 그렇게 해서 구약성경의 엘리야, 엘리사, 이사야가 신약성경에서 세례자 요한, 예수, 선지자 이사야라는 주연으로 등장하여 3대 선지자들을 모두 끌어들이는 데 성공하였다.

"말라기 4장과 마태복음 11장, 그리고 마태복음 16장은 다시 올 엘리야를 주제로 한다는 점에서 서로 연관성이 있고, 누가복음 4장은 엘리야-엘리사 전승을 상당히 폭넓게 수용한다. 그리고 야고보서 5장은 엘리야가 기도하는 사람임을 부각한다."[122]

두레스킴: 사도행전에는 3장(베드로와 요한이 앉은뱅이를 일으키는 기적), 5:12-16(베드로와 사도들이 귀신을 쫓아내 고치는 기적), 8:5-7(빌립이 중풍 환자와 못 걷는 사람의 귀신을 내쫓아 낫게 하는 기적), 9:32-34(중풍 환자를 낫게 하는 기적). 9:36-40(베드로가 죽은 다비다라는 여자를 살려내는 기적), 14:8-10(바울이 못 걷는 사람을 고쳐 걷게 하는 기적), 16:18(바

---

[122] *일상적 폭력 폭력적 종교*, 이종록, 쿰란출판사, 2017: 247

울이 재산 불리는 귀신 퇴치하는 기적을 보이고 미움을 사 투옥), 19:12(바울의 몸에서 손수건이나 앞치마를 가져다가 병든 사람에게 얹으면 그 병이 떠나고 악귀도 떠나가는 기적), 20:9-10(바울이 창에서 떨어져 죽은 유두고를 살리는 기적) 등 예수님의 제자들과 바울이 환자를 치료하고 죽은 사람을 살려내는 눈부신 활약상을 엿볼 수 있습니다.

이것은 예수님의 능력을 훨씬 뛰어넘는 수준의 기적입니다. 치유 능력이 예수님께 한정된 것이 아니고 관련된 사람들도 할 수 있다면, 이들이 병을 치료할 수 있는 특수한 약을 제조하여 공유한 게 아닌가 하는 합리적 의심을 갖지 않을 수 없습니다. 사실 기적을 행하는 데 있어서 예수님과 제자들이나 바울의 차이를 콕 집어내기 어렵습니다.

아인스호키: 현대 의학의 힘을 빌려 의술을 행하는 의사들은 다양한 병을 완화시키거나 완치하고 있어요. 의사 한 명이 하루에 치료하고 건강을 되찾아주는 사람들의 숫자가 예수가 평생 살면서 기적을 통해 치료한 사람들 보다 훨씬 많고, 그 치료 효과나 지속성 또한 점진적으로 개선되고 있어요. 예수가 살았던 시대에는 병의 근원이 세균, 박테리아나 바이러스라는 것을 알지 못하였고, 유전자의 영향을 받는다는 것조차 알 수 없었지요. 현대 의술로 병을 완치하거나 완화하는 의술 행위를 기적이라고 말하는 것이 터무니없는 주장이라는 것을 누구나 알고 있어요.

이제는 예방 접종 덕분에 소아마비 환자가 더 이상 발생하지 않고 문둥병 또한 간단히 치료할 수 있게 되었고, B형 간염, 파상풍, 홍역, 폐렴, 수두(일명 곰보) 등으로부터도 해방되었어요. 이를 이룩한 것은 과학의 힘이지요. 현대 의학은 수많은 사람이 병에 시달리지 않고 살 수 있게 하고 있으니, 죽은 사람 몇 명을 되살린 성경 속 인물들보다 더한 기적을 이루고 있다고 할 수 있어요. 그런데 "옛날 옛적에…"로 시작되는 우화 속에 나오는 기적 같지 않은 기적을 대단한 것으로 치켜세우는 것은, 종교 체계를 유지하기 위한 방편이라는 것 빼고는 달리 설명할 방도가 없어요.

바우류당: 기적이 가능하기 위해서는 자연법칙이 무시되어야 하고, 그렇게 되면 무질서가 판치는 혼돈의 세계만 남게 될 것입니다. 이런 생각은 자연법칙을 제대로 인지하지 못한 고대인들의 삶에 위로와 평안이 될 수 있었겠지만, 자연과학에 익숙한 현대인의 삶에는 아무런 도움이 되지 못합니다.

205 예수의 죽음

두레스킴: 그럼 지금부터는 예수님의 죽음, 부활 그리고 승천이 갖는 의미에 대해 토론을 이어가도록 하겠습니다. 류당 신부께서 먼저 한 말씀하시기 바랍니다.
바우류당: 십자가에서 돌아가신 예수님이 부활하셨습니다. 제자들은 부활하신 주님을 만났으며, 그분께서 참으로 살아계시다고 증언하였습니다. 사도 바울은 "그리스도께서 되살아나지 않으셨다면, 우리의 복음 선포도 헛되고 여러분의 믿음도 헛됩니다.[123] [또 우리가 하나님의 거짓 증인으로 발견되리니 우리가 하나님이 그리스도를 다시 살리셨다고 증언하였음이라 … 그리스도께서 다시 살아나신 일이 없으면 너희의 믿음도 헛되고 너희가 여전히 죄 가운데 있을 것이요 또한 그리스도 안에서 잠자는 자도 망하였으리니—저자 추가 부분]"(고린도전서 15:14-18)라고 전하십니다.
라바모스: 예수의 죽음과 관련하여 십자가에 못 박혀 죽었다는 복음서의 내용과 달리, NIV판 사도행전 5:30에는 '나무에 목매달아 죽였다[KJV판에는 '죽인 후 나무에 걸어 놓고'(slew and hanged on a tree), NIV판에는 '교수형을 하고'(hanging him on a tree)']'라고 한다.
아인스호키: 위의 표현에 따르면 예수는 목을 매달아 죽이는 교수형(NIV판)을 당하였거나, 사람들이 예수에게 자상(刺傷: 칼로 베임)을 입혀 죽인 다음 욕보이기 위해 나무에 매달아 놓은(KJV판) 것 같네요. 모든 공관복음서에 예수가 잡힐 때 제자들이 도망갔다는 표현이 나오는데 이것은 예수가 살해당했기 때문이 아닐까 하는 생각이 들어요.

---

123) *함께하는 여정*, 천주교 서울대교구 사목국, 가톨릭출판사, 1995: 67

또한, 베드로와 사도들도 예수가 교수형 당했다고 증언하지요. 산 증인들이 법정에서 증언한 것이니, 이에 따르면 예수가 십자가에 못 박혀 죽었다는 복음서의 내용이 잘못된 것 같아요. 베드로는 다른 곳에서도 '그들이 예수를 나무에 달아 죽였다(교수형, 사도행전 10:39)'라고 말하지요

두레스킴: 모든 복음서에 예수께서 체포되는 시점에 제자가 대제사장의 종의 귀를 칼로 쳐서 잘라냅니다. 당시에 쌍방 간 칼부림이 있었음을 짐작할 수 있습니다. 이때 예수님이 살해당하자 제자들이 모두 도망친 것으로 보입니다.

마가복음에는 "한 청년이 벗은 몸에 베 홑이불을 두르고 예수를 따라가다가 무리에게 잡히매 베 홑이불을 버리고 벗은 몸으로 도망하니라"(마가복음14:51-52)라는 내용을 덧붙이는데 여기에서 한 청년은 저자 자신을 지칭합니다. 경황이 없어서 도망친 자신의 모습을 되돌아보며 후회하는 심정을 묘사하고 있습니다.

라바모스: 갈라디아서 3:13에 '예수의 시체를 나무에 걸어둔 것은 저주받게 하려는 것이라'고 분명히 밝히고 있다. 신명기 21:22-23에 "사람이 만

일 죽을 죄를 범하므로 네가 그를 죽여 나무 위에 달거든 그 시체를 나무 위에 밤새도록 두지 말고 그날에 장사하여 네 하나님 여호와께서 네게 기업으로 주시는 땅을 더럽히지 말라 나무에 달린 자는 하나님께 저주를 받았음이니라"라는 계명에 따라 누군가가 예수를 죽인 후 욕보이기 위해 나무에 매달아 놓았다가 당일 저녁에 장사를 치른 것으로 보인다.

바우류당: 하지만 같은 사도행전 2:23, 2:36, 4:10에 예수께서 십자가형을 당했다는 내용이 나오고, 갈라디아서 2:20, 3:1, 5:24 및 6:14에도 십자가형에 대한 언급이 나옵니다.

아인스호키: 류당 신부가 언급한 사도행전의 이야기는 베드로의 일방적인 주장인데 위에 언급된 베드로가 '예수를 나무에 달아 죽였다'라는 주장과 배치되지요. 그리고 갈라디아서 2:20, 5:24와 6:14에는 예수가 십자가형 당했다는 내용이 없어요. 성경에서 십자가(cross)는 은유적인 의미로 무거운 짐이나 고행을 의미하지요. 예수는 제자들에게 십자가를 지고[take up(또는 bear) cross][124] 자신을 따르라고 주문했어요.

단, 갈라디아서 3:1의 표현 중 '예수가 십자가에 못 박히신 것'으로 번역되어 있는 내용의 KJV판은 "O foolish Galatians, who hath bewitched you, that ye should not obey the truth, before whose eyes Jesus Christ hath been evidently set forth, crucified among you?"로 되어 있는데, NIV판은 "You foolish Galatians! Who has bewitched you? Before your very eyes Jesus Christ was clearly portrayed as crucified."로 바꾸어 놓았어요. KJV판에서는 '예수께서 분명히 보여 주신 진리를 따르지 않는 것'을 비난하는데, NIV판은 KJV판에 후에 끼워 넣어졌을 가능성이 높아 보이는 "crucified among you"라는 것을 위주로 '예수가 십자가형을 받은 것을 분

---

124) 마태복음 10:38, 16:24, 마가복음 8:34, 10:21, 누가복음 9:23, 14:27(bear)

명히 보여 주었다'라고 십자가형에 중점을 두는 식으로 바꾸어 놓았어요. [그래도 영어를 이해하는 모스 랍비는 고개를 끄덕이는구먼… 고마워.]

두레스킴: 갈라디아서는 기원후 50년대에 작성된 바울의 진본 서신이라는 것이 정설입니다. 만약 "crucified among you"라는 표현이 이 서신의 원본에 들어가 있다면 이 서한도 바울의 것이 될 수 없습니다. 그렇기 때문에 처형한 후 나무에 매달아 두어 욕보인 후, 그날 바로 매장하였다는 갈라디아서 3:13의 내용이 정확하고 십자가형 관련 내용은 후대의 사람들이 끼워 넣은 것으로 볼 수 있습니다.

사실 십자가형에 처한 사람의 목숨이 당일에 끊어질 가능성은 아주 낮고 며칠씩 십자가에 매달려 서서히 죽어 갔습니다. 다음 날이 유월절 안식일이라 모두가 쉬어야 했기 때문에 당일 사형 집행과 관련된 모든 조치가 마무리되어야 했을 것입니다. 그렇다면 예수님께서 십자가형에 처해지셨다는 복음서의 내용은 조작되었을 개연성이 높습니다.

라바모스: 십자가형이 집행된 시점에 대해 마가복음은 제삼시(15:25, 아침 9시)를 제시하고, 요한복음은 제육시(19:14, 12시 정오)에 형이 확정되고 오후에 집행되었다고 한다.[125)]

바우류당: "제4복음서(요한복음)에서는 십자가 처형이 유월절 전날 저녁에 유월절 양을 죽이는 바로 그 시간에 일어나지만, 공관복음서들에서는 유월절에 일어난다. 공관복음서들에서는 예수가 공적인 활동을 시작하는 것이 세례 요한이 체포된 때로 나오지만, 요한복음에서는 요한이 아직 활동 중일 때 예수가 그의 공적인 활동을 시작한다."[126)] 각각의 복음서가 서로 다른 날과 시각을 제시하고 있는데, 어떤 것이 정확한지 알 수 없습니다. 하지만 모든 복음서는 예수님이 처형 당일 죽어 매장되었다고 기록하고 있습니다.

---

125) *Thomas Paine Collection*, Forgotten Books, 2007: 420, 내용 편집역주

126) *예수에게 솔직히*, 로버트 펑크 지음, 김준우 옮김, 한국기독교연구소, 1999: 198

라바모스: 예수가 십자가형이 집행될 때 한 말이 마태복음 27:46과 마가복음 15:34에 나오는데, "예수께서 크게 소리 지으시되 '엘리[127] 엘리 라마 사박다니' 하시니 이를 번역하면, 나의 하나님[신이여] 나의 하나님[신이여] 어찌하여 나를 버리셨나이까" 하는 뜻이다. 이것은 명백히 시편 22:1의 "내 하나님이여 내 하나님이여 어찌 나를 버리셨나이까"를 문장 그대로 표절하였다. 여기에서 '나의 아버지'라 하지 않고, '나의 신이여'라고 한 것을 보면, 예수는 하나님을 자기 아버지로 여기지 않은 것이다. 그리고 자신을 버렸다는 표현을 쓴 것은 십자가형으로 죽게 된 것이 자신이나 하나님의 의지가 아니라는 뜻이다. 결국 예수는 자신을 이런 처지로 내몰고 나 몰라라 하는 하나님에 대한 불만을 표시한 것이다.

예수가 만약 하나님과 자신의 죽음과 부활로 인간의 죄가 대속된다는 약속을 알고 있었다면, '나의 하나님, 나의 아버지, 약속하신 바대로 저를 빨리 불러 주시니 영광이요, 인류에게 대속의 선물을 하겠다는 약속을 지킬 수 있도록 해주셔서 진심으로 감사드립니다. 곧 찾아 뵙고 인사드리겠습니다'라고 말했어야 한다.

바우류당: 누가복음에는 예수께서 십자가형으로 숨을 거두기 전에 같은 십자가형에 처해진 두 죄인과 말씀을 나누시다가, 마지막으로 "아버지 내 영혼을 아버지 손에 부탁하나이다"(누가복음 23:46)라는 말씀을 남기십니다. 여기에는 불만의 표시 없이 덤덤히 당신의 죽음을 받아들이는 모습을 보이십니다.

두레스킴: 예수께서 두 죄인 가운데 자신에게 우호적인 사람에게 죽은 후 자신과 같이 낙원에 있을 것이라고 말씀하신 것은, 마지막 순간에 사죄하면 천당에 갈 수 있다는 잘못된 믿음을 불러일으키고 있습니다. 수

---

127) 개역개정판 엘리 (Eli)는 NIV영어판에는 둘 다 엘로이(Eloi)로 표기하고 마태복음의 난하주에만 Eli라고 한 사본도 있다는 주석을 달아놓았는데 KJV판의 마가복음은 엘로이(Eloi)고 마태복음은 엘리(Eli)로 차이가 있다.

많은 사람이 잘못을 저지르더라도 마지막 임종의 순간에 사죄를 하면 천당에 갈 수 있다는 그릇된 믿음을 갖게 하여, 많은 성직자나 신도가 죄를 저지르고도 떳떳하게 살아가는 것이 아닌가 하는 의구심이 듭니다.

아인스호키: 예수가 하나님의 독생자라고 하는 것과 같이, 다윗 또한 "여호와께서 내게 이르시되 너는 내 아들이라 오늘 내가 너를 낳았도다"(시편 1:8)라면서 여호와의 아들임을 주장하지요. "개들이 나를 에워쌌으며 악한 무리가 나를 둘러 내 수족을 찔렀나이다 내가 내 모든 뼈를 셀 수 있나이다 그들이 나를 주목하여 보고 내 겉옷을 나누며 속옷을 제비 뽑나이다"(시편 22:16-18)라는 구절은 예수가 십자가형을 당하는 모습과 많이 닮았어요. 예수가 죽는 장면은 모든 복음서에서 시편 22장을 참고하여 창작했다고 볼 수 있어요.

라바모스: 위에 나온 내용을 종합해 보면 예수만이 독생자라는 주장을 할 수 없고, 예수의 죽음과 비슷한 죽음이 시편에 나오는 것을 보면,[128] 예수의 탄생이나 죽음이 특별한 것이 아니고, 다윗의 시를 모방하여 각색한 것임을 알 수 있다. 오히려 신의 아들이 되는 과정을 묘사한 장면은 구약성경이 훨씬 설득력이 있다.

바우류당: 십자가 처형 이야기는 예배용으로 디자인된 것입니다. 이 말은 오늘날 예수님의 의미를 찾으려는 사람은 누구나 십자가 처형 이야기가 역사가 아님을 인정할 자세를 갖추어야 한다는 뜻입니다. 의심할 여지도 없이 예수님은 로마인들에 의해 십자가에[이것은 위에서 살펴본 바와 같이 확실하지 않음—저자 주] 처형되었지만, 십자가 이야기에 포함되어 우리에게 익숙해진 그 자세한 내용들은 문자적으로 사실도 아니며 실제적으로 일어나지도 않았습니다.[129]

---

128) 수족을 찌르는 것은 요한복음에만 나오고 제비뽑는 것은 모든 복음서에 나온다.
129) *만들어진 예수 참 사람 예수*, 존 쉘비 스퐁, 한국기독교연구소, 2009: 178

아인스호키: 사도행전 13:28-30에는 "죽일 죄를 하나도 찾지 못하였으나 빌라도에게 죽여 달라[KJV판에는 죽이다(slain)로 NIV판은 집행(executed)하다] 하였으니 그를 가리켜 기록한 말씀을 다 응하게 한 것이라 후에 나무에서 내려다가 무덤에 두었으나 하나님이 죽은 자 가운데서 그를 살리신지라"라고 기록하지요. 내가 아무리 눈을 씻고 찾아봐도 예수가 저지른 행위 가운데 죽을 만한 죄를 찾을 수가 없어요. 예수가 억울하게 죽은 것은 확실해 보여요. 그런데 이 기록 중에 죽은 자 가운데서 그를 살렸다고 하는 표현은 후에 삽입된 것이 분명해 보여요.

[모스 랍비! 뭐, 내가 예수가 '먹보와 술꾼'이기 때문에 죽였을 거라고 했다고… 그렇네… 내가 정년 퇴임이 얼마 남지 않아 가끔 깜빡깜빡거려유…]

두레스킴: 성경 내에서 예수께서 사형에 처할 정도의 범죄를 저지르신 경우가 없다는 것은 사실입니다. 마태복음과 누가복음의 저자는 예수님의 범죄 행위를 소명할 수 없었기에 예수님을 2장 204 '예수의 성매매 진실' 마지막 부분에서 언급된 신명기의 '먹보와 술꾼'으로 둔갑시켜 처형을 합리화시키려고 시도한 것으로 보입니다.

아인스호키: 일부 성서학자들은 공관복음서에는 (성모) 마리아가 예수의 처형 장소에 나오지 않았다고 주장하지요. 몰라서 안 나왔을 가능성은 없다고 생각해요. 왜냐하면 마리아가 예루살렘 성전에서 예수를 배신한 제자들과 함께 기거하고 있었다면, 당연히 예수가 십자가형을 당한다는 장소와 시간에 대한 내용을 전달받았을 거예요. 그런데 처형 장소에 나타나지 않았다면 피도 눈물도 없는 매정한 어머니지요. '관람 불가'도 아닌 아들의 최후 처형 장소에 다른 여인들은 참석했는데, 정작 예수 어머니 마리아가 모습을 보이지 않았다는 것은 상상할 수 없어요. 그래서 나는 킴 소장이 언급한 바와 같이 마리아가 참석했다는 것에 동의해요. 참석하지 않았다고 주장하는 사람들은 마리아가 야고보와 요셉의 어머니

라는 것이 밝혀지면, 알패오와 재혼하여 다른 자식들을 많이 낳았다고 하는 것을 인정할 수밖에 없기 때문에 꺼리는 것 같아요. 요한복음에는 분명히 성모 마리아가 그 자리에 있었다고 하지요[19:25, 예수의 십자가 곁에는 그 어머니와 이모와(Near the cross of Jesus stood his mother, his mother's sister)]. 예수의 이모는 세례자 요한의 어머니 엘리사벳이에요.

라바모스: 2장 203-2에서 성모 마리아의 자녀 가운데 NIV판의 요셉이 KJV판에는 요세로 나왔다고 하는 것을 살펴보았다. 야고보와 요세[마태복음 27:56에는 KJV판과 NIV판 공히 영어로는 Joses로 명기되었는데 개역개정판은 요셉으로, 마가복음 15:40에는 영어와 개역개정판 모두 요세]의 어머니 마리아가 예수의 처형 장소에 있었다고 한다. 누가복음 23:49에는 예수를 따르는 자들과 갈릴리로부터 따라온 여자들이 처형식에 참관한다. 이후 부활 장소를 확인한 여자들 가운데 야고보의 어머니가 있었다고 하는데, 이때는 요세나 요셉에 대한 언급이 없다. 마리아의 아들인 요세나 요셉은 동일인인 것이 확실하다.

205-1 예수의 부활

두레스킴: 예수님의 부활 이야기를 한 번 검토해 보는 것도 의미가 있을 것 같습니다. 예수께서 죽음을 통해 인간의 원죄를 대속하고 이후 부활하셨다는 것이, 많은 사람으로 하여금 기독교를 믿고 따르도록 하는 원동력이 되고 있습니다. 기독교에서는 이것을 가장 의미 있는 사건 중의 하나로 간주하고 있습니다.

라바모스: 마태복음 28:1에는 안식 후 첫날 새벽에 막달라 마리아와 다른 마리아가 무덤을 보러 간다. 마가복음 16:1-2에는 안식 후 첫날 동틀 녘에 막달라 마리아, 야고보의 어머니 (성모) 마리아와 살로메가 무덤으로 간다. 누가복음 24:1과 24:10에는 안식 후 첫날 새벽에 막달라 마리아, 요안나, 야고보의 모친 (성모) 마리아 외 여성 몇 명이 등장한다. 요한복음 20:1에는 안식 후 첫날 일찍이 아직 어두울 때 막달라 마리아만 찾아온다.

안식일 쉬고 예수의 묘를 방문 후 전개되는 내용은; 마태복음에선 지진이 나고 하늘에서 천사가 내려와 무덤의 입구를 막은 돌을 굴려내고(자연 현상) 그 위에 앉았다. 마가복음에선 무덤에 가보니 벌써 돌이 굴려져 있고(원인 불상) 안에는 흰 옷을 입은 청년이 우편에 앉아 있었다. 누가복음에서도 이미 돌이 굴려져 있었는데(원인 불상) 안에는 찬란한 옷을 입은 두 사람이 서 있었다. 요한복음에선 돌이 옮겨진(인위적) 것을 보고 제자들을 불러 함께 확인한 후 제자들이 가고 마리아 혼자 울다가 몸을 굽혀 들여다보니, 흰 옷을 입은 천사 두 명이 하나는 머리 편에 하나는 발 편에 앉아 있었다.[130)]

아인스호키: 과연 몇 명이 방문하였으며 안에 있던 존재가 사람인지 천사인지, 그들의 자세가 앉았는지 섰는지 문이 열린 사유는 자연 현상 때문인지 인위적인지 등등의 이야기가 서로 달리 적혀 있어요. 여기에 나열된 사람들이 법정에서 증언을 한다면, 어느 저자가 정확한 기록을 했다고 인정받을 수 있을까요? 나머지는 모두 위증죄로 엄중한 책임을 묻게 될 거예요. 물론 마가복음의 저자는 자신이 이 부분을 쓰지 않았고 누군가가 표절해서 첨삭한 것이라고 주장하며 면책을 요구하겠지요.

바우류당: 누가복음 24:12에 "베드로는 일어나 무덤에 달려가서 구부려 들여다보니 세마포만 보이는지라 그 된 일을 놀랍게 여기며 집으로 돌아

---

130) *Thomas Paine Collection*, Forgotten Books, 2007: 423-4, 내용 편집역주

가니라"라고 합니다. 물론 이 대목이 나오지 않는 사본도 있습니다. 이 구절이 누가복음의 원본문이 아니라는 데 대한 매우 그럴 듯한 이유가 있습니다. 문체가 전혀 누가의 것이 아닙니다. 이 구절의 핵심 단어인 '구부리다(bend over)'라든지, 여기서 사용된 '세마포(strips of linen)' 같은 용어들은 누가가 사용하던 용어가 아닙니다. 번역된 성서에서는 잘 표현되지 않겠지만, 누가복음 23:53에 보면 누가는 '세마포(linen cloth)'를 표현할 때, 여기서 사용된 단어가 아니라 다른 그리스어 단어를 사용했습니다. … 이 구절은 요한복음에 보도한 이야기(요한복음 20:3-10)를 요약한 것처럼 보입니다. 해당 단락을 보면, 베드로와 '그 다른 제자(애제자)'는 예수님의 무덤으로 달려갑니다. 그리고 무덤이 비었다는 사실을 알게 됩니다. 누군가가 요한의 보도를 요약해 누가복음에 삽입한 것으로 보이지 않습니까?[131]

아인스호키: 누가복음 24:12의 내용은 요한복음 20:1-8의 '베드로와 애제자가 무덤으로 달려갔는데 애제자가 먼저 무덤에 이르러 구부려(bend over) 세마포(the strips of linen) 놓인 것을 보았으나'라는 내용을 요약하여 작성한 것으로 보여요. 요한복음에선 애제자가 보았는데 누가복음에선 애제자를 배제하고 베드로가 행한 것으로 말하고 있네요.

두레스킴: 만약 위의 주장이 사실이라고 한다면, 예수님의 부활에 대한 이야기는 장기간에 걸쳐 첨삭이 이루어졌다는 것이 확인됩니다. 복음서의 저술 순서는 마가복음, 누가복음, 요한복음 순서인데, 부활과 관련한 이야기는 요한복음, 누가복음, 마가복음 순으로 거꾸로 첨삭이 이루어진 것입니다. 결국 이 부분이 사실의 기록이 아니라 편의에 따라 조작된 것에 불과하다는 것을 명백히 보여 주고 있습니다.

누가복음에 나오는 베드로가 예수님의 무덤을 찾아가서 세마포를 보았

---

131) *성경 왜곡의 역사*, 바트 어만 지음/민경식 옮김, 성림출판, 2006: 310-311

다는 이야기가 요한복음의 내용을 요약하여 덧붙인 것과 요한복음 21장에 예수님 부활 후 베드로와 만나는 장면의 연출은 베드로의 역할을 강조하기 위한 의도로 이루어진 것으로 보입니다. 막상 요한복음 20장 마지막 절에는 "오직 이것을 기록함은 … 함이니라"라고 하여 책을 마감하는 표현이 쓰인 것을 보면, 요한복음 21장은 베드로를 치켜세우기 위해 후에 삽입되었을 개연성이 아주 높습니다.

아인스호키: 예수께 기름을 부은 여성 중 특정되지 않은 누가복음의 여성이 막달라 마리아라고 한다면, 그녀는 예수와 최소한 1년은 함께 살았어요. 그래서인지 모든 복음서에 무덤을 방문한 사람 중에 막달라 마리아는 빠지지 않고 등장하네요. 이 마리아가 요한복음에서 예수에게 기름을 부은 마리아와 같은 인물이라는 의견도 있는데, 사실 여부가 궁금해요. 그리고 1년 임금에 상당하는 금액을 받아 예수의 장례비로 얼마나 지출했는지 성경 내용을 통해서는 확인할 길이 없어요.

바우류당: 2장 204에서 예수님의 성매매 관련 이야기를 나눈 이후 정체성에 혼란이 생겨 성경을 다시 한번 검토했습니다. 결론적으로 예수님이 막달라 마리아에게 거금을 건네신 것은 혼약이나 장례비용으로 사용하라고 한 것이 아닙니다. 본인께서 돌아가시게 되었으니, 마리아에게 그동안 쓰지 않고 모아 놓은 자금을 건네면서 조직 운영을 맡아 달라고 부탁하신 것입니다. 넘겨주신 금액이 노동자의 1년치 임금에 버금가는 정도밖에 안 되는 것을 보고 평소에 검소하게 사셨던 모습이 연상되어 가슴이 뭉클했습니다.

두레스킴: 류당 신부님, 자료 찾으시느라 수고가 많으셨습니다. 신부님 이야기를 듣고 보니 그럴 수 있겠다는 생각이 듭니다. 사실 예수님 처형 장소에 있었던 사람 중, 예수님의 제자들은 전무하였고 대부분이 여성이었습니다. 특히 막달라 마리아와 성모 마리아는 모든 복음서에서 언급하고 있습니다. 예수께서는 이방인과 여성에 대한 차별을 전혀 두지 않으신

것은 물론이고, 이들을 깊게 신뢰하셨던 것을 알 수 있습니다.

라바모스: 류당 신부 말을 듣고 보니, 유다가 예수를 배반한 이유가 명백해진다. 유다는 예수 종파의 자금을 담당(유다가 돈궤를 맡았으므로, 요한복음 13:29)하고 있었고, 자신이 예수의 총애를 받고 있다고 확신하였다. 그런데 예수가 막달라 마리아에게 남은 자금을 넘기고 업무를 인수인계함으로써 조직 운영의 중책을 맡겼다. 평소에 예수와 돈 문제(돼지 값, 기름 부은 비용, 사람들에게 음식 베푸는 경비 등) 때문에 골머리를 엄청 앓고 있었지만, 내심 자신이 조직을 인계받을 것이라는 착각 속에 예수를 뼈 빠지게 모셨다. 그런데 자기가 아닌, 그리고 그것도 남성이 아닌 여성에게 조직의 운영권을 떠넘기자, 더 이상 참을 수 없어서 예수를 고발한 것으로 보인다.

아인스호키: 예수의 성매매 관련 이야기를 나누면서 특이하다고 느낀 것은 마가복음과 요한복음에서만 300데나리온이라는 금액을 언급했고, 다른 두 복음서는 이를 언급하지 않은 거예요. 만약 류당 신부 말이 사실이라면 예수가 종파를 운영하고 마지막 남긴 돈이 농장 노동자의 1년치 임금 수준이에요. 너무 적은 금액이지요. 이를 인식하고 마태복음과 누가복음은 금액을 의도적으로 누락한 것으로 보여요. 이 저자들이 예수를 비하하고 예수의 검소한 삶을 감추려고 한 것을 보면 이들이 예수에게 호의적인 입장이 아니었음이 명백해 보여요. [모스 랍비! 왜? 내가 탐정이라도 되냐고? 추론은 누구나 할 수 있어요. 그런데 동의하는 거? 고마워요.]

두레스킴: 예수님이 며칠 만에 부활하셨냐고 물으면 대부분의 사람들은 사흘이라고 답합니다. 흥미로운 사실은 요나를 언급하는 것인데, 이 이름이 마태복음, 누가복음, 요한복음에 나옵니다. 그런데 구약성경의 요나와 연결시키는 것은 공교롭게도 마태복음과 누가복음뿐입니다. 이 책의 저자들은 예수님과 구약성경을 끼워 맞추기 위해 구약성경에 나오는 요나의 이야기를 빌린 것 같습니다. KJV판 요한복음에는 시몬의 아버지를 언

급하면서 요나라는 이름을 사용하고 있지만, 이것은 구약성경과 아무런 상관이 없습니다. 그리고 자상하게도 NIV판에서는 이 이름마저 요한으로 바꾸었습니다. 그런데 예수님의 죽음과 부활 시점의 기간에 대한 색다른 주장이 있어서 공유하고자 합니다.

마태복음 12:39-40에 "예수께서 대답하여 이르시되 악하고 음란한 세대가 표적을 구하나 선지자 요나의 표적 밖에는 보일 표적이 없느니라 요나가 밤낮 사흘 동안 큰 물고기[고래] 뱃속에 있었던 것 같이 인자도 밤낮 사흘 동안 땅 속에 있으리라"고 했는데, 예수께서는 어색하게도 단 하루와 이틀 밤만 머물고 마태가 주장했던 72시간이 아니라, 약 36시간(금요일 밤, 토요일, 그리고 토요일 밤) 만에 무덤에서 나왔습니다. 일요일 새벽에 찾아가 보니 이미 사라진 것을 알게 되었다는 주장에 따라 계산한 것입니다.[132)]

아인스호키: 공관복음서에 부활이 예수의 전유물이 아니라는 내용이 나와요. 마태복음 27:52-53에 예수가 부활하기 사흘(정확히 하루 반) 전에 '무덤들이 열리며 자던 성도의 몸이 많이 일어나되 [예수가 부활할 때까지 기다렸다가—저자 주], 예수의 부활 후에 그들이 무덤에서 나와서 거룩한 성에 들어가 많은 사람에게 보이니라'라는 내용이 나오지요. 부활한 성도(聖徒, holy people)들이 성도(聖都, holy city, 예루살렘)에 들어가 무엇을 먹고, 얼마나 살았는지 정말 궁금해요. [모스 랍비! 왜? 그냥, 그 사람들이 좀비나 흡혈귀같이 피를 빨아먹었다면 예루살렘이 난장판으로 변했을 것이 우려되어서 해본 소리여. 그래서 이들을 소탕하기 위해 로마군이 예루살렘을 쑥대밭으로 만든 것 같다고? 말이 되는데… 모스 랍비의 상상력도 대단한 수준이에요. 함께 탐정소설이나 쓸까?]

---

132) *Thomas Paine Collection*, Forgotten Books, 2007: 436, 내용 편집역주

205-2 막달라 마리아와 여성

두레스킴: 막달라 마리아 이야기가 나와서 그러는데, 막달라 마리아와 예수님의 관계를 먼저 살펴보고, 구약성경에 기반한 종교의 여성에 대한 차별에 대해 잠깐 다루고 진행하도록 하겠습니다.

바우류당: 예수님은 여성 차별에 대해 아주 진보적인 입장을 보이셨고 차별을 없애기 위해 선구자적인 역할을 하셨습니다. 여성 차별 철폐와 관련해서, 예수께는 당신과 항상 함께 있었으면서도 어떤 명단에도 나타나지 않는 여성 제자들이 있었습니다. 마가복음에 의하면, 대부분의 경우 항상 가장 먼저 언급되는 막달라 마리아와 함께 이 여인들은 갈릴리에서 당신을 따랐고 당신을 시중들었습니다(마가복음 15:40-41). 마태복음은 이 여인들에 대해 그들은 "예수께 시중들면서 갈릴리에서 따라온 사람들이었다"라고 마가의 말을 반복했습니다(마태복음 27:55). 누가복음도 역시 "갈릴리에서부터 따라다닌"(누가복음 23:49) 이 여인들에 관해 언급했습니다. 아마도 예수님에게 열두 명의 남자 제자가 있었다는 것은 바울이 다른 목적, 특히 유대인들과의 관계 설정을 위해 예수님 이야기에 첨부한 주장일 것입니다.[133] 요한복음 20:16에 막달라 마리아가 부활 후 예수님을 조우할 때, 랍오니(Rabboni, 랍비의 애칭으로 '쌤' 정도로 볼 수 있음)라고 부릅니다. 이것을 봐도 둘은 스승과 제자 사이였음을 알 수 있습니다.

두레스킴: KJV판에선 랍오니가 주인(master)의 뜻이라고 했는데, NIV판에선 선생님(teacher)으로 바뀌었습니다. 영어 'master'가 선생님을 의미할 수도 있지만, '주인 어르신'으로 볼 수 있고, 주(lord)라는 단어는 남편

133) *만들어진 예수 참 사람 예수*, 존 쉘비 스퐁, 한국기독교연구소, 2009: 94

('대왕마마' 또는 '대감님')을 부를 때 사용될 수 있는 단어입니다. 요한복음 11:32에서 마리아는 예수님을 lord(주인님)로 부릅니다. 마리아가 기름 붓는 의식을 통해 예수님을 왕과 같은 위치의 남편으로 모시게 되어 이런 용어를 사용했을 가능성도 있습니다.

누가복음 10:40에 마리아의 누이 마르다는 예수님께 "주여 제 동생이 나 혼자 일하게 두는 것을 생각하지 아니하시나이까 그를 명하사 나를 도와주라 하소서"라고 말합니다. 자기 동생에게 직접 요청을 해도 되는데, 이런 식으로 예수께 요청한 것은 예수님이 마리아에 대한 소유권(또는 지배권, 아버지나 남편의 자격)을 갖고 있다는 의미입니다.

라바모스: 요한복음에 기름 붓는 행위가 나오는데, 가까운 제자들과 가족들만이 모였던 베다니에서 예수에게 있었던 이 일(마리아가 예수에게 기름 붓는 행위)이 자연스럽게 받아들여질 수 있었던 유일한 이유는 마리아가 예수의 아내이기 때문일 수 있다.[134)]

바리사이 시몬 집에서의 그리스도, 루벤스(1618)

---

134) *성경의 시대착오적인 폭력들*, 존 쉘비 스퐁, 한국기독교연구소, 2007: 149

막달라라는 말은 지명 막달라와 무관하고 이 도시를 언급한 유대나 로마의 기록을 발견한 사람은 아무도 없다. 최근에 관광객들을 위해 새로 막달라라는 도시가 생겼지만 이는 진짜가 아니다. 히브리어에 "미그달"[migdal, 목자들이 양떼를 지켜볼 수 있도록 만든 망대(migdal edor), 창세기 35:21(에델 망대, NIV판은 migdal eder, KJV판은 tower of Edar) 및 미가 4:8(양떼의 망대, watchtower of the flock)에만 나옴]이라는 단어가 "막달라"(Magdala)와 똑같은 자음 구조를 갖고 있는데 망대는 높고 거대하며 중요하다는 의미를 갖는다. 초대 교회에서 마리아를 '막달라'라고 부른 것은 마리아가 키가 크고 체격이 우람했던 것 때문이 아닌가 싶다. 나는 예수가 여성 동반자, 즉 아내를 가지고 있었고, 과거의 성차별적 장벽을 허무는 긍지와 명예를 아내에게 부여했다고 믿는다. 그 여자가 바로 막달라 마리아였던 것이다.[135)]

바우류당: 1945년 이집트 나일강 상류 지역 나그함마디(Nag Hammadi)에서 발견된 다른 초기 기독교 문헌에는, 예수님이 언급한 사랑한 제자는 막달라 마리아를 지칭한다고 적혀 있습니다. 학자들은 요한복음의 저자가 본래 마리아인데 조잡한 조작을 통하여 요한으로 바꿔치기된 것이라고 주장합니다. 원본 책자에는 최후의 만찬 때 예수님의 무릎에 딱 달라붙어 누워 있던 사람은 요한이 아닌, 마리아라고 분명히 적혀 있습니다.[136)] 그리고 이런 장면은 두 사람이 부부 사이였다면 충분히 수용될 수 있습니다.

두레스킴: 요한복음이 왜 공관복음에 포함되어 있지 않은가에 대해 궁금증을 갖고 있었는데 류당 신부님의 말씀을 듣고 보니 그 사유를 짐작할 수 있습니다. 지금까지 요한이 이 복음서를 썼고 영지주의적인 색체가 강

---

135) *성경의 시대착오적인 폭력들*, 존 쉘비 스퐁, 한국기독교연구소, 2007: 151-152 내용 요약 편집

136) *The Laughing Jesus*, Timothy Freke & Peter Gandy, Three Rivers Press, 2005: 70

하기 때문에 공관복음서에 포함되지 않았나 하는 생각을 갖고 있었는데, 최근 마리아 복음서에 대해 윤홍식 박사가 한 강의를 시청하였는데[137] 마리아복음서의 내용이 영지주의적 색체가 강하다는 것과 마리아 복음서의 내용이 요한복음의 것과 별반 차이가 없다는 것을 알 수 있습니다.

아인스호키: 나는 여성 차별에 대해 한마디 할게요. 오랜 역사를 통해 여자는 처음에는 아버지에 의해, 나중엔 남편에 의해 소유되는 재화로 간주되었어요. 예를 들어 십계명의 마지막 항목에는 '이웃의 아내나 소나 나귀를 탐하지 말라고 되어 있어요(출애굽기 20:17)'. 이런 전통에서 일부다처제를 허용하는 율법이 만들어졌고, 아내가 재물이기 때문에 남자는 감당할 수 있는 만큼의 아내를 취할 수 있었어요.[138]

그런데 예수가 조직 운영 자금을 막달라 마리아에게 전달해 준 것은 여성 차별을 근본적으로 없애려고 한 위대한 행동이었지요. 하지만 기독교는 마리아가 향유를 붓고 머리카락으로 예수의 발을 씻은 행위를 빗대어 마리아를 창녀로 몰아 혁명적인 예수의 행위를 폄하하지요. 그리고 이를 통해 베드로를 비롯한 제자들이 예수를 배신한 행위를 합리화하는 작업을 한 것으로 보여요. 마리아의 출신 성분이 어떻든 간에 예수를 만나 그 가르침을 잘 따랐고 예수의 신임을 얻었으면 그것으로 땡인데, 왜 시시콜콜 배경을 따지는지 도무지 이해가 되지 않아요.

바우류당: 창녀 이야기가 나왔으니 저도 한마디 덧붙이겠습니다. 불경의 『반니원경』에 부처가 비사리성 어귀의 호수를 지나칠 때, 부처가 온다는 소식을 들은 암바바리라는 여성이 부처를 찾아옵니다. 그녀는 그 호수를 소유하고 500명 이상의 창녀를 거느리고 매춘업을 하던 사람입니다. 부

---

137) [홍익학당] 윤홍식의 마리아복음 강의 1강 : 마리아가 전하는 이야기 - YouTube [홍익학당] 윤홍식의 "마리아복음" 강의 2강 - 네 권세자를 극복하다 - YouTube

138) *성경의 시대착오적인 폭력들*, 존 쉘비 스퐁, 한국기독교연구소, 2007: 146

처께서는 이 여성에게 기꺼이 가르침을 베풀고 이 여성의 방문 요청을 수락하십니다.[139] 이처럼 깨우치신 분들은 남녀의 구분이나 직업의 귀천을 따지지 않습니다.

라바모스: 유대교에서는 일반적으로 여성은 지성적으로 사고하도록 훈련이 되어 있지 않고, 그런 식으로 바뀔 수 있는 성향을 갖추지 않았다고 본다. 여성은 자신들이 교정한다는 것을 의식하지 못하고 『탈무드』의 내용을 교정할 수 있다. 그렇기 때문에, 여성에게 『탈무드』를 연구하도록 하면 유대교의 구전 전통을 위협할 수 있다는 근본적인 믿음이 있었다. 또 다른 믿음은 여성들의 감성적 성향이 그들의 지적 활동에 지장을 준다는 것이다.

세월이 흘러 전 세계적으로 여성의 역할에 변화가 생기고, 많은 여성이 정규 교육을 받는다. 그래서 유대 여성들도 일상생활과 관련되는 특정 분야에 대해 연구할 수 있도록 허용하였다. 시대가 변하면서 위대한 랍비조차 연구 과정에 뛰어난 여성들이 더 많이 참여할 것을 장려한다. 그래서 지금은 많은 여성이 『탈무드』의 모든 분야에 걸친 연구 활동에 참여하고 있다. 물론 아직도 일부 종파에서는 이런 제한을 두고 있다.[140]

아인스호키: 유대교에서 여호와를 찬송하는 '죽은 자를 위한 기도'를 외우는 것은 오직 아들에게만 허용되고 딸의 경우는 12세 미만인 경우에만 허용된다는데, 이것도 분명한 남녀 차별이에요. 기도를 통하여 연옥에서의 심판으로부터 부모님을 구제하는 데 여호와는 남자와 여자 목소리를 차별한다는 거지요. 여자들 목소리가 더 아름다우니 기도의 효과도 더 좋을 수 있는데, 왜 이런 구분을 하는지 나는 도저히 이해가 안 되요. 부모 자식 간의 관계는 다 중요한데, 특별히 아들과 아버지의 관계를 앞세우고, 아들 두 명은 꼭 낳으라고 권유하는 유대교의 관습은 바람직하지

---

139) *통일불교성전*, 대한불교진흥원, 1992: 273-275

140) *The Talmud*, A, Parry, Alpha Books, 2004: 12

않아요. [어이, 모스 랍비! 동의하는 겨? 그래도 이번에는 고개를 끄덕이네…]
바우류당: 이슬람교가 일부다처제를 인정한 것은 이슬람교의 확산 과정에서 전쟁으로 남자들이 많이 죽어 과부들이 잔뜩 생겨나자, 이로 인한 사회문제를 해결하기 위해서였습니다.

비록 모세나 무함마드의 규율과 관습이 노골적으로 여성을 비하하고 있지만, 이런 관습에도 불구하고 오늘날 교회에서 여성의 지위는 성장해 왔습니다. 그래서 많은 사람은 우리 종교[구약성경에 기반을 둔 종교]가 여성을 고귀한 존재로 인정한다고 주장합니다. 하지만 모세오경을 읽고 이것이 신의 말씀이라고 곧이곧대로 믿는다면, 지금까지 살아온 모든 세대의 사람들은 특정할 수 없는 영향력으로 인해 여성에 대한 적절한 존중이 무시되고 있음을 느낄 것입니다.[141)]

두레스킴: 신약성경에도 남녀 차별을 조장하고 여성을 폄하하는 내용들이 보입니다. "각 남자의 머리는 그리스도요 여자의 머리는 남자요 그리스도의 머리는 하나님이시라 무릇 남자로서 머리에 무엇을 쓰고 기도나 예언을 하는 자는 그 머리를 욕되게 하는 것이요 무릇 여자로서 머리에 쓴 것을 벗고 기도나 예언을 하는 자는 그 머리를 욕되게 하는 것이니… 그러므로 여자는 천사들로 말미암아 권세 아래에 있는 표를 그 머리 위에 둘지니라"(고린도전서 11:3-10), "여자는 일체 순종함으로 조용히 배우라. 여자가 가르치는 것과 남자를 주관하는 것을 허락하지 아니하니 오직 조용할지니"(디모데전서 2:11-12)와 "여자는 교회에서 잠잠하라 그들에게서 말하는 것을 허락함이 없나니 율법에 이른 것 같이 오직 복종할 것이요 만일 무엇을 배우려거든 집에서 자기 남편에게 물을지니 여자가 교회에서 말하는 것은 부끄러운 것이라"(고린도전서 14:34-35)라는 내용이 아주 심각하다고

141) *The Woman's Bible*, Elizabeth C. Stanton, Prometheus Books, 1999: 76

생각하는데 이에 대해 류당 신부님은 어떤 입장이신지 궁금합니다.

바우류당: 사도 바울께서는 예수님을 직접 영접하시고 그리스도의 말씀을 전하셨기 때문에 여자 성도들이 예배드릴 때 미사포를 쓰는 것은 예수님의 명령이나 매한가지입니다. 여성 신도들은 이 지침에 따라야 하지만, 이것이 여성 차별과 연결되는 것은 아닙니다. 성경의 말씀을 따르는 것은 모든 신앙인의 기본이 되어야 하기 때문에 사소한 절차라 하더라도 준수하셔야 합니다.

아인스호키: 위에 나온 내용대로라면 여자들은 대통령은 물론이고, 교단에서 학생들을 가르치거나 법정에서 판사를 할 수 없지요. 하더라도 남자들을 대상으로 해서는 안 된다는 주장이에요. 남자를 주관한다는 의미는 여자 의사가 남자 환자를 진찰하거나, 상담원으로 남성을 상담하는 것, 심지어 공무원이나 정치인으로서 남자들의 일에 관여하는 모든 행위가 포함되겠지요. 현대에는 수많은 여성이 남자를 주관하는 직업에 종사하고 있어요.

라바모스: 이런 직종에 종사하는 여성들은 자신들이 이 성경 구절에 위배되는 죄를 짓고 있다고 생각하기 때문에 죄의 사함을 구하기 위해 성당이나 교회에 나가 열심히 기도하는 것이 아닌지 묻지 않을 수 없다. 그리고 이런 차별적 주장은 바울이 주도적으로 하는 반면, 예수는 보다 포용적이고 진보적인 입장이다.

개신교 복음주의 지도자들은 여성 해방 운동을 가정 파괴, 가족 모독, 전통적 가치에 대한 비신앙적 및 레즈비언적 공격이라고 비난했다. (미국에서조차) 1920년 여성의 투표권을 쟁취한 투표 운동에서부터 20세기 및 21세기 피임과 낙태법을 위한 투쟁에 이르기까지 기독교는 단계마다 계속해서 여성 해방 운동에 대해 극렬하게 반대의 입장만을 취했다.[142)]

---

142) *성경의 시대착오적인 폭력들*. *존 쉘비 스퐁*, 한국기독교연구소, 2007: 213

아인스호키: 바울이 여성에 대한 혐오감을 가졌을 수도 있어요. 바울은 미혼으로 살았고 가능하면 결혼하지 말라고 권유하지요(고린도전서 7:8). 결혼을 하지 않았으니 여성의 내면 가치를 제대로 파악할 수 없었을 거예요. 그래서 예수와 달리 남존여비의 입장을 굳건히 견지했겠지요. 이런 입장 때문에 죄없는 여성들만 오랜 세월 동안 마음 고생을 많이 하며 살았던 거에요. [뭐여, 모스 랍비! 내가 심리분석가처럼 보인다고? 정상적인 부부 생활을 하는 사람들은 이 정도 파악하는 것은 식은 죽 먹기여…]

바우류당: 성서학자들은 디모데후서는 원래 사도 바울께서 쓰신 것이 아니며, 고린도전서 14:34-35는 공중 예배 시간에 어떤 태도를 보여야 할지를 가르치는 14:26-33과 36-40 사이에 억지로 끼워 놓은 것으로 보고 있습니다.[143] 심지어 사도 바울께서는 로마서 16:7에 안드로니고와 그의 부인 유니아(KJV판은 Junia인데, NIV판은 Junias, 개역개정판은 KJV판을 따라 유니아—저자 주)를 언급하면서, 이 두 사람이 "사도들 가운데에서도 선두권에 있는(개역개정판은 '사도들에게 존중히 여겨지는') 자들"이라고 칭합니다. 신약성경 전체에서 여자를 사도로 부르는 유일한 구절입니다. 이를 인지한 성서학자들이 유니아의 이름에 s를 더해 유니아스라는 이름으로 바꿔 남자로 변신시키는 전례가 없는 조작을 하였습니다.[144] 그리고 사도행전 18장에 브리스길라와 아굴라의 이야기가 나오는데 이들이 '하느님의 도'를 다른 사람들에게 가르쳤다(18:26)는 내용입니다. 브리스길라라는 이름이 먼저 언급되는데 이 사람은 아굴라의 부인입니다. 이 여성이 예수님의 가르침을 제대로 알고 전파하는 주역으로 활약한 것을 알 수 있습니다.

아인스호키: 바울의 서신 중 일부가 나중에 추가된 것으로 보이지만, 바

143) *성경 왜곡의 역사*, 바트 어만 지음/민경식 옮김, 성림출판, 2006: 338
144) *성경 왜곡의 역사*, 바트 어만 지음/민경식 옮김, 성림출판, 2006: 340, 내용 저자 편집

울이 처음부터 끝까지 동일한 논조를 유지하지 못하고 중도에 사상이 변했을 수도 있어요. 바울이 처음에는 예수의 가르침을 따르다 어느 시점부터는 생각이 바뀌었을 가능성이 있어요. 예수가 철저히 배제하려고 했던 구약성경을 시류에 영합해 수용한 것이지요. 무함마드가 처음에는 유대인들에게 우호적으로 나가다가, 후에 이들을 철천지원수(徹天地怨讐)로 몰아붙인 것과 같은 변화를 경험했을 수도 있지요.

두레스킴: 부록 7 '신약성경 내 복음 종류'의 내용을 보면 바울이 처음에는 '그리스도 복음'에 기반하는 가르침을 전파하다가 어느 시점에선가 독창적으로 개발한 '주 예수 그리스도의 복음', '하나님의 복음'을 비롯한 다른 교리를 담은 복음들을 도입하여 예수님의 본래 가르침과 다른 길로 나간 것을 엿볼 수 있습니다.

바우류당: 최근 들어 우리 기독교계에서는 이런 사회적 변화를 인식하고 남성 위주의 표현들을 많이 고쳐 나가고 있습니다. 예를 들면 신의 아들이라는 표현을 아이들로 고치는 것이 대표적인 사례입니다.

205-3 부활 이후

라바모스: 예수의 부활에 대한 이야기에 이어 여성 문제까지 다루다 보니 이야기가 너무 길어졌다. 여기에서 마무리하고 다음 이야기로 넘어가면 좋겠다. 기왕 여기까지 왔으니 내가 검토한 예수의 부활 후 행적을 나열하겠다. 이 부분도 명확히 규명되어야 한다.

마태복음에선 천사가 막달라 마리아와 (성모) 마리아 둘에게 예수가 갈릴리로 갔다는 소식을 듣고 제자들에게 통고하러 가는 길에, 이들이 예수를 만나고 예수가 직접 갈릴리에 있는 산에서 보자고 하니 제자들이 찾아가 만나서 이야기를 나누는 것이 끝이다.

마가복음에는 청년이 갈릴리로 갔다고 알려 준다. 예수는 막달라 마리아를 처음 찾아가고, 다음은 두 제자가 걸어갈 때 모습을 보여 줘도 믿지 않으니 열한 제자가 식사하는 곳에 나타났다가 하늘로 올라가 하나님 우편에 앉았다. (이 부분은 전부 후에 삽입된 내용)

누가복음에서는 예루살렘에 가까운 엠마오 지방으로 가는 두 제자(?)에게 다가가서 대화를 나누고 이후 함께 식사하다가 사라지자, 이들이 열한 제자와 다른 사람들이 모인 곳에 가서 알린다. 예수는 시몬에게 먼저 모습을 보인 후 이들이 모인 자리에 나타나 생선 한 토막을 먹고 제자들을 베다니까지 나가 배웅하고 [하늘로 올라]갔다.

요한복음에선 예수가 직접 마리아에게 나타난 후 저녁에 제자들이 비밀리에 모인 장소에 나타났고, 그날 못 만난 제자 도마에게는 일주일 후에 나타났다. 마지막으로 한참 후에 디베랴호수[갈릴리해의 최신 이름]에서 제자들에게 세 번째로 나타나 고기 153마리를 잡아 올리게 만드는 이적을 보이고 끝난다.

내가 검토한 바에 의하면 마태복음에는 승천에 대한 언급이 없고, 마지막 부분에 '예수를 뵈옵고 경배하나 아직도 의심하는 사람들이 있더라'(마태복음 28:17)는 표현이 나온다. 이런 표현은 저자가 부활의 허구성을 스스로 밝히기 어려워 일반인을 끌어들여 부활이 없었음을 우회적으로 표현하는 수작이다.

바우류당: 모스 랍비께서 지적하신 누가복음에 나오는 두 명의 제자와 관련된 이야기는 다음과 같습니다. 누가복음 24:13에 '그들 중 둘'이라는 표현이 나오고, 그들 중 한 명이 성경에 딱 한 번 이곳에만 등장하는 글로바인데, 그는 예수님의 제자가 아닙니다. 그들을 제자로 해석하지만, 12

절까지 전개되는 이야기를 살펴보면 제자로 특정할 수 없습니다. 그렇다면 이 대목이 나중에 끼워 넣어졌을 가능성을 배제할 수 없습니다.
그리고 예수께서 당신을 배신하고 떠난 후 처형 현장에 코빼기도 비치지 않은 제자들을 부활하신 후 몸소 찾으셨다는 것은 억지 춘향식 이야기 전개입니다. 무엇보다 예수님이 제자들을 만난 장소가 마가복음에선 갈릴리로 추정되고(마가복음 16:7), 마태복음에선 갈릴리에 있는 산 정상이라고 합니다(마태복음 28:16-20). 누가복음에 따르면 갈릴리가 아니고 예루살렘이나 그 근방입니다(누가복음 24:36-49). 요한복음 20장의 장소는 예루살렘으로 추정되고, 한참 후에 일어난 21장(추가된 것으로 추정)의 만남은 갈릴리가 배경으로 나옵니다. 예수님에게 등돌린 제자들이 그분을 뵙기 위해 당일이나 이후에 120km는 족히 떨어져 있는 갈릴리까지 수고를 마다하지 않고 갔다는 것은 상식적으로 말이 되지 않습니다. [호키 박사님! 예? 타임머신이나 12인승 소형 비행기를 빌려 탔을 것이라고 하셨습니까? 하하하]
라바모스: 그리고 한 가지 이상한 점은 바울이 예수가 부활 후에 "게바(베드로)에게 보이시고 후에 열두 제자에게와"(고린도전서 15:5)라고 하면서, 가룟 유다도 참여한 것으로 말하고 있다. 그렇다면 복음서에서 말하는 유다의 배신에 대해 바울은 모르고 있었다고 추정할 수 있다. 공관복음서에는 분명히 열한 명의 제자(마태복음 28:16, 마가복음 16:14, 누가복음 24:33)에게 나타난 것으로 기록하고 있다. 그렇다면 복음서 저자들이 언급하는 유다의 배신 이야기는 나중에 추가된 것일 수 있다. 그러면서 유대인들을 예수 죽음의 주동 세력이라는 것으로 보이기 위해 유다라는 이름을 차용한 것으로 보인다. 정말 우리 유대인들은 억울하게 누명을 쓰고 희생당한 것이 분명해 보인다.
아인스호키: 그리고 많은 사람이 예수의 제자가 12명이라고 알고 있는데, 실제로 복음서에서 활동한 제자는 그렇게 많지 않습니다. 내가 이들에

대해 분석한 것을 부록으로 올리니 참고하세요.[145)]
기독교인들은 신이 인간의 죄를 용서하기 위해 예수가 체포되고 죽임을 당하게 만든 것이 신의 계획이라고 믿어요. 유다의 배신은 예수가 신의 계획을 실현하도록 실질적으로 도운 것이에요. 그는 예수와 신에게 호의를 베푼 셈이에요. 만약 이 주장이 이상하게 들린다면(진짜 이상하지만), 예수의 죽음은 신이 계획한 필요한 희생이라는 기독교의 핵심 사상이 괴상망칙하기 때문에 그런 거예요. 여러분은 니케아 공의회가 왜 '유다복음'을 정경에 포함시키려 하지 않았는지 알 수 있을 거예요.[146)] [모스 랍비! 그렇게 열정적으로 손뼉 치다가 손목 부러지면 어쩌려고 그래… 하여튼 인정해줘서 고마워요.]
두레스킴: 누가복음의 예수님이 하늘로 올라갔다는 부분을 살펴보면 "예수께서 그들을 데리고 베다니 앞까지 나가사 손을 들어 그들에게 축복하시더니 축복하실 때에 그들을 떠나 (하늘로 올려지시니) 그들이 (그에게 경배하고) 큰 기쁨으로 예루살렘으로 돌아가"(누가복음 24:50-52)라는 문장의 괄호 부분은 어떤 사본에는 이런 구절이 없다는 주석이 달려 있습니다. 이것이 사실이라면 예수께서 부활하신 후 하늘로 올라갔다[승천(昇天)]는 것은 나중에 첨가된 마가복음의 부활 이야기와 누가복음의 괄호 친 부분이 전부입니다.
아인스호키: 초기 복음서에는 예수의 부활 이야기만 일부 언급될 뿐이지 승천에 대한 기록이 없었다는 것인데, 그렇다면 부활 후 '예수는 어디에서 무슨 일을 하고 다녔는가' 하는 의문을 가질 수밖에 없어요. 이후 예수의 행적은 상당한 세월이 지난 후에 영(靈)으로서 바울에게 나타난 것을 빼고는 기록이 남아 있지 않아요. 예수의 부활과 부활 후 승천 사실이 없으면 신약성경이 존재할 의미가 없기 때문에 아주 중요한 부분이라

145) 부록 5: 예수 제자
146) *Outgrowing God*, Richard Dawkins, Random House, 2019: 35-36

는데, 신약성경에 뒤죽박죽 섞여 있는 부활과 승천 이야기에서 유의미한 단서를 찾기란 쉽지 않아요.

부활이라는 것은 과학적으로 불가능하고, 역사적으로도 기록되지 않은 신화와 같은 이야기일 뿐이에요. 예수의 부활 이야기도 이집트를 비롯한 다른 나라들의 신들이 처녀에게서 태어나고 또 부활했다는 식의 이야기에서 착안해 예수를 그런 신들의 수준으로 끌어올리기 위해 지어낸 것이라고 생각할 수밖에 없어요.

두레스킴: 예수께서 부활하신 후 얼마나 머물렀는가에 대해 마태복음이나 마가복음에서는 며칠인지 추론하기 어렵고, 누가복음은 2일, 요한복음은 10일, 그리고 사도행전에서는 40일을 언급하고 있습니다. 저자마다 기간을 달리 서술하고 있어서 복음서의 내용을 신뢰하기 어렵습니다.

아인스호키: 승천했다는 부분이 나중에 추가된 것이라고 한다면, 부활 후 어디로 사라졌는가 하는 질문도 남겠어요. 한마디로 오리무중이네요. 그냥 죽었다 하면 땡일 텐데 괜히 죽은 사람을 불러내 이렇게 엮고 저렇게 꿰어 보려고 하니 이런 사달이 나고야 만 것이지요. 하여튼 너무 길어졌는데 이렇게 장황하게 이야기하는 것은 다음의 주제들을 다루는 데 밑알이 될 것으로 보고 그런 것이니, 이 정도에서 마무리하고 다른 주제로 넘어가요. 그동안 내가 조사해서 도표로 만들어 놓은 예수 관련 행적은 부록으로 올릴 테니 관심 있는 독자께서는 참고하세요.[147)]

그리고 또 하나 궁금한 것이 있어요. 예수가 죽은 후 입었던 옷은 병사들이 나누어 가졌고, 시신을 감싼 수의가 무덤에 그대로 남아 있었다는데, 예수가 제자나 다른 사람들에게 나타날 때 어떤 옷을 입었느냐는 거예요. 안데르센이 이런 정황을 고려해서 벌거벗은 임금님 이야기를 창작한

147) 부록 6: 예수 행적

게 아닐까 하는 생각이 드네요. [뭐여, 예수 귀는 당나귀 귀로 변했을 거라고? 모스 랍비의 상상력은 정말 대단해요. 그럼 복음서 저자들 코는 피노키오 코로 변했을까?]

두레스킴: 예수께서는 "하늘에서 내려온 자 곧 인자 외에는 하늘에 올라간 자가 없느니라"(요한복음 3:13)고 말씀하십니다. 이때는 예수님이 아직 서거하시기 전인데, 본인이 하늘에 올라간 자라고 주장하십니다. 이것 또한 이 부분이 한참 후에 다른 사람들에 의해 조작되었다는 것, 아마도 예수님의 부활과 승천을 사실로 인정하던 때에 편집된 것임을 알 수 있습니다. 하지만 요한복음의 저자는 승천에 대한 내용은 배제하고 이야기를 마무리합니다.

라바모스: 복음서 가운데 가장 먼저 쓰였다는 마가복음 초기 본에는 예수의 부활과 관련된 마가복음 16:9-20의 내용이 빠져 있다. 이 부분은 이 복음서에만 부활 이야기가 없음을 인지한 누군가의 주문에 따라 추가한 것으로 보인다. 그리고 요한복음도 20장에서 이야기가 마무리되는 것을 알 수 있다. 21장의 "예수와 이적적인 고기잡이" 부분은 후에 추가되었을 개연성이 높다.

그리고 부활을 기다리거나 천당에 가기를 기대하는 신자들이 상당수 있는 것으로 알고 있는데, 요한복음에 쓰인 내용을 곧이곧대로 해석하면 예수 외에는 아무도 천당에 갈 수 없다.

아인스호키: 예수가 부활해서 제자를 포함한 일부 사람에게 나타났다는 동화 같은 이야기가 가장 먼저 쓰인 초기 마가복음에는 없었어요. 이후 등장한 다른 세 복음서에 쓰여진, 서로 상충되는 이야기는 예수 부활의 증거가 될 수 없어요. 당대에 다시 오겠다는 공허한 약속만 하고 이후에 다시 나타나지 않은 예수 또한, 구약성경의 여호와와 그 역할의 한계에 있어서 큰 차이가 나지 않아요. 그리고 요한복음의 저자는 어리석게도

그때까지 예수가 자기에게 다시 찾아올 거라고 굳게 믿고 있었던 것 같아요. 그래서 승천에 대한 이야기를 하지 않았겠지요.

바우류당: 성서학자들은 요한복음의 저술 시점을 기원후 90~100년 정도로 추정하고 있습니다. 요한복음 마지막 21장은 20장까지 이미 완성된 내용에 요한복음의 저자인 예수님의 애제자가 죽고 난 이후에, 그의 죽음(21:23, 그가 죽지 않겠다 하신 것이 아니라=그가 죽은 것)과 베드로가 예수님을 배신한 것에 대한 비판을 합리화하기 위한 목적을 갖고 누군가(21:24의 우리)가 의도적으로 덧붙인 것으로 보입니다.

206 바울과 예수

두레스킴: 초기 기독교도들은 기득권층인 제사장과 권력자들과 자신들을 차별화하고 기본적으로 다른 교리를 개발하여 자신들의 세를 과시하려 하였으나, 일부(또는 대다수)는 기득권의 영향력으로부터 벗어나지 못하고 오히려 이들과 타협하게 된 것으로 보입니다.
신흥 종교는 초기에는 기존 종교에 강하게 반발하며 떨어져 나와 독자적인 교리를 개발하고 자신들의 세력을 구축한 후, 다시 기존 종교와 제휴하여 기득권을 함께 향유하는 단계별 흐름을 보입니다. 힌두교에서 떨어져 나온 불교가 이후 소승불교와 대승불교로 변하고, 유대교에서 기독교와 이슬람교가 탄생한 후 기독교는 개신교와 천주교로 나뉘고 개신교는 다시 감리교와 장로교로 나뉘는 변천사를 들여다보면 이해할 수 있습니다. 초기 기독교도 크게 세 개의 종파(바리새, 사두개 및 엣세네)로 나뉘었습니다.
바우류당: 예수님과 사도 바울은 사상이 달랐고, 각자 다른 교리를 내세우며 대립했던 것으로 보입니다. 이 관계를 정확히 파악하기 위해서는, 먼저 초기 기독교 형성에 지대한 공헌을 하고 신약성경의 많은 지면을 차지하고 있는 사도 바울에 대해 알아보는 것이 순서이겠습니다.
토마스 페인(1737~1809)과 친구였던 토마스 제퍼슨(1743~1826, 1801~1809 미국 3대 대통령 재임)이 윌리암 숏이라는 친구에게 보낸 편지에 "바울은 예수의 원칙[교리]을 타락시킨 최초의 인물"이라고 논평했습니다. 버나드 쇼(1856~1950)는 "엔드로클스와 사자"라는 연극의 극본 서문에 "바울이 예수의 영혼에 한계를 보이는 자신의 영혼을 함부로 덮어쓴 것보다 더 소름 끼치는 경우는 없었다"라 했습니다. … 쇼는 1928년 "바울이 태어나지

않았더라면 이 세상은 더 나아졌을 것"이라고 기자에게 말했습니다.[148)] 이 책에서 성경 비평과 관련하여 여러 의견을 제시한 토마스 페인은 친구 제퍼슨과 더불어 성경의 문제점을 정확히 간파하고 있었기 때문에 기독교를 국교로 채택하자는 의견을 끝까지 거부하고 정교 분리의 원칙을 고수할 수 있었습니다.

라바모스: 미국 헌법의 초안자들은 정부 권력의 제한과 종교의 보호 및 강화를 위해 국가적 종교를 금지했다. '교회와 국가의 분리'는 종교와 사회의 정체성 확립에 필요한 것이었다. 윌리엄 맥롤린이 얘기했듯이, 그것의 목적은 종교에서 '벗어난' 자유가 아니라 종교를 위한 자유를 확립하는 것이었다. 그리고 이것은 아주 성공적이었다.[149)] 원래 미국을 건국한 주요 인사들은 정교일치(政教一致)의 폐해를 잘 알았고, 미국인들의 삶에서 종교가 적합한 위치를 갖게 하기 위해 애썼다. 그들은 미국인의 삶에서 종교가 지대한 역할을 한다는 사실을 인정하고 정교 분리를 통해 교회와 국가가 각자의 고유한 역할을 담당해야 한다고 생각했다.

아인스호키: 바울은 사울이라고도 불렸으며, 로마 제국으로 이민한 유대인 이민자거나 이민자의 후손이에요. 사도행전 13:21에서 구약성경에 나오는 벤야민지파며 다윗 직전에 왕을 지낸 사울을 언급한 것은 자신이 사울과 통하는 정통 유대인임을 나타내 보이려 한 거예요. 바울은 날 때부터 로마시민(사도행전 22:28)이며, 길리기아의 다소에서 출생(사도행전 21:39)한 후 예루살렘에 머물면서[유학하면서] 가말리엘의 문하에서 율법을 공부했고(사도행전 22:3), "나[바울]는 팔일 만에 할례를 받고 이스라엘 족속이요 베냐민 지파요 히브리인 중의 히브리인이요 율법으로는 바리새인이요 열심으로는 교회를

---

148) *What Paul meant*, Garry Wills, Penguine Books, 2006: 1

149) *일상적 폭력 폭력적 종교*, 이종록, 쿰란출판사, 2017: 439, Samuel Huntington, Who are We? 형선호 옮김, 《사무엘 헌팅턴의 미국》 (서울: 김영사), 2004: 113

박해하고 율법의 의로는 흠이 없는 자라"(빌리보서 3:5-6)고 주장하지요. 그리고 바울은 장막(tent)을 제조하는 사업을 했는데(사도행전 18:3), 요즘으로 치면 서민들을 위한 연립 주택이나 다세대 주택을 짓는 건축업에 종사하는 집안 출신으로 부유하게 살았어요. 바울이 당시에 예루살렘까지 유학 가서 유명한 스승 밑에서 율법을 공부했다는 기록을 보면 알 수 있어요. 바울은 대를 이어 건축 사업을 한 것 같아요.

두레스킴: 호키 박사께서 좋은 지적을 해주셨는데, 여기서 언급하고 있는 장막은 현대인이 등산가거나 야외 활동하면서 치는 텐트가 아니고, 유목민이 생계를 위해 가축을 기르면서 이들에게 신선한 목초를 찾아주기 위해 온 가족이 함께 옮겨 다니며 사용하는 거대한 거주용 장막을 의미합니다. 상당한 자금력과 기술이 없으면 하기 어려운 사업입니다.

라바모스: 장막은 유대인들의 거주 방식의 일종이었다. 노아가 홍수가 끝난 후 "포도주를 마시고 취하여 그 장막 안에서 벌거벗은지라"(창세기 9:21)라는 구절을 보면, 장막이 주거(住居)나 별채 또는 별장으로 사용되었음을 알 수 있다. 장막에 거주하며 가축을 치는 자의 조상이 된 야발(창세기 4:20)에 대한 구절이 구약성경에 장막이 나오는 최초의 언급이고, 아브라함(창세기 12:8 '벧엘 동쪽 산으로 옮겨 장막을 치니')도 이런 주택에서 거주했음을 알 수 있다. 장막이 집단 거주지로 사용된 것은 창세기 9:27에 '야벳을 창대하게 하사 셈[족]의 장막촌[tents]에 거하게 하시고'라는 구절에 나온다.

바우류당: 바울의 스승은 가말리엘이었습니다. '바리새인 가말리엘은 율법 교사로 모든 백성에게 존경을 받는 자라'(사도행전 5:34)는 내용을 보면, 굉장히 신망 높은 율법학자였음이 분명합니다. KJV판에서는 박사로 칭하고, NIV판에는 선생으로 적힌 것을 보면 사도 바울께서는 구약성경에 대한 해박한 지식을 갖고 계셨을 것입니다.

아인스호키: 율법 교사 이야기가 나와서 말인데, 신약성경 KJV판에 율법

사(lawyer, 변호사)라는 용어가 나와요.[150] 개역개정판의 경우 마태복음에는 율법사로, 나머지 부분에는 전부 율법 교사로 번역되어 있고, 영문판에서는 디도서 것만 lawyer로 남겨 두고, 나머지는 전부 율법 전문가(expert in law)로 바꾸어 놓았더라고요. 복음서 중에 왜 마태복음과 누가복음에만 이 용어가 나오고, 그중에서도 누가복음에 집중적으로 쓰였는지 그리고 왜 용어를 바꾸었는지 혹시 류당 신부는 아시나요? [왜 휴대전화를 만지작거려유… 좀 알아보고 알려주시구려… 너무 궁금해요.]
두레스킴: 바울이나 가말리엘이 모두 바리새인이라는 것에 대해 생각할 필요가 있습니다. 복음서에서 예수님은 바리새인과 사두개인들에 대한 반감을 자주 표현하고 있습니다. 만약 두 사람의 교리가 서로 통하였다면, 예수님과 바울이 살아생전에 만나지 않을 이유가 없었을 것입니다. 그렇지 않았다는 것은 두 사람이 추구하는 종교관이나 철학이 달랐거나 최소한 같지는 않았다고 추론할 수 있습니다.
라바모스: 바울이 고린도전서 1:10에서 '너희 가운데 파벌을 없애고 마음과 뜻으로 하나되라'라는 지침을 내린 것을 보면, 당시에 여러 종파가 난무하고 있었음을 알 수 있다. 당시 이스라엘은 크게 유대교와 초기 기독교로 나뉘어 있었고, 초기 기독교는 또 예수의 가르침을 따르는 종파와 바울의 사상을 따르는 종파 외에도 유대교의 율법을 받아들여야 한다는 무리와 안 된다 하는 무리가 있는 식으로 각자의 관점에 따라 다른 종파들로 나뉘어 서로의 정통성을 따지던 시절이었다.

유대인에게는 세 개의 철학 집단이 존재했다. 첫 번째 종파에 속한 사람들로는 바리새인, 두 번째는 사두개인이 있었고, 엣세네인이라고 불린 세 번째 종파에 속한 사람들은 거룩함을 위해 금욕적 삶을 살아가는 자

---

[150] *마태복음 22:35*, 누가복음 7:30, 10:25, 11:45, 11:46, 11:52, 14:3 그리고 디도서 3:13

들이었다. 이들은 유대인 태생이었으며 다른 어떤 종파보다도 강한 사랑으로 결속되어 있었다.[151] "그 말을 한즉 바리새인과 사두개인 사이에 다툼이 생겨 무리가 나누어지니 이는 사두개인은 부활도 없고 천사도 없고 영도 없다 하고, 바리새인은 다 있다 함이라"(사도행전 23:8)고 한다.

지금 한국의 기독교가 크게는 개신교와 천주교로 나뉘고, 개신교는 장로교, 감리교, 침례교 등으로 분리되어 있고, 이에 더해 통일교나 신천지 등의 신흥 종파가 나타나 서로의 정통성을 주장하고 있는 것과 같은 맥락으로 보면 된다.

아인스호키: 사도행전의 내용에 따르면 사두개파는 정통 유대교를 믿는 사제 집단으로 구성된 것으로 보이고, 바리새파는 예수의 가르침과는 다른 교리[기적을 신봉하며 열렬히 메시아를 기다리는 학자들][152]를 따르는 신흥 종파에요. 이들과 달리 예수는 사후세계를 인정하지 않고 이승에 천국을 구현하려고 했고, 천사나 영혼이라는 개념과도 일정한 거리를 두었지요.

두레스킴: 예수님 사후 예수님의 형제 야고보와 제자들이 주축을 이룬 '초기 기독교' 구성원들의 활동 장소가 성전(temple)인 것[날마다 마음을 같이 하여 성전에 모이기를 힘쓰고, 사도행전 2:46]을 보면, 이들이 유대교와 모종의 타협을 통해 공생을 도모한 것으로 보입니다. 그랬기 때문에 바울이 이들의 일원으로 활약할 수 있었지만, 교리의 차이로 갈등이 심했음을 사도행전과 바울 서신에서 읽을 수 있습니다.

바울은 야고보와 베드로와 시므온이 직접 알고 있는 개인인 역사적 예수님을 전달한다고 주제넘게 나서지 않습니다. 이와는 반대로 그는 고린도후서 11:3-4[만일 누가 너에게 와서 우리가 전파하는 예수가 아닌 다른 예수를 전파하거나, 네가 받은 영과 다른 영을 받거나, 네가 받은 복음이 아닌 다른 복음을 받게 될

151) 유대전쟁사1. 200-1쪽(2.119-120)

152) *인간의 위대한 질문*, 배철현 저, 21세기북스, 2015: 226 [안의 내용]

때, 네가 잘 받는구나—저자 주]에서 예루살렘에 있는 그 공동체는 '다른 예수'를 전하고 있다고 인정합니다. 그는 이렇게 말합니다. "그들의 대표자들은 자신들을 '의(義)의 종들'이라고 부른다. 이 용어는 쿰란이 특징적으로 사용하는 용어입니다." 이제 그들은 사실상 모든 면에서 바울의 적대자들입니다.[153)]

라바모스: 바울은 터키 태생 유대인으로 로마 제국 시민권을 갖고 있었으며, 예수와 일면식도 없었다. 그런 그가 예수가 죽고 10년 이상의 오랜 시간이 지난 어느 날 오후 기독교인들을 박해하기 위해 다메섹(다마스쿠스)으로 가는 길에 예수의 환영(幻影)을 본다. 예수의 목소리를 들었는지[사도행전 9:7 '같이 가던 사람들은 소리만 듣고 아무도 보지 못하여 말을 못하고 서 있더라'], 모습을 보았는지[사도행전 22:9 '나와 함께 있던 사람들

153) *사해사본의 진실*, 마이클 베이전트·리처드 레이 지음/김문호 옮김, 예담, 2007: 309-10

이 빛을 보면서도 나에게 말씀하시는 이의 소리는 듣지 못했더라', 사도행전 26:13-18에도 빛] 확실하지 않은데, 실체 없는 환영을 단 한 번 접하고 개종한다. 매우 놀라운 일이다.

바우류당: 사도 바울께서 이런 주장을 하시게 된 것은 스데반이 돌을 맞고 죽는 현장에 계셨기 때문일 것입니다(사도행전 7:58, 돌로 칠 새 증인들이 옷을 벗어 사울이라 하는 청년의 발 앞에 두니라). 스데반은 바울께서 경험하신 것과 비슷한 장면을 주장(7:55-56, 성령 충만하여 하늘을 우러러 주목하여 하나님의 영광과 및 예수께서 하나님 우편에 서신 것을 보고 말하되 보라 하늘이 열리고 인자가 하나님 우편에 서신 것을 보노라)하다가 돌에 맞아 죽었습니다. '바울께서는 자신의 신분을 과시하며 공식적인 공범으로 현장에서 폭도들과 함께 있었습니다.'[154]

스데반의 순교

154) *Agnosticism and Christianity*, Thomas H. Huxley, Prometheus Books, 1992: 178

두레스킴: 바울이 단 한 번 예수님을 접견한 것을 사도행전에서 세 번이나 언급한 것은 극적인 효과를 나타내기 위한 의도로 보입니다. 바울은 예수님을 개인적으로 만난 적도 없었고 인상착의도 몰랐기 때문에 자신에게 나타난 사람을 예수님으로 특정한 것은 말이 되지 않습니다.

라바모스: 바울이 갈라디아서 1:16에서 '하나님이 내 안에 있는 그의 아들을 드러나게 하시다(God reveals his Son in me)'라고 말한다. 이는 자기 내부의 신성을 발견하여 깨우치게 되었다는 의미며, 이것이 보다 합리적인 설명이다. 사도행전에 나오는, 바울이 예수를 접한 사건이 사실이라면 바울은 '하나님이 그의 아들을 나에게 나타내시다(God reveals His Son to me)'라고 하거나, '예수가 나에게 나타나다(Jesus reveals Him to me)'라고 말했어야 한다.

아인스호키: 바울이 다마스쿠스란 지명을 언급한 것은 이를 통해 스스로 엘리야와 같은 길을 걷는 선지자로 발돋움하기 위한 것으로 보여요. 열왕기상 19:15에 여호와가 엘리야에게 '너는 네 길을 돌이켜 광야를 통하여 다메섹(다마스쿠스)에 가서'라고 지시하는 장면이 나오지요.

하여튼 단 한 번의 조우로 예수의 가르침을 모두 익히고 예수의 가르침과 부합되는 교리를 전파했다는 것은 이해할 수가 없어요. 실제로 바울의 주장은 본인이 속했던 집단에서 통용되던 교리일 가능성이 높아요. 그 집단은 나사렛 교파(Nazarene, 사도행전 24:5)와 연관되겠지요. 나사렛이라는 이름이 이곳 외에 딱 한 군데 나오는데, 공교롭게도 마태복음이에요. 집단으로서의 나사렛(Nazarene)은 예수의 고향으로 알고 있는 나사렛(Nazareth)과 철자가 달라요.

두레스킴: 나사렛 교파라는 단어가 마태복음 2:23과 사도행전에만 나오는 것을 보면 마태복음의 저자는 바울이 속한 '나사렛 이단'(사도행전 24:5, 나사렛 종파)으로 불리는 집단과 관련이 있었거나, 이를 잘 알았던

것으로 보입니다. 예수님을 나사렛 출신이라고 하는 것도 예수님을 이 집단의 일원으로 내세우기 위한 의도일 수 있습니다.

아인스호키: 예수와 바울이 어느 종파에 속했는가 하는 것이 궁금하네요. 같은 종파였는지 아니면 다른 종파에 속했는지를 밝히는 것이 성경을 이해하는 데 도움이 될 것 같아요.

두레스킴: 모든 공관복음서에 '예수께서 진리로써 하나님의 도(way of God)를 가르쳤다'[155]는 내용이 나옵니다. 사도행전 18:25-26에도 주의 도나 하나님의 도를 바울과 그 제자들이 익히고 가르쳤다고 합니다. 과연 하나님의 도라는 것이 어떤 의미를 갖는지에 대해 검토해 보는 것도 의미가 있을 듯 합니다.

바우류당: 설마 이를 도교라고 부르는 분은 안 계시겠지요? 저희도 이 단어가 의미하는 것에 대해 별로 아는 바가 없습니다. 하지만 야고보가 주재하던 초기 기독교가 예수님 사후에 성전에서 활동한 것을 보면, 이들이 처음에는 나사렛 종파였는지 모르겠으나 나중에 변질되었을 가능성도 배제할 수 없습니다.

아인스호키: '도(道, way)의 추종자'라는 개념이 사도행전 곳곳에 나오지요. 내가 찾은 곳 중에 사도행전 6:7에 '이 도에 복종하니라'는 구절이 영어로는 KJV판이나 NIV판 모두 믿음(faith)으로 쓰여 있는데, 개역개정판은 '도'를 고수하고 있어요. 다른 곳에서도[156] 도라는 단어를 사용하는데, KJV판은 소문자를 사용하는 반면, NIV판은 대문자를 사용한 것이 눈에 띄어요. 이 도는 야고보가 주재하던 나사렛 종파에서 따르던 교리인 것 같아요. 1장 104에서 검토했던 조로아스터교에서 강조하는 진리를 의미하는 것 같은데, 신약성경의 내용이 조로아스터교의 교리와 차이가 나니 확증할 수는 없어요.

---

155) *마태복음 22:16*, 마가복음 12:14 및 누가복음 20:21

156) *사도행전 9:2*, 19:9, 19:23, 22:4, 24:14, 24:22/24

라바모스: 사도행전의 내용에 따르면 바울이 처음에는 이 교리를 따르는 신도들을 박해하다가(9:2, 22:4), 나중에는 이들의 신봉자(24:22/24)가 된 것으로 보인다. 그리고 바울이 자신을 변호하며 "나(바울)는 그들이 [나사렛] 이단이라 하는 도(道)를 따라 조상의 하나님을 섬기고 율법과 선지자들의 글에 기록된 것을 다 믿으며 그들이 기다리는 바 하나님께 향한 소망을 나도 가졌으니 곧 의인과 악인의 부활이 있으리라 함이니이다"(사도행전 24:14-15)라고 주장한다.

이 내용을 보면 도의 교리는 구약성경에 나오지 않는 부활과 사후세계라는 개념을 채택하고 있으며, 바울은 예수의 주장과 달리 구약성경의 내용을 수용하고 있음을 알 수 있다. 이것은 앞에서 살펴본 바울이 구약성경을 비난하는 모습과 정반대여서 어떤 것이 그의 진면목인지 알 수 없다.

그런데 악인과 의인을 가르고 부활을 언급하는 것을 보면, 도라는 종교는 호키 박사의 말과 같이 조로아스터교가 아닐까 하는 합리적 의심이 든다. [호키 박사! 왜 그렇게 방실거리시나? 간만에 듣기 좋은 말 한다고? 아니야, 나는 항상 맞는 말에는 후렴을 잘 넣는다.]

두레스킴: 바울이 신약성경 27권 중 14권을 차지하는 서한을 저술할 정도의 기독교 신학 이론을 구축할 수 있었던 것은 다마스쿠스에서 3년간 머물며(갈라디아서 1:17-18) 학습했기 때문으로 보입니다. 이곳이 사해문서에 등장하는 쿰란 공동체일 가능성이 높습니다.

바우류당: 바울은, 하느님이 예수님을 내 속에 나타내시기를 기뻐하셨을 때 [when God was pleased to reveal his son in me], 예루살렘으로 가지 아니하고 아라비아로 갔다가 다마섹으로 돌아갑니다. … 그 후 삼 년 만에 바울은 예루살렘으로 가서 15일간 게바(시몬 베드로)와 의논했고, 주님의 동생 야고보 이외에는 만나지 않았다고 합니다(갈라디아서 1:18-20). 바울은 그다음에 시리아와 길리기아에 갔고, 14년이 지난 후 다시 예

루살렘을 방문하였다고 합니다(갈라디아서 1:21, 2:1).[157]
아인스호키: 하지만 사도행전 9:26에 따르면 예루살렘에 간 일은 바울이 예수의 환영을 접하고 다마스쿠스에서 예수의 제자들과 며칠을 보낸 후에 제일 먼저 한 일이었어요. 신약성경에도 이런 식의 오류가 도처에 널려 있지요. 마가복음 2:26에는 다윗이 아비아달 대제사장 때 성전에 들어가 제사장 외에는 먹어서는 안 되는 진설병을 먹은 이야기가 나오는데, 여기서 인용되고 있는 구약성경의 말(사무엘상 21장)을 보면, 다윗이 이 일을 행한 때의 대제사장은 아비아달이 아니라 사실은 아비아달의 아버지인 아히멜렉이에요. 다시 말하자면, 이 단락은 성서가 문자적으로 무오(無誤; 오류가 없음)하지 않으며, 실수를 포함하고 있다는 사실을 단적으로 보여 주는 구절들 가운데 하나지요.[158]
라바모스: 쿰란 공동체가 자신들을 지칭하던 히브리어 '계약의 수호자(Nozrei ha-Brit)라는 단어에서 이후 초기 기독교도라고 알려지는 종파를 지칭하는 초기 히브리 단어 Nozrim이 나왔다. 기독교를 지칭하는 아랍어 'Nasrami'도 같은 어원으로부터 정해졌다. 초기 기독교도는 복음서 및 사도행전에서 자신들을 나사렛 종파(Nazorean이나 Nazarene)로 불렸다. 그런데 예수가 활동하던 당시에 나사렛(Nazareth)이라는 지명이 없었다.[159] 이를 고려하면 쿰란 공동체가 초기 기독교 탄생과 밀접한 관계가 있음을 짐작해 볼 수 있다. 그리고 이들이 사용하던 경전은 구약성경이나 복음서가 아닌 성서(scriptures, 2장 206-1의 '성서와 회당' 참조)일 것이다. 쿰란 문서의 한 단편이 누가복음에 나오는 한 구절과 아주 비슷하다. 누군가가 곧 태어날 것이라고 이야기하면서 누가는 그 아이가 '지극히 높으신

---

157) *만들어진 예수 참 사람 예수.* *존 쉘비 스퐁*, 한국기독교연구소, 2009: 302
158) *성경 왜곡의 역사*, 바트 어만 지음/민경식 옮김, 성림출판, 2006: 34
159) *The Dead Sea Scrolls Deception*, M. Baigent/R.Leigh, Touchstone, 1993: 174

분의 아들' 그리고 '하나님의 아들'이라고 불릴 것이라고 말한다(누가복음 1:32-35). 제4 동굴에서 나온 쿰란 자료 역시 '그의 이름으로 인해서 … 하나님의 아들(로) 환호받을 것이며, 그들은 그를 '지극히 높으신 분의 아들이라고 부를 것이다'라고 이야기한다. 『성서고고학 리뷰』가 지적하고 있듯이 이것은 아주 특별한 발견인데, 성서 이외의 팔레스타인 문서에서 '하느님의 아들'이라는 용어가 처음으로 발견된 것이다. 이런 자료가 어떤 상황에서 유출되었는지는 알 수 없으나, 그것은 밀릭 신부가 지금까지 통제하고 엄격하게 공개를 유보해 온 '잘 파악할 수 없는' 자료 뭉치에서 나왔다.[160)]

206-1 성서와 회당

바우류당: "모든 성경[성서]은 하나님의 감동으로 된 것으로 교훈과 책망과 바르게 함과 의로 교육하기에 유익하니 이는 하나님의 사람으로(the man of God) 온전하게 하며 모든 선한 일을 행할 능력을 갖추게 하려 함이라"(디모데후서 3:16-17)는 내용이 있습니다. 여기에서 사용된 '모든 성서'라는 표현은 구약성경과 신약성경을 구분하지 말고 그 안에 적힌 내용을 신의 말씀으로 알고 믿고 따라야 한다는 말입니다.

두레스킴: 모든 성서라고 했는데, 당시에는 신약성경(New Testament)이 쓰여지기 전이니 신약성경이 포함된다고 볼 수 없습니다. 여기에서 언급하는 성서는 구약성경과 다른 교리를 믿던 사람들이 참고하던 경전으로

---

160) *사해사본의 진실*, 마이클 베이전트·리처드 레이 지음/김문호 옮김, 예담, 2007: 129-30

신약성경을 지칭하는 것이 아닙니다. 바울은 예수님의 이름을 빌려 말하나 이 당시는 신약성경이 나오기 전이기 때문에 바울이 언급하고 있는 성서는 자신들의 교리를 담은 경전일 것입니다.

아인스호키: 바울의 서신 고린도전서 15:3-4에 "내가 받은 것을 너희에게 전하였노니 이는 성경[성서]대로 그리스도께서 우리 죄를 위하여 죽으시고 장사 지낸 바 되셨다가 성경[성서]대로 다시 살아나사"라는 문장에 성서들(scriptures)이라는 표현은 마치 신약성경까지 포함하는 것처럼 보이나, 바울이 포교 활동을 다니던 때는 4대 복음서의 어떤 것도 쓰여지기 전이에요. 만약 이것이 복음서를 원용한 것이라면 나중에 추가한 것이고, 아니라면 바울이 거짓말을 하고 있거나, 그것도 아니라면 자신이 속한 특정 집단에서 사용하던 교리를 지칭하는 거예요.

두레스킴: 바울이 성서라는 용어를 사용하였는데 다니엘서에 성서라는 동일한 용어가 사용된 것이 흥미롭습니다. 하스몬 왕국에서 밀려난 제사장들이 은둔 생활을 하면서 독자적인 교리를 개발했고, 다니엘이나 바울이 이 집단에서 개발된 교리를 접했거나 집단의 일원이었을 가능성이 높습니다. 성서라는 용어는 구약성경에 대항하여 나온 4대 복음서 외 도마복음, 마리아복음 및 유다복음 등 모든 복음서의 초기 본을 의미합니다. 사실 신약성경에 포함된 복음서의 내용은 각 복음서마다 하나의 종파가 가능할 정도로 차이가 나기 때문에 여러 종파로 나뉘어져 다투고 있었는데, 이 가운데 네 가지 복음만 선별하여 한 권의 책으로 엮어 놓으니 해석의 문제가 생기는 것입니다.

아인스호키: 류당 신부가 언급한 디모데후서가 가짜라는 것은 17절에 기록된 하나님의 사람(man of God)이라는 표현을 봐도 알 수 있어요. 이 용어는 구약성경에 많이 인용되지만 신약성경에는 유일하게 이 서신에만 나와요. 또한, 하나님의 사람이란 말은 주로 모세, 다윗, 엘리야, 엘리사

등과 같은 선지자나 천사를 지칭할 때 쓰였는데, 여기에서 지칭하는 존재가 예수로 한정된다고 볼 수 없어요.
참고로 성서학자들은 디모데전서나 후서 그리고 베드로, 야고보, 요한 및 바울서도 모두 위조된 바울 서신으로 분류하고 있지요. 기독교 홍보에 앞장섰던 에우세비우스(Eusebius, 기원후 265~339)조차 야고보, 유다, 베드로 및 요한서의 진본 여부에 대해 의심을 품었고, 요한계시록은 가짜라고 생각했어요.[161] 그리고 목회서로 분류되는 디모데서나 디도서도 후에 쓰인 것으로 분류하고 있지요.
라바모스: 엘리야 이야기가 나와서 말인데, KJV판에 세례자 요한을 지칭하는 영문 이름은 엘리아스(Elias)인데 NIV판에서는 엘리야(Elijah)로 바뀌었다. NKRV은 Elijah로 되어 있다. 아마도 말라기 4:5에 여호와가 선지자 엘리야(Elijah)를 보낸다고 한 언약이 세례자 요한이나 예수를 통해 이루어진 것처럼 하기 위해 KJV판의 엘리아스를 엘리야로 바꿨다는 추정을 할 수 있다. 그리고 말라기가 구약성경의 마지막 책이고 그 책이 4장 6절로 끝나는 것을 보면, 4장 5-6은 나중에 첨가되었다는 추리도 가능하다. 이 또한 성경의 내용에 수많은 첨삭이 이루어졌음을 보여 주는 사례다.
아인스호키: 예수가 활동하던 시절의 유대인들 사이에선 로마의 영향으로 한 단어로 된 이름 대신 두 단어로 된 이름을 가지려는 유행이 번졌던 것 같아요. 시몬과 베드로가 '시몬 베드로'로 불리듯이 마태와 레위가 별개(別個)의 사람이 아니고 '마태 레위'라는 한 사람이었을 가능성이 있고, 세례자 요한도 '엘리아스 요한'으로 불렸을 거예요. 한국에서도 조선 시절에 '돌쇠'라 불리던 천민이 성을 가지면서 '김돌쇠'로 불리게 된 것과 같지요. 신약성경을 구약성경과 연결시키기 위해 '엘리아스 요한'의 한 글자를

---

[161] *The Jesus Mysteries*, Timothy Freke & Peter Gandy, Three Rivers Press, 1999: 238

엘리야로 바꿔 마치 요한이 선지자 중의 하나인 엘리야가 환생한 것처럼 만든 것이 아닐까 하는 합리적 추론을 해보네요.

누가복음에서 예수가 부활 후 길거리에서 만난 두 명 중 한 명인 글로바가 누구인지 특정하기 어렵다고 했는데, 야고보나 요한이 글로바라는 이름으로 불렸을 수도 있어요. 예수의 동생이며 도마복음서를 쓴 유다는 심지어 '디두모 유다 도마(Didymus Judas Thomas)'라는 세 글자의 공식 이름을 갖고 있었어요. 요한복음에서 이 사람은 '디두모로 불리는 도마'라는 인물로 등장해요.

라바모스: 선지자 이사야(Isaiah)가 NIV판 신약성경에 언급되는 것을 보고 KJV판에도 그 이름이 있는지 확인했다. 그런데 이사야라는 이름은 없고 NIV판의 이사야 대신 에사이아스(Esaias)라는 생소한 이름이 나온다. 번역 과정에서의 오류로 보이는데, 마태는 구약성경과의 연관성을 강조하려는 의도를 갖고 이사야를 활용한 것으로 보인다.

아인스호키: 위대했던 선지자 두 명이 모두 신약성경에 등장함으로써 신약성경과 구약성경의 결합이 완성된 것이네요. 위에서 내가 지적했듯이 예수 시절에 에사이아스라는 별명을 갖는 사람이 있었을 수도 있지만, 모스 랍비 말대로 번역 과정에서의 오류 가능성도 부인할 수는 없어요. [뭐여, 모스 랍비! 당신 의견을 옹호해 주니 그렇게 기분이 좋은겨… 그만 웃어요.]

두레스킴: 신약성경에서 이사야는 선지자 역할을 담당하는데, 마태복음에 여섯 번, 누가복음에 두 번, 사도행전에 세 번, 요한복음에 네 번, 그리고 바울 서신 중에는 로마서에만 다섯 번 나옵니다. 마가복음에는 이사야 29:13의 내용을 인용하며 단 한 번만 언급됩니다.

"이사야가 너희 외식하는 자에 대하여 잘 예언하였도다 기록하였으되 이 백성이 입술로는 나를 공경하되 마음은 내게서 멀도다 사람의 계명으로 교훈을 삼아 가르치니 나를 헛되이 경배하는도다"(마가복음 7:6-7)라는 구절은, 마태복음 15:7-9의 문구를 그대로 복사해 넣은 것입니다. 마태복음에서는 다양한 계명을 거론하다가 이런 말을 하는데, 마가복음에는 '손을 씻고 먹는 것이 위생에 좋다 나쁘다'를 따지는 곳 바로 뒤에 인용됩니다. 이것도 인위적이고 의도적으로 마태복음의 내용을 그대로 표절하고 편집하여 끼워 넣은 것으로 보입니다.

라바모스: 마가복음 7:1-23은 6:30부터 8:26까지 이어지는 기적을 보이는 이야기 가운데 어색하게 끼워 넣어져 있고 희생 제물 중의 하나인 고르반(Corban, 7:11)이라는 단어가 성경 전체 중 여기에만 나온다. 이 또한 이 부분을 편집한 저자가 지시에 반감을 갖고 이런 배치를 통해 지시의 부당함을 표로한 것을 엿볼 수 있다.

아인스호키: 내가 회당이나 성전이라는 단어와 관련한 검색을 하다가 흥미로운 것을 발견했어요. 구약성경에선 종교의식을 거행하는 장소를 주로 성전(temple)이라고 표기하고, 예수와 바울의 시절에는 회당(synagogue)에서 종교의식을 행한 것 같아요. 그런데 회당이라는 용어가 KJV판 구약성경에는 딱 한 군데 나오더라고요. 시편 74:8에 "그들이 마음속으로 이르기를 우리가 그들을 진멸하자 하고 이 땅에 있는 하나님의 모든 회당(all the synagogues of God)을 불살랐나이다"에요. 개역개정판은 KJV판의 영어 문장을 따라 '하나님의 모든 회당'이라고 적혀 있는데, NIV판 영어 표기는 '신을 예배하는 모든 장소'로 바뀌어 있더군요.

두레스킴: 예수께서 회당에서 가르치셨다는 기록은 신약성경 여러 곳에 나옵니다. 회당이 기독교 유대인들이 예배 드리는 장소라는 것을 인지하고 시편의 용어를 바꾼 것 같습니다. 이 단어가 솔로몬의 시를 기록한 시편에 등장한 것은, 이 부분이 솔로몬의 시가 아니고 후대에 다른 사람이 작성한 내용을 끼워 넣었거나, 기존 내용을 편집한 것임을 보여 줍니다.

바우류당: 하지만 "예수께서 '내가 날마다 너희와 함께 성전에 있으면서

가르쳤으되 너희가 나를 잡지 아니하였도다 그러나 이는 성서(성경)를 이루려 함이니라 하시더라' 제자들이 다 예수를 버리고 도망하니라"(마태복음 26:55-56, 마가복음 14:49-50)는 말씀을 하셨습니다. 그리고 누가복음 22:53에도 "내가 날마다 너희와 함께 성전에 있을 때에 내게 손을 대지 아니하였도다 그러나 이제는 너희 때요 어둠의 권세로다"라는 말이 나오는 것을 보면, 예수께서는 성전에서 주로 가르침을 주신 것으로 보입니다.

아인스호키: 예수가 날마다 성전에서 가르쳤다는 기록은 복음서의 다른 곳에서 예수가 주로 회당에서 설교했다는 내용과 차이가 나요. 마태복음의 저자가 예수의 행적을 구약성경과 묶으려는 의도를 갖고 예수가 잡히는 장면을 조작하면서 이런 내용을 넣었는데, 이를 마가복음 14:49에 그대로 복사해 놓았어요. 하지만 누가복음에는 예수가 성전에서 '가르쳤다'는 내용이 빠져 있어요.

라바모스: 나는 성경에서 교회(church)라는 용어가 사용된 것을 찾아보았는데, 구약성경에는 당연히 이 용어가 나오지 않는다. 복음서에는 오로지 마태복음 16:18과 18:17에만 나오고, 사도행전 이후 바울이 활약하면서 이 용어가 주로 사용된다. 예수는 주로 회당에서 가르침을 준 것으로 복음서에 나오고, 마태복음 이외의 다른 복음서에 교회라는 용어가 사용되지 않은 것을 보면, 마태복음에 사용된 용어는 후에 끼워 넣어진 것이거나, 마태복음의 저자가 바울이 창시한 교회에 호감을 가졌을 수도 있다.

그리고 교회라는 용어는 회당을 사용하던 종교 집단에서 분파한 후, 독자적인 종파를 운영하면서 사용하던 예배 장소를 지칭하는 것으로 보인다. 성당과 교회가 같은 뿌리를 갖지만 독자적인 교리를 갖고 따로 운영되는 것과 같다. 새로운 종교의 창시자는 바울이고 바울교의 교리는 예수의 가르침과 같은 부분도 있지만, 천주교와 개신교가 같은 성경을 기반으로 하지만 따로 운영되고 일부 교리에 차이를 보이는 것과 같이 다른 성서를 따르며 공존했던 것으로 보인다.

206-2 베드로의 배신과 바울의 죽음

아인스호키: 바울이 속한 종파나 공존하던 다른 종파에서 아나니아 부부와 같은 신도들에게 얼마의 헌금을 요구했는지에 대한 내용은 눈 씻고 봐도 찾을 수 없어요. 참고로 십일조는 사도행전이나 바울의 서한 중 히브리서에만 언급됩니다. 십일조를 부인하기 위한 목적으로요.
두레스킴: 아나니아와 삽비라 부부가 판매한 땅 값 일부를 속인 것으로 의심한 베드로와 그의 추종자들이 남편을 먼저 죽게 만들고, 세 시간이 지난 후 부인까지 죽도록 한 후 젊은이들이 시신을 메고 나가 장사 지냅니다(사도행전 5:1-11). 이러한 만행을 주도한 사람이 바로 베드로입니다. 예수님의 제자로 마태복음 16:18에 예수께서 당신이 교회를 세우실 것이라는 말씀을 직접 전한 상대가 바로 이 사람이고, 교황청이 위치한 바티칸 시국 남동쪽에 위치한 성 베드로성당은 이 사람의 이름을 따서 지어졌습니다. 예수님의 사상과는 완전히 다른 이런 모습을 보인 사람이 성인으로 대접받는 것은 역사의 아이러니가 아닐 수 없습니다.
라바모스: 아나니아와 그의 아내는 예루살렘에 있는 '초기 교회'에 바치기로 되어 있던 금액의 일부를 숨겼다. 두 사람은 전지전능한 신의 능력에 타격을 입고 죽었다. 쿰란 공동체의 '공동체 규칙'에 따르면 이런 위증과 횡령에 대한 형벌은 6개월간의 참회로 한결 가벼웠다.[162] 예수를 체포할 당시 칼로 대제사장 종의 귀를 잘라낸 사람을 특정한 곳은 요한복음 18:10이다. 가해자는 시몬 베드로고, 피해자 '종의 이름은 말고'(이 부분은 괄호 처리되어 있음)다. 베드로는 상당히 과격하고 잔인한 폭력성을 갖고 있었음을 알 수 있다.

---

162) *사해사본의 진실*, 마이클 베이전트·리처드 레이 지음/김문호 옮김, 예담, 2007: 235

아인스호키: 예수가 기독교에서 베드로를 훌륭한 사제로 간주하는 것을 알면 속이 터지겠지요. 모든 복음서에서 예수는 베드로가 배신할 것이라는 암시를 주고, 실제로 베드로가 세 번에 걸쳐 예수를 부인하는 장면이 나와요.[163] 예수는 베드로가 자신의 교리가 아닌 다른 종파의 교리에 관심을 갖고 있는 것을 알고 이를 지적하며, '나를 세 번 부인할 것이다'라고 말하지요. 예수가 재판정에 끌려나갈 때 다른 사람들이 묻자 베드로가 '모른다'고 부인했는데, 이는 인간 예수를 알지 못한다는 것이 아니고 예수의 가르침을 따르는 '도당'이나 '종파'의 구성원이 아니라며 발뺌한 거예요.

163) 마태복음 26:69-75, 마가복음 14:66-72, 누가복음 22:56-62, 요한복음 18:15-18 및 25-27

바우류당: 신약성경의 내용을 보면 예수께서 제자들이 자신을 배신할 것이라고 예언하십니다. 마태복음 26:31과 마가복음 14:27에 "예수께서 제자들에게 이르시되 너희가 다 나를 버리리라 이는 기록된 바 내가 목자를 치리니 양들이 흩어지리라"[164]라는 내용이 있고, 마태복음 26:56과 마가복음 14:50에 "제자들이 다 예수를 버리고 도망하니라"[165]라는 내용이 있습니다.

막달라 마리아에게 종파 운영권을 주자. 이들이 단체로 예수님을 배신하고 다른 종파에 합류한 것으로 보입니다. 이것이 사실이라면 예수님의 부활은 물론이고, 부활 후 제자들과 만나셨다는 이야기는 전부 허구가 될 수밖에 없습니다. 정말 제 정체성이 다 무너져 내리는 것 같아 혼돈스럽습니다만, 이런 식으로 해석할 수밖에 없다는 것이 너무나 자명하니 인정하지 않을 수 없고 허탈한 심정입니다.

라바모스: 예수 사후에 예루살렘에서 야고보가 주재하는 초기 기독교에 합류하여 주요 역할을 하던 베드로가 청중에게 설교하는 장면이 사도행전 2:14-41에 나온다. 이때 베드로는 요엘과 다윗을 언급하며, 심지어 "형제들아 내가 조상 다윗에 대하여 담대하게 말할 수 있노니 (족장) 다윗이 죽어 장사되어 그 묘가 오늘까지 우리 중에 있도다"(2:29)라는 번지르르한 거짓말까지 해가며 구약성경을 옹호하는 입장을 보인다. 그리고 부활과 승천을 언급하면서 사후세계를 강조하는 등 예수의 견해와 다른 입장을 피력한다.

또한, 베드로와 같은 종파에 새로 영입된 스데반은 사도행전 7장 전체를 빌려 장황하게 구약성경의 내용을 구구절절이 읊으면서 구약성경을

---

164) *스가랴 13:7 "만군의 여호와가 말하노라 칼이 깨어서 내 목자,* 내 짝 된 자를 치라 목자를 치면 양이 흩어지려니와"

165) *마태복음 26:56,*

변호한다. 스데반은 구약성경과 결별하고 새로운 복음을 전하려 했던 예수의 가르침과 달리 구약성경을 받아들이고, 부활과 승천 및 사후세계를 옹호하는 입장을 공공연하게 밝히다가 돌에 맞아 순교(?)한다.

두레스킴: 예수님 형제 야고보가 예루살렘 성전의 책임자로 활동하고 있었다는 것과 관련하여 생각해 볼 것이 있습니다. 이것은 순전히 제 추측입니다만, 요셉의 동생이고 요셉 사후에 형사취수제에 따라 마리아를 부인으로 삼은 알패오가 예루살렘 지역에서 부자로 살고 있었던 것으로 추정할 수 있습니다. 야고보는 바울과 함께 예루살렘의 율법학교에서 구약성경을 배웠고, 그런 연유로 야고보가 그곳의 책임자 역할을 담당한 것으로 보입니다. 그래서 예수님 사후에 베드로를 포함한 남은 제자들이 이곳에 합류하였고, 바울도 초기에 이들과 같이 활동할 수 있었을 것입니다.

아인스호키: 킴 소장의 반짝이는 발상이 정말 마음에 들어요. 그래서 요셉이 호적 신고하기 위해 베들레헴까지 간 것은 결국 거기가 자기 고향이었기 때문이라는 말이 되네요. 그렇다면 알패오의 고향도 베들레헴이겠네요. 가고 오는 연인들의 여로에 두 사람이 알패오네에 잠깐 들렀는데, 둘 사이에 좋은 감정이 싹텄을 테고, 여호와가 요셉의 손을 잡고 떠난 후…. [뭐여, 이번에는 모스 랍비도 동의하는 겨? 엄지를 다 치켜세우네…]

라바모스: 나도 한마디 거들고자 한다. 사도행전 1:14-15에 보면 13절에 11명의 제자 이름을 거론한 다음에, "여자들과 예수의 어머니 마리아와 예수의 아우들과 더불어 마음을 같이 하여 오로지 기도에 힘쓰더라 (모인 무리의 수가 약 백이십 명이 되더라)"라는 구절이 나온다. 여자들을 거론하지만 막달라 마리아가 따로 거명되지 않은 것을 보면, 성모 마리아가 이들 종파에 속했다고 추측할 수 있고, 막달라 마리아는 예수가 주도하던 종파의 장이 되었다. [나도 한 건 했지? 뭐여, 이것이 고부간의 갈등이라고? 그럴 수도 있겠다. 호키 박사는 진짜 박학다식혀…]

바우류당: 한편 예수님은 복음을 전파하러 제자들을 내보내시며 "너희가 거저 받았으니 거저 주라 … 여행을 위하여 배낭이나 두 벌 옷이나 신이나 지팡이를 가지지 말라 이는 일꾼이 자기의 먹을 것 받는 것이 마땅함이라"(마태복음 10:8-10)라고 하시며, 부처께서 가르침을 전파하며 탁발만 들고 다닌 행동과 같은 검소함과 대가를 바라지 않고 무상으로 자선을 베풀 것을 강조하셨습니다. "예수께서 가지고 계셨던 모든 계율은 하느님의 사랑, 자선, 상호 용서가 전부다. … 당신께서는 세례도 부차적이고 기도도 진솔한 마음으로부터 나오지 않으면 무의미하다."[166]

두레스킴: 복음 전파를 다루는 부분이 마태복음 외에 누가복음 9장과 10장에 나옵니다. 예수께서 제자들을 보내시면서 9장에서는 마태복음과 같이 아무것도 받지 말라고 하는데, 10장에서는 칠십 인을 보내면서 "그 집에 유하며 주는 것을 먹고 마시라 일꾼이 그 삯을 받는 것이 마땅하니라"(누가복음 10:7)라고 합니다. 마태복음과 누가복음 9장에는 부처의 경우와 같이 대가 없이 먹을 것을 얻어 먹으라고 말씀하시는데 반해, 누가복음 10장에는 일꾼의 노임과 같이 봉사에 대한 보상으로 먹고 마시는 것을 당연한 권리로 보고 있습니다. 뒷부분이 나중에 추가된 것으로 추정해 볼 수 있습니다.

라바모스: "그 날에 소돔이 그 동네보다 견디기 쉬우리라 화 있을진저 고라신아, 화 있을진저 벳새다야 너희에게 행한 모든 권능[기적, miracle]을 두로와 시돈에서 행하였더라면 그들이 벌써 베옷을 입고 재에 앉아 회개하였으리라 심판 때에 두로와 시돈이 너희보다 견디기 쉬우리라 가버나움아 네가 하늘에까지 높아지겠느냐 음부[그리스어 hades]에까지 낮아지리라"(누가복음 10:12-14)며 마을에서 이들을 영접하지 않을 경우 저주를 퍼부으

---

166) *The Life of Jesus*, Ernest Renan, BiblioLife, 1863: 208

라는 내용이 나온다. 이것은 마태복음 11장에 예수가 권능을 가장 많이 행한 고을들이 회개하지 않자 이를 책망하며 쓴 부분을 표절한 것이다.

사람들이 회개하지 않는다고 이런 식의 표현을 하거나, 단순히 영접하지 않았다고 이런 저주를 퍼붓는 사람이 있다면, 그가 평소에 아무리 훌륭한 일을 많이 하고 선행을 베풀었더라도 그 의미나 가치를 찾을 수 없다. 예수가 이런 말을 했다면 그는 절대 자비와 사랑의 화신이 될 수 없다.

아인스호키: 내가 볼 때 이런 표현은 예수가 말했다기보다, 누군가가 나중에 끼워 넣은 것 같아요. 부처 방식의 복음 전파 방식을 주문하는 사람이 영접을 받지 못했거나 사람들이 회개하지 않았다고, 이런 극단적이고 대조적인 저주를 퍼부었다는 것은 상상하기 어렵지요. 그런데 예수의 이런 가르침과 정반대의 길을 걷는 베드로의 모습이 사도행전에 나오는데, 어떻게 이런 사람이 성인으로 추앙받을 수 있는지 이해할 수 없어요.

바우류당: 저로서는 이야기가 참으로 당혹스러운 방향으로 전개되니 좌불안석입니다. 하지만 지금까지 전개되는 이야기가 성경 구절을 그대로 놓고 분석한 것이니, 달리 반박할 근거를 제시하기가 어렵습니다. 덧붙이자면 사도 바울과 베드로는 네로 황제 시절 화재 사건으로 네로가 희생양을 찾아 나서자, 초기 기독교의 다른 종파에 속한 사람들이 신고하는 바람에 죽었습니다. "전래되는 이야기에 의하면 바울과 베드로는 기원후 64년 로마 14개 구역 중 10개를 전소시킨 화재의 희생양으로, 네로에 의해 다른 많은 초기 기독교 형제들과 더불어 살해되었다. 바울은 참수형(beheaded)을, 베드로는 십자가형을 받은 것으로 알려져 온다. 바울은 로마 제국 시민이어서 십자가형을 면할 수 있었다."[167]

라바모스: 이것은 순전히 내 추측인데, 바울은 순교한 것이 아니고 수명

---

167) *What Paul meant*, Garry Wills, Penguine Books, 2006: 161

을 다하고 자기 침대에서 편안하게 죽었다. 사도행전에 보면 자신이 로마 제국 시민이니 재판을 로마에서 받겠다고 주장하여 관철시키고, 가이사랴 총독 벨릭스(Marcus Antonius Felix, 52~58 유대 총독)에게 보내질 때, 호위병을 470명이나 딸려 보낸다(사도행전 23:23). 그리고 벨릭스(24장)와 벨릭스를 교대한 베스도(Porcius Festus, 58~60 유대 총독, 사도행전 25장) 앞에서 재판을 받는다. 이후 바울은 황제 네로(54~68 재위) 앞에서 재판을 받기 위해 로마로 이송(사도행전 27장)된 후, 2년을 셋집에서 자유롭게 사람들을 만나며 살았다는 것으로 사도행전의 이야기는 막을 내린다.

만약 바울이 순교했다면 이 장면을 극적으로 표현하는 것이 더 효과적이었을 텐데, 이런 극본이 연출되지 않은 것은 바울이 로마 제국의 비호 속에 편안한 삶을 누리다가 자연사하였음을 확인해 준다.

아인스호키: 일부 성직자는 요한복음에서 예수가 베드로가 순교할 것이라는 언질을 준 것(요한복음 21:18-19)을 근거로, 상상의 나래를 펴며 바울도 함께 순교했다고 주장하는데, 이는 자기에게 유리한 방향으로 이야기를 전개하기 위한 무모한 발상의 전환일 뿐이에요.

앞에서 살펴보았듯이 바울이 로마로 이송된 시점이 기원후 60년 이전이고 이후 로마에서 2년간 살다가, 62년 전후로 죽은 것으로 볼 수 있어요. 일부 성서학자는 로마시의 대형 화재가 발생한 64년이나 67년에 바울과 베드로가 순교했다고 주장하는데, 사도행전의 기록과 비교해 보면 시기가 맞지 않아 시중에 떠도는 바울의 순교 설화는 조작된 것으로 보여요.

두레스킴: 바울은 사도행전에 스데반이 순교하는 장소에 집행자의 모습으로 최초로 등장하고 말년에는 유대인 사회에서 배척당하고 결국 수많은 군인의 호위를 받으며 로마로 돌아가 인생을 마감합니다. 그는 예수님의 삶, 사상이나 가르침과 동떨어진 삶을 산 존재입니다.

그의 사상을 극명하게 보여 주는 대목은 로마서 13장의 '권세에 복종하라'는 곳입니다. "각 사람은 위에 있는 권세(국가 권력자—저자 주)들에게 복종하라 권세는 하나님으로부터 나지 않음이 없나니 모든 권세는 다 하나님께서 정하신 바라 그러므로 권세를 거스리는 자는 하나님의 명을 거스름이니 거스르는 자들은 심판을 자취하리라(받으리라—저자 주)"(로마서 13:1-2). 이 내용은 로마 제국의 권위에 무조건적으로 복종하는 삶을 살아야 한다는 주문입니다.

207 신약성경의 모순

두레스킴: 조작 이야기가 나와서 말하는데, 부록 5에 나오는 예수님의 제자 가운데 빌립, 바돌로메, 도마, 야고보, 다대오, 시몬은 예수님 사후에 야고보 밑에서 활동하던 사람들입니다. 그런데 이들이 버젓이 마태복음, 마가복음, 누가복음에 예수님의 제자로 적혀 있습니다. 12 제자를 맞추기 위해 짜깁기한 것으로 보입니다. 상당한 수준의 편집과 조작이 이루어졌음을 짐작할 수 있습니다.

라바모스: 12라는 숫자는 예수가 죽은 이후, 그러니까 베드로가 유대인 개종자를 위한 선교를 지휘해 나가면서 마치 12 족장들이 옛 이스라엘을 대표했던 것처럼 12 제자가 새로운 이스라엘을 대표하게 되었을 때 비로소 창작된 것이었다.[168] 사도행전 1:13에 나오는 제자의 숫자는 11명인데, 같은 책 1:26에 맛디아를 제비 뽑아 12 제자로 합류시키는 이야기가 나온다. 사도행전 1:15 이후나 12절 이후의 '맛디아가 유다 대신 뽑히다'라는 이야기는 나중에 삽입된 것으로 보인다.

바우류당: 2장 204에서 언급된 가룟 유다의 두 가지 죽음 중 두 번째 이야기가 사도행전 1:18에 언급되고 있습니다. 그렇다면 사도행전을 기술한 저자가 마태복음에 나오는 유다의 죽음을 신뢰하지 않았다고 유추할 수 있습니다. 그리고 맛디아(Matthias)를 유다 대신 12 제자에 끼워 넣은 것을 보면 사도행전은 12 제자가 이스라엘을 대표한다는 관점에서 쓰였다는 것을 알 수 있습니다. 맛디아라는 이름이 성경 내에서 유일하게 이곳에만 나오는 것이 이를 입증합니다.

---

168) *예수는 누구인가*, 존 도미닉 크로산 지음 한인철 옮김, 한국기독교연구소, 1998: 193

아인스호키: 현명하게도 마가복음에 예수의 부활 이야기를 삽입하는 작업을 수행한 사람은 '믿지 아니하니라'(16:11, 16:13 및 16:14)라는 표현을 자주 쓰면서, 이 부분이 추후에 조작되었고 자신의 의지에 따라 쓴 것이 아님을 알리려고 시도한 것 같아요. 이 추가 작업을 한 사람은 이 작업이 누가복음이 쓰여진 이후에 이루어진 것임을 은연중에 밝히지요. 이것은 마가복음 16:9에 예수가 일곱 귀신을 쫓아내 준 막달라 마리아를 언급하는 것을 통해 완성시켜요. 이런 내용은 누가복음 8:2에만 나오지요.
그리고 이 저자가 17-18절에 "믿는 자들에게는 이런 표적이 따르리니 곧 그들이 내 이름으로 귀신을 쫓아내며 새 방언을 말하며 뱀을 집어 올리며 무슨 독을 마실지라도 해를 받지 아니하며 병든 사람에게 손을 얹은즉 나으리라 하시더라"라는 엉뚱한 문장을 집어넣으면서, 자신의 행위가 올바른 것이 아니고 강요에 의한 것임을 은연중에 독자들이 알아채도록 하려는 의도를 엿볼 수 있어요.
그리고 이 부분의 표현 중 가장 압권은 '하늘로 올려지사 하나님 우[右, 오른]편에 앉으시니라'(마가복음 16:19)에요. 누구도 이런 상황을 보고 마가복음 저자에게 알려줄 수 없었을 걸요. 당시에는 과학기술이 뒤처져서 스마트폰이나 SNS로 소통할 수 없으니, 누군가가 천당에 올라가서 확인한 후 내려와서 알려줘야 진실한 기록이 될 수 있지요. 따라서 편집한 저자는 매우 깊은 지식인의 갈등과 고뇌를 느꼈을 거예요.
두레스킴: 누가복음의 부활과 관련된 내용 또한 추후에 삽입되었음을 알 수 있습니다. 예수께서 숨을 거두는 순간에 함께 처형당하는 죄수에게 "내가 진실로 네게 이르노니 오늘 네가 나와 함께 낙원에 있으리라"(누가복음 23:43)라고 하셨습니다. 하지만 24장에는 예수께서 부활하시어 며칠 동안 이승에 머무르십니다. 기독교에서 전지전능하신 존재로 칭송하는 예수께서 당일에 일어나실 일조차 예측하지 못하셨다는 기록은 당신을 욕보이는 처사입니다.

라바모스: 예수가 하나님 우편에 앉았다는 것과 관련해서 내가 검토한 내용이 있다. 사도행전과 바울 서신 중에 예수가 승천한 후 우편에 앉았다는 표현이 여러 곳에 나온다. 사도행전 2:33에 "하나님이 오른손으로 예수를 높이시매"라는 말이 처음으로 나오는데, 예수가 부활한 후 승천할 때 하나님이 예수를 직접 자신의 오른손으로 집어 올리는 새로운 형태의 승천 방법이다.

사도행전 5:31에도 신이 오른손으로 높였다는 표현이 나오는데, 예수가 하나님의 우편에 앉았다는 것과 관련해서는 예수의 사후 새로 구성된 12 제자[169] 중 한 명(?)인 스데반이 돌에 맞아 순교하기 직전에 "스데반이 성령 충만하여 하늘을 우러러 주목하여 하나님의 영광과 및 예수께서 하나님

[169] *사도행전 1:13에 11명의 이름만 나옴, 부록 5 참조*

우편에 서신 것을"(사도행전 7:55) 보았다고 말한다. 베드로는 올림을 당하는 것을 보았고, 스데반은 저승에 하나님의 원고 자리인 오른쪽에 앉아 있는 현장을 성령으로 목도했다고 한다. 이런 증언에 따라 로마서 등 여러 곳에 예수가 하나님의 우편에 앉아 있다는 내용이 사실인 것처럼 기술된다.

아인스호키: 방언을 일반 사람들이 알아듣지 못하는 말을 통해 신의 뜻을 전달하는 것으로 이해하는 사람들이 있는데, 실제로 방언은 다른 나라 사람들의 언어인 외국어를 의미해요. 특히 방언(new, unknown, other 또는 diverse tongue)이라는 표현이 복음서 중에는 마가복음 16:17(new tongue)에만 한 번 나오고, 사도행전 10:46과 19:6(with tongues), 고린도전서 및 요한계시록에 자주 나오는데, 대부분이 다른 나라의 언어를 지칭하고 있어요. 사도행전 2:4(other tongues)는 다른 언어들로 번역하고, 고린도전서 12:10에 '다른 사람에게는 각종 방언 말함을, 어떤 사람들에게는 방언을 통역함(to another speaking in different kinds of tongues, and to still another the interpretation of tongues)'을 보더라도 혀(tongue)는 언어를 의미하고 다른 종류의 언어라는 것은 외국어를 의미하는 것을 알 수 있어요. 그런데 이를 신에게 정신이 홀린 사람들이 읊어대는 뜻 모를 신의 계시로 생각하고 이런 현상을 대단한 것처럼 간주하는 것은, 정신이 올바로 박힌 사람들에게는 정신병적 현상으로 보일 뿐이지요.

바우류당: 그럼 저는 복음서에 나오는 부분을 공유하겠습니다. 예수께서 직접 하느님의 우편에 앉는다고 언급하신 것은 "예수께서 이르시되 네가[대제사장] 말하였느니라 그러나 내가 너희에게 이르노니 이후에 인자가 권능[KJV판은the Mighty One, KJV판은 power]의 우편에 앉아 있는 것과 하늘 구름[clouds of heaven]을 타고 오는 것을 너희가 보리라 하시니"라며 재판정에서 하신 말씀이 전부입니다. 이 내용은 마태복음 26:64, 마가복음 14:62과 누가복음 22:69에 공히 나옵니다.

라바모스: 참고로 누가복음에는 '오른편에 앉아 있으리라'는 말만 있고 구름 타고 온다는 내용은 빠져 있다. 그리고 구름 타고 온다는 표현은 다니엘 7:13의 "인자 같은 이가 하늘 구름을 타고 와서"라는 표현을 표절한 것으로 보인다. 아니면 앞에서 살펴본 것처럼 다니엘이 복음서의 저자들과 동일 시대에 함께 활약하며 부활과 사후세계를 강조하는 바울 종파의 일원이었을 가능성도 배제할 수 없다.

바우류당: 예수께서는 죄를 지은 사람에게도 그 죄를 묻지 않으시고 하느님의 자비와 사랑을 보여 주십니다. 참 삶의 길을 살아가기를 바라시며 더 이상 죄짓지 않도록 격려하고 당부하십니다(요한복음 8:1-11 간음하다 잡힌 여자 참조).[170]

두레스킴: 성경의 내용 중 후에 추가된 부분은 마가복음의 부활 관련한 부분 말고도 요한복음 8:1-11에 나오는, 간음 중에 잡혀 끌려 나온 여자를 보고 예수께서 '너희 중에 죄 없는 자가 먼저 돌을 치라'는 말을 하자 모두 물러갔다는 일화가 있습니다. 마가복음의 예수님 부활이나 요한복음의 간음하다 잡힌 여자의 일화처럼 긴 이야기들이 추후에 추가되어 성경의 일부가 되었다는 사실은, 성경이 신이나 예수님의 말씀을 기록한 것이라는 주장의 허구성을 여실히 보여 주고 있습니다. 또한, '요한의 콤마(Johannine Comma)'로 불리는 삼위일체 교리를 서술한 내용도 나중에 포함되는데, 이것은 4장 404에서 다루도록 하겠습니다.

아인스호키: 막달라 마리아를 폄하하기 위해 의도적으로 이런 이야기를 추가하여 끼워 넣고 이야기 속의 여인을 마리아로 몰아붙인다는 의견도 있어요. 그런데 이 여성을 막달라 마리아로 특정할 수 없기 때문에 그런 의도는 성공할 수 없어요. 그리고 설령 마리아가 간음을 하다가 붙들린

---

170) *함께 하는 여정*, 천주교 서울대교구 사목국, 가톨릭출판사, 1995: 95

여인이었건, 일부 성직자들이 그러는 것처럼 그녀가 창녀 출신이건 문제될 게 없어요. 예수가 세리나 바리새인과 허물없이 어울리고 사마리아인을 포용하고 마리아에게 종파 운영권을 전수한 것은 그의 대단한 혁명가적 자질을 보여 주는 거예요. [모스 랍비! 왜? 나는 예수 칭찬하면 안 되나? 객관적으로 판단하고 칭찬할 일이 있으면 하는 것이 지식인의 도리에요.]

207-1 복음서 차이와 역사적 왜곡

두레스킴: 종교는 사랑의 원심력을 키우는 방향으로 전개되어야 합니다. 구약성경과 달리 신약성경의 예수께서는 세리, 비유대인 및 죄인들과 함께 하셨고, 로마 제국 백인대장에게 다가가고, 이방인들에게도 자신의 가르침을 전했고, 로마 제국 황제에게는 기꺼이 조공을 바치고, 여성인 막달라 마리아에게 교단 운영권을 맡긴 것으로 보입니다.

아인스호키: 구약성경은 안식일을 반드시 지키라고 하며 이날에는 짐승이 새끼를 낳도록 도와주거나 곤궁에 빠진 동물이나 사람을 사다리나 도구를 이용하여 구하는 것조차 금했지요. 하지만 예수는 마태복음 12장, 마가복음 2장 그리고 누가복음 14장에서 안식일에 병에 걸린 사람을 고쳐 주는 행위를 보여 주면서 안식일에 대한 금기를 깨부수었어요. 이것 또한 예수가 구약성경의 그릇된 가르침과의 결별을 선언하는 것이었지요. 그런데 왜 구약성경과 결별하자고 주장한 예수의 가르침이 받아들여지지 않고 구약성경과 신약성경이 공존하는 기독교가 탄생하게 되었을까요?

바우류당: 이제는 제가 진솔하게 고백할 시점이 된 것 같습니다. 지금까

지 진행된 토론에 관심을 갖고 보신 독자라면 눈치채셨을 겁니다. 신약성경에는 공관복음서와 요한복음 말고도 수많은 복음이 언급됩니다. 마태복음의 저자는 사후세계에 가서 하늘에 계신 여호와 하나님을 만나는 천당복음(Gospel of Kingdom of Heaven)을 사용하는 반면, 마가복음은 예수 그리스도 복음(Gospel of Jesus Christ)을 기본 복음으로 활용하면서 지상의 천국을 지향하는 하나님 나라 복음(Gospel of Kingdom of God)을 기반으로 예수님의 가르침을 전합니다.

바울은 처음에는 '그리스도 복음'을 활용하다가 이후 본인이 제창한(스스로 만든) '주 예수 그리스도의 복음', '하나님 복음'을 기본으로 사용하고 상황에 따라 다양한 복음을 활용합니다. 야고보나 베드로는 도(道) 복음서(Gospel of Way)가 있었다면 이것을 따랐던 것으로 보입니다. 사실 제가 '복음서에 나오는 복음'이라는 제목의 논문을 작성한 적이 있는데 간단하게 정리한 도표를 부록으로 올려놓을 테니 참조하시기 바랍니다.[171)]

두레스킴: 먼저 귀중한 자료를 올려주신 류당 신부님께 감사의 말씀을 드립니다. 도표를 살펴보니 바울이 예수님의 가르침을 주로 기록한 '그리스도 복음'을 참고하면서 예수님의 가르침과 다른 교리인 '주 예수 그리스도의 복음', '하나님 복음' 및 다른 복음들을 자체적으로 창안해 낸 것을 확인할 수 있습니다. 여기에서 언급되는 복음은 2장 206-1에서 살펴본 바와 같이 성서(scripture, 문서로 쓰인 가르침)의 일종으로 활용된 것으로 보입니다.

"마태복음은 마가복음을 특히 유대적인 방향으로 확대한 반면, 누가는 예수님의 메시지에 매료되기 시작한 유대인들과 이방인 개종자들처럼 보다 범세계적인(cosmopolitan) 청중들을 대상으로 마가복음을 다시 썼다."[172)]

---

171) 부록 7: 신약성경 내 복음 종류

172) *만들어진 예수 참 사람 예수*, 존 쉘비 스퐁, 한국기독교연구소, 2009: 282

라바모스: 고린도전서 1:12의 '나는 바울에게, 나는 아볼로에게, 나는 게바에게, 나는 그리스도에게 속한 자라 한다는 것'을 보면 각각 바울, 아볼로, 베드로 및 예수를 따르는 최소한 네 개의 종파가 있었음을 알 수 있다.
아인스호키: 류당 신부의 자료를 검토해 보니 천주교에서 사용하는 하느님은 마태복음의 영향을 많이 받은 것으로 보이네요. '하늘에 계신 아버지'의 개념을 빌려 신을 '하느님'으로 호칭하고 있어요. 반면에 개신교에서 하나님이라고 부르는 것은 바울의 영향을 받은 것처럼 보여요. 구약성경의 여호와와 신약성경의 하나님을 엮어 신을 '여호와 하나님' 또는 '하나님(Only one God)'으로 부르고 있어요. 그런데 예수의 핵심 가르침을 제대로 이해한다면, 신을 '하나님(Oneness)'으로 부르는 것이 더 정확하지 않을까 하는 생각이 드네요. 자세한 내용은 4장 406이나 407에서 다룰 테니 여기에서는 이 정도의 언급만 하도록 할게요.
두레스킴: 지금 우리가 믿는 신약성경 교리는 예수님의 사상을 반영한 것이라기보다는 바울이 쿰란 공동체에서 학습하고 이를 자신의 교리로 개조한 바울의 사상을 대변하는 것으로 볼 수 있습니다. 바울이 처음에는 '그리스도 복음'을 활용하여 초기 기독교와 공존할 수 있었는데, '주 예수 그리스도의 복음', '하나님 복음'이라는 새로운 교리를 도입하였고, 이로 인해 심지어 야고보나 베드로와도 반목을 갖게 되고 신랄한 공격을 받은 것으로 보입니다.

"이 사람은 각처에서 우리 백성과 율법과 이곳을 비방하여 모든 사람을 가르치는 그 자인데 또 헬라[그리스]인을 데리고 성전에 들어가서 그 거룩한 곳을 더럽혔다"(사도행전 21:28)라는 내용이 나옵니다. 바울이 이방인들을 위한 포교활동을 하다가 14년이 지난 후 예루살렘에 바칠 엄청난 자금(연보, 고린도전서 16:1-3)을 모아 마지막으로 예루살렘을 방문할 때 이런 비난을 받게 됩니다. [모스 랍비님! 가져간 자금은 어떻게 되었냐고 물으셨습니까? 성경 내에서는 답을 구할 수 없습니다. 교황청에 수사 의뢰해서 알아보라고요… 민감한 사안이고 2000년 전의 일인데 수사가 가능하겠어요?]

아인스호키: 그런 의미에서 보면 기독교 관련 종교는 예수교가 아니라 바울교라 칭할 수 있겠네요. 돈, 학식, 인맥과 상상력이 풍부한 바울이 예수를 뛰어넘는 포교 능력을 발휘하여 자신이 만들었거나 따르던 교리가 광범위하게 채택될 수 있도록 한 것이군요.

라바모스: 바울은 자신이 갖는 신분의 한계로 사람들에게 자신의 주장을 펼칠 수 없음을 인지하고 예수를 자신의 교리를 변호하는 대변인으로 활용하였다. 이들은 당대에 다른 민족들이 숭배하던 다른 신들과 동등하거나 더 강력한 능력을 갖는 존재(동정녀의 몸에서 태어나고, 병든 자를 고치고, 죽은 자를 살리고, 죽은 후에 부활하는 등)로 묘사하며, 예수를 여호와와 동등한 수준으로 올려놓고 숭배하는 종파를 만들었다. 이는 구약성경의 율법에 따르면 분명한 신성 모독이며, 그렇기 때문에 유대교를 따르는 우리는 바울은 물론이고 예수라는 존재를 부정한다.

아인스호키: 바울은 예수가 요셉과 마리아의 아들이라고 믿은 것 같아요. 그는 마리아의 처녀성에 대한 언급은 하지 않고, 예수는 요셉의 아들(로마서 1:3, 육신으로는 다윗의 혈통에서 나셨고)이고, 마리아가 자연분만을 통해 낳았다(갈라디아서 4:4, 그 아들을 보내사 여자에게서 나게 하시고)라고 말하고 있어요.

그리고 히브리서 8:4에서 바울이 "예수께서 만일 땅[이승]에 계셨더라면 [If he(Jesus) were on earth] 제사장이 되지 아니하셨을 것이니, 이는 율법에 따라 예물을 드리는 제사장이 있음이라"라고 말하는 것을 보면, 바울은 예수의 실존 여부에 대해 확신을 갖지 못하고 있었던 것 같아요. 그런 사람이 예수를 보거나 목소리를 들었다고 주장하는데, 바울이 예수를 영접했다는 이런 내용은 뒤에 다른 사람이 편집하면서 넣은 것이 아닌가 하는 합리적 추론이 가능해요.

두레스킴: 신약성경에서 예수님께 여호와와 같은 역할을 부여한 사람은 바울입니다. 신약성경의 복음서에 '주 예수(Lord Jesus)'라는 용어는 누가복음 24:3에 '주 예수의 시체가 보이지 아니하더라'는 것 이외에는 전혀 사용되지 않습니다. 그런데 사도행전과 바울의 편지에는 '주 예수' 또는 '주 예수 그리스도'라는 표현이 빠지지 않고 나옵니다. 그리고 예수께서 구약성경의 여호와와 같이 바울이나 베드로[사도행전 10:9-23(베드로의 환상), 11:7-10에 반복]에게 직접 나타나시어 말씀을 전하는 존재로 변질[173]시키기까지 합니다. "그날 밤에 주께서 바울 곁에 서서 이르시되 담대하라 네가 예루살렘에서 나의 일을 증언한 것 같이 로마에서도 증언하여야 하리라"(사도행전 23:11)는 것이 한 예가 될 수 있습니다.

바우류당: 사도 바울께서는 지식인이고 기본적인 과학적 지식이 있었기 때문에 동정녀라는 개념을 수용할 수 없었을 것입니다. 하지만 예수님의 관점과 동떨어진 부활과 사후세계를 강조하는 나름대로의 교리를 개발한 것으로 보입니다. 킴 소장께서 지적하신 '주 예수'라고 하면서 예수를 '주(Lord)'로 부르는 것이 '하나님 복음'의 핵심인 것으로 보입니다. 이를 통해 신약의 하나님을 구약의 여호와와 동격으로 엮는 작업을 한 것이 확실해 보입니다.

신약성경은 구약성경과는 달리 하나님이 직접 등장하여 말씀을 전하는 경우는 없습니다. 단지 예수께서 당신의 내부에 존재하는 하나님의 뜻을 전달하는 구약성경에서의 선지자와 같은 역할을 하시는 것이 전부입니다. 사도 바울이 예수님 사후에 당신이 마치 여호와와 같이 개개인의

---

173) *사도행전 9:5-6*, 22:8-10, 23:11, 26:14-18

일에 개입하는 역할을 담당하는 것처럼 언급한 몇 가지 사례를 제외하고는 그런 경우를 찾아볼 수 없습니다. 이를 보면 하느님의 역할은 여호와의 역할과 확실한 차이를 보입니다.

아인스호키: 두 사람의 이야기를 듣고 보니 '주 예수'라는 표현이 복음서 중에는 유일하게 예수의 부활을 다루는 부분에 나온다는 것이 흥미로워요. 바울 서신에 '주 예수'나 '주 예수 그리스도'라는 용어가 모두 사용되는데 누가복음의 예수 부활 부분에 유일하게 이 용어가 사용된 것은 이 부분이 나중에 추가되었다는 것을 암시하는 거예요.

라바모스: 원죄설을 최초로 창안해 낸 2세기 리옹의 주교 이레네우스(Irenaeus, 기원후 135~202) 시절 시중에 수십 권에 달하는 복음서가 떠돌고 있었다. 그런데 그는 이중 공관복음서인 마태복음, 마가복음 및 누가복음과 요한복음만 역사적 예수의 이야기를 다루는 진품으로 제멋대로 판정하여 채택하고 나머지 복음서는 가짜라고 탈락시키고 보이는 대로 모조리 불태워 없애 버렸다. 다행히도 탈락된 복음서 중 일부가 나그함마디에서 기적적으로 발견되었다.

두레스킴: 일부 성직자들이 로마 제국 시대 유대인 출신 역사가 요세푸스(기원후 37~100)가 유대인들이 로마 제국의 통치에 반발하여 반란을 일으키던 시절을 기록한 『유대고대사』에 예수님이 언급되고 있다고 주장하는데, 마찬가지로 예수님 관련 부분은 이 역사서 초본에 없던 내용[174]인데 기독교가 공인된 이후에 첨가된 것으로 보고 있습니다.

오리게네스(Origen, 기원후 184~253, 알렉산드리아학파를 대표하는 기독교의 교부)는 "요세푸스가 '유대전쟁사' 6.5.4에서 유대 구세주 예언은 실제로 전쟁에서 승리한 베스파시아누스 황제를 지칭한다고 밝히고" 있기

---

174) *The Jesus Puzzle*, Earl Doherty, Canadian Humanist Publications, 1999: 206

때문에 요세푸스가 예수를 구세주로 믿지 않았다고 주장합니다.[175] 기원후 4세기 초 로마 기독교의 홍보를 담당하던 주교 에우세비우스가 예수님과 관련된 내용이 담긴 요세푸스의 역사서 신판을 만들어 공개했습니다. 이후로 요세푸스의 역사서는 예수께서 역사적으로 실존하신 것을 입증하는 기초 자료로 활용되고 있습니다.[176]

라바모스: 또한, 토리노 대성당에 안치되어 있는 수의가 예수가 십자가형을 받을 때 입은 옷인지에 대한 논란이 있었다. 1353년 프랑스의 한 교회에서 처음 공개된 이후 관심의 대상이 되었는데, 1988년에 가까스로 이루어진 탄소 방사성동위원소 측정 결과 13세기나 14세기의 옷으로 판정되었다. 하지만 교황청은 이런 과학적 판정을 부정하면서 추가적인 과학적 조사를 거부하고 아직도 이 옷을 아주 성스러운 물품으로 취급하고 있다. 이는 마치 토끼가 되새김질한다고 억지 부리는 과학자의 주장과 별반 다를 바 없어 보인다.

아인스호키: 토리노 수의에 대해 3개 연구기관에서 각각 시험을 했는데, 옥스포드대학에서는 기원후 1200년, 아리조나대학에서는 1304년 그리고 취리히연구소에서는 1274년에 제작된 것이라는 결과를 내놓았어요. 토리노 수의는 프랑스에서 14세기 중엽에 처음으로 갑자기 공개됐고, 1578년부터 토리노 성당에 안치된 후, 1983년부터는 교황청이 직접 관리감독하며 보물처럼 소중히 다루고 있지요.[177]

이처럼 누군가가 기괴한 아이디어로 그럴 듯한 물건을 내놓으면 진품 여부와 상관없이 교황청이 자의적으로 판단하여 성물(聖物, 성스러운 물건)로 채택하지요. 종교 집단에서 자신들의 종교활동에 도움이 될 것이라

175) *The Jesus Puzzle*, Earl Doherty, Canadian Humanist Publications, 1999: 210
176) *The Jesus Mysteries*, Timothy Freke & Peter Gandy, Three Rivers Press, 1999: 137
177) *The Greatest Show on Earth*, Richard Dawkins, Free Press, 2009: 105-106

고 판단되면 쓰레기도 성물의 경지로 신분 상승하게 되고, 이후로는 과학적이고 객관적인 진위 여부 확인 작업을 철저하게 거부하거나 검증 결과를 부인하지요. 자신들의 권위에 도전하는 어떤 형태의 활동도 용인하지 않는 폐쇄형 사고가 바로 교황청을 비롯한 모든 종교단체의 속성이라고 할 수 있어요. [모스 랍비! 교황청이 쓰레기 집하장 같다고? 설마 그렇겠어, 예외적으로 몇 가지만 그렇겠지…]

라바모스: 영국의 헨리 8세(기원후 1491~1547, 1509~1547 재위)는 1538년에 이르러서는 [수도원을 해산하고 그 재산을 환수하는 작업을—저자 주] 전국적으로 범위를 넓혔으며, 수도원들이 소장하면서 기적을 일으키는 것으로 우매한 민중들에게 거룩한 사기를 치던 미신적인 것들을 런던으로 가져와서 대중들에게 공개하고 파괴했다. 그런 것들 가운데는 "성 베드로의 머리털과 수염, 성 스데반이 맞아 죽은 돌, 순교가 성 토마스의 머리카락과 뼈, 성모 마리아의 젖과 '다른 두 개의 뼈'가 담긴 조그마한 수정 유리병, '영국에서 가장 값진 유물로서 카버샴'(Caversham: 리딩(Reading) 근처에 있다)으로 우리 구세주의 옆구리를 찌른 창의 머리 부분을 가져왔다고 여기는 '한쪽 날개의 천사,' 성 베드로가 벤 말고(Malchus)의 귀, '황금 관과 (값진) 돌'로 뒤덮여서 윈체스터에 보관되어 있는 성 필립의 발" 등이 있었다.[178) [호키 박사! 봤지, 아직도 할 말이 있는겨? 엄지 척이시네…]

아인스호키: 기독교의 경우 16세기 초 루터와 칼뱅 등에 의해 종교 개혁이 이루어진 후 비로소 각 나라 언어로 된 성경을 신도들이 읽을 수 있게 되었지요. 하지만 그 누구도 성경 내용의 모순점을 자유롭게 지적하거나 비난하는 것이 허용되지 않았어요. 그럴 경우 파문하거나 불경죄를 물어 처형하거나 철저하게 무시해 논란을 잠재웠어요. 그리고 심각한 오

---

178) *일상적 폭력 폭력적 종교*, 이종록, 쿰란출판사, 2017: 330-331

류나 모순에는 과감하게 내용을 인위적으로 조작하거나 반박 논리를 개발해 대응하며 지금까지 버텨오고 있지요.

두레스킴: 그러면 왜 이런 상황이 지속되고 있는가 하는 의문을 갖지 않을 수 없습니다. 16세기 초만 해도 성경을 개인적으로 소장하면 사형을 시킬 정도로 철저히 규제하였으며, 라틴어 이외의 다른 언어로의 번역도 허용되지 않았습니다. 이처럼 지식을 독점하고 자신들의 입맛대로 교리를 해석하고 이를 비판 없이 전달하는 체계를 갖추자 성직자들은 심지어 면죄부까지 공공연히 거래하는 치부를 드러냈습니다.

그나마 이때는 성경이 그대로 일반인에게 공개될 경우의 문제점을 예상하고 개인적 소장을 금지시키는 안전장치를 마련하였으니 일말의 양심이나마 있었다고 할 수 있습니다.

라바모스: 중세 시대 교회와 수도원들이 보여 준 탐욕과 억압이 결국 종교 개혁을 발생케 한 것이다. 종교 개혁이 발생한 원인을 생각할 때, 우리는 순수한 종교적 열정을 앞세우기 쉬운데 현실적으로는 교회가 재산을 형성하기 위해서 저지른 악행 때문이라는 게 더 설득력을 갖는다. 그래서 종교 개혁 원인을 규명할 때 종교적인 측면, 정치적인 측면과 아울러 경제적인 측면을 고려해야 한다.[179)]

종교 개혁 이후 각 나라의 언어로 된 성경이 보급되었지만, 번역의 문제와 방대한 양으로 인해 처음부터 끝까지 제대로 읽어 보고 음미해 본 사람은 많지 않았을 것이다. 하지만 이제는 많은 사람이 글을 읽는 수준이 아니라 스스로 읽고 이해하고 판단할 수 있게 되었다.

아인스호키: 구약성경의 문제점을 파악하고 이를 뛰어넘는 교리를 찾아 복음을 전하려던 예수의 시도는, 바울이 새로운 복음을 담은 교리를 구

179) *일상적 폭력 폭력적 종교*, 이종록, 쿰란출판사, 2017: 327

약성경과 엮고 부활과 사후세계를 강조하는 바람에 무산되었어요. 결론적으로 예수가 바울에게 판정패 당한 거예요. 이로 인해 우리 인류는 한편으로는 중세의 암울한 암흑기를 거쳤고, 다른 한편으로는 자연과학과 인류의 발전이 저해되었지요.

지금까지 우리의 토론에 많은 공헌을 한 토마스 페인이 성경을 검토한 후 마지막 남긴 결론의 일부를 공유하려고요. "계시나 계시 종교로 불리는 것이 인류를 괴롭혀 온 가장 증오할 만한 사악함, 가장 무시무시한 잔인함, 그리고 어마어마한 비참함의 근원이었다. 종교는 신성함의 특성과는 동떨어진 가장 수치스러운 믿음으로 변질되었고, 인간이 존재한 이래로 인간의 도덕성, 평화와 행복을 가장 많이 파괴시켜 왔다. 가능하다면 천(千)의 악마가 자기 나름대로의 원칙을 갖고 있다면 이들이 마음껏 휘젓고 다니며 이를 공개적으로 설교하고 다니도록 허용하는 것이 지금까지 우리가 모세, 여호수아, 사무엘이나 다른 성경 선지자들과 같은 사기꾼이나 괴물이 입으로는 신의 말을 전하는 척하며 우리에게 다가와 신뢰를 얻도록 내버려둔 것보다 훨씬 좋을 것이다.

성경을 가득 채우고 있는 남자, 여자, 아이 가릴 것 없이 한 국가의 모든 사람을 잔인하게 몰살시키는 만행, 그리고 유럽을 피와 잔해로 가득 채우는 피비린내 나는 처형, 죽음으로 몰고 가는 고문, 종교 전쟁과 같은 것들은 소위 계시 종교라 불리는 불경스러운 것과 신이 직접 인간에게 말로 전해 주다는 무시무시한 믿음으로부터 비롯되었다. 이런 상황은 구약성경의 거짓말과 신약성경의 거짓말이 각각 한 축을 담당하며 나타나게 되었다. … 구약성경은 불평불만, 잔인함과 살인을 가르치고 있고, 신약성경은 전지전능한 존재가 약혼한 여성을 탐한 것을 믿으라고 하고, 이런 방탕함을 그대로 믿는 것이 신앙이라고 가르치고 있다."[180]

바우류당: 사도 바울께서 "사랑은 언제까지나 떨어지지 아니하되 예언도 폐하고 방언도 그치고 지식도 폐하리라 우리는 부분적으로 알고 부분적으로 예언하니 온전한 것이 올 때에는 부분적으로 하던 것이 폐하리라"(고린도전서13:8-10)라는 말씀을 하시는데, 이것은 많은 의미를 담고 있습니다. 여기에서 바울께서는 구약성경에서 언급하는 예언은 이미 새로운 지식이나 가르침이 나와 의미를 잃었으니 폐하자고 제안하면서, 당신의 주장이나 예수님의 가르침 또한 온전한 가르침이 온다면 폐할 수 있다고 말하십니다.

이처럼 새로운 지식이 나오고 과학적 발전이 이루어지면서 경전의 오류가 규명되면, 그것을 고쳐 나가려는 자세가 필요하다는 것에 저도 전적으로 동감합니다.

라바모스: 세계 주요 종교의 핵심과 각 종교의 특징을 이해하는 일은 중요하다. 성급한 종교 간의 비교는 종교끼리 우열을 매기고, 자기 종교의 기준에서 다른 종교를 판단하는 오류를 범한다. 이제 그 '다름'을 참아주는 행위(톨레랑스, Tolérance)에서 더 나아가 상대방에 대한 배려와 존경으로 나아가야 한다. 한 종교만 옳다고 주장하는 처사는 지난 2천 년 이상 면면히 흘러와 인류 역사를 바꾼 종교에 대한 모독이다. 각 종교는 나름대로 자기만의 독특한 상징 체계와 행동 양식이 있다. 이것들을 심도 있게 연구하다 보면 개별 종교에서 지향하는 '길'은 하나라는 것을 깨닫게 된다. 그 하나는 바로 사랑을 베푸는 것이다.[181]

두레스킴: 예수님이나 바울은 구약성경의 내용에 대한 합리성이나 정당성에 대한 의문으로부터 시작해 신약성경의 교리를 창안했고, 무함마드

---

180) *Thomas Paine Collection*, Forgotten Books, 2007: 443-444, 내용 편집역주

181) *신의 위대한 질문*, 배철현, 21세기북스, 2015: 87

는 신약성경이나 예수님에 대한 의문으로부터 시작해 이슬람교의 교리를 만들어 냈습니다. 이제라도 양심을 가진 성직자나 지식인이라면 지금까지 밝혀진 자연법칙 그리고 진리와 진실에 근거한 교리를 개발하여 이를 전달하는 데 앞장서야 할 것입니다. 종교나 민족의 구분을 벗어나 협력한다면 인류가 공통으로 신뢰할 수 있는 통합 종교가 만들어질 수 있습니다. 이렇게 조성된 종교의 교리는 추가적인 과학 지식을 지속적으로 반영하여야 하고, 이를 통해 종교가 논쟁의 대상이 되지 않도록 노력해야 할 것입니다.

제3장

사후세계에 대한 오해

제3장

사후세계에 대한 오해

두레스킴: 사후세계를 믿는 사람들이 많습니다. 그런데 사후세계를 어떻게 정의할 것인지, 그곳에서의 삶이 있다면 어떤 모습일지, 사후세계에선 이승에서 사는 것과 같이 똑같은 자신의 육체와 의식을 가지고 사는 것인지, 이승에서 누리던 육체나 의식의 일부가 다른 곳으로 옮겨가 살게 되는 것인지, 또는 어떠한 것도 이전되는 것이 없이 새롭게 시작되는 것인지 등의 질문이 나올 수 있습니다. 이것들에 대해 하나하나 분석해 보면서 어떤 것이 가장 합리적 추론일지 살펴보기로 하겠습니다.

라바모스: 구약성경에는 천당이나 지옥에 대한 내용이 전혀 없다. 유대교에서는 기원전 2세기까지만 해도 천당이나 지옥에 대한 개념이 전무했지만, 이후 사후세계에 대한 사람들의 관심이 높아지면서 랍비들도 사후세계와 영에 대해 많은 논의를 진행하고 있다.

바우류당: 경전의 내용을 전달하는 성직자는 신의 말씀을 대변하기 때문에 이들의 지시를 잘 따라야 절대자에게 순종하는 것이고, 이런 삶을 살아야 궁극적으로 사후에 천당에 갈 수 있습니다. 사후세계는 엄연히 존재하며 천주교에서는 천당과 지옥은 물론이고 연옥도 공식적으로 인정하고 있는 실체입니다.

라바모스: 그리스 철학자들은 사후에 영들이 특정한 장소로 이동하고 이곳에서 자신의 이승에서의 행위에 따라 심판을 받은 후, 상응하는 거

처로 이동하여 일정 기간 동안 자신의 행위에 대한 보상이나 처벌을 받은 후, 다시 이승으로 내려온다고 생각했다.[182] 플라톤의 대화편 '파이돈'에 '죽은 자들이 수호자의 인도로 이곳에 오게 되면 훌륭하고 경건하게 살았거나 그렇지 않았거나 모두 심판을 받는다. 큰 사고 치지 않고 평범하게 산 사람들은 아케론강으로 가서 운반선을 얻어 타고 호수에 다다른 후, 거기에 머물며 자신들이 저지른 죄과를 정화한다. 자신이 타인에게 저지른 잘못에 대한 벌을 받고 죄로부터 벗어난다. 자신의 선한 행위에 대해서는 개별적으로 보상받는다. 하지만 지은 죄가 심각한 사람(심각하게 또는 자주 신성 모독을 저질렀거나, 잔인무도한 살인을 저지른 경우)은 타르타로스에 던져져 다시는 빠져나올 수가 없다'[183]라는 내용이 있다.

두레스킴: 하지만 일반 종교에서 사후세계에서의 심판이 영원히 지속된다는 주장과 달리, 그리스 철학자들은 아주 심각한 죄가 아니거나 교정이 가능한 범죄를 저지른 사람은 타르타로스에 갔다가 일정 기간이 지난 후, 피해자에게 용서를 구하고 상대방이 이를 수용하면 호수로 돌아와 죄를 정화한 후 윤회한다는 생각을 갖고 있었습니다.

사실 이승에서도 죄의 정도에 따라 일정 기간 교정을 통해 죄의 사함을 받는 것이 일반적이며, 이것은 어떤 경우에든 적용됩니다. 죄의 위중함에 따라 처벌이 달라지듯이 저승에서의 처벌도 이승에서와 같아야 합리적일 것입니다. 전지전능한 신이 자기가 만들었다고 주장하는 존재에게 영원히 지속되는 박해를 가하거나 구박하는 것은 무자비하고 몰지각한 행동입니다. 이런 행동은 구약성경의 여호와와 같은 존재가 아니라면 상상

---

[182] *Euthyphro*, Apology, Crito, Phaedo, Plato, Prometheus Books, Amherst, NY, 1988: 128-9

[183] *Euthyphro*, Apology, Crito, Phaedo, Plato, Prometheus Books, Amherst, NY, 1988: 134

할 수 없습니다. 하지만 구약성경에는 사후세계에 대한 개념이 없었기 때문에 이런 주장의 근거를 찾기 어렵습니다. 그러므로 저승은 아주 판단력이 빈약한 사람들이 펼치는 주장으로 보입니다.

라바모스: 신약성경의 지옥은 그리스어로 타르타로스(Tartarus)로 표기되는데, 이 용어는 플라톤이 쓴 『고르기아스』라는 책에 '도덕적이고 신을 두려워하는 삶을 산 사람이라면 누구나 죽음의 순간에 축복받은 섬으로 떠나, 거기에서 어려움 없이 완벽히 행복한 삶을 영위할 것이다. 반면에 비도덕적이고 신을 믿지 않는 삶을 산 사람은 타르타로스라 불리는 징벌과 정의의 장소에 갇혀 살 것이다'라는 문장에 나온다.[184)]

플라톤은 천당을 '남달리 성스러운 삶을 산 사람들은 이승의 감옥에서 벗어나, 위에 있는 순수한 집으로 돌아가 보다 순수한 땅에서 거주한다. 철학으로 자신들을 정화한 자들은 육체를 갖지 않고 말로써 표현할 수 없을 정도로 좋은 저택(mansion)에서 살게 된다'[185)]라고 정의한다.

바우류당: 조로아스터교에서는 신약성경이 나오기 수백 년 전에 이미 '사악한 자에게 파괴의 타격이 가해질 것이지만, 정직한 사람은 아후라의 행복한 거주지에 모여 살게 될 것이다'[186)]라고 했습니다.

두레스킴: 플라톤이 언급한 저택과 관련하여 예수께서는 "내 아버지 집에 거할 곳이 많도다 그렇지 않으면 너희에게 일렀으리라 내가 너희를 위하여 거처를 예비하러 가노니"(요한복음 14:2)라고 말씀하시는데, 저승의 상황에 대해 확신하지 못하고 있음을 보여 줍니다. 한편 영어 KJV판에는 '거할 곳'을 플라톤이 언급한 저택(mansion)이라는 용어를 그대로 쓰고

---

184) *Gorgias*, Plato, Oxford University Press, Oxford, NY, 1994: 129,, 523b

185) *Euthyphro*, Apology, Crito, Phaedo, Plato, Prometheus Books, Amherst, NY, 1988: 134-5

186) *Life and Teachings of Zoroaster*, the Great Persian, Loren H. Whitney, BiblioBazzar, 2009: 182

있지만, NIV판에서는 방들(rooms)로 적고 있습니다. 저택에 대한 거부감 때문에 바꾸었는지 알 수 없지만, 사후세계에 대한 개념은 그리스 철학자와 조로아스터교의 영향을 많이 받은 것이 확실합니다.

아인스호키: 기독교의 천당과 지옥은 그리스 철학자들이나 조로아스터교의 영향을 받은 것이 사실이에요. 이미 언급한 바와 같이 로마에서 기독교를 국교로 지정한 후 이와 상충되는 내용의 복음서나 그리스 문화권의 사상을 이단으로 규정하고 전부 불사르거나 소장을 금지하였지요. 이런 대대적인 문화 말살 조치에도 불구하고 그리스 철학자들의 일부 서적들이 아랍 지역으로 넘어갔고, 이슬람교는 이들의 이론을 반영하여 사후세계가 포함된 교리를 정립하여 자신들의 경전인 쿠란을 만들었어요. 기독교에서는 중세 후기부터 아랍 지역에서 통용되던 그리스 철학자들의 저서를 접하게 되었고, 이후 사후세계나 영에 대한 개념을 정립하고 이를 반영한 교리를 만들었어요.

바우류당: 기원후 14세기부터 16세기에 걸쳐 이루어진 르네상스 시대는 중세 암흑기를 근세와 연결해 주는 시기로 알려져 있습니다. 문예부흥기 또는 문화 혁신 운동으로도 불리는데 그동안 이단으로 치부되어 근접할 수 없었던 고대 그리스 철학자들의 사상을 복구하자는 것이 르네상스의 핵심입니다. 단테(기원후 1265~1321)가 1308년경부터 죽기 전까지 쓴 신곡이 이 시기와 겹치는 것은 결코 우연이 아님을 알 수 있습니다.

라바모스: 예수는 요한복음 6:38에서 "내가 하늘에서 내려온 것은 내 뜻을 행하려 함이 아니요 나를 보내신 이의 뜻을 행하려 함이니라"라고 하면서, 자신이 하늘(천당)에서 내려왔다고 주장한다. 하지만 복음서 어디에서도 천당의 모습을 제대로 알려 주지 않았다. 이것은 하나님과의 비밀이기 때문에 언급하지 않았다고 할 수 있다. 하지만 자신의 주장대로 천당에 머무르다 내려왔고, 정말 천당이 살기 좋은 곳이었다면 가능한 한 많

은 사람에게 그곳의 장점을 알려 자신을 믿게 만들려고 했을 것이다.

아인스호키: 이러한 사실로 미뤄 보면 예수가 자신이 하늘에서 왔다고 주장하였지만, 하늘(천당)이 어떤 곳인지 모르고 그냥 언급했거나 천당의 모습이 표현하기에 부적절한 환경이라고 판단했을 가능성도 있어요.

두레스킴: 두 분의 말씀도 일리가 있습니다만, 예수께서는 이승에 천국을 구현하는 것을 강조하셨기 때문에 천당을 언급하신 것은 비유적인 것이며, 진짜 의도는 이승에 천국을 마련하는 것으로 해석할 수 있습니다. 그리고 예수께서 천당에서 내려오셨다고 하는 부분은 예수님의 말씀이 아니라 이 복음서의 저자가 품고 있던 생각일 수도 있습니다.

원래 부처님이나 예수님의 가르침에는 천당과 지옥이 거의 언급되지 않습니다. 간혹 천당이나 지옥이 거론되긴 하였으나 비유적 의미로 쓰였거나 교훈적 목적으로 인용된 것이고, 일반적으로 우리가 인식하고 있는 개념과 큰 차이가 있습니다. 천당과 지옥은 실재로 존재하진 않고, 오직 성직자들이 신도들의 상상 속에 심은 장소일 뿐입니다. 이것을 종교계가 확대 해석하고 일반인들에게 사실인 것처럼 인식시키려는 의도로 구체화시키고 있는 것이 문제면 문제라 하겠습니다.

아인스호키: 누가복음 16장에 거지 나사로와 나사로의 요청을 거부한 부자가 죽고 난 후에 천당과 음부[KJV판의 영어 표현은 지옥(hell)이어서 지옥으로 볼 수 있으나, 그리스어로는 하데스(Hades: 그리스 신화에 나오는 죽음과 지하세계를 다스리는 신)로 구약성경에 나오는 스올(sheol, 무덤)을 일컬음]에 따로 가서 이야기 나누는 장면을 묘사하고 있어요. 이승에서 선하게 살아야 하고, 어려운 사람을 도와야 한다는 교훈을 천당과 음부(지옥)를 비유하면서 전하지요. 여기에서 묘사되는 천당과 지옥은 일반적으로 인식하고 있는 것과는 커다란 차이가 있어요. 서로 왕래할 수는 없지만 대화가 가능할 정도의 공간으로 묘사되지요.

라바모스: 성경에서 지옥과 음부를 뜻하는 단어는 구약성경의 히브리어로 '스올(sheol)'이며, 신약성경의 그리스어로는 '하데스(hades)'다. '스올'이 구약성경에서 쓰일 때는 음부와 지옥을 다 포함하고 있기에 음부의 의미일 때는 영어 KJV판에서는 '무덤(grave)'으로 번역되었고, 지옥의 의미일 때는 '지옥(hell)'으로 번역된 것이며, 개역개정판에도 마찬가지로 '음부'와 '지옥'으로 각각 구분하여 적고 있다. 한편, 영어의 'grave'는 무덤의 뜻으로 쓰일 때도 있는데, 이때는 음부를 뜻하는 '스올'과는 다른 단어가 사용되었다. 즉 히브리어 '베이(bei)'나 '케부라(qeburah)', 또는 '케베르(qeber)'라는 용어가 사용되면 영어 'grave'는 '무덤'을 의미한다. 따라서 개역개정판에서도 히브리어의 차이에 따라 'grave'가 무덤으로, 또는 음부로 각각 구분되어 번역되었다.[187]

---

187) https://blog.daum.net/bk1981/2457

두레스킴: 구약성경 KJV판에서 '지옥'이라 표현한 것을 NIV판에서는 히브리어 '스올'로 다시 환원시키는 작업이 이루어졌습니다. 사후세계에 대한 개념이 도입되고 난 후에 히브리어로 표현된 무덤의 형태 중 특정 단어를 골라 지옥으로 바꾼 것 같습니다.[188]

아인스호키: 성서학자들은 구약성경에 나오는 '스올'이 무덤이냐 지옥이냐를 이분법적으로 따지는데, 무덤의 형태에 따라 다양한 용어가 사용되었을 수 있어요. 이사야 14:15에서 무덤을 지칭하면서 KJV판은 무덤 구덩이 옆을 '지옥'으로, NIV판은 무덤 구덩이 맨 밑을 '무덤'으로 표현하고 있어요. 여기에서 알 수 있는 것은 무덤을 만들 때 관의 옆으로 공간을 냈는지, 무덤이 얼마나 깊은지에 따라 무덤의 형태를 분류했다는 것이에요. 그리고 지옥이 무덤 외에 죽음이나 사망으로 번역되는 사례를 볼 수 있지요. 이것은 사체의 처리 방법이나 보관 방법과 관련이 있을 수 있어요.

---

188) 부록 8: 구약성경의 지옥

301 영혼

바우류당: 지금까지 토론하는 과정 중에 영이나 영혼이 언급되었지만, 이 용어에 대한 정의가 확실치 않은 것 같습니다. 이에 관한 의견을 나눠 보는 것도 의미가 있을 것 같습니다.

라바모스: 내가 좋아하는 플라톤 학파에 따르면 인간은 '영혼'이라는 고귀한 실체의 일부를 자신의 내부에 지니고 있다고 한다. '영혼은 출생하기 전부터 존재하였고 영적 세계의 일부분이다. 지금 영혼은 물체를 구성하는 육체에 갇혀 있지만 궁극적으로 육체를 떠나 신성과 재결합하게 되어 있다. 영혼은 영원불멸이다. 영혼을 통해 인간은 보다 위대한 삶에 합류하게 되어 있다.'[189] 이 내용을 참조하여 각자의 의견을 내고 토론을 이어가면 좋겠다.

흔히 유대교에는 영혼의 개념이 없다고 오해하는 사람들이 많다. 하지만 우리는 영을 기본적으로 세 단계로 구분하여 각각에 의미를 두고 이를 믿고 있다. 첫째, 네페쉬(Nefesh, 숨: breath)는 영의 첫 단계로 육체적인 것에 가깝다. 육체에 깃든 생명력을 의미하고, 육체가 하나의 기관으로서 기능할 수 있도록 육체와 결합되어 있는 살아 있는 육체를 의미한다. 둘째, 루아흐(Ruach, 바람: spirit)는 영의 두 번째 단계로 바람, 정령(spirit), 또는 숨을 의미한다. 사람을 움직이게 하는 열정과 격렬한 감정을 포함한다. 셋째, 네샤마(Neshama)는 영의 세 번째 단계로 영의 초이성적인 힘과 관련이 있다. 이 힘은 단순한 정신 작용인 산술이나 논리보다 우위의 것이다. 컴퓨터 프로그래머와 같은 역할을 하여 영혼을 독특하고 개별적 형태로 만들어 준다.

---

[189] *The Jesus Puzzle*, Earl Doherty, Canadian Humanist Publications, 1999: 33

위에서 언급한 세 단계 외에 상위 개념의 두 가지 영이 더 있다. 첫째는 차야(Chaya)다. 이것은 '살아 있는 영혼'이라고 하는데, 두개골의 바로 밑 두뇌 윗부분에 위치한 공기 체액에 위치하며 인간을 지성의 최상의 생각들보다 더 높은 것을 생각하도록 한다. 이 영혼은 사람들을 신성한 봉사, 무욕(無慾), 신의 섬김과 인류애로 이끄는 역할을 한다. 사람을 구하기 위해 불이나 물에 뛰어드는 등의 역할을 한다. 둘째는 예치다(Yechida)로, 이것은 '유일한 영혼'이다. 다른 영혼들과는 독립적이며 완전히 독특한 방식으로 기능한다. 이것은 신의 생기를 나타내며 아래 단계의 영들에게 방해가 되는 어떤 것도 극복할 수 있다.[190]

두레스킴: 이렇게 구분하는 것이 무슨 의미가 있는지 모르겠습니다. 그리고 탈무드에서 규정하는 영을 보면 정신세계를 나누어 놓은 것 이상의 의미가 없습니다. 구약성경에서 생령(soul)은 마음(단독으로 나올 경우), 또는 성품(heart와 같이 나올 경우), 또는 생명이나 인간을 일컫는 의미로 쓰입니다. 숨은 혼령(ghost)이나 정령(정신, spirit)으로 표기하고 있습니다. 이것은 사후세계로 돌아가는 영을 의미하는 것이 아니고 육체와 구분되는 정신활동 또는 생명력이나 기를 달리 표현한 것에 불과합니다. 유대교에서 구분하는 영의 다섯 가지 모두는 인간만이 아니라 동물이나 식물의 세계에서도 흔히 관찰할 수 있는 현상입니다.

아인스호키: 유대교에서 영혼을 구분하는 기준은 과학계에서 발견한 정신세계의 작용과 크게 다를 것이 없어요. 인간의 뇌는 세 부분으로 구성되어 있어요. 가장 안쪽에는 심장박동과 같은 자동 기능을 통제하는 두뇌줄기 또는 파충류 뇌라고 불리는 대뇌반구가 자리 잡고 있지요. 중간에는 감정, 동기와 기억 외 여러 가지 기능을 통제하며 포유류 뇌라고도 불

---

190) *The Talmud*, A. Parry, Alpha Books, 2004: 259-261, 내용 편집역주

리는 대뇌변연계가 있으며, 가장 밖에는 추상적인 생각, 공간 인지 및 언어와 같은 고차원의 기능을 담당하며 인간 두뇌 혹은 신피질로 불리는 것이 있어요. 소위 하등동물로 분류되는 생명체에도 대뇌변연계나 신피질이 있으며 나름대로 사람이 하는 기능을 담당하고 있어요. 이들의 뇌와 사람의 뇌의 기능의 차이는 정도의 차이일 뿐 본질적으로 다르지 않아요. 이런 기준으로 본다면 곤충 및 동물들도 유대교에서 설명하는 다섯 가지 영의 속성을 다 갖고 있다고 볼 수 있지요.

라바모스: 우리가 믿는 영도 타 종교에서 말하는 사후세계와 연결된다. 유대교 신비주의인 카발라의 중요한 경전인 조하르에서는 '네페쉬는 사람이 죽고 나서도 길게는 1년 동안 죽은 육신 곁에 머물고, 루아흐는 사람이 이승에서 저지른 죄를 정화하기 위해 연옥으로, 그리고 네샤마는 천당으로 가서 권좌[여호와]와 합해지는 최상의 축복을 누린다. 차야나 예치다는 고귀하기 때문에 더 높은 수준의 천당으로 간다'라고 가르치고 있다. 우리는 사람이 죽은 후에도 영이 이승의 삶과 별개로 떨어지지 않고 죽은 자와 산 자의 영혼 간의 긴밀한 연결이 이루어진다고 믿는다.[191] 우리와 똑같이 그리스 철학자들은 죽음을 육체와 영혼의 분리로 정의한다. 그리고 이들이 영혼이라고 정의하는 존재는 우리 유대교와 마찬가지로 정신을 포함한다.[192]

바우류당: 저희 천주교도 그리스 철학자들과 비슷한 교리를 가지고 있습니다. 요한 바오로 2세 교황께서 1999년에 천당과 지옥은 실체를 갖는 장소가 아니라 신과 교감(하거나 또는 하지 않을 수 있는)하는 영의 상태라는 것을 확인해 주셨습니다. 그곳에서 우리가 접하는 '천당'이나 '행복'은

---

191) *The Talmud*, A. Parry, Alpha Books, 2004: 261, 내용 편집역주

192) *Euthyphro*, Apology, Crito, Phaedo, Plato, Prometheus Books, Amherst, NY, 1988: 76-78

구름 속에 존재하는 실체적 장소나 추상적 관념이 아니고, 삼위일체와 생동감 있게 사적 관계를 나누는 것을 의미합니다.[193]

두레스킴: 그렇다면 두 분께서는 사후에 저승으로 가는 것은 실체인 육체가 아니고, 영적 존재인 영혼이라는 말씀을 하고 계십니다. 그런데 정신은 육체와 긴밀하게 상호 작용하는 결과로 나타나는 것이며 육체가 사라지면 정신도 따라서 사라져야 합니다. 그렇다면 죽은 후에 육체와 정신이 사라지고 남은 순수 영혼에는 아무런 육체적 또는 정신적 요소가 없어야 합니다. 궁극적으로 육체가 배제된 '생각하는 영'은 존재할 수 없습니다. 사고라는 것은 육체적 자극에 대한 반응입니다. 그런데 자극을 받을 수 있는 육체라는 매개체가 배제된 상태에서 사고하는 영은 있을 수 없습니다.

라바모스: 킴 소장의 의견과 관련하여 플라톤은 죽음을 앞둔 소크라테스의 입을 빌려 진정한 철학자들은 죽은 후에 '우리는 육체의 어리석음으로부터 해방되어 순수함을 찾고 다른 순수한 영혼들과 벗이 될 것이다. 우리는 우리 자신이 도처에 존재하는 분명한 빛이라는 것을 알게 될 것이며 이것은 바로 진리의 빛이다'[194]라고 말한다.

한편 소크라테스의 대화 상대인 세베스(Cebes)가 '영과 관련하여서는 사람들이 의심하기 쉽다; 사람들은 영이 육체를 떠나면 갈 장소가 없고 죽어서 육체로부터 떨어져나가는 시점에 연기나 공기와 같이 분출되어 아무것도 아닌 상태로 바뀌듯이 바로 파괴되고 소멸된다'[195]라고 주장한다.

아인스호키: 사실 영은 그와 같은 상태로 돌아가는 것이에요. 우리가 무(無)에서 왔듯이 무로 돌아가는 것이 자연스러워요. 하지만 오거나 돌아

---

193) *Heavens on Earth*, Michael Shermer, Henry Holt and Company, 2018: 57

194) *Euthyphro*, Apology, Crito, Phaedo, Plato, Prometheus Books, Amherst, NY, 1988: 80

195) *Euthyphro*, Apology, Crito, Phaedo, Plato, Prometheus Books, Amherst, NY, 1988: 83

가는 무의 상태는 완전한 무가 아니라 킴 소장이 주장하는 무유며, 이것은 신과 같은 속성을 갖지요.

두레스킴: 앞으로 무유[無有, Nosome(Nothing but Something의 합성어)]라는 말이 자주 나오게 될 텐데, 여기에서 간략하게 정의하고 진행하는 것이 좋겠습니다. 무유란 빅뱅이 일어난 시점의 상태를 의미하며, 원자가 깨져 있어 단지 진동의 속성만 존재하는 상태입니다. 부록 9에 나오는 원자의 구조에서 양성자 이하 단위의 상태로 이해하시면 됩니다. 이 무유에서 원자가 나오고 결국 만물이 나옵니다. 바로 위에서 모스 랍비께서 플라톤이 언급했다는 빛을 광자와 같은 개념으로 이해하시고 대화에 참여하시기 바랍니다. 다음 장에서 보다 구체적으로 다루다 보면 개념을 정립할 수 있을 것입니다.

바우류당: 사도 바울께서는 영이 모든 것을 살피며, 심지어 "하느님의 깊은 경륜(내면)"까지 살핀다고 주장합니다(고린도전서 2:10). 바울께서는 영이 인간의 심층적 차원일 뿐 아니라, 더 나아가 하나님의 심층적 차원이라고 주장합니다. 이것은 깜짝 놀라게 만드는 개념입니다. 즉 하느님의 영과 똑 같은 영이 우리들 속에도 있다는 말입니다. … 예수께서는 이 영(靈)이 모든 생명의 중심이라는 것을 명백하게 하셨습니다. 그래서 바울께서는 이런 생각의 결론으로서, 우리 인간의 몸이 "그 거룩한 영의 성전"이라고 주장했습니다(고린도전서 6:19). 사람의 손으로 만들어진 예루살렘의 물리적 성전은 초자연적이며 외부적인 하느님(여호와)에게 지상의 거처(居處), 말하자면 집을 마련해 주기 위해서 만들어진 것입니다. 이제 바울께서는 하느님을 위한 새로운 거처가 하늘 저편이 아니라 우리들 각자의 내면이라고 주장하고 있습니다.[196]

두레스킴: 신이 지구와 생명체를 창조하였다면 이승에서의 삶이 끝난 후

---

196) *기독교 변하지 않으면 죽는다*. 존 쉘비 스퐁, 한국기독교연구소, 2001: 143

에는 태어나기 이전의 상태로 돌아가고, 그 상태에서 다음의 삶을 찾아가도록 하는 것이 가장 자연스러운 배려일 것입니다. 모든 것은 무유(無有)에서 생성되었고, 결국 무유로 수렴될 뿐입니다. '죽음은 죽은 존재가 상태가 변화하여 다른 모습으로 구현되는 것일 뿐 모든 존재의 본질은 사라지지 않는다'라고 추론하는 것이 보다 합리적이고 이성적인 논리일 것입니다.

아인스호키: 일부 사람들은 저승에서 육체를 가진 채로 존재한다는 것이 불합리하다고 생각하기 때문에 단지 혼백의 상태로 존재할 것이라고 주장하지요. 하지만 육체가 없이 혼백의 상태로만 존재한다는 것은, 이승에서의 기억 이외에는 더 이상의 새로운 생각이나 기억이 생성될 가능성이 없기 때문에 불합리한 주장이에요.

두레스킴: 육체를 떠난 정신이라는 것은 존재할 수 없고, 정신은 육체가 다른 환경에서 다른 존재와의 접촉을 통해 의식되는 것이기 때문에, 육체를 배제한 혼백이나 정신이라는 것은 있을 수 없습니다. 또한, 이런 상태의 존재가 접촉을 통해 상호 작용을 일으킨다는 것은 인식의 오류일 수밖에 없습니다. 백 번 양보하여 혼백이 사후세계로 가서 존재한다면, 한 시점의 기억만이 존재하게 될 것입니다. 하지만 그런 상태로 존재하는 것은 의미가 없기 때문에 이런 주장의 실효성은 떨어집니다.

302 부활

두레스킴: 육체의 부활을 믿는 사람들이 있습니다. 사람이 죽으면 무덤에 들어가 있다가, 어느 시점에 하나님의 나라가 이승에 펼쳐지면서 죽은 자들을 불러내 그 세상에서 함께할 사람들을 심판을 통해 골라낸다는 허무맹랑한 발상입니다. 그래서 일부 부활을 믿는 사람들은 화장을 반대하고 매장을 권장합니다.

아인스호키: 그렇게 하는 이유는 무엇인가가 남아 있어야 신이 이것을 활용하여 사람을 마술사처럼 부활시킬 수 있다고 믿고 그 매개가 뼈라고 생각하기 때문일 거예요. 하지만 매장 후 오랜 시간이 지나면 거의 모든 뼈는 소멸되고 화석의 형태로 보존되는 경우에도 아주 단단한 두개골이나 치아 정도가 남는 경우가 대부분이며, 이것도 더 오랜 세월의 흐름 속에서 모두 소멸되는 것이 자연현상이지요.

라바모스: 부활의 개념을 교리로 정립한 사람은 바울이다. 바울은 예수를 조우하는 경험을 통해 믿음을 갖게 되었다는 주장과 더불어, 자신이 본 천상에서 부활한 예수의 모습에 대한 강한 집착을 보인다. 바울은 "만일 땅에 있는 우리의 장막 집[이승에서 빌려 입은 일시적 육체]이 무너지면 하나님께서 지으신 집 즉 곧 손으로 지은 것이 아니요 하늘에 있는 영원한 집[천당에서 영원히 지속되는 다른 육신]이 우리에게 있음을 아느니라'(고린도후서 5:1)고 말하거나, "그[예수]는 우리의 낮은 몸을 자기 영광의 몸의 형체와 같이 변하게 하시리라"(빌립보서 3:21)고 주장하거나, "우리가 다 수건을 벗은 얼굴로 거울을 보는 것같이 주의 영광을 보매 그와 같은 형상으로 변화하여 영광에서 영광에 이르니 곧 주의 영으로 말미암음이니라"(고린도후서 3:18)는 등의 표현들을 하고 있다.

바우류당: 이슬람교에서도 최후 심판과 부활 이야기가 나옵니다. 쿠란 17장 13절에 "우리(알라)는 모든 사람의 운명을 그의 목(his own neck)에 묶어 놨으니 부활의 날에 우리가 그들에게 펼친 책(기록)을 보도록 할 것이다"라는 표현이 있습니다. 여기에서는 남자의 운명만 이야기하고 있는데 여성의 경우는 어떻게 되는지 알 수 없습니다. 이들의 주장을 그대로 따르면 저승에는 남자들만 가는데 이승에서의 여인들과는 결별하고 준비된 여자 천사들과 더불어 사는 것입니다. 이 또한 남성우월주의를 엿볼 수 있는 표현입니다.

쿠란 17장 58절에는 부활의 날 전에 모든 마을을 초토화시키겠다고 합니다. 부활 후에 새로운 것을 짓기 위해 모든 것을 부수겠다는 것입니다. 그럴 바에는 기왕에 존재하는 마을을 살기 좋은 곳으로 만들고, 이곳에 부활시킨 사람들을 살게 하는 것이 더 효율적일 것입니다. 신의 능력을 과신하여 비효율적이고 비생산적인 말을 마구 쏟아내는 것이 이슬람교의 속성입니다.

앞의 내용에 이어 쿠란 22장 5절에도 부활이라는 말이 언급되고, 이어 7절에는 "의심할 바 없는 종말이 오면 알라께서는 무덤 속에 있는 자들을 부활시키니라[일으키니라]"는 표현이 있고, 9절에서는 심판의 날[부활의 날]을 언급합니다. 무덤 속에 있는 자들을 일으킨다는 것은 이집트의 영향을 받은 것입니다.

쿠란 39장 69절에 "대지는 주님(her Lord)의 빛으로 발산하니 업적의 기록들이 펼쳐지고 예언자들과 증인들이 앞으로 나오니 진리로써 그들 사이가 결정되매 그들은 조금도 부정하게 다루어지지 않노라"라는 표현을 하면서 심판의 날에 벌어질 상황을 기술합니다. 쿠란 78장 17-26절에는 "실로 분류하는 그날[심판의 날(Day of Decision)]은 정하여진 것으로 나팔(trumpet)이 울리는 그날 너희는 떼를 지어 앞으로 나오게 되며 하늘은 문이 열리는 것처럼 열리고 산들은 신기루처럼 사라지며 지옥은 기다리고 있으니 사악한 자들을 위한 목적지라(home) 그들은 그곳에서 영주하니라 그들은 그곳에서 시원함도 맛보지 못할 것이며 마실 음료수도 없으며 오직 끓어오르는 액체와 검고 어두운 혹독한 액체뿐으로 이것이 그들을 위한 적절한 보상이라"라고 하면서 심판의 날과 지옥에 대해 묘사합니다. 쿠란 18장 100절에도 나팔 이야기가 나옵니다.

두레스킴: 재미있는 것은 복음서 중에서 유일하게 마태복음에만 나팔(trumpet)을 불며 인자가 천사들과 나타난다고 했는데 동일한 표현이 쿠란에도 등장한다는 것입니다. 쿠란은 복음서나 신약성경과 달리 아주 체계적으로 구약성경과 신약성경의 내용들을 잘 소화하여 만든 걸작인 것만은 확실합니다.

하여튼 부활이 가능하다 해도, 만약 부활이 이루어진 후 지구나 또는 다른 어떤 곳에 있을 천당이나 지옥에 가서 그 많은 인간들이 살게 된다면, 마찬가지로 육체적인 존재가 이후 살아가게 될 천당이나 지옥에서의 삶은 비참할 수밖에 없을 것입니다.

아인스호키: 그리고 이럴 경우 그나마 천당이 따로 있다고 하면 요한계시록에 나오는 미국 국토의 1/2에 불과한 그렇게 좁은 곳(3장 305-1 참조)이 아니라, 지구보다는 훨씬 면적이 넓은 곳을 예상해 볼 수 있겠지요. 하지만 아무리 크더라도 이 지구에서 육체의 부활이 이루어져 이곳에서 심판을 통과한 사람들이 몰려가서 살게 되겠지요. 지금도 비좁아 문제가 많은 지구에 수백 세대에 걸쳐 존재했던 사람들이 동 시점에 같은 장소에 모여 살게 된다면 편히 앉을 자리나 나올지 의심하지 않을 수 없어요.

두레스킴: 기원전 5만 년부터 기원후 2017년까지 약 1,080억 명의 인간이 태어났고 현재 75억 명이 살아 있습니다. 현재 지구상의 인구를 제외하면, 약 1,000억 명 정도가 죽었으며, 죽은 자와 산 자의 비율은 14.4:1입

니다.[197] 당장 죽어 저승에 간다면, 이 지구에 사는 사람의 13배에 달하는 인간이 그곳에 몰려 있을 것입니다. 이들과 부대끼며 살 생각을 해보시기 바랍니다. 아무리 넓은 공간이 있다고 해도 이 많은 사람과 사는 것은 여러 가지 측면에서 불편할 것입니다.

아인스호키: 그리고 인간은 부활하는데 동물이나 식물은 부활하지 않는다면 그것도 문제가 될 거예요. 수많은 인간을 먹여 살릴 수 있는 자원이 턱없이 부족하여 기근과 기아가 난무하는 세상이 펼쳐질 것이 뻔하지요. 또한, 부활된 자들 모두가 평등하게 자유를 누리며 살 수 있을까 하는 것도 생각할 필요가 있어요. 그 세상에도 목회자와 신도의 구분이 있을 것이고, 거기에 더해 절대자와 그 주위를 맴도는 천사들이 이들보다 더 가공할 수준의 권위와 권리를 주장할 거예요. 오히려 이승에서 서로 양보하고 사랑을 베풀며 이승을 살기 좋은 세상으로 만들자고 했던 부처나 예수의 가르침을 실행하는 것이 바람직할 것 같네요.

바우류당: 구약성경에는 인간이 죽으면 음침하고 어두운 무덤에 들어가는 것으로 끝나는 것으로 보며 사후세계나 영이나 육체의 부활에 대한 언급이 없습니다. "그의 호흡이 끊어지면 흙으로 돌아가서 그 날에 그의 생각이 소멸하리로다"(시편 146:4)라는 표현이 나옵니다. 이 문장에서 호흡으로 표현된 영어 표현이 KJV판에는 호흡(breath)으로, NIV판에는 영(spirit)으로 쓰여 있습니다.

하지만 구약성경에는 사람이 죽으면 모든 것이 끝나는 것으로 봅니다. "모든 산 자들 중에 들어 있는 자에게는 누구나 소망이 있음은[살아 있는 사람은 희망이 있으니] 산 개가 죽은 사자보다 낫기 때문이니라 산 자들은 죽을 줄을 알되 죽은 자들은 아무것도 모르며 그들이 다시는 상을 받지

---

197) *Heavens on Earth*, Michael Shermer, Henry Holt and Company, 2018: 1

못하는 것은 그들의 이름이 잊어버린 바 됨이니라 그들의 사랑과 미움과 시기도 없어진 지 오래이니 해 아래에서 행하는 모든 일 중에서 그들에게 돌아갈 몫은 영원히 없느니라"(전도서 9:4-6)며, 이승을 떠난 후는 아무것도 없고 단지 잊혀질 뿐이라고 합니다.

라바모스: 유대교에서도 부활에 대한 믿음을 갖고 있다. 신명기 32:39에 '나는 죽이기도 하고 살리기도 한다'라는 표현, 이사야 26:19의 "죽은 자들은 살아나고 그들의 시체들은 일어나리이다 티끌에 누운 자들아 너희는 깨어 노래하라 주의 이슬은 빛난 이슬이니 땅이 죽은 자들을 내놓으리라"와 다니엘 12:2의 "땅의 티끌 가운데에서 자는 자 중에서 많은 사람이 깨어나 영생을 얻는 자도 있겠고 수치를 당하여서 영원히 부끄러움을 당할 자도 있을 것이며"(다니엘 12:2)라는 표현이 있다. 우리는 구세주가 나와 새 하늘과 새 땅을 만들면 죽은 자들이 부활하고 육체와 영혼이 하나되어 영원히 산다고 믿는다. 단 부활의 날은 특정할 수 없다.[198]

바우류당: 구약성경에 나오는 미지의 인물 다니엘이 부활의 개념을 발전된 형태로 정착시킨 최초의 사람입니다. 그가 언급하는 부활은 육체의 부활을 의미합니다. 이런 부활의 개념은 천주교 성경의 일부로 채택되고 마카베오서에서 구체적으로 활용됩니다.

아인스호키: 류당 신부의 이야기를 듣고 검색해 보았는데, 영생(everlasting life)이라는 단어는 요한복음에 자주 사용되지요. 이외에는 다니엘과 마태복음 19:29, 사도행전 13:46 및 로마서 6:22에 딱 한 번씩 나와요. 그런데 마찬가지 개념을 갖는 영생(eternal life)이라는 용어는 모든 복음서와 바울 서신에 나오는데, 특히 요한복음과 요한일서에 자주 언급되네요. 이런 용어가 구약성경을 통틀어 다니엘에 딱 한 번 나오는 것

[198] *The Talmud*, A. Parry, Alpha Books, 2004: 269, 내용 편집역주

을 보면 다니엘이 바울이나 예수 시대에 통용되던 이론을 익숙히 알고 있었다는 확신을 더 갖게 되요.

두레스킴: 요한복음에서 예수께서 주장하시는 영생의 의미를 되새겨볼 필요가 있습니다. 죽어도 산다거나 살아있는 자는 영원히 죽지 않는다는 것은 인간의 육체나 정신을 의미하는 것이 아닙니다. 그렇다면 이것은 존재의 본질의 속성을 언급하는 것으로 해석할 수 있습니다. 그것은 존재의 본질인 영이나 원자일 수도 있고 무유일 수도 있습니다. 예수께서는 "나는 부활이요 생명이니 나를 믿는 자는 죽어도 살겠고 무릇 나를 믿는 자는 영원히 죽지 아니하리니"(요한복음 11:25-26)라고 말씀하시면서, 이런 개념을 확실히 이해한다면 삶과 죽음의 구분이 없어진다고 하십니다. 이를 깨우치면 죽어서도 살아 있고, 살아서도 죽음을 두려워하지 않고 겸허히 받아들일 수 있다는 진리를 전달하고 계십니다.

바우류당: 이슬람교의 쿠란 87장 16-19절에 "그래도 너희가 현세의 삶을 좋아하나 내세가 더 좋으며 영원하니라 실로 이것은 옛 성서에도 계시되어 있으며 아브라함과 모세의 성서에도 그러하니라"라고 쓰여 있으나, 이것은 구약성경을 잘 모르고 하는 말입니다. 그리고 이 주장은 쿠란 6장 151절 "우리의 계시를 부인하고 사후세계를 인정하지 않으며 다른 자들을 그들의 신과 동일시하는 사람들의 변덕에 휘둘리지 말라"라고 하면서 유대교도들을 비난하는 내용과 정면으로 배치됩니다.

또한, "죽음에 이른 인간의 영혼을 수면의 상태로 하여 생명을 앗아가는 분은 알라이시라 기한이 된 영혼을 앗아가며 기한에 이르지 아니한 영혼을 잠시 유예하시는 분도 알라이시라 실로 이 안에는 숙고하는 백성들을 위한 교훈이 있노라"(쿠란 39장 42절)라는 표현이 있는데, 여기에서 언급되는 영혼이 어떤 상태를 이야기하는 것인지 확실치 않습니다.

두레스킴: 영혼을 어떻게 정의하고 신을 어떻게 정의하느냐에 따라 영혼

이 존재할 수도 있고, 마찬가지로 신이 존재할 수도 있습니다. 하지만 사람들이 일반적으로 인지하고 있는 사고를 하거나 육신의 부활과 연결되는 영이나 인간의 모습을 하고 감정 기복이 심한 신은 존재할 수 없다는 것이 핵심이고, 이것이 바로 진리입니다.

아인스호키: 에스겔서의 '골짜기에 대한 환상'에 부활과 관련된 부분이 나오지요. "내가 너희 무덤을 열고 너희로 거기에서 나오게 하고 이스라엘 땅으로 들어가게 하리라. … 내가 또 영을 너희 속에 두어 너희가 살아나게 하고 내가 또 너희를 너희 고국 땅에 두리니'(에스겔 37:12-14)라는 부분이지요. 이 구절은 마른 뼈들로 채워진 바빌론 지역에서 비참하게 유배 생활하는 유대인을 달래려고 쓴 거에요. 그곳에서 죽더라도 유배에서 풀려나면 꿈에 그리던 고향으로 돌아갈 수 있다는 희망을 불러일으키지요. 하지만 어느 누구도 무덤에서 걸어 나오지 못했어요.

라바모스: 어이, 호키 박사! 예수가 죽을 때 무덤에서 집단으로 기어 나온 좀비들이 있다고 당신이 말했다. 자기가 한 말을 잊어버리고 생뚱하게 다른 말을 하는 것은 지식인의 자세가 아니다. [왜, 더 말하지 마라고? 알았어, 다음 주제로 넘어가지 뭐…]

302-1 부활 2부

두레스킴: "진실로 너희에게 이르노니 이 말에 놀라지 마라. 무덤 속에 있는 자들이 모두 그의 음성을 듣고 무덤에서 나올 때가 온다. 선을 행한 자는 살기 위해 일어나고, 악을 행한 자는 심판을 받기 위해 일어날 것이

다"(요한복음 5:28-29)라는 말이 있습니다. 육체의 부활은 완전히 새로운 육체를 의미합니다. 만약 아니라고 한다면 매장된 사람과 화장된 사람의 육체를 어떻게 원래의 상태로 만들 것인가 하는 문제에 봉착할 것입니다.

바우류당: 조로아스터교의 경전 아베스타에서는 조로아스터의 세 아들이 서로 다른 시점에 동정녀에게서 태어나 세상을 개조합니다. 이들은 자신의 종족에게 영원한 삶을 가져다 줍니다. 이 아들들 중 마지막으로 태어나는 소시안스(Soshyans)는 모든 물질적 세상에 자비를 베풀기 때문에 '자비로운 사람'으로 불립니다. 또한, 이 사람은 아스밧 에라타(Asatvat-Erata)라고도 불리는데, 이는 신약성경에서 주장하는 것과 마찬가지로 부활(육체의 부활)이 일어나게 하기 때문입니다.[199]

아인스호키: 죽은 상태의 육체와 정신으로 되돌려 놓아야 그 사람이 그동안 지내온 모든 과정을 인지하는 것이 가능해지겠지요. 그러면 모든 존재가 전생에서 죽은 나이의 모습으로 부활해야 할 거예요. 이럴 경우 만약 치매에 걸려 죽은 사람이 있어서 육체를 돌려주면서 정신을 죽기 직전의 상태로 놓아둔다면 처참한 몰골이 되겠지요. 그리고 이렇게 되면 천당이나 지옥에 사는 사람들 대다수는 아주 늙은 상태일 거예요. 만약에 이런 사후세계의 노화 현상을 완화하기 위해 육체를 어린 상태나 젊은 상태로 부활시킨다면, 그 나이 이후에 저지른 죄에 대해 책임을 묻는 것은 어려워지겠지요. 이런 모순을 해결하기 위해 육체는 젊은 상태로 돌려주면서 정신은 죽음 직전의 상태로 둔다면 이 또한 모순이 될 수밖에 없어요.

바우류당: 이런 모순을 파악하고 그랬는지는 알 수 없지만, 쿠란 17장 72절에 "현세에서 장님은 내세에서도 장님이 되어 길을 방황하게 되리라"라고 기술하고 있습니다. 이슬람교에서는 "천당(낙원)에 들어가는 모든 남

---

[199] *Life and Teachings of Zoroaster*, the Great Persian, Loren H. Whitney, BiblioBazzar, 2009: 21

성은 처녀 72명이 주어지고 언제 죽었든 나이에 상관없이 낙원에서는 100명 남자에 버금가는 생식 능력을 갖춘 30세 나이의 모습을 갖는다"[200]고 합니다.

한편, 기독교에서는 '천당을 육체를 떠난 영혼들의 집합 장소로 보지만, 일부 종파에서는 이상적인 나이(예수께서 십자가에 매달려서 돌아가실 때 나이 33세)의 모습으로 육신이 부활하며, 장님은 눈을 뜨고, 귀머거리는 듣고, 장애인은 걸을 수 있는 완벽한 건강을 찾는다고 주장합니다. 이들이 그리는 천당은 모든 육신의 기억을 갖지만 이를 담을 용기 (容器)가 없는 영적 실체나 영혼이 모이는 장소입니다.'[201]

아인스호키: 마가복음 12장에 사두개인들이 '모세가 주창한 형사취수제에 따라 일곱 명의 형제가 차례로 죽어서 모든 형제가 한 여인과 부부관계를 가졌을 경우 저승에서 그 여자는 누구의 처가 되는가'라는 질문을 하지요. 그러자 예수는 저승에서는 결혼을 하지 않고 하늘에 있는 천사들과 같이 살게 된다고 답했어요.

그러나 결혼을 하지 않고 산다면 이승에서 부부관계를 가졌던 사람들은 저승에서 어떤 관계가 된다는 것일까요? 자신들이 살아온 인생에 대한 어떤 특질도 알지 못하는 천사들이 갑자기 등장하여 함께 사는 환경이 행복의 조건이 될 수 있는지 묻지 않을 수 없네요. 성경에서 묘사되는 천사들이라면, 오히려 감시하고 억압하는 공포의 대상일 수도 있어요. 이렇게 환경이 확 바뀐다면 완전히 별개의 삶이 될 것인데, 굳이 이런 삶을 살아가자고 부득부득 이승에서 생명을 다한 육신을 부활시키는 복잡한 절차를 거쳐야 한다면 너무 번거로울 거예요.

두레스킴: 호키 박사님 주장대로라면, 일단 천당이나 지옥에 대한 묘사

---

200) *The Laughing Jesus*, Timothy Freke & Peter Gandy, Three Rivers Press, 2005: 101

201) *Heavens on Earth*, Michael Shermer, Henry Holt and Company, 2018: 62

가 바뀌어야 할 것입니다. 천당은 현세의 기준에 따라 배부르고 부유하게 지내는 장소가 아닐 것이고, 지옥 또한 고통을 받거나 초라하게 지내는 곳이 될 수 없습니다. 그러한 즐거움을 느끼는 주체인 육체가 없기 때문입니다. 만일 육체가 없다면 육체와 긴밀하게 연결됨으로써 기능을 담당하는 정신도 따라서 없어집니다. 육체가 없는 영적인 상태라는 것은 아무것도 없는 상태를 의미합니다. 즉 영적 세계라는 것은 아무것도 없는 절대 무(無)를 의미하는 것입니다. 그렇다면 사후세계를 따지는 의미 또한 없어지게 됩니다.

아인스호키: 예수는 부활과 관련하여 마태복음 22:30-32에서 "부활 때에는 장가도 아니 가고 시집도 아니 가고 하늘에 있는 천사들과 같으니라 죽은 자의 부활을 논할진대 하나님이 너희에게 말씀하신 바 나는 아브라함의 하나님이요 이삭의 하나님이요 야곱의 하나님이로라 하신 것을 읽어 보지 못하였느냐 하나님은 죽은 자의 하나님이 아니시고 살아 있는 자의 하나님이시니라"라고 말하고 있어요. 하늘에 있는 천사 같다는 것이 어떤 상태인지 도무지 추론할 수 없지만, 확실한 것은 이승에서 간직했던 모습이나 생활 방식이 아니라는데 어떤 모습인지는 알려 주지 않아요.

바우류당: 이런 식으로 복잡하게 얽히는 것보다 아예 새로운 존재로 태어나 색다른 경험을 하는 것이 합리적이고 문제를 일으키지 않는 최상의 선택입니다. 새롭게 태어나는 아이들에게 멋진 경험을 할 수 있는 환경을 조성하는 것이 우리의 임무입니다. 자기 것만을 지속하려는 집착에서 벗어나 모든 인류와 모든 존재를 아우르는 그런 마음 자세로 이승을 천국으로 만드는 노력을 해야 합니다.

두레스킴: 마지막으로 부활과 관련하여 언제 그날이 올 것인가에 대해 누구도 자신 있게 말할 수 없을 것입니다. 지금까지 선지자를 자칭하는 수없이 많은 사람이 따르는 신도들을 현혹하여 대비하였지만, 전부 사기

로 판명이 났습니다. 부활의 날을 안다고 하는 것은 아무 의미가 없는 황당한 주장일 수밖에 없습니다. 신약성경에는 예수님이 심판의 날에 구름을 타고 또는 천사들과 함께 오신다고 했습니다. 그리고 예수님의 방문 시점과 관련해서는 "내가 진실로 너희들에게 말하노니 이 세대가 지나가기 전에 이 일이 다 일어나리라"(마가복음 13:30)라고 친히 언약하셨으며, 동일한 약속이 마태복음 24:34와 누가복음 21:32에도 기록되어 있으나, 이 약속은 지켜지지 않았습니다.

아인스호키: 그럼에도 불구하고 언젠가 예수의 이 언약이 이루어질 것이라고 믿는 사람들이 많아요. 예수가 말한 대로 당대에 진짜 나타났더라면, 살던 사람들 가운데 예수의 제자도 있고 어머니, 형제자매와 친척 또는 지인들이 있어서 예수를 입증할 수 있었겠지요. 하지만 지금 누군가가 나타나 '내가 예수다. 부활의 약속을 지키기 위해 이제 왔노라'고 주장하면 이를 곧이곧대로 믿을 사람은 없을 거예요. 다시 말해 이 약속의 유효 기간은 기원후 1세기에 이미 끝났고, 이제는 공허한 메아리로 변해 허공을 맴돌고 있을 뿐이에요. 그리고 양식 있는 성직자들도 이런 정도는 알고 있을 테지만, 이들은 진실을 말할 수 없겠지요. 이유는 본인들이 잘 알고 있으리라 믿기에 더 이상 언급하지 않고 지나갈게요. [모스 랍비! 뭐라고? 설령 진짜 예수가 나타났다 하더라도 이 사람이 예수라는 것을 입증할 방도가 없기 때문에 예수는 사기꾼으로 몰려 죽게 되고 다시 하늘로 올라가면서 이를 부득부득 갈지 모를 일이라고… 소설을 쓰지요.]

두레스킴: 일부 종교에서는 죽은 자는 이미 죽은 시점에 사후세계로 가서 살고 있으며, 최후 심판의 날에는 살아 있는 사람들의 운명이 정해지고 자기 위치로 찾아간다고 믿고 있습니다. 그런데 그렇게 간 사람들은 에녹, 엘리야나 예수님과 같이 휴거한 것이 아니니, 자신의 모습이 언제 것인지 확인할 수 없을 것입니다. 그래서 일부에서는 예수님이 승천한 나

이에 맞춰 간다고 하는데, 이런 주장은 에녹이 365세에 갔고 엘리야가 늘그막에 엘리사에게 업무 인수인계를 마치고 불려갔다는 것을 보면 신뢰할 수 없습니다.

또한, 그곳의 삶의 환경이 지상과 다르다면 그곳에서의 생활도 바뀌어, 그곳에 간 이들은 이승에서의 존재가 아닌 완전히 다른 존재로 바뀔 것이 분명합니다. 경전들에 나오는 것과 같이 만약 천당에서의 삶이 풍요로움 속에 지속된다면 어려움을 잊게 될 것이고, 그러면 성격이나 사고방식이 완전히 탈바꿈할 것이 자명합니다.

아인스호키: 결국 최후 심판을 위해 이미 죽은 사람들의 육체나 정신을 어떤 한 시점으로 두고 그 상태로 되돌려 놓아야 한다는 것인데, 부활 후 새로운 삶이 시작된다는 것을 생각한다면 굳이 그런 수고를 할 필요가 없을 거예요. 인간의 경우는 아기로, 동물의 경우는 새끼로 새로 태어나면 이런 번잡한 과정이 생략될 것이고, 이게 훨씬 이해하기 쉬워요. 이렇게 되면 누구에게도 전생에서 지은 죄를 따로 물을 이유가 없을 거예요. 그리고 자비의 신이라고 하면서 부득이 죽은 사람의 전생의 죄를 묻기 위해 죽은 시점의 모습으로 부활시켜 죄를 묻고 그에 따라 심판을 하여, 영원히 천당에 머물거나 지옥에서 고통을 받게 한다고 하는 것은 신을 잔인한 존재로 만드는 행위예요. 아예 부활시킬 때 그 사람이 죄를 짓기 전의 모습으로 나오게 하면 모든 것이 해결되겠지요.

두레스킴: 그래서 예수께서 "진실로 너희에게 이르노니 너희가 돌이켜[변하여] 어린아이와 같이 되지 아니하면 결단코 천국에 들어가지 못하리라"(마태복음 18:3)라는 말씀을 하시면서, 어린아이와 같은 상태가 되어야 천국에 갈 수 있다고 주장한 것 같습니다. 이것은 다른 의미로 해석하면 어린아이는 천국에서 내려왔다고 볼 수 있습니다. 사실 우리 각자는 태어나면서 이런 최적의 경험을 하였습니다. 무에서 나와 최적의 상태를 경험

했으면 더 이상 바랄 것이 없이 무로 돌아가더라도 묵묵히 수용해야 할 텐데, 무엇 때문에 실체 없는 사후세계를 따지는지 알 수 없습니다.

아인스호키: 또 휴거에 대해서는 열왕기하 2:11에 여호와가 선지자 엘리야를 데려가는 모습을 "엘리야가 회오리 바람으로 하늘로 올라가더라"는 표현으로 그리고 있지요. 나중에 첨가된 것으로 알려진 예수의 부활과 관련된 부분인 마가복음 16:19에 "주 예수께서 말씀을 마치신 후에 하늘로 올려지사 하나님 우편에 앉으시니라"는 말과, 누가복음 24:51에 예수가 부활 후 제자들에게 나타났다가 하늘로 올라갔다는 표현 또한 휴거의 한 형태라 말할 수 있어요.

두레스킴: 요한계시록에 "삼일 반 후에 하나님께로부터 생기가 그들 속에 들어가매 그들이 발로 일어서니 구경하는 자들이 크게 두려워하더라 하늘로부터 큰 음성이 있어 이리로 올라오라 함을 그들이 듣고 구름을 타고 하늘로 올라가니 그들의 원수들도 구경하더라"(요한계시록 11:11-12)라는 표현이 나옵니다. 살아 있던 사람이나 죽은 사람의 경우는 부활을 통해 육신을 살린 후 그 육체가 하늘로 승천하는 것이 휴거라 할 수 있겠습니다. 특히 누가복음과 요한복음에는 예수께서 부활하신 후 음식을 드시는 모습이 있으니, 만약 예수께서 승천하셨다면 원래의 육체를 찾은 후 그대로 하늘로 올라갔을 것입니다.

이런 휴거 형태의 발전은 창세기 5:24에 "에녹이 하나님[여호와]과 동행하더니 여호와가 그를 데려가시므로 세상에 있지 아니하였더라"는 표현으로부터 시작된 것으로 보입니다. '여호와가 데려갔다'라는 표현은 에녹이 죽었다는 것을 의미하는데, 데려갔다는 표현을 휴거로 간주하고 극적으로 미화시킨 것으로 보입니다.

아인스호키: 죽은 사람이 다시 자신의 육체적 모습을 찾아야 하늘나라로 올라갈 수 있다면, 이미 죽은 사람들은 심판의 날에 본래 자신의 모습을 찾

아야 하는 것이 합리적 추론일 거예요. 그런데 문제는 육신이 이미 썩었거나 화장하여 모습을 알아볼 수 없게 된 상태에서 어떤 모습으로 돌아오게 될 것인가 하는 거예요. 예수의 경우를 보면 죽기 전 모습으로 부활하는 것인데, 그러면 대부분의 사람들은 아주 늙고 병든 모습으로 나타나게 되겠네요.

이런 식의 부활은 천당이 노인이나 환자들 천지로 변할 가능성이 있으니 부활시킬 때 늙거나 병든 상태가 아니라 가장 최적의 상태로 돌린다면, 그것은 젊은 시절의 모습이 되겠지요. 젊은 모습으로 부활한 사람들은 기억 역시 그 시점으로 돌아가야 할 것이고, 그렇다면 그 이후의 생각이나 행위에 대한 책임을 묻는 것은 어불성설이 되겠네요. 마찬가지로 아주 어린 상태의 모습으로 부활시킨다면 이런 상태의 사람에게 이 사람이 나이가 들어 지은 죄를 물을 수 없을 거예요. 곰곰이 생각해 보면 부활이나 휴거, 그리고 천당이나 지옥이라는 개념이 얼마나 황당한지 알 수 있어요.

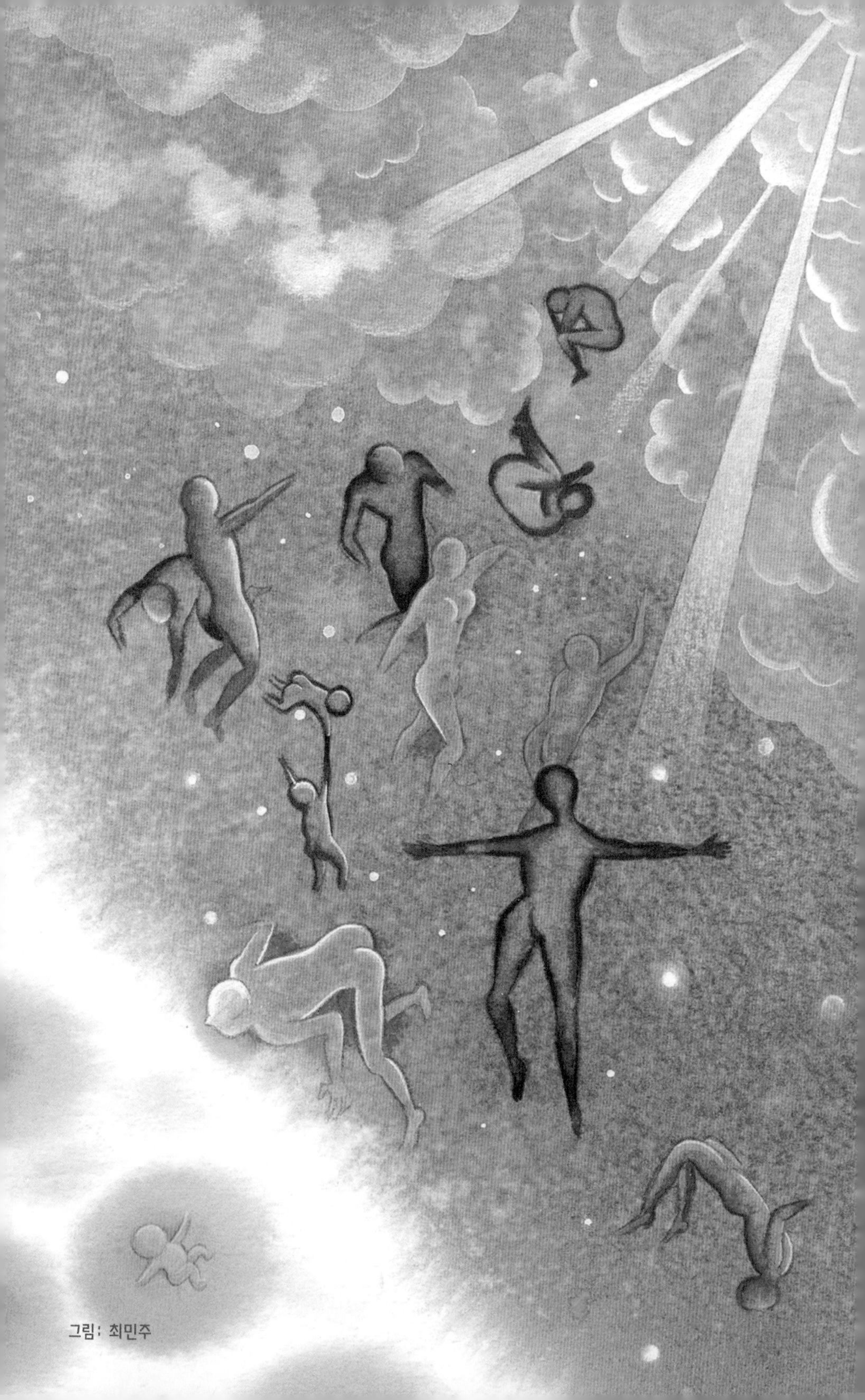
그림: 최민주

303 윤회

두레스킴: 윤회 또한 이론적 함정이 있습니다. 윤회는 자신의 일정 부분(즉 육체나 의식 등의 정신)이 이어져 나간다는 것을 가정하고 있습니다. 그렇다면 모든 인간이 자신의 전생을 기억하는 상태가 되어야 할 것입니다. 하지만 일부 입증할 수 없는 불가사의한 일방적인 주장을 제외하고는 자신의 전생을 아는 경우는 없다고 단정지어 말할 수 있습니다. 만일 모든 존재가 새로 태어날 때 완벽하게 다른 육체와 정신을 갖는 새로운 존재로 태어난다면 윤회는 아무 의미도 갖지 못할 것입니다.

라바모스: 플라톤은 죽음을 육체와 영혼의 분리로 정의한다.[202] 대화편의 일부인 『파이돈』에서 플라톤은 소크라테스의 입을 빌려 '포식, 방탕과 폭음에 몰입하고 이를 피하려는 생각 없이 산 사람은 당나귀나 그런 류의 동물로 태어날 것이며, 부정, 독재와 폭력을 선택한 사람들은 이리, 매 또는 솔개로 태어날 것이다. 반면에 절제를 잘하고 정의롭게 산 일반인은 집단 생활에 능한 벌이나 개미 또는 사람으로 태어날 것이다. 마지막으로 철학자나 배움을 사랑한 사람들은 죽을 때 완벽하게 순수한 상태가 되어 신들과 조우할 수 있다'라고 주장했다.[203]

아인스호키: 플라톤은 특성이 다른 각각의 영이 다음 세대의 개개의 존재로 이전되어 가는 것으로 보고 있는데, 이런 사고가 구분과 차별을 조장하는 근거가 되는 거예요. 마치 철학자의 영이 가장 가치 있는 것처럼

---

[202] *Euthyphro*, Apology, Crito, Phaedo, Plato, Prometheus Books, Amherst, NY, 1988: 76

[203] *Euthyphro*, Apology, Crito, Phaedo, Plato, Prometheus Books, Amherst, NY, 1988: 98-99

간주하는 것에서부터 차별이 생기게 되지요. 영의 단계로 가면 구분이나 차별이 없어져요. 이것은 하나면서 수억 또는 수조 개로 나뉠 수 있으며, 수조 개가 합해져도 부피나 무게의 변화가 없는 하나로 되는 그런 상태임을 깨우쳐야 해요.

라바모스: 한편 당대 그리스 사람들은 비도덕적인 사람이 이승에서 지은 죄의 대가를 치르지 않고 저승으로 갈 수는 있으나, 저승에서는 처벌을 피할 수 없는 것으로 보았다.[204] 그런데 이들은 이 처벌을 통해 죄의 대가를 치르고 나면, 다시 원상태로 돌아온다고 믿었다. 이들은 일부 종교에서 주장하듯이 영원히 지옥에서 죄의 대가를 치르거나 영원히 천당에서 지내는 것이 아니라, 일정 기간 죄의 대가를 치르면 사면된다고 생각했다. "일생 동안 잘못을 저지르면서 100세까지 살다가 죽은 사람은 이 수명의 10배인 1,000년을 지옥에서 지내면 죄가 씻어진다. 또한, 천당에 간 사람들도 자신들의 선행에 대한 보답을 마찬가지 비율의 기간 동안 받고 내려온다."[205] 천당이나 지옥에서 일정 기간을 지낸 후에 이[인간과 동물] 영혼이 한 곳에 모여 제비뽑기 순서에 따라 자신들의 다음 생을 선택하고, 이승에 내려와 다시 살게 된다. 이들은 다음 생애를 선택할 때, 인간이나 동물의 형태[백조, 새, 사자, 독수리, 원숭이나 다른 동물 또는 다른 성별 등]를 골라서 취할 수 있다고 믿었다.

바우류당: 이들도 힌두교나 불교와 같이 윤회사상을 인정했음을 알 수 있습니다. 아마도 이런 윤회사상은 힌두교나 불교의 영향도 있었겠지만, 이집트 종교가 지대한 영향을 끼친 것으로 보입니다.

이집트인들은 영혼이 3,000년에 한 번씩 주기를 마친다는 생각을 갖고 있었습니다. 이들은 인간이 죽은 후 영혼이 다시 인간의 모습으로 돌아오

---

204) *Gorgias*, Plato, Oxford University Press,, New York, NY, 1994: 521a

205) *The Republic*, Plato, Prometheus Books, Amherst, NY, 1986: 389, (615)

는 한 주기 동안 동물, 곤충, 물고기, 새 등의 모습으로 살게 된다고 믿었습니다.[206] … 또한, 출애굽기 3:14에 여호와가 자신이 '스스로 있는 자(I AM THAT I AM, 또는 I am who I am)'라고 하는데, 이 또한 이집트인이 자신들이 믿는 신을 '스스로 있는 자(Nuk-pu-Nuk)'라로 부르던 것을 표절한 것입니다.[207]

아인스호키: 이들은 한 주기를 정확히 2,842년으로 계산했어요. 하지만 시체를 썩지 않게 보관하면 이 주기가 시작되지 않는다는 생각을 가졌어요. 이 기간 동안 보존하면 하등동물의 상태를 거치지 않고 바로 인간으로 돌아올 수 있다고 믿었기에 사체를 방부 처리하여 미라의 형태로 보존했지요.[208] [뭐여, 모스 랍비! 곧 있으면 미라가 인간의 모습으로 돌아올 것이라고… 이미 돌아온 경우도 있어야 이런 주장이 성립되지… 할 말 없지?]

라바모스: 윤회설과 관련해서 소크라테스는 자신의 죽음을 앞두고 대화한 『파이돈』에서 '사람의 영혼이 죽은 후에 저승[하데스, hades]에 머무느냐 머물지 않느냐는 질문을 이런 식으로 풀어 보자. 내가 언급해 왔던 고대의 원칙에 따르면 영혼이 이승에서 저승으로 갔다가, 다시 이승으로 돌아와 죽음으로부터 태어난다는 것을 확인하고 있다. 만약 이것이 사실이라고 한다면, 생명은 죽음으로부터 오는 것이고, 우리의 영혼은 저승에 머물러야만 한다. 그렇지 않다면 어떻게 영혼이 다시 태어날 수 있겠는가'라고 말하고 있다.[209]

두레스킴: 여기에서 언급되는 영혼은 사고나 육신의 잔재가 남는 그런

---

[206] Herodotus 2; 123

[207] *Life and Teachings of Zoroaster*, the Great Persian, Loren H. Whitney, BiblioBazzar, 2009: 180-181

[208] *Life and Teachings of Zoroaster*, the Great Persian, Loren H. Whitney, BiblioBazzar, 2009: 222-223

[209] *Euthyphro*, Apology, Crito, Phaedo, Plato, Prometheus Books, Amherst, NY, 1988: 83

영혼이 아니고, 순수하게 모든 과거와의 단절이 이루어진 상태를 의미하는 것으로 보아야 합니다. 우리의 본성인 신의 입자나 무유의 상태를 의미하는 것입니다.

아인스호키: 그렇다면 당연히 그리스의 영향을 받은 신약성경에도 윤회와 관련된 내용이 있었을 법해요. 초기에는 이런 내용이 들어 있었으나, 후에 윤회설에 대한 것을 불경한 이론으로 규정하고 관련 내용을 삭제했을 가능성이 크겠군요.

두레스킴: 예수님이 저승에서 하나님과 계시다가 마리아의 자궁을 빌려 이승에 나왔다면, 이것이 윤회가 아니고 무엇을 윤회라 할 것입니까? 그리고 예수께서 "조금 있으면 너희가 나를 보지 못하겠고 또 조금 있으면 나를 보리라"(요한복음 16:16) 하시고, "내가 아버지에게서 나와 세상에 왔고 다시 세상을 떠나 아버지에게로 가노라"(요한복음 16:28)라고 말씀하십니다. 그리고 "보혜사 곧 아버지가 내 이름으로 보내실 성령 그가 너희에게 모든 것을 가르치고 내가 너희에게 말한 모든 것을 생각나게 하리라"(요한복음 14:26)시며, 본인이 보혜사로 다시 오시겠다는 것 또한 윤회로 볼 수 있습니다. 이 구절은 이슬람교를 창시한 무함마드가 자신을 예수님과 동등한 보혜사라고 주장하는 근거로 사용하였습니다.

마태복음 11:14에는 세례자 요한을 엘리야가 윤회하여 온 사람으로 보고 있고, 같은 책 17:12-13에는 엘리야가 윤회하여 세례자 요한으로 돌아왔으나 사람들이 그를 알아보지 못함을 한탄하는 내용이 나옵니다. 엘리야가 저승으로 갔다가 세례자 요한의 모습을 빌어 이승에 내려왔다는 것은, 요한복음에서 예수님이 저승에서 이승으로 왔다가 저승으로 돌아갔다가 다시 오겠다는 것과 마찬가지로 윤회의 일종이라고 할 수 있습니다.

아인스호키: 하지만 앞에서 살펴보았듯이 KJV판에서는 엘리야가 아닌 엘리아스라는 다른 이름을 사용하고 있기 때문에 이것이 맞다면 킴 소장

께서 말하는 세례자 요한의 사례는 명확하지 않을 수 있겠네요.
두레스킴: 바울은 고린도전서 15장에서 '부활의 몸'에 대해 언급하면서, 아래와 같이 주장하고 있습니다. 밑금 친 부분의 이야기는 사람의 육체, 짐승의 육체, 새의 육체와 물고기의 육체가 각각 다르다는 말을 하고 있는데, 이는 위에서 플라톤이 언급한 윤회하면서 나올 대상인 인간, 짐승 그리고 조류에 더해 물고기까지 범주를 넓혀 정의합니다.

"누가 묻기를 죽은 자들이 어떻게 다시 살아나며 어떠한 몸으로 오느냐 하리니 어리석은 자여 네가 뿌리는 씨가 죽지 않으면 살아나지 못하겠고 또 네가 뿌리는 것은 장래의 형체를 뿌리는 것이 아니요 다만 밀이나 다른 것의 알맹이 뿐이로되 하나님이 그 뜻대로 그에게 형체를 주시되 각 종자에게 그 형체를 주시느니라 육체가 다 같은 육체가 아니니 하나는 사람의 육체요 하나는 짐승의 육체요 하나는 새의 육체요 하나는 물고기의 육체라 하늘에 속한 형체도 있고 땅에 속한 형체도 있으나 하늘에 속한 것의 영광이 따로 있고 땅에 속한 것의 영광이 따로 있나니"(35-40)라는 이야기는 그리스의 영향을 받고 윤회를 정의하고 있습니다.
바우류당: 부처의 원래 가르침에는 해탈을 언급하지만, 결코 영혼이 존재하거나 사후세계에서 자신의 정체성을 갖고 산다는 식의 가르침은 없습니다. 하지만 대승불교가 도입되면서 사후에도 자아 정체성을 갖는다는 개념이 부각됩니다. 마찬가지로 예수님의 가르침에는 사후에 자아 정체성을 갖는다는 말이 없는데, 후대의 성직자들이 그런 논리를 도입합니다. 죽은 뒤에 자아 정체성을 갖는다는 것이 얼마나 불합리하고 말도 되지 않는 주장이라는 것은 이 장의 여러 곳에서 자세히 지적하고 있습니다. 만약 한 시대의 사람이 전생의 정체성을 찾아 다른 시대의 사람과 하나라는 것을 알게 된다면, 비록 그가 전생에 부처님이나 예수님이었더라도 정체성의 혼돈으로 겪게 될 고통이 너무 심해서 결국 미쳐버릴 수밖에 없을 것입니다.

두레스킴: 부처님이 윤회를 언급했다고 불교 성직자나 불경학자들이 부처님의 전생에 대한 온갖 우화를 만들어 내는데, 이것은 전부 허위고 망상일 뿐입니다. 만에 하나 전생이 있다고 하더라도, 어떤 의식이 잔류된 상태를 다음 생으로 이어가는 것은 아닙니다. 전생에서 자신의 행위에 따라 여러 형태로 갈라져 나온 것들은 다음 생에서 다른 존재로 나오게 될 개연성을 지니고 있습니다. 이때는 이미 육체가 없어진 상태이기 때문에 의식이나 사고를 담을 대상이 없어집니다. 그러기 때문에 정신이나 의식이라는 것은 육체의 죽음과 더불어 함께 사라지게 됩니다. 일종의 에너지나 진동의 상태로 분리되어 나간 것만이 자신과 맞는 진동에 감응하여 다음 생에 다른 모습으로 나타날 수 있습니다. 그리고 그 상태의 존재가 천당이나 지옥에 영원히 머물며 특혜나 고통을 받거나 그곳에 머물다 오는 것도 아닙니다. 그리고 아무것도 없는 상태가 천당이나 지옥이라는 저승에 머문다는 것은 어불성설입니다.

아인스호키: 부활될 때 남자나 여자의 모습을 갖지 않게 된다는 주장도 있더라고요. 이런 상태가 된다면 새로운 생명체로 태어나는 것과 다를 바 없으며, 남녀의 성별 구분이 없으니 번식 능력이 없어지고, 그러기 때문에 부모 자식이라는 세대 개념이 없어질 거예요. 하지만 이와 같은 상태를 부활이라고 규정할 수는 없겠지요. 정체성이 결여된다면 인간이든 동물이든 식물이든, 다른 생명체로 새로 태어나는 것과 다를 바가 없지요.

라바모스: 위에서 살펴본 바와 같이 저승에서 살든 다시 윤회하여 이승에서 살게 되든, 전생의 삶을 인식하게 된다면 엄청난 고통이 따른다. 그렇다면 비록 천당에 들어가는 데 성공해도 그 사람의 저승에서의 삶은 결코 행복할 수 없다. 어떤 경우라도 완전하고 안전한 행복이 보장되지 않는 삶은 결코 바람직하지 않다.

아인스호키: 그렇다면 모든 것을 잊은 상태에서 거듭나거나 저승에 가야

하는데, 이 경우라면 부활이나 윤회의 의미를 찾기 어렵지요. 그냥 지금처럼 아무것도 없는 곳으로부터 와서, 모친의 자궁을 빌려 태어나 잠시 이승에서 머물다가, 때가 되면 원래 온 곳으로 돌아가는 것이 가장 자연스럽고 바람직한 것 같아요. 자연은 우리에게 가장 질서정연한 모습을 보여 주지요. 그리고 우리로 하여금 그것을 그 자체로 받아들일 것을 요구해요. 자연은 우리에게 사후세계니 부활이니 하는 주장이 허황된 가설임을 명확하게 보여 주고 있으니, 자연법칙에 따라 산다면 마음이 편안해질 거예요.

바우류당: 힌두교는 불교와 마찬가지로 업보에 따른 끊임없는 윤회를 믿습니다. 이들은 전생에서 쌓은 업보에 따라 상응하는 집안의 자녀로 태어나고, 이승에서 사는 동안 지은 자신의 업보에 따라 내생이 결정된다고 주장합니다. 브라만(성직자, 학자 등)이 최상위 계층, 다음이 크샤트리아(왕이나 군인 등)고, 바이샤(자영농, 상인, 공인)는 세 번째고, 여기에도 속하지 못하는 사람들은 수드라(농노, 육체노동자 등)로 분류됩니다. 힌두교에는 아주 성스러운 삶을 산 사람은 재탄생의 수레로부터 벗어난다고 믿는 종파가 있는 반면, 이를 부정하는 종파도 있습니다.

라바모스: 우리 유대교도 영혼이 한 번 이상은 인간의 모습으로 살 가능성이 있다고 믿는다. 깜짝 놀랐겠지만, 사실 영혼의 윤회가 유대교 전통의 하나다. 신명기에서 형이 자식이 없이 죽었을 때 형사취수제를 따르라는 계율과 관련된다. 이를 통해 죽은 형의 재산을 가족들이 가질 수 있도록 하는 것도 있지만, 영이 부활할 기회를 준다는 의미도 있다. 엄밀하게 말하자면, 윤회에 대한 가르침은 성문이 아니라 구문에 따르는 것이다.[210)]

[호키 박사! 왜? 그럴 줄 알았다고… 우리도 남들이 하는 것은 다 따라해, 유행에 뒤처지면 제대로 먹고살 수가 없으니 할 수 없다.]

---

210) *The Talmud*, A. Parry, Alpha Books, 2004: 267-268, 내용 편집역주

두레스킴: 힌두교와 불교 등 일부 종교에서는 전생의 과업에 따라 이승에서의 부모가 결정된다고 하는데, 이 또한 기득권층이 자신들의 권리를 지키기 위한 논리에 불과할 뿐입니다. 플라톤은 죽은 후에 개개의 영이 천당과 지옥에서 응보를 마친 후 집단적으로 한 곳에 일정 기간 머물면서 전생의 기억을 깨끗이 씻고 다시 이승에 돌아온다고 합니다.[211] 이는 마치 강물이 바다에 흘러 들어갔다가 모든 바닷물에 고루 섞인 후에 증발되어 하늘로 올라갔다가 비가 되어 다시 지상을 적시는 현상과 같습니다. 이런 과정을 통해 우리 모두는 하나가 되는 것입니다. 이런 과정을 통해 잘난 사람이나 못난 사람, 남자나 여자, 흑인이나 백인은 물론이요, 심지어 인간이나 동물, 동물이나 식물, 더 나아가 생물과 무생물의 구분까지도 없어지는 것입니다.

아인스호키: 결국 모든 존재가 별의 먼지처럼 아무것도 없는 곳에서 나타났다가 아무것도 없는 곳으로 돌아간다고 하는 것이 자연법칙과 부합하겠네요. 아무것도 없는 곳에서 형체를 가지고 나왔다가 다른 존재로 다시 돌아올 수 있는 원래의 곳으로 돌아가는 것이니, 어떤 존재로든 다시 나올 수도 있고 아닐 수도 있다는 것이 보다 논리적이겠어요. 결국 아무것도 없는 무에서 나왔다가 죽으면 다시 무로 돌아가, 이승에서의 모든 업보가 깨끗이 씻겨진 백지 상태에서 다른 존재로 나타날 수 있다는 생각이 가장 합리적 추론이에요.

라바모스: 유대교는 각 개인의 영이 윤회하며, 이승에서의 삶이 완벽함을 달성할 수 있는 기회라고 생각한다. 전생에서의 행동이 이승에서의 육체의 형태나 그와 긴밀하게 연관되는 영혼의 결정에 영향을 준다. … 일부 저명한 랍비들은 여호와를 설득하여 구세주가 이승에 나타날 때까지는 저승에 들어가지 않겠다고 공언한다. 너무나도 훌륭한 생각이다.[212]

---

[211] *The Republic*, Plato, Prometheus Books, Amherst, NY, 1986: 397, (621)

[212] *The Talmud*, A. Parry, Alpha Books, 2004: 268, 내용 편집역주

[호키 박사! 당신도 동의하지? 뭐여, 왜 입술은 삐죽 내미나!]
두레스킴: '다음 생에 어떤 존재로 태어나는 것이 더 가치 있는가'라는 질문을 할 수 있습니다. 그런데 무생물체, 식물, 동물, 인간 등의 구분을 하며 특정한 형태가 더 가치를 갖는다는 것은 구분의 함정에서 벗어나지 못하는 어리석음을 보여 주는 것입니다. 구분으로부터 벗어나 모든 존재를 하나로 보는 것이 이상적입니다.
바우류당: 사람들은 사후에도 현재의 삶을 영위하기를 기대합니다. 그러나 이것은 이미 살펴본 바와 같이 많은 문제점을 야기할 수 있고, 오히려 지옥보다 못한 상황을 맛볼 개연성이 아주 높습니다. 그럼에도 불구하고 만약 당신이 위안을 얻고자 한다면, 뛰어난 지능을 가진 생명체가 존재하고 이들이 발달된 과학기술을 갖고 있어서 100년 후에는 100광년 떨어진 곳에 사는 이들이 당신이 이승에서 살며 행한 일거수일투족을 엿볼 수 있을 것이라는 희망을 가지면 됩니다. 10억 광년 떨어진 곳에 사는 존재에게는 10억 년 후 지금 당신의 행위가 그들에게 그대로 전달될 것입니다.
아인스호키: 만약 과학이 더욱 발전하여 언젠가 빛의 속도보다 더 빠른 운송 수단이 개발되어 활용된다면, 우리의 모습을 우주 먼 곳에서 언제든 되돌려볼 수 있을 거예요. 물론 그들이 그럴 필요성을 느낀다면요. 그런데 그런 필요성을 가질 개연성은 거의 없을 것 같아요. 지금 이 순간 최선을 다해 산다면 자신의 생을 되돌려 보려는 그런 미련을 갖지 않게 될 거예요. 하지만 조건만 갖추어진다면 우리가 살았던 생을 언제든 되돌려 볼 수 있다는 것은 위안이 되겠네요. 우리의 생이 끝나더라도 우리의 삶은 영원히 우주 속으로 파장을 타고 퍼져나가지요. 그러기 때문에 미래의 후손들이 지금의 기록을 되돌려 볼 때, 혹시라도 그들에게 책잡힐 일은 하지 않는 것이 좋겠네요.

303-1 원죄설과 대속설

두레스킴: 다음은 원죄(原罪)설과 대속(代贖)설에 대해 살펴보는 시간을 갖겠습니다. 원죄설은 여호와의 율법이나 예수님의 가르침에 전혀 나오지 않는 개념입니다. 그런데 기원후 5세기경 신학자 아우구스티누스가 원죄설을 주창하였고, 이후 기독교계의 교리가 되었습니다. 신화의 주인공 아담과 이브가 저지른 실수 때문에 모든 인류가 원죄의 대상이 된다는 가설은 비합리적이며 설득력이 없습니다. 그리고 예수님의 죽음으로 인류가 원죄로부터 해방되었다는 대속설 또한 어떤 의미도 가질 수 없습니다.

바우류당: 천지창조에서 아담과 이브가 여호와의 지시를 따르지 않고 선악과를 따먹는 죄를 저지름으로써 우리 인류는 원죄를 짓고 태어났습니다. 하지만 예수님의 죽음으로 지금까지의 원죄가 대속되었기에 이제 우리는 원죄로부터 해방되었습니다.

예수께서는 우리를 위하여 생명을 바치셨습니다. "친구들을 위하여 목숨을 내놓는 것보다 더 큰 사랑은 없다"(요한복음 15:13)라고 하신 말씀이 당신의 수난과 죽음을 통해 이루어진 것입니다.[213]

라바모스: "동산 각종 나무의 열매는 네가 임의로 먹되 선악을 알게 하는 나무의 열매는 먹지 말라 네가 먹는 날에는 반드시 죽으리라 하시니라"(창세기 2:16-17)라는 이야기에서 아우구스티누스는 인간 본성으로서의 원죄의 실마리를 찾는다. 그는 아담과 이브의 반란 이야기를 인간이 본질적으로 지닌 죄를 저지르려는 성향에 대한 메타포로 보았다. '원죄'라는 개념을 기독교에 처음 소개한 사람은 4대 복음서를 채택하는 데 지대한 공헌을 한 이레네우스다. 그는 『이단논박』이라는 책에서 아담의 후

---

[213] *함께 하는 여정*, 천주교 서울대교구 사목국, 가톨릭출판사, 1995: 63

손들은 죄와 죽음의 포로로 태어난다고 말한다. 아담은 사탄으로부터 죄를 세상에 들여오는 통로다. 아우구스티누스는 이레네우스의 죄의 기원에 대한 교리를 발전시켜 그 전달 과정을 부연 설명한다. 그는 죄가 성교에 내재한 정욕을 통해 다음 세대로 전염된다고 생각했다.[214]

아담과 하와의 유혹, 바티칸 궁

214) *신의 위대한 질문*, 배철현, 21세기북스, 2015: 24-25

기독교에서는 터무니없는 원죄설을 주장하면서 이브(여성)를 주범으로 몰아가는데, 천지창조 후반부 이야기에서 여호와께서 지식의 나무 열매를 먹으면 안 된다고 지시한 것은 이브가 만들어지기 전에 아담에게 한 말이니 실질적으로 아담이 주범이고 이브는 공범일 뿐이다.

아인스호키: 뱀이 말로 이브를 유혹하여 선악과를 먹게 했다는 이야기에 이어 민수기 22:21 이후에 발람이라는 사람이 자신이 타고 가던 나귀와 대화를 나누는 장면이 나오더군요. 사람이 뱀이나 당나귀와 이야기를 나눈다는 것은 이솝우화에나 나올 수 있는 이야기에요. 아직까지도 이런 내용이 성경의 한 구석을 차지하고 있다는 것이 과학자의 입장에서 보면 그저 놀라울 뿐이에요. 오직 유대인의 우화 속 주인공 부부며 자신들의 초대 선조인 아담과 이브가 저지른 행위 때문에 모든 인류가 원죄의 불명예를 안고 태어난다는 것인데, 이를 믿고 따르는 것은 말이 안돼요. 신이나 예수도 아닌 일개 신학자가 만들어낸 원죄설이나 대속설이 기독교계의 교리로 자리 잡고, 이를 의심하는 사람들은 이단으로 몰아 내쫓거나 잔인한 고문을 하고 심지어 화형까지 시켰어요.

기독교인이 아주 진지하게 받아들이는 속죄 교리는 너무나도 심하게 고약해서 무례하게 조롱당해 마땅해요. … 규칙을 만드는 자(신, 여호와—저자 주)에게는 규칙을 깨는 사람을 마음대로 용서할 힘도 있어요. 하지만 인간의 죄(특히 존재하지 않았으므로 죄를 지을 수도 없는 아담의 죄)를 용서하도록 다른 누구도 아닌 자기 자신을 설득하기 위해 그가 생각해낸 유일한 방법이 인류를 대신해 자기 아들(자기 자신이기도 하다)에게 고문과 십자가형을 받게 하는 것이었음을 우리더러 믿으라고 하지요.[215)]

---

215) *신 만들어진 위험*, 리처드 도킨스, 김명주 옮김, 김영사, 2021: 120

바우류당: 인간들이 태어날 때부터 악하다는 주장은 "여호와께서는 우리 모두의 죄악을 그에게 감당시키셨도다"(이사야 53:6)와, "모든 사람이 죄를 범하였으매 하나님의 영광에 이르지 못하더니"(로마서 3:23)라는 문구에서 비롯됩니다.[216)]

아인스호키: 신약성경은 예수가 십자가에 못 박혀 피를 흘림으로써 모든 인류가 지은 죄를 씻어 구원하였다는 대속설을 주장하지요. 예수가 십자가에 못 박히는 희생을 통한 속죄로 인류의 죄가 사면되었다면 더 이상 과거의 죄를 물어서는 안 될 거예요. 이는 원죄설의 완전한 폐지를 통해 완성될 수 있겠지요.

두레스킴: 원죄설이나 대속설이라는 개념은 여호와나 예수님의 의도가 아니었습니다. 위에서 살펴본 바와 같이 원죄설은 기원후 5세기경 처음 등장한 이론인데, 이것이 종교 지도자들에 의해 채택되고 확산되어 기독교계의 정설로 받아들여진 것입니다. 대속설은 바울의 주장으로부터 시작하여[217)] 기독교계에서 교리로 정립한 것이지 예수님의 의도가 아니었습니다.

"아버지는 그 자식들로 말미암아 죽임을 당하지 않을 것이요 자식들은 그 아버지로 말미암아 죽임을 당하지 않을 것이니 각 사람은 자기 죄로 말미암아 죽임을 당할 것이니라"(신명기 24:16)거나, "범죄하는 그 영혼은 죽을지라 아들은 아버지의 죄악을 담당하지 않을 것이요 아버지는 아들의 죄악을 담당하지 아니하리니 의인의 공의도 자기에게로 돌아가고 악인의 악도 자기에게로 돌아가리라"(에스겔 18: 20)라는 표현이 나옵니다.

이것은 잘못을 저지른 자만이 자신의 행위에 대한 책임을 지며 그의 악행이 부모 자식 간에 대물림되는 것이 아님을 확실히 밝히고 있습니다.

---

216) *일상적 폭력 폭력적 종교*, 이종록, 쿰란출판사, 2017: 449

217) *누가복음 1:68*, 2:38, 21:28과 24:21, 로마서 3:24과 8:23, 고린도전서 1:30, 에베소서 1:7, 1:14, 4:30과 5:16, 골로새서 1:14와 4:5, 디도서 2:14, 히브리서 9:12와 9:15, 베드로전서 1:18, 요한계시록 5:9, 14:3, 14:4

바우류당: 잠깐만요, 두 분이 이야기를 진행하는 동안 호키 박사께서 열거해 주신 대속 관련 성경 구절을 살펴보니, 대속설은 누가복음으로부터 시작하여 바울 서신에만 등장합니다. 그리고 나머지 복음서에는 그런 내용이 전혀 언급되지 않았다는 것을 확인할 수 있습니다. 2장에서 예수님과 바울의 교리가 다르다고 토론한 내용에 대해 반신반의하고 있었는데, 이것이 사실이라면 정말 예수님의 견해와 사도 바울의 의견이 완전히 정반대였다는 확신을 갖게 됩니다. 정말 충격이 아닐 수 없습니다. [모스 랍비님! 제가 흥분하여 중간에 끼어들어 죄송합니다. 계속 발언을 이어가시기 바랍니다.]

라바모스: 모세도 '나 네 하나님 여호와는 질투하는 하나님인즉 나를 미워하는 자의 죄를 갚되 아버지로부터 아들에게로 삼사 대까지 이르게 하거니와'[218]라는 표현을 하면서, 죄가 영원히 계승되는 것이 아니라고 했다. 하지만 이런 주장 역시 연좌제의 일종으로 잘못을 저지른 사람의 죄에 대한 책임을 삼사 대에 걸쳐 묻는 것은 잘못이라고 생각한다.

더욱이 죄 때문에 죽어 마땅한 인간을 대신해서 하나님이 그 자신의 아들을 희생시켰다고 말하는 속죄(贖罪) 신학은 일부 기독교인들로 하여금 예수를 사랑하게 만들지는 모르나, 그것은 하나님의 부도덕한 모습이다. 그것은 거의 하늘에서 일어난 아동 학대(child abuse)라고 말할 수 있으며 이 세상에서의 우리의 상상력에도 나쁜 영향을 줄지 모른다.[219]

아인스호키: 잘못에 대한 책임은 전적으로 저지른 사람이 져야 하며, 그 행위에 대한 책임을 자손에게 묻는 것은 잘못이에요. 단 조상의 부정 행위로 인해 취득한 성과물을 물려받아 향유하면서 그들이 저지른 행위를 합리화하거나 옹호하는 후손이 있다면, 이들에게는 역사를 왜곡하려는 시도에 대한 책임을 엄중히 물어야겠지요. 하지만 이 경우에도 그 책임의

---

218) *출애굽기 20:5*, 34:7, 민수기 14:18, 신명기 5:9

219) *예수는 누구인가*, 존 도미닉 크로산 지음 한인철 옮김, 한국기독교연구소, 1998: 190

범위는 부역자가 저지른 행위가 아니라, 이를 옹호하며 정당화하려는 자손의 행위에 한정되어야 할 거예요.

바우류당: 우리 인간은 죄 가운데 살지 않습니다. 우리는 죄 가운데 태어나지도 않습니다. 우리는 세례를 통해 우리의 원죄의 때를 씻을 필요가 없습니다. 우리는 만약 세례를 받지 않으면 구원을 얻지 못하는 타락한 피조물들이 아닙니다. 우리는 오히려 과거의 진화 과정을 통해 등장했으며, 우리는 여전히 그 과정 중에 있습니다. 우리가 온전하지 못하다는 점은 우리가 그 길고도 힘든 과거의 생존자들로서 우리가 짊어지고 있는 짐에 대한 표지(sign)입니다. … 그러므로 우리를 타락 이전의 상태로 회복시킬 구원자란 다윈 이전 시대의 미신이며, 다윈 이후 시대에는 헛소리(nonsense)입니다.[220]

---

220) *기독교 변하지 않으면 죽는다*. 존 쉘비 스퐁, 한국기독교연구소, 2001: 138

304 파스칼 내기

바우류당: 위대한 프랑스 수학자 파스칼(Blaise Pascal, 1623~1662)은 신이 존재할 확률이 아무리 낮다고 해도, 잘못 추정했을 때 [지옥에 떨어져] 겪을 대가가 훨씬 더 크다고 판단하였습니다. 만약 당신의 판단이 옳다면 당신은 [천당에 가서] 영원한 축복을 누릴 수 있지만, 틀렸을 경우에는 [사후에 어디로 가든] 차이 날 것이 별로 없으니 차라리 신을 믿는 편이 더 유리합니다.[221] 일명 '파스칼의 내기'라는 것인데 신을 믿어 천당에 가는 것이 신을 믿지 않아 지옥에 떨어지는 것보다 이득이라는 결론을 냈습니다. 그러기 때문에 신을 부정하는 것보다 믿고 약속된 천당으로 가는 것이 훨씬 유리합니다.

파스칼의 내기

[221] *The God Delusion*, Richard Dawkins, Bantam Press, 2006: 130

아인스호키: 파스칼의 주장과 관련하여 먼저 지적하고 싶은 것은 파스칼 본인도 신의 존재 가능성을 아주 낮게 보고 있었다는 거예요. 그리고 파스칼이 주장하는 내기의 당위성을 인정하려면 관련된 모든 변수를 고려해야지요. 예를 들면 신의 정의, 신이라는 존재에 대한 증거나 존재 확률, 신의 속성이나 변덕성, 신이 지시하는 내용의 수용 가능성, 사후세계의 존재 가능성 및 환경의 쾌적함 등의 변수들이 있어요. 이런 관점에서 기존 종교에서 내세우는 교리를 경전 위주로 분석하면서, 과연 신의 말이라는 것이 얼마나 신빙성을 갖고 있는지 그리고 소위 신이라고 불리는 존재를 곧이곧대로 믿을 수 있는가를 먼저 따져봐야지요. 그런 다음 저승이라고 불리는 장소의 존재 가능성이 있는지, 만약 있다면 그곳에 가서 살면 더 행복해질 수 있는지를 따져볼 필요가 있지요.
두레스킴: 과학으로 규명된 관성의 법칙이라는 것이 있습니다. 이는 자연현상을 설명하는 용어로 어떤 물체든지 한번 움직이기 시작하면 계속 움직이려는 속성을 갖게 됩니다. 파스칼의 내기는 일종의 도박입니다. 도박을 할 때 돈을 따거나 적게 잃기 위해서 먼저 고려해야 할 것이, '몰입 상승의 작용'이나 '관성의 법칙'을 알고 이를 피하는 것입니다. 몰입 상승의 작용은 어떤 일에 많은 노력(시간 포함)과 자원을 투입하면 그 일에서 쉽게 손 털고 나올 수 없게 되는 현상을 말합니다.

믿음을 갖는 것이 중요하겠지만 어찌 보면 이것은 이승에서의 삶에만 한정되는 것이 아닙니다. 그리고 영원히 영향을 받을 수 있고, 특히 자신의 선택으로 후손에게도 심대한 영향을 줄 수 있습니다. 그렇기 때문에 한 종교에 귀의하기 전에 최소한 기본적인 요소에 대한 확인 작업을 거쳐야 합니다. 그래야 몰입 상승에 빠지지 않을 것이고, 파스칼의 내기를 앞두고도 올바른 결정을 할 수 있습니다.
아인스호키: 내기 이야기가 나와서 말인데, 구약성경에 따르면 옛날옛적

가나안 지역에 오래오래 살았던 사람이 많았대요. 내가 1억 원을 걸 테니 누구든—자금이 풍부하고 구약성경의 우화를 그대로 믿으라고 주장하는 교황청이면 가장 좋겠지만—발굴 팀을 구성한 후 2년 내에 300년 이상 산 사람의 유골을 가져오면 내 판돈을 가져가고, 찾지 못하면 체스판의 사각형 한 칸에 1원을 놓고 다음 칸으로 이동할 때마다 배로 해서 계산된 금액을 나에게 지급하는 조건의 내기를 제안하고 싶네요. [모스 랍비! 왜? 내가 따게 되면 얼마를 버냐고? 184경 원보다 조금 많을 걸… 입을 왜 그렇게 크게 벌리시나. 우수리 좀 떼 달라고? 하는 거 보고…]

라바모스: 기독교에서는 이승의 업보에 따라 사후에 영원히 거주할 곳이 결정된다고 주장한다. 만약 신이 전지전능하다면 처음부터 모든 존재가 천당에서 살도록 배려하는 것이 자신의 지식과 능력의 위대함을 보여주는 지름길일 것이다. 괜히 불편한 이승에서의 삶이라는 중간 단계를 하나 더 만들어 놓고, 누구는 천당에 보내고 누구는 지옥에 보내고 하는 번거롭고 복잡한 절차를 만들지 않아야 한다. 그리고 최근 인간 수의 폭증으로 저승으로 가는 영혼이 기하급수적으로 늘었는데, 이들의 이승에서의 삶을 일일이 따져 공명정대하게 판단할 여력이 있을지 궁금하다.

아인스호키: 신이 자기가 그토록 사랑하는 존재에게 불완전한 이승에서 사는 수고를 감내하도록 하거나 지옥으로 보내 영원히 고통을 받도록 내버려둔다면, 이런 존재는 사랑의 신이라 불릴 수 없지요. 이것을 보더라도 천당과 지옥은 사후에 가는 곳이 아니고, 이승에서 살면서 그런 상태를 경험하며 사는 것임을 역설적으로 보여 주는 거예요. 만약 신이 합리적이고 현명한 존재라면, 모든 존재가 이승에서 어려운 삶을 경험하는 단계를 건너뛰고 처음부터 본인과 함께 천당에서 모자람 없이 서로 도우며 살도록 배려했어야지요.

두레스킴: 전지전능하여 사람의 머리털까지 셀 수 있고(마태복음 10:30,

누가복음 12:7), 마음의 비밀까지 아는(시편 44:21) 존재는 신성한 계획을 갖고 있을 것이며, 모든 존재가 어떤 식으로 행동할 것인지를 충분히 가늠하고 예상할 것입니다. 다시 말해 각자의 행동이 신이 미리 세워둔 계획에 의거하여 실행에 이루어지는 것이며, 그렇다면 아무리 나쁜 행동을 한 악인이라고 하더라도 심판의 대상이 될 수 없을 것입니다. 그런데 종교인들은 아담과 이브로 인한 원죄설에 이어 예수님의 죽음으로 대속의 혜택까지 받은 인류에게, 이제는 자유 의지가 주어졌기 때문에 이에 따라 행동한 결과에 대한 책임을 져야 한다고 주장합니다. 그렇다면 신의 전지전능함은 반감되거나 사라지게 됩니다. 우리는 이런 존재를 앞세우는 종교로부터 국가 법체계를 유지해 나가는 기득권층을 보조하는 역할 이상의 것을 기대할 수 없습니다.

바우류당: 이슬람 경전 쿠란 18장 17절에 "알라가 인도한 자는 좋은 길로 인도되나 알라가 방황케 한 자는 그대가 그를 인도할 보호자를 발견치 못하리라"라는 말로 알라의 능력을 강조합니다. 쿠란 18장 58절에 "그리하여 알라는 그들의 마음을 봉하니 이해하지 못하고 그들의 귀를 막으니 듣지 못하리라 그러므로 그대가 그들을 복음으로 인도한다 하여도 그들은 결코 바른 길을 따르지 않을 것이라"는 표현도 있습니다.

아인스호키: 알라가 전지전능하여 모든 사람을 이 정도로 관리한다면 인간은 자신의 자유 의지라기보다는 알라의 의지에 따라 행동한다는 것인데, 그렇다면 이들에게 죄를 물을 수 없을 거예요. 전지전능한 알라의 의도대로 행동하고 살았으면 오히려 그런 삶을 산 사람들을 칭찬하는 것이 마땅하지 않을까요? 자유 의지와 관련하여 내가 존경하는 호킹 박사는 "물론 우리는 우리의 행동을 스스로 선택할 수 있다고 느끼지만, 생물학의 토대에 관한 우리의 지식은 생물학적 과정들이 물리학과 화학의 법칙들에 의해서 지배되며 따라서 행성의 궤도와 마찬가지로 결정되어 있음을 보여

준다. … 우리의 행동이 물리법칙에 의해서 결정된다면, 어떻게 자유 의지가 작동할 수 있는지 상상하기 어렵다. 따라서 우리는 생물학적 기계일 따름이고 자유 의지는 착각에 불과한 것 같다"[222]라고 주장하지요.

두레스킴: 만약 천당이 종교에서 주장하는 바대로 이승을 떠난 사람들이 모여서 사는 곳이라면 천당이 아니라 지옥보다 더 못한 상태가 되고 말 것입니다. 여러 가지 경우의 수가 있겠지만 일단 두 가지만 따져 보고 나머지는 성경에 나오는 사후세계에 대한 서술을 살펴보면서 답을 찾아보도록 하겠습니다. 첫째, 본인만 천당에 가고 이승에서 함께했던 지인들 중 상당수가 지옥으로 갔을 경우를 상정해 봅시다.

바우류당: 이런 상태가 되면 완벽했던 이승에서의 삶과는 달리 인간 관계의 공백이 많이 나타나 무질서한 상태를 경험하게 됩니다. 그런 천당의 삶은 우리를 행복하게 만들기보다는 오히려 고통스럽고 불행하게 할 것입니다. 일부 종교에서는 천당에는 꿀이 흐르고 금은보화가 가득한 물질적인 풍요를 끊임없이 즐길 수 있다고 하지만, 천당에 도착하는 순간부터 이승에서의 순조로운 관계가 단절되고 오리무중의 불완전한 관계에 빠지고, 이런 상태가 영원히 지속되는 것은 결코 즐거운 일이 될 수 없습니다.

라바모스: 비록 천당이 최고의 축복을 누리는 곳이더라도 홀로 천당에 가겠다고 우기는 사람은 아예 천당에 들어갈 자격을 얻지 못할 것 같다. 막상 천당에 갔는데 사랑하는 부모, 배우자, 그리고 자식들 모두와 함께하지 못하고, 이 중 일부가 고통으로 가득 찬 지옥으로 가서 고통받고 있을 것을 뻔히 알게 되었다. 그럼에도 불구하고 본인이 천당에 간 것을 영광으로 받아들이는 사람은 피도 눈물도 없는 인간일 텐데, 천당의 주재자가 이런 사람을 받아들인다는 것은 엄청난 모순이다.

---

222) *위대한 설계*, 스티븐 호킹, 까치, 2010: 41

두레스킴: 둘째, 이승에서 원수처럼 지내던 사람을 저승의 같은 곳에서 만나 영원히 함께 기거해야 하는 경우를 생각해 봅시다. 다른 신을 믿는 신도들이나 같은 신을 믿더라도 다른 이름의 종파에 속해 다툰 끝에 죽은 사람들이 같은 천당에 가서 살면 과연 행복할 수 있겠는가 하는 질문을 던져볼 수 있습니다. 11세기 말부터 13세기까지 이어진 십자군 전쟁에 참여한 천주교 신자들이 이슬람교의 신자들과 싸우다가 전사해서 천당에 갔는데, 그곳에서 자신을 죽인 이슬람교 신자를 만나 지내게 된다면 이들의 삶은 결코 순탄할 수 없을 것입니다.

아인스호키: 미국의 남북전쟁에 참전한 군인들 또한 모두 기독교나 천주교를 믿는 사람들로 구성되어 있었지요. 남군은 성경에서 옹호하는 노예제도를 유지하기 위해서, 북군은 노예제도 철폐를 주장하면서 싸웠어요. 이들이 천당에 갔다면 그곳은 여호와가 주재하는 동일한 장소인 텐데 이럴 경우 여호와는 어떤 기준으로 이들을 천당에 받아들였을까 하는 의문을 갖지 않을 수 없군요.

두레스킴: 만약 천당이라고 정의되는 곳이 오히려 고통을 주는 곳이어서 천당에서의 삶의 질이 이승에서 사는 것보다 떨어진다면, 파스칼의 내기의 가정은 의미를 잃게 될 것입니다. 이후로는 천당과 지옥에서의 삶이 어떨지에 대해 살펴보도록 하겠습니다.

305 사후세계 - 천당

두레스킴: 바울이 천당에 다녀왔다고 주장하는 사람의 이야기를 합니다. "내가 그리스도 안에 있는 한 사람을 아노니 그가 14년 전에 셋째 하늘에 이끌려 간 자라 … 그가 낙원[paradise]으로 이끌려 가서 말로 표현할 수 없는 말을 들었으니 사람이 가히 이르지 못할 말이로다 … 그러나 누가 나를 보는 바와 내게 듣는 바에 지나치게 생각할까 두려워서 그만두노라"(고린도후서 12:2-6)라는 구절이 있습니다. 셋째 하늘은 낙원을 의미하며 낙원은 천당을 의미합니다.

바우류당: 낙원이라는 표현은 구약성경에는 사용되지 않고 신약성경에는 고린도후서 외에 예수께서 자신에게 살갑게 대한 죄인에게 "네가 나와 함께 낙원에 있으리라"(누가복음 23:43)고 말씀하시고, "귀 있는 자는 성령이 교회들에게 하시는 말씀을 들을지어다 이기는 그에게는 내가 하나님의 낙원에 있는 생명나무의 열매를 주어 먹게 하리라"(요한계시록 2:7)는 곳에만 나타납니다. 신약성경에는 아주 한정적으로 천당이나 낙원이라는 용어가 사용된 것을 알 수 있습니다.

아인스호키: 과연 천당이 위치한 곳이 셋째 하늘[삼층천(三層天): 세 번째 하늘]인가 하는 의문을 갖지 않을 수 없어요. 에베소서 4:10에는 '예수가 모든 하늘보다 더 높은 곳에 올라갔다'고 말하고 있어요. 더 높은 곳이 삼층천이라면 그나마 괜찮아요. 그런데 만약 아니라면, 하나님이나 예수를 입증할 수 있는 사진이나 동영상 같은 물증이 없으니 사람들이 저승에 올라가 그곳을 주재하는 사람을 하나님이나 예수로 믿고 열심히 따르며 시중들다가, 나중에 자신들이 더 낮은 층의 천당에 있음을 알게 되면 정말 황당할 거예요. 도착하자마자 몇 층에 왔는지를 따지기는 조금 뻘쭘하잖아요.

그리고 먼저 와서 그곳의 주인을 따르던 사람에게 몇 번째 천당에 있냐고 물으니까 자기도 어떤 기준으로 판단해야 할지 몰라 궁금하다는 답을 듣는다면, 그리고 앞으로는 신분의 변화 없이 그곳에서 해답을 구할 방법도 없이 영원히 그냥 살아야 된다는 것을 알게 된다면, 그 사람의 복장이 온전하게 보존될 수 있을지 모르겠어요. [모스 랍비! 저승에서 복장이 터져 죽으면 더 높은 곳으로 갈 수도 있으니 좋을 수도 있겠다고? 그것도 말이 되네… 그렇다가 지옥으로 떨어질 수도 있지 않을까…]

라바모스: 그리고 천당이 이렇게 많다면 내가 함께하고 싶은 사람과 같은 곳에 갈 확률은 점점 떨어지겠다. 복권 당첨되는 것보다 더 어려울 것 같다. [호키 박사! 뭐, 당신은 도착하면 바로 물어볼 것이라고? 그렇다가 찍혀 지옥 갈 수 있어…]

바우류당: 이슬람교 쿠란 18장 32절에 '그들(말 잘 듣는 사람들)이 사는 곳은 에덴의 동산들인데 그 밑으로는 강들이 흐르며, 높은 권좌에 비스듬히 걸터앉아 금팔찌를 끼고 금장식이 달린 최상의 초록색 비단옷을 입고 산다'며 천당을 표현하고, 같은 책 22장 23절에 "알라께서는 믿음을

그림: 최민주

갖고 선을 행하는 이들은 천당에 들게 하나니 그 밑에는 물이 흐르노라 그들은 그 안에서 진주와 황금의 팔찌로 장식되고 그 안에서 그들이 입을 의상은 비단이라"라는 표현이 있습니다. 또한, 쿠란 35장 33절에는 "이들은 에덴의 동산들[천당]로 들어가리니 그곳에서 금과 진주로 된 팔찌로 장식되고 비단(silk)이 그들의 의상이 되리라"고 천당을 묘사합니다.

이어 쿠란47장 15절에 "의로운 자들에게 약속된 천당을 비유하사 그곳에 강물이 있으되 변하지 아니하고 우유가 흐르는 강이 있으되 맛이 변하지 아니하며 술이 흐르는 강이 있으니 마시는 이들에게 기쁨을 주며 꿀이 흐르는 강이 있으되 순수하고 깨끗하더라 그곳에는 온갖 과일이 있으며 주님의 자비가 있노라"라는 부연설명도 있습니다. 또한, 쿠란 52장 22-24에는 "알라[여기에서는 '우리'라고 복수로 표현]는 그들이 원하는 과실과 육류를 부여하니 그들은 서로가 서로에게 해악이 없는 [술]잔을 주고 받을 때 진주처럼 잘 보관된 소년[자신들이 소유한 남자 종]이 그들 주위를 돌며 시중들도다"라는 표현도 있습니다.

라바모스: 결국 이슬람교에서 그리는 천당은 아름다운 저택이 있는 에덴 정원 밑으로 물이 흐르고, 순교자의 경우 72명의 처녀 천사를 배우자로 삼고 부귀영화를 마음껏 누리는 곳이다. 사막 지역에서 물이 풍요롭지 못한 이승에서의 삶을 저승에서 원하는 대로 한껏 누려 보겠다는 의지가 담겨 있다. 만약 이들이 이승에서 식수 문제 없이 살았더라면 이런 표현을 쓸 이유가 없었을 것이다. 또한, 마음껏 먹을 수 있는 음식과 술 그리고 이들을 위해 종사하는 종까지 언급하고 있다.

종으로 일하는 사람은 아마도 지옥으로 가려는 사람 중에 '앞으로는 알라를 믿고 무함마드를 선지자로 인정하겠다'는 약속을 한 사람이거나, 다른 민족 중에 천당으로 올라와 그런 임무를 부여받은 사람이 아닐까 하는 순진한 상상을 해본다. 결국 천당은 이승에서 모자랐던 것을 마음껏 즐기고 살고 싶은 욕망을 그린 것인데, 그렇다면 이승에서 그런 상태를 만들고 사는 것이 보다 바람직할 것이다.

아인스호키: 이슬람교에서 말하는 72명의 처녀 이야기 또한 예수 엄마 마리아를 동정녀로 잘못 오해하도록 만든 것처럼 번역이 잘못되어 빚어진 오해래요. 이븐 와라크라는 사람이 이슬람 순교자에게 72명의 처녀를 제공한다는 유명한 약속에 나오는 '처녀(houris)'가 사실은 '수정처럼 맑은 흰 건포도'라는 단어의 오역이라고 주장했대요.'[223]

라바모스: 순교자들이 이 내용을 알면 분통이 터지겠다. 이승에서는 잘 사는 사람들이 반반한 처녀들을 다 차지하는 바람에 마음에 드는 여자하고 살 수 없었는데, 쿠란에서 약속한 72명의 처녀는 아니더라도[거룩한 이슬람의 교리를 실행하기 위해 순교한 사람들이 너무 많아 자신에게 돌아올 몫이 줄어] 단 2명이라도 주면 좋겠다는 생각으로 눈을 질끈 감고 자살폭탄을 터뜨리고 꾸역꾸역 무함마드가 약속한 천당에 도착했는데, 알라가 이승에서 몇 푼 들이지 않고 즐길 수 있는 건포도 일흔두 알을 건네면서 '수고했다'라고 말하며 입 씻으면, 포도 알을 씹으며 어떤 표정을 지을지 상상이 간다.

바우류당: 쿠란 111장에 무함마드가 친삼촌 아부라합(Abû Lahab) 부부를 비난하는데, 그 이유가 설교를 방해하며 군중들에게 '이 사기꾼을 믿지 마라. 그는 거짓말쟁이다'라며 훼방했기 때문입니다.[224] 아주 친한 삼촌이 이렇게 따라다니며 사기꾼이라고 비방한 것을 보면, 무함마드는 거짓말을 밥 먹듯이 하는 성향을 갖고 있었을지도 모릅니다.

하지만 새로운 복음을 전파하는 사람들은 오해를 받는 경우가 많은 것 같습니다. 예수님의 경우에도, "예수의 친족(family, 가족)들은 (예수의 가

---

223) *만들어진 신*, 리처드 도킨스, 김영사, 2007: 153

224) *성경 왜곡의 역사*, 바트 어만 지음/민경식 옮김, 성림출판, 2006: 338

르침과 활동과 관련해서) 그가 미쳤다는 소식을 듣고 그를 잡으러 나선다. 율법학자들은 예수가 바알세불이 들렸다고 하고, 또 그가 귀신 두목의 힘을 빌어서 귀신을 쫓아낸다고도 했다"(마가복음 3:21-22)[225]라는 내용을 보면 도긴개긴입니다.

라바모스: 그러고 보니 우리가 2장 206-2에서 성모 마리아가 야고보와 베드로의 종파에 합류한 것으로 추측했는데, 예수가 가족들이 따르는 종파의 교리와 다른 내용의 가르침을 설파하고 다니니 그런 행동을 했을 수도 있다. 그래서 예수와 반목하며 서로를 비난하는 내용이 성경에 나오는 것 같다.

두레스킴: 알라의 부름에 따라 자기 목숨을 바친 사람들은 누구든지 영원히 살게 되고, 72명의 천사나 건포도가 아니고 순교자가 선택하는 70명의 가족들을 천당에 불러들여 함께 살 수 있다고 합니다.[226] 만약 천국이 있다고 한다면, 이것은 대단한 특권이라고 할 수 있겠습니다. 하지만 천국이 있더라도, 엄격한 기준을 이렇게 비켜가는 사람들이 많아지면 그곳에서의 삶의 질은 떨어질 수밖에 없을 것입니다.

바우류당: 여기에서 에덴의 동산을 표시하며 복수형을 사용하였는데, 이슬람교 성직자들은 천당이 많다고 생각합니다. 쿠란 2장 29절에는 "또한 그분은 너희들을 위해 삼라만상을 창조하시고 다시 하늘로 승천하시어 일곱 천[seven heavens, 칠층천(七層天)]을 형성하신 분으로 진실로 그분은 모든 것을 아시노라"라고 쓰여 있는데, 여기에서 말하는 일곱 천은 일곱 단계의 천당을 의미합니다. 그리고 쿠란 41장 12절에 "알라는 이틀 만에 일곱 개의 하늘을 완성하신 후 각 하늘에 임무를 부여하사 지상에 가까운 하늘을 빛으로 장식하고 그리고 보호되도록 하였나니 그러함이 권능과 아심으로 충만하신 그분의 창조이시라"라고 하면서 알라가 일곱 개의

---

225) *만들어진 예수 참 사람 예수*, 존 쉘비 스퐁, 한국기독교연구소, 2009: 68

226) *Terror in the name of God*, Jessica Stern, HarperCollins Publishers, 2003: 221

하늘을 만들었다고 강조하나 각 하늘에 대한 구체적인 설명은 없습니다.

아인스호키: 여호와가 삼라만상을 만드는 데 6일이 걸렸는데, 알라는 7개의 하늘을 2일 만에 만들었어요. 알라의 창조력이 월등하든지 아니면 하늘, 즉 천당이 부실하든지 둘 중의 하나일 거예요. 그리고 칠층천이 언급된 것은 신약성경의 삼층천에 대응하여 그것보다 많게 하여 이슬람교가 기독교보다 위대한 종교라는 것을 보여 주기 위함이라는 생각이 드네요. 당시의 건축 능력이 떨어져서 이런 표현으로 만족했겠지만, 만약 최근의 건물들을 보았다면 몇백 층의 하늘로 표현했을 수도 있겠네요.

라바모스: 우리 유대교의 궁극적인 목적은 천국에 들어가는 것이다. 조하르 경전에서는 천당을 낮은 에덴동산과 높은 에덴동산[최소 두 개의 천당]으로 구분한다. 우리 천당에도 단계가 있다. 영의 상태에 따라 바로 올라가기도 하고 연옥을 들르기도 한다. 적절한 행동을 하면서 정의로운 삶을 살거나, 엄청난 이타적인 행위를 하거나, 순교하면 직통으로 천당에 간다.[227] [호키 박사! 직통으로 가다가 사고 나면 뼈도 못 추린다고? 그게 뭔 말이래? 그려, 알아서 해석할게…]

아인스호키: 저승을 언급하면서 세속의 물질에 집착하면 어떻게 진리를 깨우칠 수 있겠어요? 이런 것을 저승에 모아 놓고 멋지고 풍요롭게 살면서 이승에 사는 신도들의 삶을 돌보지 않는 신이라면 과연 이런 신이 사랑이나 자비의 신이라 불릴 수 있는지 의문이 드네요.

이럴 거면 이승의 부귀영화를 복사해서 천당으로 옮겨가지 말고 처음부터 이승에서 천당과 같은 삶을 살 수 있도록 배려하는 것이 가장 합리적인 해결 방안일 거예요. 그런데 그런 삶을 이승에서 주지 못하고, 불확실한 저승에서나 가능하다고 주장하는 존재라면, 신이라 불릴 자격이 없겠지요.

---

[227] *The Talmud*, A. Parry, Alpha Books, 2004: 267, 내용 편집역주

305-1 천당(요한계시록)

아인스호키: 요한계시록에서 묘사하고 있는 천당(새 예루살렘)이 사후세계의 천당으로 자주 인용되는 것으로 알고 있어요. 이 조건을 내가 따져보니 면적은 484만 km²로 미국에 대비하면 1/2에 조금 못 미치는 수준이에요. 그리고 외부 환경으로부터 보호하기 위해 벽과 천정을 만든 것 같은데 높이가 2,200km로 충분하다고 느낄지 모르겠지만 자연환경과 비교하면 상당한 제약을 가질 수밖에 없지요. 앞에서 살펴본 바와 같이 모든 인류가 부활하여 지구에서 산다고 해도 좁아서 어려움이 많을 텐데, 미국의 2분의 1 규모의 장소에 아무리 선발된 사람들만 들어가 산다고 해도, 여기에서 사는 삶은 결코 안락할 수는 없을 것 같아요.
라바모스: 새 예루살렘과 관련하여 왜 천당에 벽을 쳤을까 하는 질문이 나올 수 있다. 이는 요한계시록 22:15에 "개들과 점술가들과 음행하는 자들과 살인자들과 우상 숭배자들과 및 거짓말을 좋아하며 지어내는 자는 다 성 밖에 있으리라"라고 표현한 것을 보면, 이들로부터 천당에 있는 사람들을 보호하기 위한 것 같다. 그렇다 보니 성곽을 만들어야 했고 이것은 성의 면적을 제한하는 결과를 초래한다.
또한, 요한계시록 21:8의 "두려워하는 자들과 믿지 아니하는 자들과 흉악한 자들과 살인자들과 음행하는 자들과 점술가들과 우상 숭배자들과 거짓말하는 모든 자들은 불과 유황으로 타는 못에 던져지니라 이것이 둘째 사망이라"는 말, 위의 성 밖에서 강아지들과 함께 어슬렁거리는 사람들에 대한 언급을 보면, 아마도 죄인들은 두 번째 죽음 후에 다시 부활하여 천당의 성곽 밖에서 강아지들과 더불어 깡통을 차고 음식을 찾으러 다닌다고 볼 수 있다. [뭐여, 호키 박사! 깡통을 들고 다니더라도 충직한 개와 함께 살 수 있

다면 천당보다는 행복할 거라고… 나도 그런 생각이 드는데, 함께 갈까?!
두레스킴: 만약 요한계시록의 설명이 사실이라고 한다면, 이스라엘 민족이 아닌 사람들이 천당에 들어갈 수 있는가 하는 의심이 들지 않을 수 없습니다. 천당에 설치한 12개의 문에 이스라엘 민족 지파의 이름이 쓰여 있는데, 이 지파에 속하지 않는 다른 민족의 사람들은 그곳으로 들어갈 때 불편함을 느낄 수밖에 없을 것입니다. 행여나 문 안으로 들어가도 손님으로 대접하러 누군가가 나오지 않으면 머쓱해서 운신하기가 어려울 것입니다. 아마도 이곳에서 왕 노릇을 하는 사람들은 이승에서 왕을 하다 올라왔거나, 12 제자 또는 144,000명의 유대인 노총각일 것입니다. 미국보다도 훨씬 작은 공간에 최소한 14명의 왕들이—하나님, 예수님 그리고 12 제자—세세토록 바뀌는 일 없이 통치한다면 정말 견디기 어려울 것입니다. 그런데도 불구하고 이런 식의 교리에 매달리는 유대인이 아닌 다른 민족의 신자들의 마음가짐은 대관절 어떤 상태인지 묻지 않을 수 없습니다.
아인스호키: 요한계시록에는 초기 이스라엘 국가를 만들 때 있었다는 12지파의 후손들 중에서 각각 12,000명씩을 뽑아 총 144,000명의 유대인 총각들에게 이마에 인장을 찍어 지배자의 표식을 하고 세상을 지배하라 주문하고 있지요. 이에 따르면 기독교를 믿는 사람들 가운데 구원을 받아 어렵게 천당에 올라간 사람들은 이들의 통치하에 살아야 할 거예요. 마태복음 19:28에서 예수가 "세상이 새롭게 되어 인자가 '자기 영광의 보좌'(his glorious throne)에 앉을 때에 나를 따르는 너희도 열두 보좌에 앉아 이스라엘 열두 지파를 심판하리라"고 말하고 있지요. 예수가 인자(예수)를 3인칭 어법인 '그의(his)'로 표현하며 마치 제3자를 지칭하는 것처럼 말하고 있는 것이 흥미로워요. 복음서에서 인자를 지칭할 때 예수는 이런 식의 표현을 자주하고 있어요. 이것도 이런 말이 예수가 한 말이 아니라는 것을 우회적으로 표현하는 저자의 재치라고 할 수 있을 거예요.

라바모스: "내 아버지께서 나라를 내게 맡기신 것 같이 나도 너희에게 맡겨 너희로 내 나라에 있어 내 상에서 먹고 마시며 또는 보좌에 앉아 이스라엘 열두 지파를 다스리게 하려 하노라"(누가복음 22:29-30)라고 선언하고 있으니, 요한계시록에 나오는 사람들은 이 열두 제자들에게 소속되어 신도들을 통치하는 공무원이나 성직자의 신분일 것이다.

두레스킴: 저승에서의 삶의 환경에 대한 해답은 요한계시록 5장을 통해 구할 수 있습니다. '수백만이나 수억에 달하는 천사들이 큰 목소리로 일찍이 죽임을 당한 '어린 양'(아이)은 능력과 부와 지혜와 힘과 존귀와 영광과 찬송을 받기에 합당하다'(5:11-12)라며 칭송합니다. 이런 식으로 쉼 없이 소리를 질러대고 신을 칭송하고 찬양하는 소리들이 지속된다면 심각한 소음 공해가 예상됩니다. 5:14에는 "네 생물(사자, 황소, 독수리, 사람—저자 주)이 이르되 아멘 하고 장로들은 엎드려 경배하더라"라는 표현도 나옵니다. 장로들이 엎드려 경배할 수준이면 일반 신도들은 어떤 모습을 보여야 할까 하는 질문을 던지지 않을 수 없습니다.

그리고 이들이 언급하는 혜택 중에 부(富, wealth)가 두 번째로 나오는데, 천당에서 부를 가지고 무엇을 하는지 알 수 없습니다. 그리고 어린 나이에 죽임을 당했다는 표현은 극단주의 이슬람교를 믿어 폭탄 테러를 저지른 아이를 연상케 합니다. 이슬람교는 천사나 하얀 건포도를 주는데, 기독교에서는 부를 우선적으로 보장합니다. 둘 사이에 어떤 차이가 있는지 알 수 없습니다. [호키 박사님! 부를 언급하는 것을 보면 천당에도 부익부빈익빈 현상이 있을 것이라고 하셨습니까? 틀린 지적은 아닌 것 같습니다.]

아인스호키: 요한계시록 22:5에 "다시는 밤이 없겠고 등불과 햇빛이 쓸데 없으니 이는 주 하나님이 그들에게 비치심이라 그들이 세세토록 왕 노릇 하리로다"라는 말도 있어요. 그러면 소음 공해는 물론이고 빛 공해도 만만치 않을 것 같아요. 눈과 귀가 쉴 틈이 없는 그곳에서는 조금만 지내

도 노이로제가 심해지거나 정신병이 들 거예요. [모스 랍비! 뭐, 장례 치를 때 귀마개를 부장품으로 넣어 주는 것이 좋겠고, 오디오 업체 주식을 사 두어야겠다고? 차익 나면 술 한잔 사주셔…]

바우류당: 기존 종교들이 제시하는 천당의 삶을 관찰해 보면 신이라는 존재가 절대자고 신도들은 마치 종이나 노예와 같은 신분으로 묘사되고 있습니다. 천당이 이렇게 계급의 차이가 명확한 곳이라면 신의 곁에는 다가갈 엄두도 내지 못할 것입니다. 항상 그런 상태로 살아가야 한다면 천당에서의 삶은 엄청 힘들 것입니다.

아인스호키: 이에 더해 여호와, 여호와 우측에 앉아 있는 예수, 구약성경에 나오는 왕들과 선지자들에 더하여, 유대인들로 구성된 144,000명의 새롭게 인침을 받은 행정관들과, 다양한 천사와 이승에서 성직자였던 사람들이 중간 계층으로 군림하며 일반 신도들과는 다른 처우를 요구할 것이니 더욱 살기 힘들 거예요.

거기에다 그 천당의 궁전에 들어가려고 하면 유대인이 아닌 사람들은 12지파의 어느 문으로 들어가야 할지 알 수 없을 것이고, 유대인들의 궁전이니 들어가도 제대로 대접받지 못할 거예요.

두레스킴: 성직자들은 우리가 이승에서 한 모든 행동과 생각이 드러난다고 합니다. 그렇다면 저승에서의 삶은 더 명확히 드러날 것이기 때문에 천당에 거주하게 되는 누구라도 다른 생각이나 행동을 하는 것은 아예 불가능할 것입니다.

이런 장소에 엄청난 부가 있더라도 이런 식의 삶을 살라고 하면 몇 사람이나 지원할지 알 수 없습니다. 최소한 유대인도 아닌 저는 절대 아닙니다.

아인스호키: 나도 킴 소장과 같은 생각이에요. 나는 족보를 따져보면 선조 중에 유대인이 있기 때문에 잘 말하면 통할 것 같기는 하나, 성경에서 묘사하는 천당이라면 정중하게 사양할래요. [모스 랍비는 왜 조용하지? 그래도 천당은 가고 싶나 보네… 왜! 유대인 랍비는 직통이어서 그러는겨?]

라바모스: 요한계시록에 나오는 새 예루살렘은 기독교인들이 죽은 후에 가는 저승의 천당이 아니라 유대인들을 위해 이승에 세워질 우리 민족을 위한 천년 왕국이다. 1장 107-1에서 다루었던 이사야 65장에 나오는 '새 하늘과 새 땅을 바라는 마음'이 구현되는 오직 유대인들을 위한 유토피아를 묘사하고 있다. 요한계시록을 잘 분석해 보면 이 공간에 다른 민족이 끼어들 틈새는 전혀 없다. [어이, 호키 박사! 나한테 잘 보이면 내가 방 한 칸은 잡아둘게… 뭐여, 관두라고? 후회하기 없기다.]

305-2 지옥

두레스킴: 지금부터는 종교계에서 채찍으로 활용하고 있는 지옥에 대한 논의를 진행하도록 하겠습니다. 부처나 예수께서는 거의 언급을 하지 않으셨던 지옥이라는 개념을 모든 종교에서 인용하고 지옥의 모습을 경쟁적으로 험상궂게 그려내고 있습니다. 모스 랍비님께서 먼저 한 말씀하시기 바랍니다.

라바모스: 단테(1265~1321)는 『신곡』에서 지옥을 9개로 구분하며 제1옥을 림보라고 부르는데 이곳은 지옥에 속한 곳은 아니고, 제2옥에서 제5옥까지를 상부지옥, 제6옥에서부터 제9옥까지를 하부지옥으로 부른다. 제9옥은 악마들의 대왕 루시펠이 머무는 장소라고 한다. 중간에 연옥이 있고, 천당은 월광천, 수성천, 금성천, 태양천, 화성천, 목성천, 토성천, 항성천, 원동천, 정화천 순으로 총 10개(십층천, 十層天)로 나눈다.[228] 단테는 이슬람교에서 일곱 개의 천당을 주장하는 것을 알고 이보다 더 많은 숫자의 천당과 지옥을 그려내는 데 성공한 것 같다. 종교계는 서로 간에 보다 많은 천당과 지옥을 선점하려고 치열하게 경쟁하고 있음을 엿볼 수 있다.

그런데 천당과 지옥의 구분이 이 정도로 심해진다면, 천당과 지옥으로 갈려 따로 살게 되는 사람들의 고통이 더욱 심해질 것이고, 천당이나 지옥에 가더라도 좋아하는 사람을 같은 장소에서 만나 생활할 가능성은 하루에 번개 열 번 맞는 것보다 더 어려워질 것 같다.

바우류당: 쿠란 17장 8절의 "불신자들을 위해 지하감옥인 지옥을 지정하였다"라는 표현을 보면, 이슬람교는 지옥을 저승의 감옥으로 간주합니다.

---

[228] *단테의 신곡*, 단테 지음, 유필 옮김, 밀리언셀러, 2011: 30-31, 145, 294-295

그림: 최민주

한편 쿠란 22장 19-22절에는 "불신하는 자들은 불길에 옷이 찢기며 머리 위에는 이글대는 물이 부어지리라 그것으로 인하여 그들의 내장과 피부도 녹아 내릴 것이라 그 외에도 그들을 벌할 철로 된 회초리가 있나니 근심으로 말미암아 그들이 그것으로부터 피하기를 원하나 그들은 다시 그 안으로 되돌려와 화염의 징벌을 맛볼 것이라"에 더해, 쿠란 4장 56절에는 "알라의 계시를 불신하는 자들은 화염 속에 넣어 그들의 피부가 없어질 때마다 새로운 피부로 바꿔 고통을 맛보게 할 것이라"라는 표현을 덧붙입니다. 이처럼 잔인한 방식으로 고통을 준다며 겁을 줍니다.

한편 이슬람교의 지옥에는 일곱 문이 있습니다. 쿠란 15장 43-44절에 "실로 지옥은 그들 모두를 위해 약속된 곳으로 그곳에는 일곱 개의 문이 있으며 그것은 그들 죄인들에 배당된 각각의 문이라"라는 표현이 그것입니다. 재미있는 것은 단테의 신곡에서도 일곱 문을 언급하고 있다는 것입니다. 서로 지지 않기 위해 상대방이 쓰는 묘사를 빌려와 사후세계를 보다 세분화하는 무의미한 경쟁을 벌이고 있습니다.

아인스호키: 지옥을 표현하는 신약성경의 표현은 마가복음 9:48-49에 "거기에서는 구더기도 죽지 않고 불도 꺼지지 아니하느니라 사람마다 불로써 소금 치듯 함을 받으리라"라는 표현이 있지요. 요한계시록 19:20-21에는 "산 채로 유황불 붙는 못에 던져지고 그 나머지는 말 탄 자의 입으로부터 나오는 검에 죽으매 모든 새가 그들의 살로 배불리더라"라는 표현이 있고요. 유황과 불이라는 표현은 구약성경에도 나오는데,[229] 구약성경에서는 여호와가 이승의 인간들을 괴롭히기 위한 수단으로 활용한 것이에요. 신약성경에서 지옥을 언급하며 불과 유황을 사용하는데, 이것은 이승에서 단기간에 겪게 되는 고통을 의미하는 것으로 보이며, 이것이 반드시 사후

---

229) *창세기 19:24*, 신명기 29:23, 욥기 18:15, 시편 11:6, 이사야 30:33, 34:9, 에스겔 38:22

에 접하게 되는 지옥의 환경을 묘사하는 것이라고 단정할 수는 없어요.

두레스킴: 흥미로운 사실은 지옥 불에 대한 대부분의 언급은 마태복음에 나타나 있다는 것입니다.[230] 호키 박사님이 언급하신 마가복음의 내용('범죄케 하거든' 9:42-50)은 누군가가 나중에 편집하여 넣은 것으로 보입니다. 이곳에서도 50절에 저자가 "소금은 좋은 것이로되 만일 소금이 그 맛을 잃으면 무엇으로 이를 짜게 하리요 너희 속에 소금을 두고 서로 화목하게 하시리라"라는 생뚱맞은 말을 더하면서, 이 부분의 편집이 자신의 의도가 아니라는 것을 명백하게 보여 주고 있습니다. 예수님의 부활 부분, 제자들이 떠나는 이야기에 뜬금없는 이야기들을 넣어 자신의 뜻이 아님을 나타내는 식의 표현이 여기에도 고스란히 드러나 있습니다.

바우류당: 성경에 지옥을 표현하는 곳이 더 있는데 마태복음 13:41-42에 '천사들이 불법을 행한 자들을 골라내어 풀무 불에 던져 넣으니 그곳에서 울며 이를 갈 것이라'는 것과 요한계시록 14:10의 "천사들과 어린 양 앞에서 불과 유황으로 고난을 받으리니" 및 같은 책 21:8의 "불과 유황으로 타는 못에 던져지리라"입니다. 마태복음의 내용은 조로아스터교의 표현을 차용한 것입니다. "이들[조로아스터교]이 사용하는 용광로의 쇳물은 죄 지은 자들의 죄를 태워 없애 이들을 순수하게 만든다. 그런데 신약성경의 불 호수는 불량품이어서 성능이 떨어지는지, 정죄하고 정화하는 기능까지 수행하지 못하고 죄 지은 사람들이 그 속에서 영원히 고통을 받게 만든다."[231]

라바모스: 기독교는 중세 말에 사람들을 통제하기 위해 지옥의 이미지를 만들어 냈다. 종교재판은 1233년경 교황 그레고리우스 9세(Gregorius IX,

---

230) *기독교 변하지 않으면 죽는다*. 존 쉘비 스퐁, 한국기독교연구소, 2001: 46

231) *Life and Teachings of Zoroaster*, the Great Persian, Loren H. Whitney, BiblioBazzar, 2009: 103

기원후 1145~1241, 1227~1241 재임)가 창설했는데, 인노켄티우스 4세가 1254년 교서를 통해 이단 박해 기구를 "모든 도시와 국가의 사회 조직을 이루는 필수 구성 요소"로 규정함으로써 제자리를 잡았다.[232)]

아인스호키: 기독교에서는 기원후 397년에 요한계시록을 기독교의 정경으로 채택한 이후에도 사후세계에 대한 조악한 서술과 빈약한 논리 전개의 한계로 지속적으로 정경으로 남길 것인가에 대한 내부적인 논란이 있었던 것으로 알고 있어요. 사실 기독교는 중세기까지만 해도 사후세계에 대한 개념이 거의 전무한 상태로 운영되었지요.

이미 살펴본 바와 같이 조로아스터교와 그리스 철학자들이 사후세계에 대한 개념을 심도 있게 다루었는데, 로마 제국이 기독교를 국교로 채택하면서, 선정된 경전 이외의 서적을 '이교(異教)'로 배척하면서 관련 서적들을 불사르고 관련 서적에 대한 개인 소장을 금지하였어요. 당시 그리스 철학자들의 저서는 핍박을 피해 아랍 지역으로 넘어갔고, 이슬람교는 이런 이론들을 참고하여 사후세계에 대한 개념을 정리하여 자신들의 경전인 쿠란에 잘 반영하였지요. 사후세계에 대한 교리는 종교를 위한 순교를 숭앙하고 전쟁터에서의 전사는 순교와 같이 성스러운 행동으로 받아들여지는 분위기가 조성되었어요.

기독교는 십자군 전쟁을 겪으면서 이슬람교도들의 죽음을 불사하는 전투력에 대해 경이로움을 갖게 되었고, 그러한 담력의 배후에는 사후세계에 대한 믿음이 있음을 파악하였지요. 이후 사후세계에 대한 개념을 적극적으로 도입하게 되지요. 요한계시록에 대한 논란이 종교개혁 시점까지 이어졌지만 이런 필요에 따라 결국 정경으로 남게 된 것으로 보여요.

라바모스: 지옥 이미지는 지배 권력을 거머쥔 교회의 이해가 걸려 있는 중요한 문제였다. 중세 말 지옥 이미지의 공포 강화와 일상생활로의 침투는 교회가 지옥을 권력의 수단으로 만들어서 신자 대중을 더 엄격하게 통제

---

232) 일상적 폭력 폭력적 종교, 이종록, 쿰란출판사, 2017: 381

하고 그들의 순종을 확보하기 위한 '마키아벨리적 고안품'이었던 것이다.[233] 지옥에서 벌어지는 일들은 지상의 재판에서 볼 수 있는 다양한 고문에서 영감을 얻어 서술한 것이다. 예를 들어 14세기 지옥 이미지를 보면, 나무에 매달아 교수형 시키는 것에서 인공 교수대의 설치로 처형 도구가 변화하는 것은 지상의 처벌 방식을 따르려는 의도를 반영하며, 이것은 지상적 처벌 방식을 정당화하고, 지옥의 공포의 근거를 현실적 이미지의 충격에 두고자 하는 의도를 반영한다.[234]

30년 전쟁 당시 틸리 백작이 지휘하던 제국 군대는 작센 지방에서 잔인한 만행을 저질렀다. 반쯤 교살시키다가 회복시킨 뒤에 똑같은 짓을 반복하기, 손가락과 발가락 위로 날카로운 바퀴 굴리기, 엄지손가락을 기구에 넣고 조이기, 목구멍에 오물을 집어 넣어 질식시키기, 머리 둘레를 줄로 팽팽하게 묶어서 눈과 코, 입, 귀로 피가 쏟아지게 하기, 손가락, 발가락, 귀, 팔, 다리, 혀에 불타는 성냥 매기, 입 속에 화약을 넣은 뒤에 불을 붙여 머리 박살내기, 몸의 모든 부위에 화약 봉지를 잔뜩 달아 놓고 불을 붙여 폭파시키기, 살 앞뒤로 줄을 감아서 끌어당기기, 송곳 바늘과 칼로 피부에 상처 내기, 철사로 코와 귀와 입술 관통시키기, 다리를 묶은 뒤에 거꾸로 매달아 불로 훈제하기, 팔 하나를 오랫동안 매달아 탈골시키기, 갈비뼈에 갈고리를 묶어 매달기, 복부가 터질 때까지 강제로 물 먹이기, 뜨거운 오븐에 굽기, 발에 무거운 돌을 달아 놓고 도르래로 들어올리기, 매달기, 질식시키기, 불에 익히기, 칼로 찌르기, 튀기기, 난도질하기, 강간하기, 몸 쪼개기, 뼈 부수기, 살 갈아내기, 십자가에 못 박기, 감금하기, 독

---

[233] *일상적 폭력 폭력적 종교*, 이종록, 쿰란출판사, 2017: 391, 사제와 광대-중세 교회문화와 민중문화, 유희수, [서울: ㈜문학과 지성사), 2009: 264f

[234] *일상적 폭력 폭력적 종교*, 이종록, 쿰란출판사, 2017: 391-392, 사제와 광대-중세 교회문화와 민중문화, 유희수, [서울: ㈜문학과 지성사), 2009: 280

살하기, 혀와 코와 귀 잘라내기, 톱으로 팔다리 자르기, 온몸 난도질하기, 발꿈치를 묶어놓고 길거리에 끌고 다니기 등이 있다.[235)]

두레스킴: 종교재판에서 행해진 고문과 처형의 사례를 통해 우리는 지옥은 저승이 아니라, 그릇된 사고를 품은 사람들의 상상을 통해 만들어지고 실행되며 이승에서 경험하게 된다는 것을 알 수 있습니다.

오래된 경전일수록 지옥의 표현이 유순한 것은 당시의 사람들이 위와 같은 경험을 하지 않았기 때문입니다. 성경에 나타나는 지옥의 모습은 전쟁터에서 적들에게 고통을 주기 위해 활용되던 방식이 전부였습니다. 이슬람교의 지옥은 보다 잔인해집니다. 그리고 단테로 넘어오면서 더욱 잔인해집니다. 대승불교의 지옥은 더욱 세분화되고 그 속에서 그려지는 지옥의 모습은 더더욱 잔인해집니다. 종교계는 경쟁적으로 보다 잔인한 지옥의 모습을 그려냅니다.

그리고 이것을 기득권을 유지하거나 교단을 옹호하고 교인들을 확보하기 위해 반대 의견을 갖는 사람들에게 가하는 고문의 형태로 적용합니다. 이를 실행하는 사람들은 자신들이 마치 신이 저승에서 내릴 심판을 대행하는 대리인 신분이라는 착각을 하고 이런 잔인한 행위를 정당화합니다. 지옥을 말하고 옹호하는 사람들에 의해 이승이 점점 지옥으로 변해가는 실정입니다.

아인스호키: 베드로는 베드로후서 2:4에서 "하나님이 범죄한 천사들을 용서하지 아니하시고 지옥에 던져 어두운 구덩이에 두어 심판 때까지 지키게 하셨으며"라고 말하지요. 또한 바울은 데살로니가후서 1:8-9에서 "하나님을 모르는 자들과 우리 주 예수의 복음에 복종하지 않는 자들에게 형벌을 내리시리니 이런 자들은 주의 얼굴과 그의 힘의 영광을 떠나 영원히 멸망의 형벌을 받으리로다"라고 선언하지요. 과연 이들이 천당에 가서 예수와

---

235) *일상적 폭력 폭력적 종교*, 이종록, 쿰란출판사, 2017: 392-393, John Foxe, Foxe's Book of martyrs, 홍병룡 옮김, 순교자 열전, (서울: 포이에마), 2014: 226f

조우한다면 예수로부터 어떤 말을 들을까요? 예수는 천당이나 지옥을 언급하거나 복종을 강요하지 않고 오롯이 사랑의 복음을 펼쳤어요.

라바모스: 지옥 이야기를 마치기 전에 유대교에는 다른 종교에서 묘사하는 식의 지옥의 개념이 없다는 것을 밝히고자 한다. 대부분의 영은 일정 기간이 지나면 다시 돌아와 윤회한다. 단, 여호와의 지시를 따르지 않고 신이나 신의 작품인 토라에 대적하는 이교도의 심보를 갖는 사람의 영혼에게는 연옥에서 정제할 기회를 주지 않는다. 이 영혼들은 용광로에서 철을 녹이듯이 녹여 횟가루로 만든 후, 그 가루를 에덴동산(천당)에 올라온 정의로운 사람들의 발 밑에 뿌려 완전히 소멸시켜 버린다.[236] [호키 박사! 다른 종교와 차이점이 무엇이냐고? 글쎄, 뭘까?]

바우류당: 오늘날 종교가 그토록 포악하게 된 이유는 하느님에 대한 초자연적 개념 자체가 죽어 버렸다는 사실, 공포와 통제의 종교가 유지될 수 없다는 사실을 우리가 의식적 차원과 무의식적 차원에서 알고 있기 때문입니다. 우리는 이 하느님의 죽음을 받아들일 능력이 없기 때문에 불안이 고조되고, 우리의 방어벽을 더욱 높이 쌓지 않을 수 없습니다. 그것은 또한 히스테리에 가까운 종교적 분노를 일으킵니다. 그럼에도 불구하고 한 가지 사실, 곧 유신론적 하나님은 죽어가고 있으며, 어쩌면 이미 죽었을지도 모른다는 것입니다. 우리는 어떤 방법으로든 이 현실을 부정할 수 없습니다.[237]

아인스호키: 죽은 후에 영원히 지옥의 고통에서 벗어나지 못하고 살게 된다며 특히 어린아이들을 겁에 질리도록 만드는 사람들이 있어요. 그런 사람들에게는 자신들이 묘사하는 그런 끔찍한 지옥과 같은 환경을 만들고 이곳에 가두어 죽을 때까지 고통을 받도록 만들어야 해요. 이들은 지

---

236) *The Talmud*, A. Parry, Alpha Books, 2004: 265, 내용 편집역주

237) *만들어진 예수 참 사람 예수*. *존 쉘비 스퐁*, 한국기독교연구소, 2009: 337

옥이라는 곳이 없어서 영원히 고통을 받지 않을 것이라는 사실을 천만다행으로 여겨야 할 거예요. 그런 곳이 있다면 이들의 집하장이 되었을 것이 뻔하기 때문이에요.

305-3 연옥 외

두레스킴: 종교계에서는 천당과 지옥은 물론이고 연옥(purgatory)과 고성소(limbo)를 언급하고 있습니다. 이곳이 어떤 곳인지 알아보는 것도 의미가 있을 것 같습니다. 일단 류당 신부님이 한 말씀하시고 시작하도록 하겠습니다.

바우류당: 천주교에서는 12세기에 [그리스 철학자와 불교에서 언급하는] 연옥이라는 개념을 도입하였습니다. 연옥은 사람들이 천당에 들어가기 전에 정제하러 가는 영적 온천과 같은 개념의 장소입니다.[238)]

조로아스터교도는 천당과 지옥에 가기 어정쩡한 사람들은 저택도 아니고 불화로도 아닌 중간 단계인 연옥(Hamistaken)에서 어슬렁거리며 지내는 것으로 믿습니다. 이들은 가톨릭교가 자신들의 연옥 개념을 차용했다고 주장합니다.[239)]

아인스호키: 『가톨릭 백과사전』 '증거들'이라는 항목에서 연옥을 소개하고 있어요. "연옥의 존재에 대한 핵심 증거는 이것이다. 죽은 사람이 단순히 이승에서 지은 죄에 근거하여 천당이나 지옥에 간다면, 그들을 위해

---

238) *Heavens on Earth*, Michael Shermer, Henry Holt and Company, 2018: 57

239) *Life and Teachings of Zoroaster*, the Great Persian, Loren H. Whitney, BiblioBazzar, 2009: 183

기도하는 것은 아무 소용이 없을 것이다. '우리가 아직까지 신의 눈밖에 난 사람들을 위안해 줄 수 있는 기도를 믿지 않는다면, 왜 죽은 사람을 위해 기도하겠는가?' 우리는 죽은 사람을 위해 기도한다. 그러므로 연옥은 분명히 존재한다. 그렇지 않다면 우리의 기도는 무의미할 것이다! 증명 끝. 이것이 바로 신학적 사고방식으로 추론하여 결과를 도출하는 유의미한 사례다."[240)]

두레스킴: 종교계는 저승에 간 사람은 천당이나 지옥의 최종 목적지가 결정되기 전에 연옥으로 먼저 간다고 합니다. 그곳에서 일정 기간 머물게 되는데, 머무는 동안 남아 있는 가족이 자신이 믿는 신(실질적으로 혜택을 누리는 성직자)을 만족시키면, 이승에서 지은 죄과와 관계없이 천당으로 직행할 수 있는 표를 구할 수 있습니다. 이런 교리가 면죄부를 발급하고 판매하는 명분을 만들었습니다. 그리고 20세기 초에 들어와서는 고성소라는 개념까지 도입하였습니다.

심지어 1903년에 교황 비오 10세는 지위에 따라 연옥에 머무는 기간이 얼마나 단축되는지를 표로 만들었습니다. 추기경은 200일, 대주교는 100일, 주교는 겨우 50일입니다. 그러나 이 무렵에는 면죄부를 직접 돈을 받고 파는 일은 없었습니다. 중세에도 연옥에서 빠져나올 자격을 돈으로만 살 수 있었던 것은 아니었습니다. 기도로도 지급할 수 있었습니다. 임종 전에 자신이 한 기도나 사후에 남들이 해주는 기도가 그것입니다. 그리고 기도를 돈으로 살 수도 있었습니다.[241)]

라바모스: 이 자리를 빌어 유대교도 연옥(gehinnom)이라는 개념을 갖고 있다는 사실을 밝히고자 한다. 우리가 언급하는 연옥은 다른 종교의 것과 많은 차이가 있다. 우리 연옥은 다음 단계의 윤회나 영원한 보상을

---

240) *The God Delusion*, Richard Dawkins, Bantam Press, 2006: 403

241) *만들어진 신*, 리처드 도킨스, 김영사, 2007: 549

얻기 전에 일정 기간 동안 영혼이 정제되는 중간 단계다. 정의로운 사람은 순교자와 마찬가지로 이 정제 단계를 건너뛴다. 유대교의 지옥에서는 영이 신분 상승할 기회를 제공한다. 물론 이 말은 지옥이 만만한 곳이라는 의미가 아니다. 지옥이 불로 지져지는 곳으로 비유되는 것은 유대교나 기독교나 다 마찬가지다. 아주 사악한 사람을 제외한 모든 사람은 연옥에서의 거주를 12개월 내에 마치고 대다수의 사람들은 이보다 짧은 기간만 머문다. 사악한 사람은 이곳에서 12개월을 꽉 채워 지내야 한다. 처음 6개월은 뜨거운 곳에서 고통을 받고, 나머지 6개월은 추운 눈 속에서 버텨야 한다. 연옥에서의 고문은 육체적 가해가 아닌 정신적 고통의 형태로 보면 된다. 연옥에 머무는 동안에도 안식일에는 고통을 받지 않고 여호와의 영화와 영광을 누린다.[242] [호키 박사! 정신적 고통이 육체가 느끼는 더위와 추위로 구성된 것은 유아적인 발상이라고? 그래서 나보고 어쩌라고…]

아인스호키: 다른 종교에서 천당, 지옥, 연옥에 대한 개념을 도입하니, 유대교도 구약성경에는 나오지 않는 개념의 장소들을 독창적으로 만들어 내느라 고생이 많으셨네요. 그런데 순교자가 특혜를 받는다고 말하는데, 이슬람교의 자살 특공대에 대항하기 위한 방편으로 이들을 모방하여 순교하는 사람들을 양산해 내기 위한 것이 아닌지 의심이 들어요. 그리고 이들에게는 천사 몇 명이 제공되는지 궁금하군요. [모스 랍비! 뭐라고 하는지 도통 못 알아 듣겠어… 아! 조용히 하라고, 알았어.]

바우류당: 연옥과 고성소를 혼동해서는 안 됩니다. 고성소는 천주교에서 13세기에 채택한 개념으로 성 비오 10세 교황(1903~1914 재임)께서 1905년 교황령으로 존재를 확인해 주신 곳이고, 세례를 받기 전에 죽은 유아들이 예수께서 가르침을 주시기 전에 활동했던 구약성경의 장로들과 함

---

[242] *The Talmud*, A. Parry, Alpha Books, 2004: 263-265, 내용 편집역주

께 머무는 장소입니다.[243] 하지만 최근 베네딕트 16세 교황(2005~2013 재임)께서 이 개념을 철회하셨습니다.
아인스호키: 그렇다면 교황은 구약성경 시절에 유대교를 믿던 일반 신도들은 어디에 있다고 생각하는지 궁금해지네요. 가톨릭에서 언급하는 고성소는 단테가 지옥을 구분하며 림보(limbo)라는 이름을 붙여준 제1옥의 개념을 차용하여, 교황의 지시를 받아 성직자들이 온갖 상상력을 발휘하여 돈 한 푼 안 들이고 지은 장소지요.
"연옥을 고성소와 혼동해서는 안 된다고요? 세례받기 전에 죽은 아이들이 고성소에 머문다면, 유산시킨 태아는 어떻게 되나요? 그리고 배반포(胚盤胞, 포유동물의 발생 과정 중 초기 발생 단계에 형성되는 구조)는요? 베네딕트 16세 교황은 뻔뻔스러운 태연함을 보이면서 고성소라는 개념을 철회시켰다. 이렇게 되면 수백 년간 그곳에서 비참하게 지내던 애들이 지금은 갑작스럽게 천당으로 올라갔다는 것인가요? 아니면 발표 전의 애들은 머물고 새로 죽은 애들만 고성소에 들어가지 않는다는 것일까요? 단 한 점의 오류도 없다는 이전의 교황들이 그동안 잘못을 저지른 것인가요? 우리 모두가 '존중'하고 따라야 하는 것이 이런 식이다."[244]
그리고 요한계시록도 그렇고 고성소도 그렇고 장로만 언급하는데, 장로가 아니면 천당에 갈 수 없는가 하는 의문이 드는군요. 그럼 집사나 일반 신도는 어쩌라고?
라바모스: 호키 박사가 고성소를 돈을 들이지 않고 지었다고 하였는데, 이들이 동일한 방식으로 지은 장소가 또 있다. 바로 연옥이다. 돈 한 푼 안 들이고 지었지만 황금알을 낳는 거위다. 지금은 공공연히 면죄부를 팔지는 못하지만, 기도의 효력을 제고하기 위해서는 돈을 내야 한다. 가톨릭

---

243) *Heavens on Earth*, Michael Shermer, Henry Holt and Company, 2018: 57
244) *The God Delusion*, Richard Dawkins, Bantam Press, 2006: 401

과 불교에서 이를 통해 벌어들이는 돈이 장난이 아니다. 개신교에서는 이런 기발한 아이디어에 동참하지 못한 것을 못내 아쉬워하고 있다고 한다. 하지만 이들은 다양한 명목을 내세운 다른 헌금으로 보충하고 있으니 둘 다 신도들에게서 뜯어내는 것은 도토리 키 재기다. [호키 박사! 도토리라면 적절한 비유가 아니라고? 나도 알고 있지만, 마땅한 표현이 없어서 사용했으니 양해해 줘요… 뭐어, 미사일 키 재기가 있다고? 그것도 말이 되네…]

두레스킴: 기존 종교는 의도적으로 단테나 스베덴보리 외 여러 작가들로 하여금 사후세계를 구체적으로 묘사하는 소설, 영화, 텔레비전 프로그램 및 드라마를 만들도록 지원합니다. 이런 작업을 통해 이런 장소가 마치 실재하는 곳처럼 묘사하고, 신도들로 하여금 이를 사실로 받아들이고 믿으라고 합니다. 그리고 고성소의 사례에서 볼 수 있듯이 자신들의 사주를 받고 쓴 소설(이 경우는 단테의 『신곡』)에 나오는 개념을 살짝 빌려옵니다. 그리고 마치 신의 계시를 통해 얻은 것처럼 치장하여, 자기 종교의 교리로 만드는 자의적인 행위를 서슴지 않고 저지릅니다.

어느 누구도 천당, 연옥이나 지옥을 다녀오지 않았음에도 불구하고, 마치 이곳을 다녀온 것처럼 조작하고 진리인 것처럼 믿고 따르라고 하는 것은 분명히 부처님이나 예수님의 가르침에 위배되고, 이런 주장을 펼치는 사람들은 지옥이 있다면 그곳에서의 영원한 삶이 보장될 것입니다.

연옥, 루도비코 카라치

306 천당의 주인

두레스킴: 천당에 대해 다른 각도에서 생각할 필요가 있습니다. 만약 신이 자비롭고 인간의 삶에 대해 관심이 많으며 진정으로 전지전능한 존재라면, 천당에 있다는 무궁무진한 보화들을 이승에 내려보내 그곳에 살고 있는 인류나 생명체들의 행복을 증진시켜야 합니다. 하지만 많은 종교에서 숭배하는 신 가운데 누구 하나라도 이렇게 쉬운 방법을 생각해 내지 못하고 있습니다. 그들은 오로지 사후세계에서의 보상이라는 실현 가능성이 낮은 약속만 남발하고 있습니다. 이것만 봐도, 모든 종교는 자신들이 믿는 신이 전지전능하고 박애정신으로 무장하고 있다는 주장이 공염불임을 자인하는 것입니다.

바우류당: 쿠란 35장 35절에는 "그분은 그분의 은혜로 우리를 영원한 안식처에 두시니 그 안에는 어려움이 없으며 그곳에서는 피곤함도 없노라"고 하는데, 신이라면 이승에서의 어려움을 해결하기 위해 힘써야 합니다. 이승에서 엄청나게 고생하는 사람들에게 저승에서는 피곤하지 않게 살 수 있다고 말하는 것은 의미가 없습니다. 결국 기득권층과 성직자들이 자신들만의 편익과 행복을 누리기 위해 신도들을 자신들의 의도대로 마음껏 부리려고 사후세계를 이용하고 있는 것입니다. 보장할 수 없는 저승에서의 부귀영화와 행복을 담보로 말입니다. 소위 말하는 천당에서 이루어질 신의 보답을 당근으로, 지옥에서의 고통을 채찍으로 활용합니다.

두레스킴: 일반적으로 신은 전지전능하며, 커다란 사랑을 베풀고 자신이 갖고 있는 것을 마음껏 나누려고 하는 존재로 표현됩니다. 그런데 신이 인간들이 영위하는 이승에서의 삶이 결코 풍요롭거나 행복하지 못한 상태로 머물도록 내버려 두는 존재고 천당에 그런 존재가 살고 있다면, 천

당의 삶은 이승의 삶보다 더 험난할 수 있습니다. 만약 신이 자비롭고 이승에서의 모든 인간의 삶을 주재하는 존재라면, 이승에서 삶을 영위하고 있는 존재들을 위해 저승에서 함께 거주하는 존재(만약에 그런 존재가 있다면)의 생존(?)에 최소한으로 필요한 정도의 재화만 남기고 모두 이승에 보내는 것이 마땅합니다. 만약 신이 그런 노력을 기울였음에도 불구하고 이승에서의 삶이 이렇게 팍팍하다면 천당에 간다고 한들 풍요로운 삶을 기대하기는 힘들 것입니다.

아인스호키: 킴 소장 말대로 절대자인 신이 그토록 사랑하는 이승의 존재들이 쪼들리는 생활을 하고 있으면, 신은 엄청난 양의 보물이 듬뿍 쌓여 있는 것처럼 묘사되는 천당의 재화를 이들에게 아낌없이 보내 주었겠지요. 하지만 이승에 존재하는 대다수 생명체의 삶은 우리가 경험하며 느끼는 것처럼 어려워요. 신이 저승의 모든 재화와 보물을 다양한 형태로 이승에 다 보냈음에도 불구하고 이승에서의 삶이 풍요롭고 행복하지 못하다면 이는 신이 전지전능하지 않다는 것을 의미해요.

한편 신이 자신은 저승에서 풍요로움을 마음껏 누리고 있음에도 불구하고 이승의 존재들을 어렵게 살도록 내버려 두고 있다면, 이런 존재를 자비나 사랑을 베푸는 신이라고 부를 수는 없을 거예요. 그렇다면 당신이 죽어 비록 천당에 가더라도 그곳에서 만날 신은 자신의 안위나 풍요만 챙기고 다른 존재들에 대한 관심을 끄고 살아가는 이기적이며 독단적인 독불장군을 만날 가능성이 높겠지요.

두레스킴: 천당의 주인이 진정한 박애의 존재라고 한다면, 부처님이나 예수님이 주장하신 것처럼 곤궁한 삶을 영위해야 합니다. 마찬가지로 이승에서의 성직자나 정치인들의 삶은 가장 빈한한 사람들과 같은 수준이 되어야 할 것입니다. 이것이 진정으로 신도나 국민을 위하는 삶이라 할 수 있습니다. 그렇지 않고 배와 등이 따뜻해지면 자기의 평안과 안위를 중시

할 가능성이 높습니다. 그래서 부처님이나 예수님은 본인은 물론이고 제자들에게도 결핍된 삶을 강조하셨습니다.

라바모스: 하지만 성직자들은 천당에서의 보상을 약속하며 신도들에게 어려운 삶을 살게 만든다. 그러면서 정작 자기들은 이승에서 화려한 성전에서 수족과 같이 부려먹을 많은 사람을 거느리며 거들먹거리고 살고 있다. 결국 이들은 이승에서 자신들이 향유할 수 있는 파이의 큰 부분을 차지하고 즐기기 위해 신도들에게 이승에서의 궁핍과 희생이 가치 있는 것이라고 강조한다. 이를 통해 성직자들은 자신들이 오롯이 즐기는 파이에 대한 신도들의 정당한 지분 요구를 원천적으로 봉쇄하고 있다.

현대의 성직자들은 예수가 강조하고 손수 실천한 가난하고, 목마르고, 배고픈 이웃에게 다가가 정의와 자비와 신뢰를 베푸는 모습 대신, 이들을 외면하고 비싼 아파트에 거주하며 기사가 모는 고급 승용차를 타고 다닌다. 예배를 볼 때는 귀한 천으로 만든 예복을 겹겹이 껴입고, 황금빛 나는 성배와 비싼 식기를 사용한다. 또한, 신도들이 입맞춤할 때 자신들의 부를 인식할 수 있도록 값비싼 보석이 박힌 반지를 착용하고 옆에 시중을 두고 부리면서 경전을 넘기는 일까지 대신하도록 한다.

아인스호키: 일부 성직자들은 신도들에게 힘든 삶을 강요하며 일방적인 희생과 봉사를 하도록 설파하지요. 이들은 돈을 밝히고, 소수지만 일부는 재벌이 부러워할 정도의 부와 명예를 누리고 살아요. 만약 저승에 지옥과 천당이 있다면, 이런 식으로 신도들을 이용해 먹은 성직자가 지옥의 맨 아래층에서 유다, 브루투스, 카시우스와 더불어 그곳의 주인 루시펠에게 다리를 씹히는 고통을 받아야 정당할 거예요. 그래서 예수는 "내가 진실로 이르노니 세리들과 창녀들이 너희보다 먼저 하나님의 나라에 들어가리라"(마태복음 21:31)라고 말했어요.

서울 명동성당에서 열린 '평화와 화해를 위한 미사'

라바모스: 신도들은 주교를 마치 신처럼 떠받들고 공경하고 복종하여야 한다. 주교, 사제나 부제가 없으면 교회라 불리는 개념이 없어진다. 주교에 가입하는 것은 교회에 가입하는 것이고, 주교로부터 벗어나는 것은 교회뿐만이 아니라 신으로부터 분리되는 것이다.[245]

종교 지도자들은 인간 생명이 부패했고 하나님의 은총에서 떠났다는 도전받지 않는 가설 아래, 인간들은 형벌이 필요하고 또한 구원, 구출, 속죄 등을 위해 하나님께 계속 간구해야 하는 체제를 형성하기 시작한 것이다. … 노골적으로 말하자면, 인간들은 하나님의 형벌을 받아 마땅한 그의 자녀임을 깨닫도록 세뇌 교육을 받았던 것이다. … 죄의식을 강조하는 것은 제도적 권력을 유지하기 위한 필수조건이다. 사람들이 일단 자신들이 타락한 죄인들이라는 진단을 받아들이면, 교회는 교회 자체가 통제하는 은총의 통로를 통해서만 용서가 가능하다는 설득을 개시한다. …

[245] *The Jesus Mysteries*, Timothy Freke & Peter Gandy, Three Rivers Press, 1999: 214

미사에서 예수의 대속적 죽음의 재현은 예수가 그들의 죄 때문에 대가를 지급하였다는 것을 매주 죄인들에게 상기시키는 것이다. 가톨릭[뿐만 아니라 모든 종교—저자 주]이 조적적 죄의식을 이용한 것은 아무리 강조해도 지나치지 않는다.[246)]

바우류당: 그러한 신을 수호하는 자들이 법과 질서에 대한 위협, 그리고 무엇보다도 자신들의 종교 권력에 대한 위협을 제거하기 위해 정치 권력자들과 모의한 것은 놀랄 일이 아닙니다. 교회와 국가는 항상 타락하고 통제할 수 없는 세계에 대해 질서를 확립할 권력을 모색합니다. 이와 달리 예수님은 종교법을 이용하여 삶을 규제하는 것은 불완전한 인간 조건을 영속시킬 뿐이라고 믿으신 것 같습니다. … 예수께서는 사람들이 풍요한 삶을 향유하기 위해 규율, 방어, 부족적 경계선, 편견 및 심지어는 종교를 초월하도록 요청하셨습니다. 이것은 삶과 종교에 대한 독특한 접근 방법입니다. 바로 이것 때문에 예수님은 질적으로 달랐고, 별개의 인간 차원에 속한 것 같았으며, 그의 추종자들은 하느님을 그의 정체성의 일부로 보게 되었습니다.[247)]

아인스호키: 누가복음 13:28에 '아브라함과 이삭 및 야곱과 모든 선지자들이 하나님 나라에 있고'라는 표현이 있지요. 만약 이들이 천당에 갈 수 있다고 한다면, 그곳에 가지 못할 사람이 없을 거예요.

아브라함은 65세나 되는 마누라 사래를 이집트 왕에게 바치고 치부하는 행위(창세기 12장)를 저지르고, 사라로 개명한 90세 이상이 된 부인을 자기 누이[실제로 이복동생(창세기 20:12)]라며, 아비멜렉 왕에게 헌납하지요(창세기 20장). 그리고 하갈이라는 이집트 출신 여인을 취하여 아들 이스마엘을 얻어요. 이후 본 부인이 이삭을 낳자 이방인 처와 아들을 버리는

---

246) *성경의 시대착오적인 폭력들*. 존 쉘비 스퐁, 한국기독교연구소, 2007: 222-223

247) *만들어진 예수 참 사람 예수*. 존 쉘비 스퐁, 한국기독교연구소, 2009: 384

행위(창세기 21장)를 자행하지요. 이삭도 자기 마누라를 누이(창세기 26:7)라고 속이지요. [어이, 모스 랍비! 이것을 뭐라고 하지? '부전자전(父傳子傳)'도 아는구먼, 대단한 랍비예요.]

야곱의 경우는 부모의 재산 상속권을 얻고자, 자기 형이며 장자인 에서의 배고픔을 해결해 주는 조건으로 상속권을 인계(창세기 25장)하도록 만들지요. 그리고 아버지를 속여 상속권을 넘겨받는 사기(창세기 27장)를 치지요. 이런 행위를 한 사람들이 천당에 갈 수 있다면 천당에 못 갈 사람은 없을 거예요.

바우류당: 여호와의 분부를 따라 이민족의 아기를 바위에 메쳐서 죽인 사람은 천당에 있을까요? 9명이나 되는 부인을 거느린 다윗이 자신의 군대 장교로 있던 우리아의 부인 밧세바를 탐하여 동침합니다. 그리고 그 군인을 전쟁터에서 억지로 죽게 만든 후, 네 번째 부인으로 맞이하여(사무엘하 11장) 솔로몬을 낳았습니다. 솔로몬은 부인 외에 1천 명의 여인(후궁이 칠백 명이고 첩이 삼백 명: 열왕기상 11:3)을 거느렸습니다. 과연 다윗이나 솔로몬이 자신의 여인들과 함께 천당에 있을까요?

라바모스: 종교개혁을 주도한 루터나 칼뱅이 과연 선인(악인)이었는지 따져볼 필요가 있다. 이들이 천당에 머무른다면 천당은 안전한 곳이 아닐 것이다. 이들이 천당에 머물고 있다면, 히틀러나 후세인이라고 그곳에 갈 수 없다고 단정적으로 말할 수 없다. "기독교도의 유대인 증오가 가톨릭에만 있는 것은 아니다. 마르틴 루터는 지독한 셈족 반대주의자였다. 보름스 종교 회의에서 그는 "모든 유대인을 독일에서 축출해야 한다"고 말했다. 그리고 『유대인과 그들의 거짓말에 대하여』라는 책까지 썼는데, 히틀러는 아마 그 책에 영향을 받았을 것이다. 루터는 유대인을 '독사 무리'라고 불렀고, 히틀러도 1922년의 인상적인 연설에서 그 말을 썼다. 연설

당시 그는 자신이 기독교인이라고 몇 번이나 되풀이해 말했다."[248]

국가적 폭력에 대해서 기독교인들이 맞설 수 있는가?' 하는 문제에 대해서도 루터는 상황에 따라 다른 모습을 보였다. 루터의 정치사상은 성서에 근거한 근본적 원리 규명이라기보다는, 그가 경험한 차가운 현실에 대한 반응의 결과이기 때문에 여러 가지 면에서 결점을 보인다. 루터는 처음에는 '그렇다'는 입장이었던 것으로 보이는데, 농민 전쟁을 겪으면서 국가 권력에 도전하는 것을 극단적으로 죄악시하게 되었다. 그 까닭은 루터가 세속 통치자들이 가진 직무를 신이 부여한 절대적인 것으로 확신했기 때문이다.[249]

두레스킴: 솔로몬의 이야기가 나와서 말인데, 1천 명의 여인에 대한 솔로몬의 노래에 "왕비가 육십 명이요 후궁이 팔십 명이요 시녀(virgins)가 무수하되 내 비둘기, 내 완전한 자는 하나뿐이로구나 그[여성을 지칭함]는 그의 어머니의 외딸이요 그 낳은 자가 귀중하게 여기는 자로구나 여자들이 그를 보고 복된 자라 하고 왕비와 후궁들도 그를 칭찬하는구나"(아가 6:8-9)라는 표현이 있는데, 완전한 자가 누구인지 특정할 단서를 찾는 것이 어렵습니다.

바우류당: 여기에 나오는 '그'는 사람을 지칭하는 것이 아니고 하나뿐이라는 말은 사랑을 의미합니다. 고린도전서 13:13에 "그런즉 믿음, 소망, 사랑, 이 세 가지는 항상 있을 것인데 그 중의 제일은 사랑이라"는 문구를 참조하면, 그 여자는 결국 사랑을 의미하는 것입니다.

예수께서 제자들에게 보호자, 즉 성령을 보내시겠다고 약속(요한복음 14:16)하신 대로, 예수께서는 부활하시고 승천하신 후 성령으로 강림하셨

---

[248] *만들어진 신*, 리처드 도킨스, 김영사, 2007: 415

[249] *일상적 폭력 폭력적 종교*, 이종록, 쿰란출판사, 2017: 337, Alister McGrath, Reformation Thought- An Introduction, 최재건 옮김, 《종교개혁사상》 (서울: 기독교문서선교회), 2014: 346

습니다. 성령께서는 교회 안에 머무시면서 교회를 새롭게 하시고 예수 그리스도와 일치시키십니다. 또한 신·망·애 [信·望·愛, 믿음, 희망, 사랑] 삼덕의 은총을 내려주시어 우리가 하느님과 일치할 수 있도록 도와주십니다.[250]

라바모스: 류당 신부, '하나뿐'이 '제일'로 해석될 수는 있겠지만, 구약성경의 내용을 해설하면서 뒤에 나온 신약성경의 문구를 적용하는 것은 앞뒤가 맞지 않는 논리의 비약이다. 그리고 성령이 교회 안에 머문다는 것은 잘못된 표현이다. 고린도전서 3:16에서 바울은 "너희는 너희가 하나님의 성전인 것과 하나님의 성령이 너희 안에 계시는 것을 알지 못하느냐"라며 모든 생명체에 성령이 존재한다고 말한다. 성령은 무생명체이고 인공구 조물인 교회에 존재하는 것이 아니고 모든 생명체에 고루 존재하고 있는 것이 진실이다.

두레스킴: "너는 마녀를 살려두지 말라"(출애굽기 22:18)라는 여호와의 주문으로 상당 기간 동안 행해진 마녀사냥 때문에 수많은 여성이 마녀로 몰려 죽었습니다. 성직자들은 노예제도 그리고 여성 차별을 옹호했습니다. 수많은 노예를 혹독하게 부리고 여성을 소유물로 간주하며 살던 사람들이 과연 사후에 어디로 갔을까 하는 의문을 가지지 않을 수 없습니다. 분명 현대의 기준으로 보면 이들은 악한 행위를 저질렀기 때문에 당연히 지옥에 머물고 있어야 할 것입니다.

아인스호키: 하지만 당대에는 그들이 따르는 절대자도 경전에서 마찬가지 입장을 보이고 있었지요. 그런 차별이 장려되었기 때문에 마녀를 화형대에 묶어 태워 죽이거나 노예나 여성을 소유물과 같이 취급하였어도 평생을 성직자로 신을 섬겼으니 당연히 천당에 가야 한다고 주장했겠지요. 이럴 경우 과연 기존 종교의 신들은 어떤 판단을 했을지에 대해 생각할 필요가 있어요. 만약 이들이 천당에 있다면 아직도 하던 버릇을 버리지

---

[250] *함께 하는 여정*, 천주교 서울대교구 사목국, 가톨릭출판사, 1995: 71

못하고 이승에서 하던 대로 천당으로 올라온 사람들 가운데 많은 수의 사람을 노예로 거느리거나 여성의 권익을 무시하며 살고 있겠지요.

물의 시험

16~17세기 유럽에서는 수만 명이 마녀로 몰려 목숨을 잃었어요. 위 그림은 당시 마녀 판별법 중 하나인 '물의 시험'입니다. 악마와 계약한 마녀는 몸이 물 위로 뜬다는 주장이었습니다. 사람 몸은 원래 물에 뜨는데 말이에요.

307 천당과 천국

두레스킴: 흔히 사람들은 천당을 언급하면서 죽은 이후에 갈 수 있는 곳이라고 합니다. 하지만 예수께서 강조하신 천국은 하나님이 주재하는 이승의 삶과 밀접하게 연관되어 있고, 예수님의 말씀도 이승의 삶을 천국과 같은 모습으로 만들어 가자는 것이 핵심입니다.
바우류당: 예수께서는 우리에게 "우리가 하나님의 나라를 어떻게 비길까? 또는 무슨 비유로 그것을 나타낼까"(마가복음 4:30)라고 [본인이 갈등하고 계시는 것에 대해] 질문하십니다. 그렇다면 신약성경에서는 천당(천국)을 어떻게 표현하고 있을까요? 우리는 천당을 특별한 장소, 찬란한 빛이 가득한 천사들이 찬송을 부르고 악기를 연주하는 한없이 아름다운 장소라고 생각하는데, 예수께서는 천국을 사후세계가 아니라 '밭'에서 찾을 수 있다고 하십니다.[251] 성경에도 "천국은 마치 밭에 감추인 보화와 같으니 사람이 이를 발견한 후 숨겨 두고 기뻐하며 돌아가서 자기의 소유를 다 팔아 그 밭을 사느니라 또 천국은 마치 좋은 진주를 구하는 장사와 같으니 극히 비싼 진주 하나를 발견하매 가서 자기의 소유를 다 팔아 그 진주를 사느니라"(마태복음 13:44-46)라는 말이 있습니다.

예수께서는 어떤 것이 우리 각자의 삶에 가장 중요한 진주인지 찾아나서는 것을 천국이라 정의하십니다. 보화를 찾는 것은 끝없이 탐구하는 과정이며, 이 과정은 바다에 그물을 치고 그물에 걸린 각종 물고기 중 좋은 것을 선별하는 행위입니다. 천국은 그러한 삶의 우선순위를 아는 지혜이며 그것을 위해 최선을 다하는 것입니다. 예수께서는 이것이 곧 보화라고 말씀하십니다.[252]

---

[251] *인간의 위대한 질문*, 배철현 저, 21세기북스, 2015: 317-318
[252] *인간의 위대한 질문*, 배철현 저, 21세기북스, 2015: 320

아인스호키: 예수가 마가복음 9:1에서 "내가 진실로 너희에게 이르노니 여기 서 있는 사람 중에서 죽기 전에 하나님의 나라(신의 왕국, kingdom of God)가 권능으로 임하는 것을 볼 자들도 있느니라"라고 강조하고 있어요. 신의 왕국은 4대 복음서를 비롯하여 신약성경의 여러 곳에 나타나는 표현인데 천당(하늘의 왕국, kingdom of heaven)은 마태복음에서만 사용되는 용어예요. 마태복음 10:7에 예수가 제자들을 내보내며 천국이 가까이 왔다'라는 말을 전파하라고 하는데요, 이는 세례자 요한이 마태복음 3:2에서 '회개하라 천국이 가까이 왔느니라'고 주장한 것과 일치하지요. 여기에서 언급되는 '하나님의 나라'나 '천국'은 죽어서 가는 곳이 아니라, 이승에서 이루어지는 것임을 알 수 있어요.

바우류당: 회개는 그리스어로 '메타노이아(metanoia)'라고 하는데, 그 의미 또한 '오래된 자아를 새로운 자아로, 나를 넘어서는 자아로 대치하는 행위'입니다. '회개하다'의 히브리어는 '슈브(shub)'이며, 예수께서 사용하시던 언어인 아람어로는 '타브(tab)'입니다. 이 동사의 의미는 '신이 인간에게 심어 놓은 신의 형상, 신의 DNA를 회복하는 것'이라는 뜻입니다.[253]

라바모스: 호키 박사가 언급한 마태복음의 '하나님의 나라'라는 표현은 마가복음에서 사용된 '천국'이라는 개념을 인용한 것이다. 예수가 주장한 이승에서 이루어질 천국(하나님의 나라)을 사후에 경험할 수 있는 천당으로 바꾼 사람은 마태복음의 저자임이 명확히 드러났다.

두레스킴: 사후에 가게 될 장소인 '천당(Kingdom of heaven)'[254]이라는 용어가 마태복음에 30번이 넘게 나옵니다. 그리고 만약 사후에 그곳에

---

[253] *신의 위대한 질문*, 배철현, 21세기북스, 2015: 322

[254] *마태복음 3:2*, 4:17, 5:3, 5:10, 5:19, 5:20, 7:21, 8:11, 10:7, 11:11, 11:12, 13:11, 13:24, 13;31, 13:33, 13:44, 13:45, 13:47, 13:52, 16:19, 18:1, 18:3, 18:4, 18:23, 19:12, 19:14, 19:23, 20:1, 22:2, 23:13, 25:1, 25:14,

가게 된다면, 행여라도[가능성은 로또에 당첨될 가능성보다 낮지만] 만날지 모르는 대상인 '하늘에 계신 아버지(father in heaven)'[255]라는 표현도 20번 이상 사용합니다. 천당은 마태복음에만 나오고, 하늘에 계신 아버지는 마가복음 11:25, 11:26와 누가복음 11:2에만 나옵니다. 요한복음은 어느 것도 해당 사항이 없습니다. 반면 하나님의 왕국(Kingdom of God, 천국)은 마태복음 5회, 마가복음 16회, 누가복음 32회, 요한복음 2회, 그리고 사도행전 6회로 골고루 사용되고 있습니다.

바우류당: 제가 '하늘에 계신 아버지'라는 표현을 찾아보았는데, 마가복음과 누가복음에 나온 것은 누군가가 나중에 끼워 넣은 것이라는 심증을 굳히게 되었습니다. 마가복음의 경우 11장에 마태복음의 '무화과나무가 시들다'라는 부분을 가져왔는데, 그 내용은 24절에서 끝납니다. 그러고 나서, 25-26절(NIV판에는 26절의 내용은 '없음'으로 처리)의 내용을 추가했습니다.

25절의 내용은 앞에서 전개되는 이야기와 동떨어지는 것입니다. 킴 소장께서 지적하신 대로, 이 부분을 각색한 저자가 '무화과나무가 시들다'라는 부분을 추가하라는 강요에 대한 불만을 25-26절을 추가하면서 표로(表露)한 것으로 보입니다. 그리고 또 다른 장치를 더했는데, 그것은 마태복음에서는 예수께서 나무를 마르게 하셨지만, 마가복음에서는 나무가 뿌리째 마른 것을 보고 베드로가 "랍비여 보소서 저주하신 무화과나무가 말랐나이다"(마가복음 11:21)라고 말합니다. 예수님을 부르면서 '랍비'라는 용어를 사용합니다. 당시에 랍비라는 용어가 공용화되어 있지 않았기 때문에 이 부분은 한참 후에 조작된 것입니다. 왜 이런 조작이 이렇게 많이 이루어졌을까 생각하니 제가 그동안 성경을 제대로 살피지 못하

---

255) *마태복음 5:16*, 5:45, 5:48, 6:1, 6:9, 6:14, 6:26, 6:36, 7:11, 7:21, 10:32, 10:33, 11:25, 12:50, 15:13, 16:17, 18:10, 18:14, 18:19, 18:35, 23:9, 24:36 마가복음 11:25, 11:26, 누가복음 11:2

고 맹목적으로 믿고 있었구나 하는 자괴감이 듭니다.
아인스호키: [류당 신부, 표정이 너무 어두워졌는데 잠시 숨 고르기 하세요.] 누가복음 부분은 내가 대신 의견을 개진하도록 할게요. 누가복음 11장 1-13절은 마태복음의 '기도에 관한 예수의 가르침'을 옮겨온 거예요. 그런데 여기에서도 저자의 고충이 엿보여요. 2-4절에 마태복음 내용을 슬쩍 넣는데, 이후 5-13에는 뜬금없는 이야기를 주절거려요. 심지어 전갈과 뱀을 비유하면서, 마치 마가복음 예수의 부활과 같은 방식으로 이야기를 전개하네요. 부활 이야기에 뱀이 언급되듯이, 여기에는 뱀에 더해 전갈까지 등원시켜요.

KJV판에는 '하늘에 계신 아버지'라는 표현이 분명히 들어가 있는데, NIV판에는 '하늘에 계신'이라는 표현을 빼고, 그냥 '아버지'라고만 하지요. 이런 조정이 이루어진 것을 보면, 조작을 시도할 당시의 성서학자들이 복음서 간의 차이를 명확히 알고 있었고, 이를 의도적으로 고치려는 시도가 있었음을 유추해볼 수 있는 대목이에요. 결론적으로 말하자면, '천당'과 '하늘에 계신 아버지'라는 표현은 결국 마태복음에만 나오는 용어예요.
내 분통이 터지는 것은, 식사할 때 감사기도의 형태로 줄줄이 외웠던 마태복음 6:9-15의 '주 기도문'이 나중에 더해졌고, 이 부분에 대한 수정이 아주 오랫동안 이어져 오면서 현재의 기도문이 되었다는 사실이에요. 나는 예수가 권장한 기도인 줄 알았었거든요.
라바모스: 이승에서의 삶 속에 천당과 지옥이 있다. 당신 자신을 사랑하고, 다른 존재에 대한 사랑의 크기를 키워 함께 살아가는 삶이 곧 천국(heaven)이다. 반대로 자신을 미워하고, 다른 존재조차 거들떠보지 않고 사는 삶이 바로 지옥(hell)이다. 마찬가지로 악마라는 존재 또한 외부에 있는 것이 아니라, 바로 당신의 마음속에 숨어 있다. 천사와 악마는 당신의 마음속에 공존하며, 당신의 선택에 따라 그 모습을 드러낸다. 이승에

서의 삶의 질을 결정짓는 것은 바로 당신 자신의 마음가짐이다.

바우류당: 예수님은 "때가 찼고 하나님의 나라가 가까이 왔으니 회개하고 복음을 믿으라"(마가복음 1:15)고 선포하셨습니다. 예수께서는 참 행복이 무엇인지를 말씀하시면서 우리에게 하느님 나라를 알려주십니다.[256] 예수님은 천국은 죽어서 가는 곳이 아니라, 바로 우리가 이승에서 사는 이 순간 바로 이곳에서 당신의 마음먹기에 따라 천국과 지옥을 경험하게 된다는 위대한 가르침을 주셨습니다.

"회개하라 천국이 가까웠느니라"(마태복음 4:17). 여기서 '가까웠느니라'고 번역된 헬라어 동사 'ἤγγικεν(has come near)'의 시제는 현재완료이다. 이 구절에 따르면, 천국은 신자들이 죽은 이후에 들어가는 곳이 아니라, 이미 현재 가운데 들어와 있는 실재라는 것이다. "내가 하나님의 성령을 힘입어 귀신을 쫓아내는 것이면 하나님의 나라가 이미 너희에게 임하였느니라"(마태복음 12:28). 여기서 '이미 임하였다'고 번역된 헬라어 동사 'ἔφθασεν' 역시 이미 일어난 사건을 표지하는 단순 과거시제로 사용되었다.

"바리새인들이 하나님의 나라가 어느 때에 임하나이까 묻거늘 예수께서 대답하여 이르시되 하나님의 나라는 볼 수 있게 임하는 것이 아니요 또 여기 있다 저기 있다고도 못하리니 하나님의 나라는 너희 안에 있느니라"(누가복음 17:20-21). 이 구절도 하나님 나라(천국)가 '성도들 안에 이미 구현되어 있는(현재시제: ἐστιν) 실재'라는 사실을 분명히 밝히고 있다. 그리고 그것은 눈에 보이는 세계도 아니며 '여기'(ὧδε) 혹은 '저기'(ἐκεῖ)라고 하는 '공간적'(空間的) 실체가 아니라는 점도 강조하고 있다. 결국 신약성경이 말하는 천국(하나님 나라)은 사후세계의 유토피아적

---

256) *함께 하는 여정*, 천주교 서울대교구 사목국, 가톨릭출판사, 1995: 55

공간을 골자(骨子)로 하는 개념이 아니다. 그것은 신자들 안에 이미 도래한(또는 도래할 수 있는) 현재적 실재다.'[257]

아인스호키: 앞에서 언급된 도마복음에서, 예수는 "천국은 너의 마음속이나 네 밖에 있다(3a). 나무를 쪼개면 내가 있을 것이고, 돌을 들어도 나를 찾을 수 있다(77b). 하나님의 왕국은 이미 지상에 펼쳐져 있는데, 사람들이 이를 알지 못하노라(113)"[258]라고 말하지요.

예수가 보다 은총받은 사람은 천년왕국에 대한 꿈이나 하늘에 아무런 표식도 없는 비현실적인 낙원을 잊고, 모든 착각에서 벗어나 자기 의지와 영혼의 소리에 귀 기울이고 자기 가슴속에 진정한 '하나님의 왕국'(이승의 천국—저자 주)이 재림할 수 있도록 재현하는 자라고 한 말을 새겨야 해요.[259] [뭐여, 모스 랍비! 이번에는 내 말에 전적으로 동의한다고 엄지 두 개를 다 치켜세웠네…]

두레스킴: 도마복음의 내용은 예수께서 복음서에서 전하시려는 내용을 함축적으로 담고 있습니다. 도마는 예수께서 살아계실 때의 제자는 아니지만, 요한복음과 사도행전에 언급되며 예수님을 배신하고 떠난 제자들과 함께 어울립니다. 공관복음서의 저자들이 누구인지 확실치 않지만, 도마복음은 도마가 예수님의 말씀이라고 제자들이 들려주었던 것을 기록했을 가능성이 매우 높습니다.

라바모스: 도마복음의 저자 디두모 유다 도마는 예수의 형제자매로 언급되던 네 명의 남동생 중 셋째나 넷째다. 그리고 이 책의 저술 시점은

257) *한국교회의 천국(하나님 나라)에 대한 오해와 이해*, 김태섭, 종교와 문화 제30호, 서울대학교 종교문제연구소, 2016

258) *The Gospel of Thomas*, Steven Davis 번역, Skylight Paths Publishing, 2002: 5(3a), 99(77b), 137(113)

259) *The Life of Jesus*, Ernest Renan, BiblioLife, 1863: 187

기원후 62년 이전이다.[260] 도마복음 1절에서 저자는 본인의 이름을 명확하게 밝히고 있으며, 디두모 도마라는 이름은 요한복음에도 등장한다. 그리고 12절에는 예수가 야고보의 이름을 거론하는데, 야고보가 기원후 62년에 죽었으니 이전에 쓰인 것이 확실하다. 그렇다면 도마복음은 예수가 제자들에게 직접 설파한 내용을 기록한 것이다.

바우류당: 예수께서 주창하신 하느님의 나라는 이미 현실로 존재하는 개념입니다. 이곳은 유대인이나 이방인, 여자나 남자, 노예나 자유인, 세리, 사마리아인이나 창녀 등의 신분에 대한 차별이 없어지고, 할례나, 안식일이나, 정결 음식에 대한 율법이 사라지고, 중개자 없이 아무 장소에서나 자유롭게 하느님과 직접 소통하기 때문에 성전이나 제사장이 전혀 필요 없는 그런 장소입니다.

라바모스: 예수가 남긴 '천국은 마치 밭에 감추어진 보화와 같다'(마태복음 13:44)라는 말은 '자신의 마음속에 감추어진 다이아몬드를 구하라'는 부처의 말과 같다. 천국을 발견하는 것은 천당 가는 타임머신 표를 구하는 것이 아니고, 모든 존재가 하나임을 알고 사랑의 원심력을 키워 하나가 되는 단계로 들어가는 열쇠를 얻는 것이다.

아인스호키: 우리가 죽고 난 후에 어떻게 될 것인지는 어느 누구도 확실하게 말할 수 없기 때문에 시시콜콜 사후세계의 존재 유무, 그곳에 가는 기준, 가서 어떤 형태로 지내게 된다는 것과 같은 무의미한 논쟁은 그만 끝내야 해요. 그리고 모든 종교인이 동참하여 부처와 예수의 유지를 받아, 이승에 '하나님의 나라(천국)'를 만들어나가도록 서로 고민하고 좋은 대안과 방안을 찾아나가면 좋겠어요.

두레스킴: 예수께서는 밭에 감추어진 보화를 언급하셨는데 밭은 우리의

---

260) *The Gospel of Thomas*, Steven Davis 번역, Skylight Paths Publishing, 2002: 3(1), 13(12)

마음속을, 그리고 보화는 겨자씨와 같이 아주 작은 상태로 우리 안에 내재하고 있는 우리의 신성을 가리킵니다. 이를 찾아 키워나가 모든 존재와 하나되는 모습을 "천국은 마치 사람이 자기 밭에 갖다 심은 겨자씨 한 알 같으니 이는 모든 씨보다 작은 것이로되 자란 후에는 풀보다 커서 나무가 되매 공중의 새들이 와서 그 가지에 깃들이느니라"(마태복음 13:31, 누가복음 13:19)라고 설파하셨습니다.

부처님이나 예수님과 같은 성인들은 모두가 하나임을 깨우치고 구분으로부터 벗어나 보다 많은 사람에게 자비와 사랑을 베풀고자 낮은 곳으로 내려와 자신의 희생과 겸소함을 몸소 실천하셨습니다. 하지만 기존의 종교인들은 그들을 신의 반열에 올려놓고, 우화(寓話)나 신화(神話)에 나오는 인물이나 장소를 영화(映畵), 회화(繪畵), 동화(童話) 또는 소설을 통해 실화(實話)로, 모든 존재를 위한 예수님의 속죄를 특권층의 특권 유통기한 연장을 위한 원죄와 자유 의지로 대체하여 성인들의 진정한 가르침을 훼손하고 있습니다.

모두가 형편에 따라 기여하는 축재(蓄財)로 다수가 참여하자는 축제(祝祭)는, 다수 대중을 착취하여 조성된 축재로 소수만이 즐기는 축제로 변질되었습니다. 일부 성직자들은 소수 기득권층이 부귀영화를 누리는 것을 신이 부여한 특권이라고 추겨세우고 정당화하는 한편 일반 대중을 편 가르고 착취해야 하는 대상으로 변질시켜 자신들의 차별화된 지위와 특권을 주장하고 있습니다. 성직자들은 희생양 논리로 통치자들의 책임을 면해 주거나 신과 같은 지위를 부여하고, 또 표를 몰아줍니다. 그 대가로 통치자들은 성직자들의 신도들에 대한 착취를 합법화하고 비행을 눈감아 줍니다.

이제 우리는 성인들이 몸소 숭고한 희생을 실천해 모두를 축제에 참여시키려고 했던 유지를 받들어야 합니다. '우리'와 다른 이들을 '그들'로 구분하고, '그들'을 이단으로 몰아 탄압하고 착취하고 박탈하는 대상으로 삼아온 잘못을 인정하고 기본으로 돌아가야 합니다.

제4장

신의 정의

제4장

신의 정의

두레스킴: 지금부터는 신을 어떻게 정의하는 것이 바람직한지에 대한 토론을 이어나가도록 하겠습니다. "어느 누구도 신에 대해 어떤 것도 진실되게 알지 못하기 때문에, 그렇다고 생각하는 사람은 그저 문제아일 뿐이다"(수피 여류작가 라비아)[261]라는 지적을 참고하며 진행하면 좋겠습니다.
라바모스: 신이 없이는 만물이 창조될 수 없다. 그리고 종교를 믿는 일부 과학자들은 자연에서 단백질이 형성된다는 진화론의 주장에 대해, 단백질이 지구에서 형성될 가능성은 $1/10^{164}$에 가깝기 때문에 그럴 개연성은 거의 없다고 말한다. 시계가 존재하기 위해서는 시계를 만드는 시계공이 있어야 하듯이 만물이 존재하기 위해서는 만물을 만드는 신이 있어야 한다.
아인스호키: 시계를 만드는 데 시계공이 있어야 하는 것은 지당한 말씀인데요, 인간을 비롯한 모든 생명체는 수없이 많은 단백질로 형성되어 있지요. 만약 신이 이들을 창조했다면, 시계의 부품이 필요하듯 신도 생명체를 만들기 위해 단백질이 필요했을 거예요. 그렇다면 본인이 단백질을 스스로 만들거나, 아니면 누군가가 제조해서 신에게 공급해야지요. 자연에서 생성될 가능성이 위의 수치와 같다고 해요. 그렇다면 신이 아무것

---

261) *The Laughing Jesus*, Timothy Freke & Peter Gandy, Three Rivers Press, 2005: 201

도 없는 상태에서 스스로 실험해 단백질을 만들어 낼 가능성은 위의 수치보다 훨씬 낮을 거예요. 그리고 이처럼 정교한 부품이 공급되지 않는 상태에서, 여호와가 6천 년 전에 그것도 단 6일 만에 모든 삼라만상을 만들어 냈다는 것은 현실성이 더욱 떨어져요. 오히려 지금 과학계에서 밝혀온 바와 같이 빅뱅 이후에 자연스럽게 천천히 오랜 시간을 두고 만들어졌다는 것이 더 설득력이 있어요.

바우류당: 신은 형태를 가진 존재가 아닌, 영적인 존재입니다. 그리고 신은 태초부터 그 자체로 생동하고 있으며 우리 가운데 존재함을 확신합니다. 인간을 만들기 위해서는 신이 인간보다 더 나은 존재여야 하기에 신은 전지전능한 존재입니다.

아인스호키: 태초에 어떤 형태를 갖든 갖지 않든, 인간의 사고를 뛰어넘는 전지전능한 능력을 갖춘 존재가 천지창조를 하여 만물이 짠하고 나타날 수 있었다고 쳐요. 그러면 이 존재는 어떻게 나타나게 되었고, '그다음은'이라는 끝없는 질문이 반복되는 귀납적 오류에 빠지고 말 거예요. 그리고 "전지와 전능은 상호 배타적이에요. 신이 전지하다면, 그는 자신의 전능을 발휘하여 어떤 식으로 개입하여 역사의 흐름을 바꿀지 미리 알고 있어야 해요. 그러나 신이 미리 안다는 것은 개입하려는 자신의 마음을 바꿀 수 없다는 것을 의미하며, 따라서 그가 전능하지 않다는 뜻이에요."[262]

오히려 모든 존재를 구성하는 요소 가운데 최소 단위를 신으로 규정하는 것이 훨씬 이해하기 쉽지요. 그렇게 되면 이 존재는 만물을 구성하는 기본 요소고 모든 만물에 들어가 있으며, 만물이 스스로 자신의 형상을 찾아갈 수 있는 환경을 만들어 주었으니, 만물의 아버지라 부를 수 있겠지요.

---

262) *The God Delusion*, Richard Dawkins, Bantam Press, 2006: 101

그림: 최민주

두레스킴: 류당 신부님이 신은 일정한 형상을 갖지 않는 영적인 존재라고 하셨습니다. 그런데 3장 301에서 검토한 바와 같이, 물리적 형상이 없는 존재는 느낄 수 없기 때문에 사고를 할 수 없습니다. 만약 창조주가 사고를 할 수 없다면 인간보다 더 못한 존재가 될 수 있습니다. 그렇기 때문에 신을 형상이 없는 어떤 존재로 가정하는 것은 불합리한 논리라고 생각합니다.

아인스호키: 구약성경에 따르면 여호와가 음식을 먹지는 못하지만, 사람들이 자신에게 제사 올리면서 바치는 동물의 냄새는 분별할 수 있는 존재로 묘사되고 있어요. 냄새를 맡을 수 있다면 후각을 갖고 있다는 것을 의미하며, 이는 후각에 전달되는 냄새를 느낄 수 있는 물리적 육신을 갖추어야만 가능하지요. 그리고 최소한 냄새를 구별하는 두뇌는 갖추고 있어야 할 거에요. 어떤 연유에서든 여호와가 후각만 갖고 음식을 취식하지 않아, 제공된 제물은 제사를 지내는 성직자를 비롯한 신도들이 신에게 뺏기지 않고 독차지할 수 있어서 그나마 다행이에요.

또한, 여호와가 우주를 창조했다고 한다면, 창조에 필요한 도구들을 어디에서 얻었는가는 차치하더라도 일단 진흙으로 곱게 빚어 아담과 이브를 만들기 위해서는 손의 기능을 하는 기관이 있어야 하고, 진흙이 제공되어야 할 거에요. 우리가 만지고 느끼는 그런 진흙이요. 그리고 그 진흙이 진흙으로 존재하게 할 수 있는 구성 요소가 이미 존재하고 있어야 하고요. 천체생물학자들은 우주에서 생명체가 존재하기 위한 조건은 먼저 에너지원, 그다음은 복잡한 구조를 만들어 낼 수 있는 종류의 원자를 꼽아요. 또한, 분자들이 떠다니면서 상호 작용을 할 수 있는 액체 용매가 있어야 하고, 마지막으로 생명체가 발생하고 진화할 충분한 시간이 있어야 한다고 믿고 있어요.[263)]

263) *오리진*, 닐 D. 타이슨, 도널드 골드스미스, 지호출판사, 2005: 293

라바모스: 이런 말하기 조심스럽지만, 에스겔 21:17에 "나도 내 손뼉을 치며 내 분노를 다 풀리로다 나 여호와가 말하였노라"라는 표현을 보면, 우리 여호와님은 손과 손목 및 이것을 움직일 수 있는 근육을 가지신 것에 더해, 분노를 담으실 용기인 뇌도 갖고 계시고 말씀을 전달하실 입과 발성할 수 있는 기도(氣道)도 가지고 계셨다. 신약성경에 나오는 하나님보다 훨씬 인간적(?)인 분이시다. [그런데 호키 박사는 왜 또 실실거리시나…]

아인스호키: 또 에스겔 이야기가 나오니 내가 그냥 지나칠 수 없는데, 여호와의 머리와 입은 따로 노는 것 같아요. 여호와가 에스겔 24:24에서 "이같이 에스겔이 너희에게 표징이 되리니 그가 행한 대로 너희가 다 행할지라 이 일이 이루어지면 내가 주 여호와인 줄을 너희가 알리라"라고 말하지요. 여기에서 '너희'는 이스라엘 족속인 것이 분명하지요. 여호와가 직접 이들에게 이야기하지 않았다면 이런 식의 표현은 성립하지 않아요. 내가 볼 때 여호와의 소통 능력에 문제가 있거나, 그렇지 않다면 에스겔이 많이 모자라다는 생각이 들어요. 선지자로 그런 애들만 골라 쓰는 여호와의 능력도 대단해요.

401 여호와

두레스킴: 자연법칙을 제대로 이해함으로써 진리에 가까워질 수 있고, 진리를 통해 비로소 진정한 신과 교류할 수 있습니다. 과학을 통해 밝혀진 진리를 외면하면서 신을 이해할 수 있다고 하는 것은, 신화 속에 나오는 애매모호하고 변덕이 심한 여호와를 이해한다고 주장하는 것과 같습니다.

구약성경의 여호와는 용사(전사)(출애굽기 15:3)며 이러한 특성을 갖고 있습니다. "질투하시며 보복하시는 하나님이시니라 여호와는 보복하시며 진노하시되 자기를 거스르는 자에게 여호와는 보복하시며 자기를 대적하는 자에게 진노를 품으시며 여호와는 노하기를 더디하시며 권능이 크시며 벌받는 자를 결코 내버려 두지 아니하시느라"(나훔 1:2-3).

재미있는 것은 한국어 천주교 성경은 '질투'를 '열정'으로 번역하고 있다는 것입니다. 절대자를 감히 질투하는 존재로 지칭할 수 없었는지, 부정적 의미를 갖는 '질투'라는 용어 대신 전혀 뜻이 통하지 않는 긍정적 단어 '열정'으로 번역하는 수고로움을 감내한 것으로 보입니다.

아인스호키: 구약성경의 신은 모든 소설을 통틀어 가장 불쾌한 주인공이라고 할 수 있어요. 시기하고 거만한 존재, 좀스럽고 불공평하고 용납을 모르는 지배욕을 지닌 존재, 복수심에 불타고 피에 굶주린 인종 청소자, 여성을 혐오하고 동성애를 증오하고, 인종을 차별하고 유아를 살해하고, 대량학살을 자행하고 자식을 죽이고, 전염병을 퍼뜨리고, 과대망상증에 가학피학성 변태성욕에, 변덕스럽고 심술궂은 난폭자로 나와요.[264]

라바모스: 여기까지 오고 보니 나도 솔직해져야 할 것 같다. 여호와를

---

264) *만들어진 신*, 리처드 도킨스, 김영사, 2007: 50

기술하는 구약성경의 내용들은 반드시 정화되어야 한다. 여호와께서 "내가 번쩍이는 칼을 갈며 내 손이 정의[judgment(심판이나 판결)—개인적인 판단—저자 주)]를 붙들고 나의 대적들에게 복수하며 나를 미워하는 자들에게 보응할 것이라 내 화살이 피에 취하게 하고 내 칼이 그 고기(사람의 살점)를 삼키게 하리니"(신명기 32:41-42)라고 말하는 것을 성경에 넣어두는 것은 잘못이다. 이런 복수심의 표현이 사람들을 악하게 만든다.

아인스호키: 만약 신이 있다면, 그것은 어떤 종교의 전유물이거나 특정 교파를 편애하는 존재가 될 수 없어요. 그리고 인간과 동물, 생명체와 무생물체를 구분하여 누구는 사랑하고 누구는 미워하는 존재가 되어서도 안 되지요. 왜냐하면 자기가 모든 존재를 손으로 빚었든, 배앓이를 하고 내놓았건, 스스로 만들었다면 특정 존재를 다른 존재와 구분하고 차별하는 것은 잘못이기 때문이지요. 신이 구분하여 편애하는 모습을 보이는 것은, 만물의 창조주임을 스스로 포기하는 선언이나 마찬가지예요. 그렇기 때문에 이런 속성을 보이는 존재는 신이라 불릴 수 없어요. 진정한 부모라고 불리려면 '다섯 손가락 깨물어 안 아픈 손가락 있나 보라'는 마음으로 자신의 창조물인 자식들을 골고루 돌보고 품는 것이 당연하고 자연스러운 현상이에요. [뭐여, 모스 랍비! 다섯 손가락이 아니라 열 손가락이라고? 지적해 줘서 고마워유…]

두레스킴: 창세기 첫 번째 천지창조 이야기에서 엘로힘(gods, 신들)이 6일째 되는 날 아담과 이브를 동시에 만들어 놓고, 지구를 '인간으로 채우고 제압하라(fill the earth and subdue)'고 한 것은, 자연스러운 공존과 조화의 도모가 아닌 인간 중심적 발상입니다. 이는 마치 무지한 백성을 짓밟아 제압하는 독재자의 방식으로 모든 다른 생명체를 다루라는 주문과 다를 바 없습니다.

이런 사고방식을 가진 존재가 신으로 숭배되어서는 안 될 것입니다. 인간 본위의 편협한 사고방식으로 인해 우리 인간은 수없이 많은 생명체를 멸종시키고 자연환경을 파괴해 왔습니다. 이로써 우리는 생명체들이 각자 치열한 자연환경 속에서 저마다의 생존 방식을 통해 익힌 소중한 지혜를 빌려 우리의 삶을 풍요롭게 만들 수 있는 기회를 놓치고 있습니다. 이런 기회를 잃어 우리의 미래는 더더욱 암울해지고 있습니다.

아인스호키: 진정한 신이란 모든 존재를 똑같이 사랑하거나 또는 모든 존재에 대해 하염없이 무관심한 존재일 수밖에 없을 거예요. 그러므로 구약성경이나 구약성경에 기반하여 형성된 종교—유대교, 기독교, 천주교, 이슬람교, 몰몬교, 여호와의 증인, 통일교, 신천지 등—에서 신을 공포의 대상이나 두려워해야 하는 존재로 묘사하는 것은 잘못이에요. 그래서 구약성경에 기반한 여호와나 알라는 진정한 의미에서 신이라 불릴 수 없어요. 여호와가 만물의 창조자라는 그들의 주장이 맞는다면 모든 만물이 똑같이 여호와의 자녀가 되어야지요. 물론 나는 여호와의 자녀가 되고 싶은 마음이 눈곱만큼도 없으니 빼주시고요. [모스 랍비! 당신 생각은 어때? 왜, 묵묵부답인겨…]

자기가 만든 존재를 아울러 사랑하지 않고, 만들어진 존재가 만든 존재를 두려움과 경외의 대상으로 봐야 한다면, 이것은 자연의 섭리에 어긋나지요. 즉 이런 논리는 신이 창조자의 자격이 없는 것은 물론이고, 전지전능하지도 않다는 것을 명백히 보여 주는 거예요.

바우류당: 하느님께서는 죄인도 품어 주시는 자비로운 분이십니다. 그분은 동생을 죽인 카인에게 떠돌이 신세가 되는 벌을 주시지만, 다른 이들의 살해에서 카인의 생명을 보호해 줄 표도 주십니다. 카인이 하느님께로부터 받은 표는 범죄자임을 뜻하는 표가 아니라, 큰 죄인임에도 불구하고

보호해 주시는 하느님의 사랑과 자비, 용서의 표입니다.[265)]

두레스킴: 흔히 기존 종교에서 묘사되는 신이 자신이 창조한 것 중 일부만 편애하고 나머지 존재를 배척하거나 차별하는 것은, 자신이 이루었다고 주장하는 창조의 완전성을 부인하는 것입니다. 그렇다면 창조자라는 자격이 상실됩니다. 오직 유대인만을 위한 신, 유대인들에 대해서도 모두 죽여버렸다가 다시 번식하게 만드는 변덕스러운 신, 그런 신은 이미 신이 아닙니다. 또한, 신이 특정 민족을 위한 존재로 묘사되는 것은 그 민족이 그 신을 만들었다는 사실을 여실히 보여 줍니다.

아인스호키: 그리스 신화에 나오는 텔라몬(Telamon)이 "신들은 인류에 대한 생각을 전혀 하지 않는다. 만약 신들이 인간사에 관심을 가지고 있다면, 선이 번성해지고 악은 없어져야 할 텐데, 세상 돌아가는 것이 그렇지 않기 때문이다"라고 간결하게 표현했어요.[266)] 그런데 내 생각에는 구약성경의 여호와에 기반을 둔 신들은 오히려 악을 조장하고 선을 억제하는 역할을 하는 것처럼 보여요. [모스 랍비! 웬일로 이번에는 인상을 펴시나, 하여튼 오래 살고 볼 일이여…]

바우류당: 이슬람교도 마찬가지입니다. 무함마드는 '아랍인을 사랑해야 할 이유 세 가지를 나열하는데, 자기가 아랍인이고, 성스러운 쿠란이 아랍어로 쓰여졌고, 천당(낙원, paradise)에 거주하는 사람들이 쓰는 언어가 아랍어이기 때문이라'고[267)] 주장합니다. 오직 아랍인의, 아랍인에 의한, 그리고 아랍인을 위한 종교가 이슬람교에요. 이것은 표절이라고 비판받을 만한 표현인데 귀엽게 봐주시면 감사하겠습니다.

---

265) *함께 하는 여정*, 천주교 서울대교구 사목국, 가톨릭출판사, 1995: 35

266) *The Nature of God*, Cicero, Oxford University Press, 1998: 139(79)

267) *The Laughing Jesus*, Timothy Freke & Peter Gandy, Three Rivers Press, 2005: 90

라바모스: 내가 진실로 이해할 수 없는 것은, 우리 민족의 애환을 달래고 자긍심을 높이기 위한 방편으로 만들어 낸 유대 신화의 주인공 여호와를, 우리 민족이 지구상에서 말살시켜야 할 대상이라고 언급하는 다른 민족의 구성원들이 묻지도 않고 따지지도 않고 무조건적으로 믿고 추종하는 현상이다. [웬일이래! 호키 박사가 박수를 다 치고…]

두레스킴: 인간만이 신의 총애를 받는다고 하는데 실제로 종교가 주장하는 내용을 들여다보면 인간이 아니라 자기 민족이나 특정 국가의 국민이 특별한 사랑을 받고 있습니다. 이것은 과거에 만연했던 민족 중심적 발상이 아닐 수 없습니다. 만약 자애를 베푸는 존재라 불리는 신이 만물을 만들었다면, 그는 모든 인간, 나아가 모든 존재를 구분 없이 똑같이 사랑하고 자비를 베풀어야 할 것입니다.

생명체 중에 특히 인간만 따로 편애하는 것은 인간만 창조했다는 것이 되고, 다른 존재는 다른 누군가가 창조하였다는 결론이 납니다. 그렇게 되면 신이 모든 존재를 창조했다는 주장의 정당성을 부정하는 것이 됩니다. 그리고 이것은 인간이 신을 창조했다는 논리로 비화될 수 있고, 이것이 진실입니다.

바우류당: 하느님은 하늘에 사는, 인간의 한계가 없는 인간입니다. 우리는 이 과정을 감추기 위해 하느님이 인간과 그처럼 비슷한 이유는 인간이 실제로 하느님의 형상으로 만들어졌기 때문이라고 주장합니다. 그러나 우리는 이제 그 과정이 반대였음을 알고 있습니다. 유신론의 하느님은 인간의 창조로 만들어졌습니다. 그러므로 이 하느님 역시 죽을 수밖에 없으며 지금 죽어가고 있습니다.[268)]

하지만 예수께서 말씀하시는 하느님은 자기 뜻대로 우리를 죽이거나 마

---

268) *기독교 변하지 않으면 죽는다.* *존 쉘비 스퐁*, 한국기독교연구소, 2001: 82-83

음대로 우리를 구제하는 악의적인 주인이 아니십니다. 그분께서는 [인간애를 보여 주시는] 우리의 아버지이십니다.[269)]

예수께서는 마태복음 5장에서 옛 현자들이 말한 것 이상으로 행동할 필요가 있다고 계속적으로 반복하셨습니다. 아무리 사소하더라도 험한 단어를 사용하지 말라 하시고(22절), 이혼(31절)과 모든 맹세를 금지하고(34절), 복수를 비난하고(38절), 고리대금업을 저주하셨습니다(42절). 또한, 그분은 관능적인 욕구는 간음과 같다(28절)고 말씀하셨습니다. 그분께서는 보편적인 용서를 바라셨습니다. … 순수한 예배, 사제나 외부로 드러내는 행위가 없는 종교, 마음의 느낌과 하나님의 모방 그리고 (하늘에 계신?) 하나님과 즉각적인 양심의 교감을 이루는 것이 예수께서 앞에서 열거하신 법칙의 결과일 것입니다.[270)]

---

269) *The Life of Jesus*, Ernest Renan, BiblioLife, 1863: 106

270) *The Life of Jesus*, Ernest Renan, BiblioLife, 1863: 110-111

402 종교의 본질

두레스킴: 실질적으로 지배 계층이 주장하는 신은, 바로 자신들의 대리인 역할을 하는 존재입니다. 직접적으로 자신들을 신과 같은 존재라고 주장하면 사람들이 인정하지 않을 것이기에, 절대자라는 가공의 존재를 내세워 그의 말을 전달한다고 그럴듯하게 포장합니다. 선구자, 예언자, 구세주, 교황이나 목회자들을 앞에 내세워 피지배층에게 자신들이 창조한 신을 맹종하고 신(실제로는 자신)을 위해 희생하라고 주문합니다. 신도나 백성의 노력과 희생을 통해 가공된 재물이나 산출물에 대한 신의 몫을 내놓으라고 하면서, 그것을 자신들이 중간에 착복하는 행위를 정당화합니다. 그리고 신의 말을 전하는 존재라고 불리는 종교의 창시자의 말을 신도들에게 알린다는 명분을 내세웁니다. 종교 종사자들이나 이들과 연대하는 지배 계층은 실질적으로 신의 역할을 대리하며, 신도들의 귀중한 재물과 시간을 빼앗고 이승에서의 명예와 부를 누리고 있습니다.

아인스호키: 기존 종교(특히 구약성경에 기반을 두는 종교 및 힌두교)에서 말하는 신이라는 존재는 냉정히 관찰해 보면 이런 종교를 만든 주체(기득권을 주장하는 지배 계층)의 권익을 보호하기 위한 방편으로 내세워진 존재에 불과해요. 이를 통하여 이들은 신도들에게 이승에서의 확실한 일시적 희생을 요구하지요. 그리고 그 대가로 자신들이 믿는 신의 자비로 제공되는 저승에서의 불확실하고 애매모호한 영원한 행복의 보장을 빌미로 제공하지요. 그러면서 자신들의 책임을 회피하고, 이승에서 자신들만의 쾌적한 환경을 조성하고, 한껏 즐기며 살지요.

바우류당: 조직화된 종교는 우리를 내부로 향하게 만들려고 하고, 엄청난 제약을 지닌 세상 속에 속박합니다. 이들은 항상 세계를 서로 싸우는 패거

리로 나눕니다. '참된 종교'의 추종자들과 '가짜 종교'의 추종자들을 판단하여 분리 구별합니다. … 그러나 이런 표지(sign, 標識)들은 생명, 사랑, 존재 그리고 의식 등으로 경험되는 하느님 경험의 부분이 될 수 없습니다.[271)]
라바모스: 탐욕은 엄중한 죄다. 예수가 엄하게 반대하는 탐욕의 죄는 재산에 집착하는 마음을 의미한다는 것을 명확히 알아야 한다. 예수의 제자가 되기 위한 첫 번째 필요조건은 자신의 재산을 파악하고 이를 팔아 가난한 사람들에게 나눠 주는 것이다. 이 엄혹한 조건에 움츠러드는 사람은 예수의 종파에 들어가지 못했다(마태복음 19:21-22, 마가복음 10:21-22, 누가복음 18:22-23,28).[272)] 성경에는 "네게 아직도 한 가지 부족한 것이 있으니 가서 네게 있는 것을 다 팔아 가난한 자들에게 주라 그리하면 하늘에서 보화가 네게 있으리라 그리고 와서 나를 따르라 하시니 그 사람은 재물이 많은 고로 이 말씀으로 인하여 슬픈 기색을 띠고 근심하며 가니라"(마가복음 10:21-22)라는 이야기가 나온다.

과연 예수의 이런 가르침을 실행하는 성직자가 몇이나 될지 궁금하다. 일부 성직자들은 신도들에게 재산을 다 팔아 자신들에게 넘기라고 하고 이를 중간에서 착복하니, 이런 실상을 예수가 인지한다면 어떤 표정을 지을지 정말 궁금하다. 이들은 감히 예수의 이름을 입에 올릴 자격조차 없다. [호키 박사! 내 재산이 얼마나 되냐고? 밝힐 수 없지만 나는 기독교 성직자가 아니니 예수의 지침을 따를 하등의 이유가 없지롱…]
두레스킴: 이들은 신을 주인의 신분으로 상승시키고, 신도들은 하인이나 종과 같은 신분으로 격하시킵니다. 그리고 그 사이를 통치자와 교황이나 목사를 포함한 성직자들이 비집고 들어가 앉아, 신도들에게 신—실제로는 통치자나 성직자들—을 섬기는 하인의 역할을 제대로 할 것을 주문

---

271) *영생에 대한 새로운 전망.* *존 쉘비 스퐁*, 한국기독교연구소, 2011: 239
272) *The Life of Jesus*, Ernest Renan, BiblioLife, 1863: 172

합니다. 신도들에게 모든 것을 포기하고 열심히 신(기득권)을 위해 희생하는 것이 의무라고 주장합니다. 이런 상하 관계의 설정, 일반인들로 하여금 실재의 이승에서의 소유를 부정하는 대신 가공의 저승에서의 행복(?)한 삶을 보장하는 약속 또한 기득권층이 자신들의 이권을 독점하는데 아주 유리하게 작용하였고 점점 강화되고 있는 실정입니다.

아인스호키: 여호와가 천지를 창조하는 시점에 아담과 이브를 한 날에 만들었거나(천지창조 신화 1), 아담을 먼저 만들고 너무 외롭고 수줍음을 많이 타는 아담을 위해 아담의 갈비뼈를 빼서 이브를 만들었다(천지창조 신화 2)고 하지요. 하지만 화석을 연구해 밝혀진 바에 의하면 인간이 지구상에 나타난 것은 최근의 일이에요. 인간이 존재하기 이전에 벌써 다른 무생물체와 식물, 동물들이 먼저 나타났고, 심지어 한 세대를 풍미하던 공룡은 조류를 제외하고는 모조리 자취를 감추었어요. [모스 랍비! 뭐라고? '아담이 얼마나 아팠을까, 어떻게 뺐을까, 수면제가 있었을까'라고? 내가 어찌 알겠노?]

바우류당: 사실 인간이 신의 총애를 가장 많이 받았다면, 가장 먼저 만들어졌어야 합니다. 그런데 인간이 최근에 나타났다고 한다면, 이것은 앞뒤가 맞지 않는 주장인 것은 저도 인정합니다. 그리고 진화론에 의해 최근에 나타난 존재가 인간임이 밝혀졌고, 이제는 기독교 내부에서도 이 주장을 정설로 받아들이고 있습니다.

아인스호키: 인간을 포함한 모든 포유류가 어류로부터 진화하였음은 모든 동물들의 임신과 출산 과정이 고스란히 보여 주지요. 이런 과학적이고 객관적이며 합리적인 논리와 자연법칙을 수용하는 것이 신의 본질을 찾는 지름길이에요. 당시의 빈약한 상상력으로 창조되어 비과학적이며 편협한 사고를 갖고 인간(경우에 따라서는 한 민족)에 집착하는 신의 개념을 과감하게 벗어던져야 할 때에요. 사실은 벌써 지났어요. 포유류, 어류를 포함한 동물은 물론이고 식물을 구성하는 것은 단백질이고, 이 단백

질을 형성하는 것은 분자며 분자는 원자로 구성되지요. 원자 또한 다양한 요소들로 이루어져요.

두레스킴: 신이란 일반적으로 생각하듯이 전지전능하기 때문에 완벽한 존재여야 합니다. 신이 그런 존재라면 지구를 질병으로부터 자유로운 환경으로 만들 수 있었을 텐데, 그런 조치를 하지 않았습니다. 그래서 예수께서는 세균이나 병균 또는 대다수의 병명을 알지 못하고 병을 치유하기 위해 원시적 치료법을 사용한 것을 보면, 확실히 기존 종교는 지식이 일천한 인간에 의해 창조되었다는 것을 보여 줍니다.

아인스호키: 만약 신이 만물을 만들었다는 것이 확실하다면, 원자나 분자, 세포 및 세균에 대한 것을 실례로 들면서 이런 것들을 언급하는 용어를 사용했어야지요. 구약성경이 쓰이기 이전에 이미 그리스에서는 원자라는 개념이 통용되었어요. 이런 사실을 고려하면, 경전을 쓴 사람들이 과학 분야에 문외한이었다는 추론을 해볼 수 있지요. 그렇기 때문에 이들이 발명한 신은 위대할 수 없으며, 전지전능과는 한참 먼 존재라는 것을 알 수 있어요.

바우류당: 종교는 궁극적으로는 하느님의 의미를 찾는 행위가 아니라, 인간의 의미를 찾는 행위입니다. 종교는 외부에 있는 신을 향한 여행이 아니라, 인간성의 중심을 향한 여행이며, 거기에서 우리의 분리감(分離感, 떨어져 개별화된)의 두려움을 깨치고, 초월, 일치감, 무시간성, 그리고 마침내 영원성의 의미 속으로 들어갑니다.[273)]

---

273) *영생에 대한 새로운 전망. 존 쉘비 스퐁*, 한국기독교연구소, 2011: 231

402-1 믿음

바우류당: 야고보는 "너희 중에 누구든지 지혜가 부족하거든 모든 사람에게 후히 주시고 꾸짖지 아니하시는 하나님께 구하라 그리하면 주시리라 오직 믿음으로 구하고 조금도 의심하지 말라 의심하는 자는 마치 바람에 밀려 요동하는 바다 물결 같으니 이런 사람은 무엇이든지 주께 얻기를 생각하지 말라 두 마음을 품어 모든 일에 정함이 없는 자로다"(야고보서 1:5-8)라며 의심을 품지 말고 무조건 믿고 따르라고 합니다. 마찬가지로 "믿음은 바라는 것들의 실상이요 보이지 않는 것들의 증거니"(히브리서 11:1)라는 말도 있습니다.

아인스호키: 믿음이 바라는 것들의 실상이나 보이지 않는 것에 대한 증거라 하더라도, 이것의 본질이 객관적이지 않고 과학적으로 규명이 어려운 것이라면, 그것은 믿음의 대상에서 배제되어야지요. 지진이나 화산이 신의 노여움의 표현이라고 믿었던 것이 과학적 규명을 통해 그 본질이 밝혀졌다면, 그동안 믿던 '바람의 신'과의 관계를 끊어야 할 거예요. 아직도 이를 신의 뜻이라고 하면서 적절한 조치를 취하지 못한다면, 비난받아 마땅하지요.

과학은 현상에 대해 의문을 품고 정확한 답을 구하고자 하는 사람들에 의해 발전되어 왔고, 발전되어 갈 거예요. 일방적인 믿음을 강요하는 것은 내용의 부실함을 감추기 위한 방편일 뿐이에요. 완벽한 신의 말이라고 한다면 어떤 상황에서나 통하는 진리여야지요.

두레스킴: 만약 경전에 기록된 것이 합리적이고 과학적인 내용이라면 이런 믿음을 강요하지 않을 것이고 그럴 필요도 없을 것입니다. 경전 내용 가운데 불합리하고 비과학적인 내용이 들어가 있기 때문에 경전의 신성함이 퇴색되고 가치가 떨어집니다. 성직자들은 이를 우려하기 때문에 무

조건적인 믿음을 강요하는 것입니다. 단순히 성경이나 쿠란이 많이 팔리고 널리 배포되었다는 사실만으로 그 내용이 진리로 입증되거나 사실로 굳혀지는 것이 아닙니다. 지식이 제 기능을 발휘하기 위해서는 입증 가능해야 하고 진실에 근거하고 객관적이어야 합니다.

천사, 악마, 마녀에 대한 정의는 정확하지 않고 누구도 이들을 본 사람이 없습니다. 처녀의 임신, 죽은 후 부활, 선지자나 예수님이 펼쳤다는 기적 등은 입증할 수 없고, 이후로는 그 누구도 이런 것을 재현하였다는 신빙성 있는 사례가 없습니다.

심지어 하나님이나 예수님에 대한 것도 객관적으로 입증할 방도가 없습니다. 설령 진짜 하나님이나 예수님이 지금 나타나더라도 정체를 입증할 수 있는 객관적 근거가 없기 때문에 이들은 철저히 부정될 수밖에 없습니다. 특히 자신들이 누리는 기득권에 막대한 영향을 받게 될지 모르는 성직자나 종교지도자는 더더욱 그런 존재가 있을 수 있다는 개연성을 철저히 그리고 열정적으로 부정할 것입니다.

아인스호키: 기존 종교는 처녀의 임신, 죽은 자를 살려내는 기적이나 병을 낫게 하거나 물 위를 걷는 등의 기적과, 죽은 후에 부활하는 등의 이야기를 제공하고 이를 믿지 않으면 신을 부정한다고 매도하지요. 이런 주장을 무심코 받아들이는 사람들은 이후로 성직자들이 어떤 허황된 이야기를 하더라도 이에 반기를 들 수 없게 돼요. 이미 비상식적, 비합리적, 그리고 비이성적인 논리를 비판 없이 인정하였기에 이후에 이어지는 비슷한 주장을 부정한다면, 이전의 자신의 불합리적이고 비이성적인 판단을 인정하는 꼴이 되기 때문에 그대로 수용할 수밖에 없어요.

일종의 '몰입 상승의 함정(3장 304 참조)'에 빠지게 되는 거지요.

두레스킴: 기득권층은 신도들에게 불운이 찾아오더라도, 이를 불평하면 안 되고 무조건 신의 뜻이니 수용하라고 합니다. 많은 신도들은 이런 말에

혹하여 일단 자신에게 커다란 불행이 닥치지 않는 한 그러려니 하고 넘어갑니다. 하지만 철석같이 믿고 있던 자신에게 불치병이나 엄청난 물질적 손실이 다가오면, 왜 그런 시련을 자신에게 내렸느냐며 볼멘소리를 냅니다.

아인스호키: 이럴 경우 성직자는 신이 그 신도를 사랑하기 때문에 그런 고통을 하사하셨다고 하지요. 그러면서 본인을 데려가는 순서는 가능한 한 뒤로 늦춰지기를 간절히 기원하지요. 자기가 진심으로 이승에서 올바른 삶을 살았고, 이를 통해 천당에 가서 신의 사랑을 듬뿍 받을 수 있고 은혜를 입을 수 있다는 확신이 든다고 해요. 그리고 천당이 성직자들이 주장하는 대로 엄청 살기 좋은 곳이라면, 이승에서의 삶을 단축시켜서라도 빨리 가서 신을 영접하기를 바라야 할 거예요. 그리고 이를 실행하기 위해 병이 들어도 치료받지 않고, 자신이 믿는 신에게 낫게 해달라고 기도만 하다가, 바빠서 자신에게 성은이 미치지 않으면, 일찍 찾아가는 것을 가문의 영광으로 돌리는 것이 정상이에요. 하지만 이런 마음가짐을 갖고 실천하는 성직자나 신도가 몇이나 있을까요? [왜, 모스 랍비! 당신은 빼달라고…]

두레스킴: 신에게 기도를 드리면 병이 낫는다는 주장을 하는 사람들이 있습니다. 하지만 사지가 절단된 사람이 사지를 돌려달라는 기도를 하여 효험을 봤다는 이야기는 들어본 적이 없습니다. 병이 나았다 해도 신에게 기도해서 병이 나은 것이 아니라 나을 수 있는 병이 요행히 치유된 것일 뿐이며, 이렇게 치유된 사람이 영원히 사는 것도 아닙니다. 다시 말해 이는 병의 차도나 치유가 신의 가호로 인해 나타난 것이 아니라, 그럴 가능성이 있는 병이었고 낫고자 하는 의지와 치료법이 잘 맞아떨어져 나타난 부산물일 뿐입니다. 기도를 하는 것은 낫고자 하는 강한 의지를 갖고 있는 것이니, 포기하고 죽기만을 기다리는 사람들보다 치유 가능성이 높아지는 것은 당연합니다.

라바모스: 솔로몬이 성전을 완공하기 전에 기브온 산당에서 일천번제를 드렸더니 여호와가 꿈에 나타나 '내가 네게 무엇을 줄꼬? 너는 구하라'고

했다. 일천번제는 욕망이 그만큼 크다는 것을 가리킨다. 그래서 일천번제는 일천 욕망이다. … '하나님의 기준'이라는 것은 결국 인간들이 깨닫는 한에서 의미를 갖는다. 그렇다면 하나님이 진정으로 원하는 것이라는 게 하나님이 원하는 게 아니라 사람들이 원하는 것이고, 하나님 마음에 든다는 게 결국은 사람들 마음에 드는 것이라는 사실이다. 그럼에도 불구하고 그들이 원하는 것이 바로 하나님의 원과 뜻에 부합하는 것이라고 하면서 그들의 원과 뜻을 신적인 것으로 몰아가는 억지를 부린다. 그래서 아무리 '하나님의 기준'에 맞추려 해도 맞출 수 없는 것이다. 실상은 하나님의 기준이라는 게 부재하기 때문이다. 아니 하나님의 기준을 폐기해 버리기 때문이다. … 사람들이 기도할 때도 마찬가지이다. 기도는 하나님께 하는 것이지만, 실제로는 하나님께 말하는 것이 아니라 기도에 참여하는 사람들에게 하고 싶은 말을 하는 것이다. 이런 점에서 기도는 매우 정치적인 행위이다.[274)]

아인스호키: 간혹 교회나 성당 등 종교 집회를 하는 장소에 불이 나거나 벼락을 맞아 신도들이 죽는 경우가 발생하지요. 피뢰침이 발명되고 적용되기 전까지 이런 현상이 빈번히 일어났어요. 하지만 피뢰침 도입 초기에 이들은 절대자가 종교 시설에 영험을 발휘하여 자신들을 보호하고 있고, 신성한 장소에 그런 세속적인 장치를 설치하는 것은 성지를 욕보이는 것이기 때문에 피뢰침이 필요 없다고 주장했어요. 그러다가 동일한 피해가 그치지 않자 결국 이를 받아들였어요.

최근에도 일부 성직자들이 자신들의 성전에는 결코 코로나가 그 위력을 발휘하지 못하니 안심하고 기도하러 오라는 거짓말로 신도들을 현혹시켜 코로나 감염을 확산시키는 진원지로 만들었지요. 그리고 이런 어리

---

274) *일상적 폭력 폭력적 종교*, 이종록, 쿰란출판사, 2017: 202-203

석은 주장으로 감염을 확산시키고도 자신의 잘못을 인정하지 않고 책임을 떠넘기는 모습을 보이고 있어요. 그렇다면 그들이 믿는 신이 그들을 보호하지 않은 것이며, 이는 그들이 믿는 신의 능력의 한계가 드러났다는 이야기가 되는 것이지요.

이런 현상이 나타나면 일부 성직자는 신도 가운데 부정한 행위를 한 사람이 있거나 불경한 사람이 있어서 그렇다고 치부하고 지나가려 할 거예요. 만약 그런 사람이 있다 하더라도 그 사람이 아직 완벽한 믿음을 갖추지 못했기 때문에 믿음을 공고히 하려고 그 장소에 간 것인데, 병에 걸려 고통을 받도록 내버려 둔다는 것은 신이라는 존재가 신도들에게 무관심하거나 무능력하다고 말할 수밖에 없어요.

바우류당: 우리의 기도가 자신이나 주위 사람들을 위한 기복(祈福)으로 한정되어서는 안 됩니다. 자신의 내부는 물론이고 모든 존재에 공히 존재하는 존재의 본질이며 생명의 원천인 무유를 인지하고 원만한 교제와 서로의 공존을 기원하는 기도가 진정한 기도입니다. 이런 생각으로 이루어지는 기도는 긍정적인 파동을 타고 기도의 대상은 물론이고 모든 존재에게 고루 영향을 미칠 것입니다. 마찬가지로 기도가 자신만의 이익을 추구하는 것이고 상대를 증오하는 것이 되면, 이 또한 상대는 물론이고 자신과 다른 존재들에게 부정적인 파장을 전달하게 됩니다. 가능하면 긍정적이고 포괄적인 기도가 이루어질 수 있도록 하시고 사랑의 원심력을 키워나가도록 하시기 바랍니다. 원심력이 커지면 그에 상응하는 구심력이 자신에게 되돌아올 것입니다. 나비 효과(butterfly effect)와 메아리의 반향은 언제든 일어나는 자연현상입니다. 그리고 마음으로만 기도하지 말고, 말과 행동으로 실천하는 삶을 만들어 가시기 바랍니다.

두레스킴: 각 종교에서는 자신들의 종교를 창시한 사람들—예수님이나 무함마드 등—이 실존했다고 주장합니다. 믿는 대상의 실존 가능성이 크

다는 것은 그만큼 일반인들에게 신뢰성과 접근 가능성을 높입니다. 이로 인해 실존성에서 밀리고 추상적으로 존재하는 신이라는 존재보다 실체적으로 존재했던(또는 했다고 믿는) 매개자에 대한 믿음과 추종의 강도가 상대적으로 큰 것이 사실입니다.

이런 식의 종교 관행은 신이라는 존재를 인정하지 않았고 어떤 형태로든 주조한 형상을 숭배하는 것을 금지했던 부처님의 가르침은 물론이고, 심지어 여호와의 지침에도 어긋납니다. 형상을 만들어 숭배하지 말라고 했음에도 불구하고 형상을 만들고 숭배하는 것을 방임하거나 조장하는 이유는, 일반 신도의 믿음을 증진시키는 가장 좋은 방법은 실존했다고 믿는 대상을 보며 숭배하도록 하는 것이기 때문입니다.

바우류당: '태초에 알라가 무함마드 빛을 창조하고, 이 빛을 이용해서 천지를 창조했다. 무함마드는 아담이 만들어지기 전인 태초부터 예언자로 존재하고 있었다. 무함마드가 기원후 570년에 태어났을 때, 그는 이미 할례가 되어 있었고 태가 끊겨져 있었다. 태어나는 날 집안은 빛으로 가득했고, 별들은 땅으로 떨어질 것 같은 자세로 무함마드에게 큰 절을 드리며 경배했다. 이란에서 불을 신봉하던 사람들은 천 년 동안 꺼지지 않던 자기네 성전의 아궁이가 얼음과 같이 차갑게 변하며 불이 소멸되는 것을 지켜보았다. … 무함마드는 생을 마치는 날 밤에 날 수 있는 말을 타고 아라비아를 떠나 예루살렘에 잠깐 들렀는데, 그때 남긴 손금과 탔던 말의 말굽자국이 '바위의 돔'에 기적적으로 새겨져 있다.'[275] 종교 창시자를 미화시키는 이런 식의 이야기를 많이 들어보았을 것입니다. 거의 모든 내용이 대동소이하고 진부한 동화 같습니다.

라바모스: 한때 평범한 인간의 모습으로 존재했다고 믿는 인물을 숭배하

---

275) *The Laughing Jesus*, Timothy Freke & Peter Gandy, Three Rivers Press, 2005: 82-83

그림: 최민주

는 것이 성직자가 자신의 위상을 이런 신의 대리인과 같은 반열로 올리는 데 도움이 되기 때문에 성직자는 이런 식의 우상화에 동조한다.

아인스호키: 예언자 이야기가 나왔으니 참고로 그들이 제시하는 점괘의 신뢰성이 얼마나 될까에 대해 생각해 보면 좋겠네요. 이미 양자역학에서 밝혀진 바와 같이, 우리가 물질의 속도와 위치를 동시에 정확히 측정하는 것은 불가능해요. 그리고 실질적으로 원자 내의 전자는 일반적으로 생각하는 것처럼 일정한 방향으로 회전하지 않고, 원자 내에서 확률로 분포하고 있지요. 그러다가 관찰자가 관찰을 시도하는 그 순간 그 다양한 확률 중의 한 지점에 자신의 모습을 드러내요. 이런 현상으로부터 추론할 수 있는 것은 미래에 대한 예측이 불가능하다는 거예요.

양자물리학에 따르면 우리가 확보한 정보가 아무리 많고 우리의 계산 능력이 아주 강력하더라도, 물리적 과정의 결과를 정확하게 예측하는 것은 불가능해요. 왜냐하면 결과는 정확하게 결정되지 않기 때문이지요. 대신 시스템의 초기 상태가 주어지면, 자연은 근원적으로 불확정적인 과정을 거쳐 그 시스템의 미래 상태를 결정해요. … 특정 시점에서 어떤 시스템의 상태가 주어지면, 자연법칙은 그 시스템의 미래와 과거를 정확하게 결정하는 것이 아니라, 미래와 과거의 다양한 확률들을 제공할 뿐이에요.[276)]

모든 존재의 기본 구성 요소인 원자나 움직이는 물질의 속성을 모두 파악하는 것이 불가능하다는 것을 고려하면, 사람의 운명을 읽어내는 것은 불가능하지요. 점을 치는 사람은 궁금해 하는 고객에게 보편적인 상황을 두루뭉실하게 표현하며, 고객이 듣고 싶은 좋은 말로 그럴듯하게 꾸밀 뿐이에요. 마치 '여름철에 물 조심하라, 겨울에는 따뜻하게 입고 지내라, 공부를 더 열심히 해야 좋은 대학교에 갈 수 있다, 성질을 죽이고 사

---

276) *The Grand Design*, Steven Hawking, Bantam Press, 2010: 72

는 것이 좋다' 등의 표현이 그런 것이지요.

두레스킴: 물론 상대방에 대한 정보가 충분하면 비슷하게 예측하는 것은 가능할 수 있습니다. 하지만 그 상대방이 어떻게 될지 모르기 때문에 예측은 빗나가게 될 수밖에 없습니다. 죽음을 앞두고 병상에 누워 있는 사람에게 곧 죽을 것이라고 말할 수 있겠지만, 언제라고 정확한 시점을 집어내는 것은 불가능합니다.

라바모스: 예측을 할 때도 과학적인 근거를 가지고 해야 한다. 유대교에서는 임신하고 인간의 모습이 생성될 때까지 40일이 걸리며 이때 신성한 영혼이 태아에게 들어온다고 여긴다. 그래서 우리는 아들을 낳아 달라는 기도가 이때까지만 효력이 있고, 이후로는 효험이 없다고 믿는다. [왜, 호키 박사! 내가 뭐 못 먹을 것을 먹었다고 말하는 겨?]

바우류당: 불교의 경우를 보면 부처가 따로 신을 지정하지 않았고, 본인을 신이라고 하지 않고 가르침을 베풀었습니다. 하지만 이후 신도나 불교에 종사하는 성직자들이 부처를 신격화하고, 다른 무수히 많은 불(佛, 아미타불, 석가모니불, 약사불, 비로자나불 등)을 만들어 내 다신교를 숭배하는 모습으로 바뀌었습니다.

이슬람교에서도 천당에 가려면 신이 아니라 무함마드에게 잘 보여야 합니다. 종이 주인으로 바뀐 것입니다. 결국 선지자가 신이 되어버린 것입니다.[277]

아인스호키: 특히 대승불교의 성직자들은 부처[기독교는 예수]가 제시하는 방식의 삶을 살아가는 어려움을 알고, 부처[예수]를 절대자로 추어올려 놓고, 자신들이 호의호식하며 사는 삶을 합리화하고 있어요. 그나마 소승불교에서는 부처를 절대자로 보지 않고, 승려들이 스스로 부처와 같은 고행을 통해 해탈의 경지에 이르려고 노력하지요.

---

277) *The Laughing Jesus*, Timothy Freke & Peter Gandy, Three Rivers Press, 2005: 100

예수도 제자들에게 고행의 길을 가르쳤지만, 후대의 성직자들은 예수를 절대화하고 자신들이 신도들의 희생을 통해 확보한 권위와 부를 이용하여 편안한 삶을 사는 것을 정당화하며 인생을 즐기고 있어요. 그나마 천주교의 신부들이 고행의 삶을 사는 것처럼 보이나, 천주교에서 신부들의 정조를 강조하고 결혼하여 가정을 갖지 않고 독신으로 살도록 한 것은, 천주교의 절대적인 부와 권위를 유지하기 위한 방편이라고 하니 신부들에 대한 측은지심이 드네요. [모스 랍비! 뭐라고? 측은지심을 갖는 내가 부처 같다고? 틀린 말은 아니네…]

바우류당: 사랑 자체이신 하느님은 당신의 모습대로 사람을 남자와 여자로 창조하시고 사랑하셨습니다. 남자와 여자가 짝을 이루어 한 몸을 이루게 하시며 그들에게 자녀를 낳아 번성하라고 복을 내려 주셨습니다.[278]

두레스킴: 일반인들이 추상적인 개념의 신을 수용하는 어려움을 갖고 있음을 모든 종교가 잘 이해하고 있습니다. 그래서 그들은 신의 말을 전달했다고 하는 대리인들을 신의 경지로 올려놓고, 이들을 숭앙하도록 종용하고 있습니다. 불교에서의 부처님, 이슬람교에서의 무함마드, 기독교에서의 예수님, 천주교에서는 예수님에 더해 예수님의 어머니인 마리아까지, 힌두교에서는 크리슈나 등을 신격화하고 숭배하고 있습니다.

아무래도 전혀 모습을 드러내지 않았고 역사적으로도 존재하지 않은 신이라는 가공의 존재보다는 한때 실재했던 것으로 볼 수 있는 역사적 인물에 대한 믿음이 보다 확고할 수밖에 없습니다. 비록 이들이 가공의 인물이라 할지라도 신도들이 그들을 역사적으로 존재한 사람이라는 생각을 갖게 하는 것이, 이들의 존재에 대한 확신을 더해 주고 신도들의 믿음을 공고하게 만드는 것은 사실입니다.

---

278) *함께 하는 여정*, 천주교 서울대교구 사목국, 가톨릭출판사, 1995: 103

403 천사와 악마

라바모스: 고대 그리스의 철학자 에피쿠로스는 악의 존재와 관련하여 '에피쿠로스의 역설'이라 불리는 다음과 같은 질문을 던졌다. 이 문장들을 곰곰이 되씹어볼 필요가 있다. "신은 악을 멈추려고 하는데 할 수 없는 것인가? **그렇다면** 신은 전능한 것이 아니다. 악을 멈출 수 있지만 하지 않고 있는 것인가? **그렇다면** 그는 선의의 존재가 아니다. 악을 멈출 능력도 있고 없애려 하기라도 하는가? **그렇다면** 어떻게 악이 존재할 수 있는가? 악을 멈출 능력도 없고 없애려 하지도 않는가? **그렇다면** 우리는 왜 그(그녀)를 신이라 불러야 하나?"
두레스킴: 정확한 지적이십니다. 구약성경을 기반으로 하는 종교는 완벽하며 [자신들에게만] 사랑을 베푸는 존재인 신이 만물을 창조하였다고 주장합니다. 이에 따르면 악마나 마녀 그리고 천당은 물론 지옥(물론 구약성경에는 천당과 지옥이라는 개념이 없음)까지도 모두 창조하였을 것입니다. 여호와가 전지전능하다는 주장이 통하려면, 여호와가 태초에 나쁜 역할을 하는 존재를 함께 만들고, 사후세계에서 이들의 영향을 받고 사는 사람들을 골라 심판 후 보낼 장소까지 준비해 놓아야 합니다.
하지만 진정 우리가 믿는 신이 완벽한 존재라고 한다면 창조할 때부터 악의 근간을 배제하는 것이 보다 합리적이며, 진정한 사랑을 보여 주는 선택지일 것입니다. 그리고 만약 신이 악을 창조하였다면, 신은 악의 특성과 자질을 모두 갖추고 있을 것입니다. 만약 악이 자기 스스로 나올 수 있다면 신은 절대적일 수 없고, 만약 악을 손수 만들었다면 절대적으로 사랑을 베푸는 존재라 칭할 수 없습니다. 결국 종교계에서 숭앙하는 신은 선(善)인 동시에 악(惡)일 수밖에 없다는 역설이 성립하게 됩니다.

바우류당: 알라가 아담을 창조하고 사물의 이름을 모르는 천사들에게 아담더러 가르쳐 주라고 하고, 이에 대한 고마움의 표시로 무릎을 꿇으라고 지시했습니다. 이때 이를 거부한 유일한 천사는 이블리스(Iblis)였습니다(쿠란 2장 34절, 17장 61절). 이후 이블리스는 사탄으로 규정됩니다. 이블리스가 알라의 지시를 거부한 이유는 진흙으로 만든 인간을 경배하는 것이 잘못이라고 생각했기 때문입니다. 그렇다면 이슬람교의 천사들은 진흙이 아닌 무엇으로 만들었는지 궁금증을 더하게 합니다.
라바모스: 구약성경에도 비슷한 경우가 있다. "너 아침의 아들 계명성이여 어찌 그리 하늘에서 떨어졌으며"(이사야 14:12)라는 말이 나온다. 여기에서 계명성은 본래 '새벽 별, 금성(morning star)'을 뜻한다. 그런데 그 라틴어인 루시퍼(Lucifer)가 이후 본래 천사였다가 악마가 된 존재의 이름으로 통하게 되었다. 원래는 천사였던 루시퍼가 하늘에서 쫓겨나 악마로 불리게 된 것은 마치 이블리스가 사탄이 되는 것과 비슷하다. 결국 루시퍼는 단테의 『신곡』에 악마대왕 루치펠로 다시 등장하고 악마의 대명사가 된다.
아인스호키: 만약 신이 악이 나타나는 것을 막지 못했다면 자신이 만물을 만든 주체라고 주장하는 것에 모순이 생기네요. 악이 신과 같이 스스로 존재할 수 있다면 모든 존재도 스스로 존재할 수 있겠지요. 이것이 자연적인 현상이고, 그렇기 때문에 신의 존재를 배제시켜도 충분히 모든 존재나 현상이 자연발생적으로 생길 수 있어요.
자연법칙에는 선과 악의 구분이 없지요. 이런 개념이 개입되지 않고도 모든 존재는 지금까지 조화롭게 살아오고 있어요. 자연법칙의 관점에서 보면, 천사, 악마나 사탄이라는 존재는 물론이고 정령이나 귀신이라는 것은 존재할 수 없어요. 종교계에서 그 존재를 부각시키는 귀신이나 악마 또는 사탄이 따로 존재하지 않다는 것은, 동물의 대다수가 야생에서 미치지 않고 온전한 삶을 살아가고 있는 것이 증명해 주지요. 만약 악마나 귀신

이 실재하고 상상하는 바대로 해코지하는 존재라면, 야생이나 뜰에서 살아가는 동물들은 이들의 농간을 버텨내지 못하고 이미 사멸했을 거예요. 하지만 인간이 개입하지 않은 상태에서 이런 환경 속에서 사는 대다수의 동물들이 큰 탈 없이 살아가는 것을 보면, 이들이 존재한다는 주장은 잘못일 수밖에 없어요.

바우류당: 이런 논리대로 따지면 인간만 없애면 모든 선과 악이 없어지고, 나머지 존재들이 평화롭게 삶을 살아갈 수 있습니다. 다시 말하자면, 모든 악과 선은 인간으로 인해 발생한 것이라는 결론이 도출될 수 있습니다.

두레스킴: 기존 종교에서 천사에 반하는 악마나 사탄을 언급하며 이들과의 투쟁을 정당화하는데, 사실 악마나 사탄은 다른 종교를 믿는 사람이나 다른 민족을 지칭하는 것입니다. 악마와 사탄이라고 표현하는 대상은 성직자, 권력자나 부를 독차지하고 있는 기득권층이, 자신들이 향유하는 것을 빼앗으려는 대상을 그런 식의 이름으로 부르는 것에 불과합니다.

종교에서 주장하는 행복이 보장된다는 사후세계인 천당에 가더라도, 이승에서 사탄이나 악마가 존속할 수 없도록 하는 기본적인 역할조차 수행하지 못하는 존재(사실은 그 대리인)가 천당의 사탄과 악마를 모조리 숙청하고 제거했을 것이라고 확신할 수 없을 것입니다.

아인스호키: 킴 소장 말을 듣고 보니, 이승이든 저승이든 사탄과 악마를 제거하기 위한 선결 조건은 구약성경의 주연 배우 여호와를 퇴임시키는 것이겠네요.

사실 악마나 사탄으로 규정될 수 있는 성질이나 성향을 갖는 인간은 존재하였고, 지금도 존재하고 있어요. 이들은 무형의 모습을 갖는 귀신으로 나타나는 것이 아니고, 그냥 우리 주위에 평범한 인간의 모습으로 존재하지요. 그러기 때문에 예수를 비롯하여 어떤 사람이든지 무형의 악마의 유혹에 빠졌다고 하는 것은 잘못된 표현이에요.

당대의 유대인들은 로마 지배자를 악마나 사탄이라 불렀고, 도탄에 빠진 백성을 돌보지 않고 자신의 권익만 추구하던 제사장과 지배층을 악마나 사탄으로 불렀던 거예요. 이런 식으로 비난받는 인간이 아닌 다른 유무형의 귀신이나 악마는 결코 존재하지 않고 존재할 수도 없어요. 종교계가 주장하는 식의 신이 존재하지 않는 것처럼….

바우류당: 킴 소장께서 악마라는 표현을 하셨는데 악마(devil)와 마귀(demon)는 구별해서 사용해야 합니다. 악마나 마귀라는 용어는 구약성경에는 거의 나오지 않고 신약성경에 주로 나오는데, 제가 따져보니 악마는 마귀를 다루는 상위의 계층입니다.

KJV판 구약성경에는 마귀라는 단어가 없고 악마라는 단어만 네 번 나옵니다. 그런데 이것이 NIV판에서 숫염소 우상(레위기 17:7, 역대하 11:15), 가나안의 우상(시편 106:38, 개역개정판은 악귀로 표기)으로 또는 마귀(신명기 32:17)로 변경됩니다.

두레스킴: 류당 신부님의 예리한 통찰에 찬사를 보내지 않을 수 없습니다. 그런데 이런 편집을 도모한 이유에 대해 생각해 봐야 합니다. 악마나 마귀라는 표현은 바울이 활동하던 시기를 전후하여 조로아스터교의 영향을 받아 사용하기 시작한 것으로 보입니다. 이런 역사적 사실을 인지한 성서학자들이 KJV판이 나온 17세기 이후에 편집을 시도한 것입니다. "유대 선지자들이 자신들의 영감(靈感)을 주로 페르시아[조로아스터교] 경전을 통해 얻었다는 말은 반박의 여지가 없습니다. 그러나 유대 신화에서 악마나 마귀가 인간과 대립하는 영적 존재가 된 것은 유대인들이 바빌론 유배에서 귀환한 이후였습니다. 이전에는 절대자가 세상을 지배하였기에 신의 사자인 천사들은 있었지만 악마는 없었습니다. 욥기에 등장하는 사탄은 오류를 발견하는 등의 하찮은 일을 수행하는 신의 사자일 뿐 악마는 아니었습니다. … 그리고 사후세계와 최종 심판을 위한 부활이라

는 개념이 도입되었습니다.[279)]

아인스호키: 성경에 악마나 마귀 이외에 사탄을 규정하는 구절이 있는데, 구약성경과 신약성경에서 사용하는 의미가 완전히 다르더라고요. 시편 109:6에 "악인이 그를 다스리게 하시며 사탄이 그의 오른쪽에 서게 하소서"라는 표현이 있지요. 이 문장에서 선한 사람을 지칭하는 용어가 사탄으로 사용된 것을 알 수 있고, 사탄은 피고에 대항하여 자신의 입장을 밝히는 원고나 '비난하는 사람'의 의미를 담고 있어요.

그리고 역대상 21:1에 "사탄이 일어나 이스라엘을 대적하고 다윗을 충동하여 이스라엘을 계수[인구조사]하게 하니라"는 표현과, 사무엘하 24:1의 "여호와께서 다시 이스라엘을 향하여 진노하사 그들을 치시려고 다윗을 격동시키사 가서 이스라엘과 유다의 인구를 조사하라 하신지라"는 문장을 대비해 보면, '여호와의 진노'가 사탄으로 표현되었음을 알 수 있어요. 구약성경의 저자가 여호와를 나쁜 존재로 표현할 하등의 이유가 없으니, 구약성경에서 사용되는 사탄이라는 용어는 오늘날 우리가 생각하는 그런 개념이 아닌 것만은 확실해요.

그리고 스가랴 3:1에 "대제사장 여호수아는 여호와의 천사 앞에 섰고 사탄은 그의 오른쪽에 서서 그를 대적하는 것을 여호와께서 내게 보이시니라"는 모습을 그리고 있는데, 여호와는 왕, 천사는 재판장, 사탄은 원고, 여호수아가 피고인 법정의 모습을 그려볼 수 있지요.

바우류당: 욥기에 사탄이라는 표현이 많이 나오는데, 사탄을 '비난하는 사람'을 의미한다는 주석이 달려 있습니다. 여기에서도 사탄은 별개의 영적 존재가 아니라 여호와 하느님의 지시를 수행하는 인간을 말합니다.

결국 사탄은 한 인간(구약성경에서는 여호와)의 심란한 심적 상태를 나

---

279) *Life and Teachings of Zoroaster*, the Great Persian, Loren H. Whitney, BiblioBazzar, 2009: 11

타내거나 법정에 선 원고나 검사를 지칭하는 것이지, 악의를 가지고 인간을 괴롭히는 영적 존재를 의미하는 것이 아닙니다. 다시 말해 여호와도 상황에 따라서 신이 되었다가 사탄도 될 수 있다는 것이고, 이것은 모든 인간에게 적용되는 보편적 진리입니다. 나치의 SS 대원들도 가정에 돌아가면 천사가 되지만, 유대인이나 적을 대할 때는 악마나 사탄이 되었던 것과 같은 이치입니다

두레스킴: 신약성경에 나오는 사탄은 구약성경과 완전히 다른 의미로 사용된 존재임을 알 수 있습니다. 사실 악마나 천사라는 존재는 신약성경의 사탄과 같이 형상 없이 저승에 사는 존재가 아니고, 바로 우리 인간이 악마가 되기도 하고 천사가 되기도 하는 것입니다. 공정하지 않은 법과 제도를 만들거나 법 집행을 부당하게 하는 주체가 바로 악마고 사탄입니다.

아인스호키: 트럼프는 2020년 미국 대선에서 미국을 위대하게 만들자는 기치를 내세우고, 자신만이 그런 역할을 수행할 수 있다며 공정한 선거 결과에 불복하였지요. 그러면서 자신을 지지하는 시민들을 특별하다고 추켜세우며 의사당으로 나아가라고 선동하여, 민주주의의 표상인 국회의사당이 유린당했어요. 트럼프나 그의 사주를 받고 의사당에 난입하여 폭력을 행사한 사람이나 이를 옹호한 사람이 바로 악마고 사탄이지요. 잘못된 교리를 내세우고 사람들을 현혹시키는 자 또한 악마나 사탄일 수밖에 없어요.

한편, 천사 또한 우리 주변에 아주 많이 존재해요. 어려운 사람들을 돕고, 불의에 대항하여 자신의 목소리를 내거나, 묵묵히 자신에게 주어진 일을 충실하게 수행하거나, 멸종 위기에 처한 생명체의 존속을 위해 노력하는 사람들이 바로 천사예요.

바우류당: 트럼프 이야기가 나왔으니 저도 한마디 하겠습니다. 히틀러를 악마로 만든 사람들은 단지 유대 민족만이 아닙니다. 독일 국회에서 히틀

러의 정책을 아무 비판 없이 승인하고 이를 실행에 옮기도록 도와준 의원들이 현장에서 실행에 옮긴 사람들보다 더 나쁜 사람들입니다.

이번 미국 대선과 관련하여 미국의 하원이나 상원에서 선거인단 투표 결과가 뒤엎어질 정도의 반대표가 나왔더라면, 트럼프 또한 히틀러와 같은 독재의 길을 답습했을 겁니다. 자신과 가족의 안전을 위해 반대표를 던진 의원의 숫자가 하원의 경우 100명을 훌쩍 넘은 사실은, 미국의 민주주의도 한순간에 무너질 수 있음을 분명히 보여 주었습니다.

라바모스: 미국은 법적으로 종교와 정치의 분리를 말하지만, 실제로 종교와 정치를 엄격하게 나누어 놓기는 쉬운 일이 아니다. 정치와 종교는 이론적으로는 분리되지만, 이 둘은 실제로는 이권 관계로 긴밀하게 얽혀 있다. 종교는 이미 사회적 또는 공적인 것이 되었다. 이처럼 종교가 개인적인 신앙의 차원을 넘어서 공적인 것이 되고 사회에 적극적으로 개입하는 상황에서 종교는 특히 정치와 밀접한 관계를 맺지 않을 수 없다. 예전과 다르게 보수적인 기독교인일수록 이 사회에서 하나님의 뜻을 이루기 위해서는 정치에 적극적으로 참여해야 한다고 생각한다.[280]

두레스킴: 저도 숨죽이며 이번 미국 대선의 모든 과정을 청취했는데, 미국 대통령이 취임 선서할 때 두툼한 성경에 손을 얹고 하는 전통은 고쳐져야 합니다. 지금까지 살펴본 바와 같이 불합리한 구시대의 사고방식이 반영된 구약성경이 포함된 경전을 선서의 도구로 활용하는 것은, 그 안의 내용을 그대로 인정하고 그 내용대로 따라 하겠다는(또는 해도 좋다는) 서약을 의미합니다.

그러면 그 안에 나온 내용대로 한 민족을 말살시키거나 심각한 부정을 저지르더라도 지배자나 기득권층은 처벌을 받지 않을 수 있다는 잘못된

280) *일상적 폭력 폭력적 종교*, 이종록, 쿰란출판사, 2017: 438-439

사고를 가진 사람이 언제든지 나올 수 있습니다. 그리고 종교계 일부에서는 자신들의 기득권을 유지하고 공고히 하기 위해 이런 사람들을 지지하며 기득권을 유지하려고 합니다.

라바모스: 반대표를 던진 하원의원과 일부 상원의원 중 상당수가 구약성경에 기반을 둔 종교를 믿는 사람이다. 이들이 구약성경에 기반한 가치관에 따라 판단하였다고 주장한다면 할 말이 없어진다.

자기 자식을 죽이고 이웃의 재물을 빼앗으면서 구약성경에 그런 사례가 많아 이를 따랐으니 자신은 잘못이 없다고 믿는 사람도 있다. 자기와 다른 처지에 있는 사람을 함부로 대하고 노동력을 착취하면서도 안식일을 잘 지키고 교회나 성당에 나가 열심히 기도하면 죽어서 천당 간다고 생각하는 사람들도 있다. 이런 사람들은 구약성경의 사례를 비교하면서 자신이 취한 행동은 구약성경에서 기득권층이 벌인 범죄에 비하면 별 게 아니라고 치부할 수 있다.

아인스호키: 종교계는 이런 모순을 정당화하기 위해 이브가 아담에게 지식의 열매를 먹게 하여 원죄를 저지르게 하였다는 원죄설을 인용하지요. 하지만 죄를 지은 자가 자신의 죄에 대해 책임을 져야지, 이를 후대까지 연결시키는 연좌제는 정당하지 않고 대다수의 나라에서는 불법으로 금지하고 있어요. 하지만 불법적이고 허무맹랑한 신화가 난무하는 구약성경의 내용을 성스러운 신의 말로 믿기 때문에 이런 만행을 합리화하고 있는 것이에요.

404 삼위일체와 아세라

두레스킴: 다음은 삼위일체(三位一體)에 대한 주제로 넘어가 토의를 지속하도록 하겠습니다.

바우류당: 하느님은 한 분이십니다. 한 분이신 하느님께서는 구원의 역사 속에서 당신을 성부와 성자와 성령의 삼위(三位)로 드러내셨습니다. 성부이신 하느님께서는 세상을 창조하셨고, 성자이신 예수 그리스도는 사람이 되어 오셨으며, 성령께서는 지금도 우리 안에 머물며 하느님의 뜻을 이루고 계십니다.[281)]

라바모스: 삼위일체 이론을 촉발시킨 구절은 '요한의 콤마'라고 부르는 "증거하는 이는 성령이시니 성령은 진리니라 증거하는 이가 셋이니 성령과 물과 피라 또한 이 셋은 합하여 하나이니라"(요한일서 5:7-8)라는 표현이다. 이 단락은 라틴어역 성서인 불가타 사본들에서는 발견되지만, 거의 모든 그리스어 사본들에서는 발견되지 않는 구절이다. 이 대목은 오랫동안 기독교 신학자들 사이에서 사랑을 받아온 구절이다. 왜냐하면 이 단락은 성서 전체에서 삼위일체의 교리를 분명하게 서술한 유일한 단락이기 때문이다.[282)]

NIV판의 '성령, 물, 피' 대신에 KJV판에서는 하늘과 땅으로 각각 나누어 '하늘의 기록은 아버지, 말씀, 성령[holy ghost] 셋이 합하여 하나로 증언하고, 지상에서는 성령[spirit], 물, 피 셋이 합하여 하나로 동의한다'라고 적혀 있다. KJV판에 나타난 표현은 16세기에 에라스무스(Erasmus)가 추가한 것이라는데, 무엇이 진실인지 도무지 알 길이 없다.

아인스호키: 현재는 말씀 대신에 예수인 성자를 대입하여 성부, 성자와 성신(또는 성령)을 삼위일체의 근간으로 보고 있지요. 본래 복음서의 초

---

281) *함께 하는 여정*, 천주교 서울대교구 사목국, 가톨릭출판사, 1995: 75

282) *성경 왜곡의 역사*, 바트 어만 지음/민경식 옮김, 성림출판, 2006: 159

기 작품인 마가복음에는 예수가 여호와 하나님과 마리아의 관계로 태어난 것을 언급하지 않아요. 예수가 세례자 요한의 세례를 받고 "하늘로부터 소리가 나기를 너는 내 사랑하는 아들이라"(마가복음 1:11)라는 말을 듣고, 하나님의 아들이라는 명칭을 얻게 되지요. 그리고 예수는 마가복음 10:18에서 "네가 어찌하여 나를 선하다 일컫느냐 하나님 한 분 외에는 선한 이가 없느니라", 또는 마가복음 13:32에서 "그러나 그 날과 그 때는 아무도 모르나니 하늘에 있는 천사들도, 아들도 모르고 아버지만 아시느니라"라고 말하면서 자신이 하나님과 동격일 수 없음을 지속적으로 주장하지요. 그런데 어떻게 예수가 하나님과 둘이며 하나인 동격의 신이 될 수 있나요. 나는 하나님의 성령이 예수에게 이전되어 이승에서 재림하다 죽은 후, 하늘에 올라가 하나님, 성령과 더불어 삼위일체가 되었다는 논리 비약이 어떻게 이루어질 수 있는지 도대체 이해할 수 없어요.

바우류당: 마태복음 28:19에 아버지와 아들과 성령의 이름으로 세례를 베풀라는 주문이 있습니다. 또한, "주 예수 그리스도의 은혜와 하나님의 사랑과 성령의 교통하심이 너희 무리와 함께 있을지어다"(고린도후서 13:13)라는 표현으로 성자, 성부, 성령이 동시에 언급됩니다. 이는 성부, 성자, 성령이라는 삼위일체를 표현한 것입니다. 삼위일체 교리는 로마의 가톨릭교회가 기원후 325년 제1차 니케아 공의회와 381년 콘스탄티노플 공의회에서 정식 교리로 채택한 이론입니다.

아인스호키: 고린도후서는 삼위의 역할을 주 예수 그리스도의 은혜, 하나님의 사랑, 성령의 교통(fellowship, 공동체 의식)으로 나누어 놓았어요. 각자가 고유한 자신의 역할을 담당하는 것으로 볼 수 있어요. 그렇다면 삼위일체가 아니라, 삼위삼체라 불러야지요. 게다가 천주교는 성모 마리아도 끼워 넣었으니, 마리아의 역할은 무엇인지 궁금하네요. [뭐여, 류당 신부! 그것을 모른다고 하면 말이 안 되지요. 알아보고 나중에 알려 줘요.]

삼위일체

라바모스: 누가복음 4:1과 요한복음 1:33에 영(Spirit)과 성령(Holy Spirit, KJV판은 Holy Ghost로 표기)이라는 표현이 동시에 보이며, 개역개정판은 이 둘을 동시에 성령이라고 번역하고 있다. 요한복음 14:26에 보혜사(Counselor, KJV판은Comforter)는 성령을 의미하며, 요한복음 15:26에는 진리의 성령으로 기술한다. 요한복음 14: 16에는 '또 다른 보혜사'를 언급하고 있는데, 이는 보혜사가 한 명만이 아니라는 것을 짐작하게 한다. 그렇다면 '예수도 일종의 보혜사가 아니었을까'라는 생각을 할 수 있다. 무함마드는 이를 예수도 보혜사고 자신도 보혜사라고 주장하는 근거로 활용한 것으로 보인다.

두레스킴: 데살로니가전서 4:8의 '너희에게 그의 성령을 주신 하나님'이라는 표현은 모든 인간에게 성령이 들어 있다는 의미로 해석될 수 있고, 구약성경에서 영을 숨이나 호흡으로 해석하고 있는 것과 차이가 없습니다. 그렇다면 요한복음에서 유일하게 보혜사로 등장하는 성령을 제외하면 성령이 일반명사인 숨이나 호흡으로 볼 수 있고, 모든 존재가 이를 갖고 있다고 해석할 수 있을 것입니다.

아인스호키: 그러고 보니, KJV판 구약성경에 보혜사(comforter)[283]라는 표현이 있었는데, NIV판에는 시편 69:20, 욥기 16:2와 전도서 4:1에만 이 단어가 남아 있어요. 나머지는 위로자, 위로할 자, 조문사절 등으로 바꾼 것이 흥미로워요. 아마도 신약성경에서 사용되는 보혜사라는 의미로 읽힐 것을 우려한 성서학자가 오해를 불식시키기 위해 교체하면서, 세 곳은 찾지 못해 원래의 단어가 그대로 남아 있는 것 같아요.

두레스킴: 일단 기독교에서는 예수님을 확실한 신의 반열에 올리기 위해 성부, 성자와 성령으로 합체된 삼위일체로서의 신을 주장하였고, 성공하

---

283) *사무엘하 10:3*, 역대상 19:3, 욥기 16:2, 시편 69:20, 전도서 4:1, 예레미야애가 1:9, 1:16, 나훔 3:7

였습니다. 한편 천주교에서는 마리아까지 포함하여 아버지, 어머니, 아들이라는 가정의 구성원들로 이루어진 신의 가정을 꾸려주려고 합니다. 속세의 화목한 가정과 접목되는 행복한 천상의 집안을 완성시키려는 시도를 하고 있고, 거의 완성 단계에 오른 것으로 보입니다. 그러나 기독교에서는 성령이라는 개념에 대해서는 정확히 규명을 하지 못하고 있습니다. 사실 성령이라는 것은 모든 인간과 생명체를 포함하여 이들에게 공통적으로 존재하는 영, 즉 무유를 의미하는 것일 수 있습니다.

라바모스: 내가 이실직고하겠는데 천주교에서 성모 마리아를 신의 경지로 올린 것과 같이, 구약성경에도 그런 경우가 있었다. 여호와의 부인은 구약성경에서 여호와의 분노를 자아내는 대상으로 우상과 더불어 항상 언급되는 아세라(Asherah)라는 여신이다. 당대의 유대인들이 이 여신과 여호와가 다정히 껴안고 있는 형상의 조각품들을 많이 보유하고 있었던 것으로 미뤄볼 때, 이 여신이 원래 천사로 불리는 여호와의 아들들을 만들어 낸 본처다.

"유대인은 자신들만이 유일신을 믿는다고 하는데, 1960년 말 헤브론에서 가까운 커베엘콤(Khirbet-el-Kom)이라는 곳에서 기원전 8세기에 만든 것으로 추정되는 '여호와와 그의 아세라'라는 글귀가 쓰인 조각상을 발굴했다. 1970년대에는 시나이의 쿤틸레아룻(Kuntillet Ajrud)에서 다른 조각상이 발굴되었다. 이 글귀는 이 조각상이 여호와의 여성 배우자로, 아세라라는 이름으로 불린 존재임을 보여 준다."[284)]

우리는 유다에서 암몬인들의 신 밀곰[Milcom(KJV판) 또는 Molech(몰렉 NIV판)], 모압의 그모스(Chemosh), 시돈의 아스다롯(Ashtoreth)을 숭상한 사실을 알게 된다(열왕기상 11:5-7, 11:33, 열왕기하 23:13). 예레미야

---

284) *The Laughing Jesus*, Timothy Freke & Peter Gandy, Three Rivers Press, 2005: 48

는 유다 왕국에서 도시의 숫자만큼 많은 이방신들이 숭배받고 있다고 우리에게 전해 준다. 그는 예루살렘의 바알 신 제단의 숫자가 수도의 노천 시장 점포와 맞먹는다고 알려 준다(예레미야 11:13). 그뿐만 아니라 바알(Baal)과 아세라, 천사의 무리에게 바쳐진 각종 의식용 제물은 예루살렘의 여호와 신전에도 바쳐졌다. 에스겔 8장은 메소포타미아의 신인 담무스(Tammuz) 숭배를 포함한 온갖 가증스러운 이방신 숭배가 예루살렘 신전에서 벌어지고 있음을 자세히 설명하고 있다.[285)]

두레스킴: 제가 모스 랍비님의 말씀을 듣고 성경에서 이 부분에 대한 것을 찾아보았습니다. KJV판에는 이 여신에 대한 이름을 찾을 수 없었는데, 다행히 NIV판에는 실명이 그대로 나옵니다. 아마도 아세라가 여호와 부인의 역할을 한 것에 대한 문제의 심각성 때문에 KJV판에서는 아세라를 작은 숲(grove)으로 바꾼 것으로 보입니다. 그러다가 이 이름의 의미에 대한 신도들의 관심이 사라졌다고 생각했는지, 아니면 히브리어 원본에 충실히 따르는 것이 좋다고 판단했는지 모르겠지만, NIV판에서는 원래 단어인 아세라로 바꿔 놓았습니다.

KJV판에선 구약성경에 아브라함의 이야기부터 시작하여 총 41회 '작은 숲'이라는 단어가 나오는데, NIV판에서는 창세기 21:33에 처음으로 나온 것을 제외하고 모두 아세라로 바꾸어 놓았습니다. 창세기에 처음 나오는 '작은 숲'은 능수버드나무(tamarisk)로 바뀌었는데, 개역개정판에는 에셀 나무라고 적혀 있습니다. 아브라함이 아세라상을 세웠다는 것을 불식시키기 위해 미세한 조정을 한 것 같습니다.

라바모스: 아세라는 에셀(esel)의 복수형이고 아세라는 여호와 부인의 이름으로 불리기도 하지만 여신을 섬기는 장소를 지칭하기도 한다. 우리 여

---

285) *성경: 고고학인가 전설인가*, 이스라엘 핑컬스타인, 닐 애셔 실버먼, 오성환 옮김, 까치, 2002: 285

호와의 부인은 한 명이 아니라 다수가 있었다. 예레미야는 이 여신을 하늘의 여왕(queen of heaven)으로 부르는데 이런 표현은 유일하게 예레미야에만 나온다. [호키 박사! 뭐 그럴 줄 알았다고… 왕들의 부인이 한둘이 아닌데 여호와는 당연히 더 많은 처와 첩을 거느려야 위신이 설 텐데, 총 몇 명이냐고? 나도 몰라.]

아인스호키: 아세라가 에셀의 복수라는 것과 엘로힘이 엘의 복수라는 것이 흥미롭네요. 원래 유대교는 복수의 신과 여신을 모시다가 후에 유일신이 필요해서 여호와를 선정하여 유일신으로 떠받든 게 아닐까요. 천지창조 전반부의 이야기에 우리의 모양대로 사람을 창조하자고 하면서 남자와 여자를 동시에 만든 것은 엘로힘과 아세라의 형상을 따서 아담과 이브를 만들었기에 가능했던 것으로 보여요. 후반부 창조주는 여호와기 때문에 아담을 먼저 만들고 이브는 아담의 갈비뼈 하나를 뽑아 만들었고요.

바우류당: 그런데 알 수 없는 이유로 이 둘의 사이가 틀어져, 이후에 여호와가 이 여신 상을 만들거나 갖고 있는 것을 극도로 혐오했던 것 같습니다. 그래서인지 모르겠지만, 유대인이 여러 신을 모신 것으로 나오는데, 유독 이 여신상을 집중적으로 혐오하고 깨부숩니다. [호키 박사님! 아세라가 엘로힘의 부인이기 때문에 여호와가 질투하여 극도의 혐오감을 보였을 것이라고 하셨습니까? 글쎄요, 거기까지는 제가 생각을 해보지 못해서…]

아인스호키: 성서학자들이 여호와가 예수의 엄마 마리아와 그런 일이 있고 나서, 누구를 여호와의 정실부인으로 보는 것이 맞는지에 대한 의견의 일치를 보지 못해 이런 사단이 났을 수도 있겠네요. [모스 랍비! 왜 인상까지 쓰고 그래, 심심할까 봐 농담 한 번 해봤어.]

아브라함 이야기가 나왔으니 말인데, 아브라함이 이삭을 죽이려고 한 것이 여호와에 대한 믿음의 공고함을 확인하기 위한 것이며, 이런 정도의 믿음을 갖지 않고서는 진정한 신도가 될 수 없다는 사례로 자주 활용되고 있지요. "이삭이 이르되 불과 나무는 있거니와 번제할[불로 태워 제사 지낼] 양은 어디 있나이까 아브라함이 이르되 내 아들아 번제할 어린 양은 하나님이 자기를 위하여 친히 준비하시리라고 하고 두 사람이 함께 나아가서 하나님이 그에게 일러 주신 곳에 이른지라 이에 아브라함이 그 곳에 제단을 쌓고 나무를 벌여 놓고 그의 아들 이삭을 결박하여 제단 나무 위에 놓고 손을 내밀어 칼을 잡고 그 아들을 잡으려[멱(목)을 따려]하니"(창세기 22:7-10)라는 이야기가 나오는데, 만약 현대에 이런 식으로 자식을 신에게 바치기 위해 살해하려는 사람이 있다면, 존속 살인미수죄의 처벌을 피할 수 없을 거예요.

두레스킴: 이삭이 번제를 지낼 때 주로 양을 제물로 사용하는 것을 인지할 정도면, 아주 어린아이는 아니었던 것 같습니다. 그런데 이삭의 의견은 전혀 묻지 않고 자기 자식을 죽여도 된다는 생각을 믿음의 기준으로 삼는다는 것은 신도들에게 믿음에 대한 그릇된 사고를 갖게 할 수 있습니다.

이 이야기와 관련하여 한 가지 지적하고 싶은 것이 있습니다. 아브라함이 이삭을 해치지 않은 것은, 어떤 이름 없는 천사가 나타나 구두로 이미 아브라함이 여호와에 대한 경외를 보였으니 죽이지 말라고 했기 때문입니다. 그러면서 이삭 대신 수풀에 뿔이 걸려 꼼짝 달싹 못하고 있는 숫양을 대신 바치라고 합니다. 여호와의 사자인 천사가 여호와의 직인이 찍힌 서류를 제시하지도 않고 구두로 번제의 대상을 바꾸라고 했다면, 아브라함은 당연히 직접 소통이 가능한 여호와에게 확인 절차를 거쳤어야 합니다. 천사 중에는 여호와의 사자도 있지만, 마찬가지로 천사로 불리는 마귀나 사탄의 사자들(devil's angels, 마태복음 25:41, 요한계시록 12:9)도 있기 때문입니다.

라바모스: 이제 본론으로 들어가 진행하면 좋겠다. 하지만 삼위일체를 부정하는 내용이 성경 여러 곳에 나온다. 서기관이 예수께 모든 계명 중에 첫째가 무엇이냐고 묻자, "첫째는 이것이니 이스라엘아 들으라 주 곧 우리 하나님은 유일한 주니라"(마가복음 12:29)라는 것과 "그러나 그 날과 그 때는 아무도 모르나니 하늘에 있는 천사들도, 아들도 모르고 아버지만 아시느니라"(마가복음 13:32)라고 말하면서, 예수는 자신을 하나님과 구별하고 있다. 이런 것을 무시하고 제멋대로 삼위일체 교리를 만들어 따르니, 현재의 기독교는 분명히 예수의 가르침을 전파하는 종교라고 할 수 없다.

두레스킴: 사실 기독교가 유일신을 믿는다고 주장하는 것은 성경의 내용과 비교해 보면 잘못이라는 것을 알 수 있습니다. 구약성경의 창세기에는 천지창조가 이루어지기 전에 여러 신이 존재했다는 말이 있습니다. 여호와가 "우리의 형상을 따라 우리의 모양대로 우리가 사람을 만들고"(창세기 1:26)라고 말하고 있습니다. 여호와 혼자서 만물을 창조한 것이 아니며, 신이 하나 이상이거나 최소한 참관자가 있었음을 알 수 있습니다. "사람이 선악을 아는 일에 우리 중 하나같이 되었으니"(창세기 3:22)라는 표현도 있습니다. 여호와 이외에 선악을 수관하는 또 다른 신이 있었다는

것을 알 수 있습니다. 창세기 11:7, 18:2 및 18:3에도 '우리'라는 표현이 나옵니다. 그런데도 유일신이라고 주장한다면, 이는 어불성설입니다.

아인스호키: 심지어 "하나님의 아들들이 사람의 딸들의 아름다움을 보고 자기들이 좋아하는 모든 여자를 아내로 삼는지라"(창세기 6:2)는 표현을 하며, 하나님의 아들이 한두 명이 아니고, 아주 많다고 하지요. 여호와가 누구[아세라일 가능성이 있지만]와 결혼하여 이 아들들을 낳았는지에 대한 언급이 없이, 갑자기 그리스 신화에 나올 법한 이야기를 원용한 이유를 알 수 없어요. 사실 이런 사건과 곧 이어서 나오는 대홍수 이야기는, 이미 수메르인들 사이에 널리 알려졌던 길가메시 서사시에 나오는 내용들을 참고하여 만들어 낸 우화지요. 마태복음의 저자는 이런 문구로부터 아이디어를 얻어 여호와가 마리아를 자기 부인으로 간택하여 예수를 낳았다는 동화를 만들어 낸 것 같아요.

바우류당: 힌두교에도 삼위일체와 같은 개념이 있습니다. 브라흐만이라는 신이 있는데, 브라흐만은 세 개의 신—브라흐마라는 창조의 신, 비슈누라는 보호의 신 그리고 시바라는 파괴의 신—으로 구성되어 있다고 주장합니다. 기원전 4세기경을 배경으로 한 힌두교의 경전 바가바드기타에서는 브라흐만인 크리슈나가 인간의 모습으로 태어나 전쟁의 지휘관인 아르주나의 전차를 모는 마부가 되어 아르주나가 사촌들과의 전쟁에서 승리하도록 독려하는 역할을 합니다.

아인스호키: 마치 하나님이 예수로 분신하여 이승에 나와 로마와 전쟁을 벌이는 장면을 연상케 하는군요. 절대신인 브라흐만이 부모를 통해 정상적으로 태어나고 나중에 화살에 잘못 맞아 죽는 이야기는 일상적인 한 인간의 인생을 그린 거예요. 처녀인 성모 마리아로부터 예수가 독생자로 태어났다는 허황된 주장을 하지 않았다는 것이 흥미로워요. 또한, 힌두교는 부처, 예수 및 무함마드를 비슈누의 분신으로 간주하며 타 종교를 모두 포용

하는 자세를 취하고 있는데, 이것은 타의 모범이 된다고 할 수 있겠어요.
바우류당: 힌두교인들의 다신교는 사실 다신교가 아니라 위장된 일신교입니다. 힌두교에서 신은 하나뿐이기 때문입니다. 창조자인 브라흐마, 수호자인 비슈누, 파괴자인 시바, 사라스바티, 락슈미, 파르바티(각각 브라흐마, 비슈누, 시바의 아내) 같은 여신들, 코끼리 형상을 한 가네슈, 그 외 수백의 신들은 모두 한 신의 서로 다른 모습이나 화신이기 때문입니다.[286)]
아인스호키: 사실 기독교에서 삼위일체를 채택하기 1900년 전에 이와 유사한 개념을 힌두교에서 사용하고 있었지만, 이들이 저작권 보호를 신청하더라도 받아들여지지 않았을 거예요. 왜냐하면 이집트에서는 이미 이보다 200년 앞서 오시리스, 티폰과 호루스[혹은 아톤, 라, 마트로 보는 견해도 있음]를 엮어 3신1체라는 개념을 창작했기 때문이에요. 하지만 기독교의 삼위일체 개념은 이집트보다는 인도의 사상과 더 가까워요. 브라흐마는 힌두교의 창시자고, 크리슈나는 그들의 예수로 보호자나 구세주고, 시바는 파괴의 신이지요.[287)] [뭐여, 모스 랍비! 저작권 보호받지 못할 것을 어떻게 알았냐고? 내가 학자로서 저작권 보호 신청을 많이 해봐서 이 정도는 족집게여.]
라바모스: 마태복음과 고린도후서에 성부, 성자, 성신이 함께 나타나는 곳이 책의 마지막 부분이라는 것을 눈여겨봐야 한다. 마태복음 28:16-20은 이미 15절에서 이야기가 다 마무리된 상태에서 '선교의 대사명'이라는 제목을 달아 어색하게 덧붙였다. 고린도후서도 마지막 13:11-13에 '마지막 문안 인사'라는 명목으로 끼워 넣었는데, 이미 12절까지 이 편지의 이야기는 마무리되었다. 마태복음의 '선교의 대사명'에는 마가복음, 누가복음, 요한복음 및 사도행전에 같은 내용이 있는 것처럼 표기를 해놓았는

---

286) *만들어진 신*, 리처드 도킨스, 김영사, 2007: 54

287) *Life and Teachings of Zoroaster*, the Great Persian, Loren H. Whitney, BiblioBazzar, 2009: 196

데, '대사명'의 삼위일체와 어떻게 연결되는 건지 도무지 이해할 수 없다. 성경은 이 부분이 나중에 끼워 넣어졌음을 스스로 밝히고 있다. [뭐, 호키 박사! 끼워 넣어진 것을 어떻게 알았냐고? 당신의 저작권 논리하고 똑 같어…]

두레스킴 : 모스 랍비님이 지적하신 마태복음 28:16-20이 나중에 삽입되었다는 것과 관련하여 흥미로운 주장을 소개하고자 합니다. 예수께서 돌아가신 후 제자들에게 나타난 것과 관련하여, 바울은 고린도전서 15:1-6에서 예수님이 부활 후 열두 제자에게 나타났다고 주장합니다. 하지만 공관복음서(마태복음 28:16, 마가복음 16:14과 누가복음 24:33)에는 열한 제자에게 나타났다고 합니다.

"고린도전서는 기원후 50년대 중반에 쓰였고, 마태복음의 저자가 부활 현현에 관한 기사를 쓴(기원후 82~85년경) 사이의 어느 시점에서 배반자(가룟) 유다의 이야기가 기독교 이야기 속에 들어온 것 같다."[288] 만약 이것이 사실이라면 가룟 유다의 죽음에 대해 두 가지의 설에 대한 수수께끼가 풀리게 됩니다. 그리고 유다의 배신 이야기나 삼위일체 등에 대한 내용이 사실과 달리 변개되어 성경 속에 기술되고 있음을 확인할 수 있습니다. 예수님의 제자가 열두 명이라는 주장 또한 오류라는 것은 부록 5 '예수 제자'에 나오는 제자 숫자를 참조하면 알 수 있습니다.

바우류당 : 이슬람교는 분명히 삼위일체를 부정합니다. "성경의 백성들이여 너희 종교의 한계를 넘지 말며 하나님[알라][289]에 대한 진실 외에는 말하지 말라 실로 예수 그리스도는 마리아의 아들이자 알라의 선지자로서 마리아에게 말씀이 있었으니 이는 주님의 영혼이었노라 알라와 선지자들을 믿되 삼위일체설을 말하지 말라 너희에게 복이 되리라 실로 알라는 단 한 분이시니 그분에게는 아들이 있을 수 없노라 천지의 삼라만상이

---

288) *성경의 시대착오적인 폭력들*. *존 쉘비 스퐁*, 한국기독교연구소, 2007: 272

289) 쿠란에서 사용되는 하나님이라는 표현은 모두 알라로 표기하기로 한다.

그분의 것이니 보호자는 알라로 충분하니라"(쿠란 4장 171절)라고 주장합니다. 여기에서 성경의 백성은 유대교와 기독교를 믿는 유대인을 지칭하고, 하나님이라고 부르는 존재는 알라(Allah)입니다.

또한, "알라에게 모든 영광을 드리라 그분은 자손도 없으며 그분의 동반자도 없노라 그분은 또한 어떤 보호자도 필요치 아니 하시니"(쿠란 17장 111절)라는 표현을 통해 예수님이 신의 아들이라거나, 마리아가 승천하여 예수님이나 하느님과 함께 산다거나, 성령과 삼위일체가 되었다는 등의 주장을 철저하게 배척합니다.

아인스호키: 그렇다면 그들의 주장에 따르면 이슬람교는 유일신 하나만이 존재한다고 할 수 있겠네요. 하지만 이슬람교에도 신과 함께한다는 천사들—예를 들면 누가복음에서 예수 어머니 마리아에게 나타난 가브리엘이라는 천사가 알라의 사자로서 무함마드에게 쿠란의 내용을 전달했다—이 있고, 쿠란 2장 98절에는 "알라와 그분의 천사들과 [그분의 선지자들과] 가브리엘과 미카엘에게의 적은 누구든지 알라의 적이거늘 실로 알라는 믿음이 없는 자들의 대적이시라"라는 표현이 있지요.

알라가 선지자를 선정한 기준은 쿠란 22장 75절에 나와 있어요. "알라는 천사와 사람 중에서 선지자들을 선택하셨으니 실로 알라는 들으시고 지켜보고 계시노라"라는 대목이 그것이지요. 천사들 중에서 가브리엘과 미카엘이, 그리고 사람 중에서는 예수에 이어 무함마드가 신에 의해 선택된 것으로 유추할 수 있어요. 하여튼 알라는 초기부터 어마어마한 숫자의 천사들을 거느리고 있었어요.

바우류당: 그리고 쿠란 2장 34절에 알라가 우리라는 표현을 하였는데 구약성경에서 여호와가 '우리'라는 말을 사용하듯이 이런 표현이 사용된 것 또한 알라가 유일신이라는 주장의 근거를 약화시킵니다. 쿠란에서는 알라를 지칭하는 용어로 '우리'라는 표현을 많이 사용합니다. 알라는 유일신이라고

말하지만, 숫자에서 밀리지 않기 위한 것인지 알 수 없지만 구약성경에서 여호와가 우리라는 표현을 사용한 것을 본받아 스스로를 우리로 표현합니다.
두레스킴: 정말 신이 모든 것을 아우를 수 있는 존재라면 사람들이 다른 신을 믿는 것에 대해 관여할 필요가 없을 것입니다. 아니 어쩌면 다른 종교들을 두루 섭렵해 보라고 제안하는 것이 보다 절대자다운 처신일 것입니다. 다른 신은 믿지 말고 오직 자기만 믿으라고 강요하는 것은 자신이 완벽하거나 전지전능하지 않음을 알기 때문입니다.

405 존재의 본질과 영(零)

두레스킴: 앞으로는 존재의 본질에 대해 성찰해 보도록 합시다. 모든 존재의 진정한 본질을 파악하고 그 속성을 정확히 이해하게 된다면 진리에 가까워질 수 있을 것입니다. 또한, 모든 존재의 본성이 영원불멸하고 전지전능하다는 것과 이 본성이 모든 존재에 깃들어 있음을 이해하게 된다면 마음의 평안을 얻게 될 것입니다.

아인스호키: 인간은 자신의 현 모습이 영원히 유지되기를 바라는 마음을 가지고 있지요. 그래서 사후세계 및 윤회나 부활이라는 환상에 기대고 환상이 현실로 이루어지기를 갈구하는 성향을 보이고 있어요. 그리고 이런 것을 주재하는 절대자를 가정하고 이 존재에 기대어 위안을 구하고자 하지요. 하지만 만약 킴 소장의 말대로 자신의 본질이 자신에게 주어진 모습이 아니라 그런 형상을 구성하는 기본 단위라는 것을 이해한다면, 자신의 육체나 정신을 그대로 유지하는 사후세계 및 윤회나 부활이라는 개념이 얼마나 허황된 것인지 알 수 있겠지요. 참으로 흥미로운 주제가 아닐 수 없어요. 앞으로의 토론에 참고가 될 원자의 구조를 부록에 올렸으니 참조하시고 대화에 참여하면 이해하는 데 도움이 될 거예요.[290]

"약한 핵력과 전자기력을 강한 핵력과 결합하려는 '대통합 이론'은 여러 가지가 나와 있다. 이 이론들은 공통적으로 우리를 구성하는 기본 물질인 양성자의 수명이 대략 10^{32}년은 될 것으로 예측한다. 우주의 나이가 이제 10^{10}년밖에 되지 않은 것에 비하면 얼마나 긴 시간인지 알 수 있다."[291]

바우류당: 과학자들은 양성자의 평균 수명이 10^{32}년이고, 우주가 138억 ($1.38X10^{10}$)년 전 빅뱅으로 인해 생겼다고 합니다. 우주가 지금까지 존속한 기

290) 부록 9: 원자의 구조

291) *The Grand Design*, Steven Hawking, Bantam Press, 2010: 110

간보다 $7.2X10^{21}$배면 영원히 존재한다는 것이나 마찬가지입니다. 이것도 양성자를 기준으로 계산한 것이니, 이보다 더 작은 물질을 이루는 최소 입자인 쿼크(quark)가 존재의 본질이라고 하면 더 이상 말할 필요가 없겠습니다.
두레스킴: 없음(無)과 ( )가 더해져서 만물이 생겼습니다. 여기에서 괄호에 들어갈 단어로 가장 적합한 것은 무엇일까요?
라바모스: 신이나 절대자라는 말이 유일한 답이 될 것이다. 천지창조는 절대자 여호와가 이룩하신 일이고, 만물은 창조자 없이 이루어질 수 없기 때문에 괄호에 들어갈 단어는 전지전능하시고 만물의 주재자이시며 사랑과 자비를 베푸시고 인류를 만드시고 보호하시고 구원해 주실 태초로부터 존재하시는 여호와가 정답이다.
아인스호키: 모스 랍비와 같은 유신론자는 신이라는 답을 할 줄 알았어요. 하지만 후에 존재하게 된 것보다 훨씬 뛰어나고 완전무결한 신이 사전에 미리 존재하고 있다고 가정하는 것은 과연 그 존재를 누가 만들었는가 하는 사고의 오류에 빠지게 되지요. 그러므로 우리는 이 괄호 안에 현재 존재하는 것보다 작은 것들을 집어넣고 따져 보는 것이 보다 합리적이고 논리적인 사고방식일 거에요.

고대 그리스와 로마의 철학자 가운데 모든 물질은 더 자르거나 부술 수 없는 입자인 원자로 만들어졌다는 원자론을 주장한 사람들이 있었지요. 데모크리토스(기원전 460?~370?) 및 에피쿠로스(기원전 341~271)와 그들의 추종자들인데, 이들은 우주에는 지구와 같은 세상이 많이 있으며, 원자로 이루어진 많은 외계 생명체가 존재한다고 주장했어요.[292] 플라톤은 자신의 대화편 파이돈에서 당대의 원자론자들이 주장하던 원자와 같은 개념으로 단자(monad)라는 용어를 소개하였지요.[293] 라이프니츠와 브루노도

---

[292] *Pale Blue Dot*, Carl Sagan, 1994: 13

[293] *Euthyphro*, Apology, Crito, Phaedo, Plato, Prometheus Books, Amherst, NY,

단자가 모든 물질을 구성하는 기본 단위라는 생각을 갖고 있었어요.
두레스킴: 이탈리아의 사상가며 철학자인 조르다노 브루노(Giordano Bruno, 1548~1600)는 모든 물질이나 형태는 하나의 유일한 구성 요소로 이루어지기 때문에 모든 존재는 성령으로 가득하다는 옛 선현들의 주장이 옳다고 믿었습니다. 이런 구성의 관점에서 본다면 물질의 본질은 창조되지 않았지만 영원하고 안정적입니다. 이것은 일부 철학자들의 주장처럼 수학적인 인공물이 아니라, 실제 존재하는 원자나 단자(monad)로 만들어집니다.[294] 브루노는 영혼의 영생과 윤회를 믿었으며, 무한 우주론을 주장하면서 다른 행성에도 생명체가 존재한다는 주장을 펼치자 로마 교황청이 이단으로 몰아 공개적으로 화형당했습니다.

1988: 125

294) *Columbia History of Western Philosophy*, Richard H. Popkin, 1999: 320

아인스호키: 동물을 구성하는 기관을 넣으면 세포가, 세포를 넣으면 핵산이나 단백질이, 이 다음에는 분자, 원자, 양성자 및 중성자, 쿼크(Quark)입자 그리고 '신의 입자로 불리는 힉스 보존(Higgs Boson) 입자까지 이어질 수 있어요. 신이 만물을 창조하려고 작심했으면, 처음 만들어야 했던 것은 쿼크 입자나 힉스 보존 입자예요. 이것이 존재한다는 것을 과학자들이 최근에 입증한 바 있어요.
두레스킴: 쿼크 입자가 물질을 구성하는 최소 단위로 규정하며 이것이 마지막 단계일 것이라고 하는데, 이것을 구성하는 것은 무엇인가 하는 것을 따지면 결국 무유(無有)라는 특이점(singularity)까지 갈 수 있습니다. 여기에서 어떤 것을 채택하는 것이 가장 논리적인가 하는 것을 따져 보면 최종적으로 무유를 선택할 수밖에 없습니다. 있으면서도 없는 그러면서도 있는 상태를 무유라 정의할 수 있습니다. 형상은 영구적일 수 없습니다. 단 형상을 구성하는 본질인 무유나, 이것이 진화된 초기 단계의 존재인 원자 단위의 본질은 영원불멸의 특성을 갖습니다.
아인스호키: 양자가 있으니 전자가 있고, 물질이 있으면 반물질이 있어 서로 상쇄되어 영(零)이 되지요. 원자는 양성자와 중성자로 구성되어 있는 핵과 전자로 구성되어 있어요. 중성자는 전하를 띠지 않고 양성자와 전자는 똑같은 크기의 양전하와 음전하를 갖고 있으며, 원자를 구성하는 양성자와 전자의 숫자는 같아요. 그러므로 한 원자 내의 양전하와 음전하를 상쇄하면, 전하의 양은 영(零)이 되지요. 그리고 물질은 그에 상응하는 반물질이 존재하게 되고 물질과 반물질이 만나면 둘이 상쇄되어 아무것도 남지 않는 상태가 되어요.

이와 관련하여 호킹 박사는 "우리의 의지(意志, will)와 같은 연속적인 세계를 기술하는 모든 자연법칙은 보존되는—즉 시간에 따라 변화하지 않는—양의 에너지라는 개념을 갖고 있다(에너지 보존의 법칙—저자 주). 빈 공간 속의 에너지는 시간이나 위치와 상관없이 항상 일정한 상수를 갖는다. 우리는 특정 공간의 에너지를 같은 부피를 갖는 빈 공간의 에너지를 차감함으로써 계산해 낼 수 있다. 우리는 진공 에너지를 상수 0으로 설정할 수 있다. 형체(body)의 에너지는 0보다 큰 양수(陽數, positive)다. 우주 에너지 총량이 항상 0이어야 하고 형체를 만드는 데 에너지가 소모된다면, 어떻게 삼라만상(森羅萬象, whole universe)이 무로부터 창조될 수 있을까? 중력의 법칙이 이 질문에 대한 답이다. 중력은 인력(引力, attractive force)이므로, 중력 에너지는 0보다 작은 음수(陰數, negative)다. 결론적으로 빈 공간은 안정적이며, 별이나 블랙홀과 같은 형체들은 무(無)로부터 그냥 생겨날 수는 없지만 삼라만상은 무로부터 생겨날 수 있다"[295]라고 했어요.

두레스킴: 기존 종교의 이론가들과 그리스 철학자를 비롯하여 많은 사람들이 이승에서의 삶이 불공평하기 때문에 저승에서 이에 대한 심판이 이루어지는 것이 바람직하다고 주장합니다. 하지만 모든 개개인이 무덤에 들어가기 직전에 냉정하고 객관적으로 자신이 살아온 삶을 돌이켜보며 각각의 경험에 점수를 매겨, 이들을 더하고 빼면 그 합은 영이 될 것입니다. 마치 존재가 반대 존재와 공존하며 만나면 영이 되듯이, 이승의 삶에서의 기쁨과 슬픔, 행복과 불행, 넘침과 모자람의 모든 크기를 더하고 빼면 마치 진동의 마루와 골의 높이와 깊이가 서로 상응하여 이 둘을 합하면 영이 되듯이, 영이 됩니다. 그 높이나 깊이의 크기가 다를 뿐이지 이 둘을 합하면 언제나 영이 되는 속성은 변함이 없습니다. 모든 존재의 구성 요소가 진동이기 때문에 이 계산법은 어느 존재에게나 통용됩니다.

라바모스: 유대교는 전통적으로 지구에서의 삶이 우리의 완전한 인간 경험을 구성하는 것이 아니며 죽음 후의 삶이 있다고 믿는다. '다음 세상'이나 '올 세상'은 왜 나쁜 일이 선량한 사람에게 생기느냐는 질문에 대한

[295] *The Grand Design*, Stephen Hawking, Bantam Press, 2010: 179-180

답이나, 우리 삶과 세상의 신비 뒤에 숨은 이유가 모두 드러나는 보다 '완전한 세상' 또는 '진리의 세상'으로 나타날 것이다.[296] 그런데 두 사람의 이야기대로 모든 것이 이승에서 영이 되어 버린다면, 우리가 던지고 있는, 왜 선량한 사람에게 나쁜 일이 생기고 왜 악한 사람이 더 행복하게 사느냐는 질문에 대해 재고해 보아야겠다.

아인스호키: 기존 종교들이 죽고 난 후 사후세계에서 공정함이 이루어질 것이라는 유아기적인 사고방식을 갖는 것에 소름이 끼쳤는데, 유대교마저도 이런 생각을 갖고 있다니 정말 한심하기 그지없네요. 만일 이승에서의 불공정이 저승에서의 보상이나 처벌로 무마될 것이라는 생각을 갖게 되면 이승에서의 불합리한 처사를 운명으로 받아들이고, 시정하려는 노력을 하지 않게 되겠지요. 그러면 이승에서의 불공정이나 불평등은 개선될 수가 없어요. 제도가 아무리 불합리하더라도 그대로 수용하고 불평하지 말고 살라는 주문인 것이지요.

이런 식으로 사후세계를 상정하고 이승에서의 불공정과 불공평을 참고 살라는 식의 가르침이 사실 구약성경에 근거한 종교들의 적폐였어요. 예수나 부처는 이런 불합리한 문제점을 해결하고 이승에서 모든 존재가 공정하고 공평하게 대우받고 사는 세상을 만들고자 한 거예요. 구약성경에 환멸을 느끼고 새로운 복음을 전하려고 한 예수의 의도가 무산된 것도 모자라 이제는 유대교마저 사후세계를 상정하고 이런 식으로 대중들을 호도하는 행태가 한심할 뿐이에요. [모스 랍비! 왜 손사래를 치는데, 내 말을 듣고 보니 양심의 가책이 느껴지지…]

바우류당: 킴 소장께서 언급한 무유라는 것과 관련하여 중국의 철학자 장자(기원전 369?~286)가 일찍이 '天門者無有也. 萬物出乎無有. 有不能以有爲有. 必出乎無有. 而無有一無有. 聖人藏乎是'(장자, 경상초 23:12) "천문

296) *The Talmud*, A. Parry, Alpha Books, 2004: 258

이란 무 자체이며 만물은 이 무(無)에서 생겨난다. [모든 형체를 지닌] 유(有)는 본래부터 [형체를 갖추고 있었던] 유가 아니고 무[라는 장연의 도]에서 비롯되었다. 그리하여 [여기에서] 모든 것이 무이며 유는 하나도 없다. 성인은 이런 경지에 몸과 마음을 맡기고 있다"[297]라는 글을 남겼습니다.

두레스킴: 앞의 두 구절은 "하늘의 문은 무유다. 만물은 무유에서 생겨난다"로 해석할 수 있습니다. 이 경우 무유는 하나의 단어로 '없으면서도 있고, 있으면서도 없는' 상태를 의미합니다.

이것은 대승불교에서 말하는 '색불이공 공불이색(色不異空 空不異色), 색즉시공 공즉시색(色卽是空 空卽是色)'과 통합니다. '있는 것이 없는 것과 다르지 않고, 없는 것은 있는 것과 다르지 않다. 있는 것이 곧 없는 것이요, 없는 것이 곧 있는 것이다'라는 뜻으로 여기에서 공은 색의 가장 원초적 상태를 의미합니다.

라바모스: 무유가 없는 것과 있는 것이 공존하는 상태를 나타내는 것이 흥미롭다. 모든 것은 항상 그에 상응하는 반대의 속성을 갖는 것과 함께 존재한다. 어둠은 빛이 있기 때문에 존재하고, 높은 곳은 낮은 곳이 존재하기 때문에 높다고 인지되는 것이며, 추위 또한 더위가 있기 때문에 구별할 수 있다. 얻는 것은 잃는 것이 있기에 의미를 갖게 되고, 가졌기 때문에 잃게 된다. 선(善) 또한 악(惡)이 있기 때문에 그 가치가 인정되며, 행복 또한 불행을 경험한 사람만이 그 의미를 제대로 음미할 수 있다.

마찬가지로 어떤 생명체가 생을 마치면서 다른 존재보다 더 행복하게 살았다거나 불행하게 살았다고 생각하는 것은 자유이나, 존재를 이루는 물체의 특성을 고려하면 그럴 수 없다는 것을 깨닫게 된다.

아인스호키: 있음과 없음이 합해져 모든 만물이 존재하게 되었어요. 최초의 있음이라는 상태는 특이점으로, 그 크기는 너무 작은 존재였지요.

---

297) 장자, 안동림 역주, 현암사, 1993: 578-9

최초의 있음은 없음과 같은 수준의 것이며, 그것은 원자보다도 훨씬 작은 거예요. 이는 있음과 없음이 서로 상쇄된 상태의 모습이며, 이는 영(零)과 같은 상태로 존재하지요. 여기에서 모든 것이 파생되는데, 파생된 존재는 그 반대의 존재를 동반하고 있으며 이 둘이 합쳐지면 원래의 상태인 영으로 돌아가는 속성을 가져요. 양자와 전자, 빛과 어둠, 젊음과 늙음, 여름과 겨울 등 모든 존재가 그에 상응하는 반대의 존재와 합해지면, 없는 상태 즉 영이 되지요. 이런 과정을 거쳐 모든 우주의 만물이 생겨났다가 사라지고 다시 나타나는 순환을 반복하지요.

두레스킴: 자기가 성취하는 것은 자신의 노력과 희생의 결과일 뿐입니다. 만약 어떤 성과를 바란다면 그에 상응하는 시간과 돈의 투자가 있어야 합니다. 시간과 돈의 투자가 없이 이루어지는 것은, 사상누각(沙上樓閣)이 무너지고, 백일몽(白日夢)이 사라지는 것과 같은 결과를 만들 뿐입니다. 하지만 노력하는 사람에게는 어떤 재물이나 명예를 추구하려는 뜻이 없더라도 그에 상응하는 결과가 따라오게 됩니다.

바우류당: 그렇기 때문에, 비록 일순간의 이득을 취할 수 있더라도 결코 거짓으로 그런 이익을 얻으려고 하면 안 됩니다. 속여서 얻는 것은 반드시 그에 상응하는 손실이 따릅니다. 단기간이든 장기간이든, 그리고 본인이든 아니면 아끼는 지인을 통해서든, 반드시 상응하는 대가가 돌아옵니다. 그러므로 언제든 속임수를 쓰는 것은 좋지 않고, 결코 이런 식으로 얻어진 어떤 것도 자기 것이 되지 않는다는 진리를 알고 행동하는 것이 좋겠습니다.

아인스호키: 어려움이 닥치더라도 이를 행복한 미래를 위한 준비라고 생각하고 받아들이면 되지요. 그리고 시련은 보다 큰 성취를 위한 과정에서 겪는 한순간의 경험일 뿐이라는 생각을 갖고, 시련을 그대로 수용하는 자세를 가질 필요가 있어요. 졸지에 엄청난 재물과 명예를 얻었다고 좋아해서도 안 돼요. 이것이 자신의 노력과 행위의 결과라면 모르되, 만

약 요행에 의한 것이라면 그에 상응하는 시련이나 액운이 따르지요. 이것을 명심하고 요행을 바라는 마음을 버리고, 자신의 노력과 실천으로 성과를 일궈내야 해요. 마치 농부가 수확을 위해 씨를 뿌리고 지속적으로 땀을 흘리는 것처럼 자신의 능력에 따라 열심히 노력하여 기대하는 성과를 거두도록 해야지요.

바우류당: 그렇고 보니 위기(危機)와 통쾌(痛快)라는 한자가 생각납니다. 위험과 기회는 공존하고 위험이 커질수록 기회 또한 커지며, 아픈 통증이 지난 후에 쾌감이 옵니다. 이것 또한 더하기 빼기의 합은 영이라는 표현과 일맥상통합니다. 사업을 이루는데도 커다란 위험을 무릅쓰고 사업을 해야만 그 수익이 커지며, 참고 견딘 고통의 크기가 커질수록 자신이 이루는 성과 또한 커져 큰 쾌감을 느낄 수 있습니다.

두레스킴: 아침이 있으면 저녁이 있고, 낮이 있으면 밤이 있고, 여름이 있으면 겨울이 있고, 남자가 있으면 여자가 있고, 태어남이 있으면 죽음이 있고, 볼록한 부분이 있으면 상응하는 오목한 부분이 있습니다. 모든 것은 그에 상응하는 반대되는 성향과 더불어 존재하고 있습니다. 행복이 있으면 불행이 있고, 기쁨이 있으면 슬픔이 있고, 얻는 것이 있으면 잃는 것이 있고, 선이 있으면 악이 있고, 시작이 있으면 끝이 있습니다. 한쪽을 맛보지 못한 사람은 다른 쪽을 이해할 수 없습니다. 그리고 경험한 정도의 강도와 세기에 버금가는 정도로 반대쪽의 강도와 세기를 느끼게 됩니다. 깊은 절망에 빠져보지 않고는 큰 기쁨을 맛볼 수 없습니다. 큰 부를 갖지 못한 사람이 커다란 빚을 질 수 없는 이치와 같습니다.

아인스호키: 요약하자면 마치 음과 양이 합하여 영으로 돌아가듯이, 자연은 이 모든 더하기와 빼기의 균형을 맞춰 영을 만들어 낸다는 것이네요. 그래서 한 인생을 마치며 마지막에 떠나는 순간 되돌아보면 인생살이 더하기 빼기의 합은 결국 영이 되고요. 먼지 한 톨만큼이라도 더 가져갈 수 있다고

생각하거나 그런 삶을 살았다고 한다면, 자연의 법칙을 제대로 이해하지 못하고 삶을 살았다고 말할 수 있겠군요. 자기가 노력한 것만큼 얻고 즐기고 가는 것이 우리의 삶이에요. 자신의 노력에 비해 단기간에 얻은 것이 많다고 한다면, 사는 동안에 그에 상응하는 상실을 경험하게 될 거예요. 한 기간의 길고 짧음이 영원히 갈 것이라는 생각은 하지 않고 사는 것이 좋겠어요.

라바모스: 그리스의 철학자 소크라테스도 이런 진리를 깨우치고 다음과 같은 논리를 펼쳤다. '이 질문(모든 생명은 죽음으로부터 나온다는 것)을 인간만이 아니라 일반적인 동물들, 그리고 식물들, 그리고 세대를 갖는[이전 세대에서 다음 세대로 유전되는] 모든 것들에 적용해 보면, 그것을 입증하는 것이 더욱 쉬어질 것이다. 모든 것은 반대 속성으로부터 생성된 그에 상응하는 반대 속성을 갖고 있다. 이는 선과 악, 정의와 부정 등과 같은 것을 의미하며—반대의 속성으로부터 생성될 수 있는 수많은 다른 반대 속성들이 있다. 나는 이것이 모든 반대 속성에 보편적으로 적용될 수 있다는 것을 보여 주고 싶다. 예를 들면 위대해지는 것은 약소해진 이후여야만 한다. 그리고 약소했던 것은 한때는 위대한 것이어야만 한다. 약함은 강함에서 나오는 것이고, 빠름은 느림으로부터 나온다. 악화는 나아짐으로부터, 보다 정의로워짐은 보다 부정한 것으로부터 나온다. 그리고 이것은 모든 반대 속성에 보편적으로 적용되는 것이며, 우리는 모든 것이 그 반대로부터 나온다는 것을 확신한다.'[298]

두레스킴: 행복과 불행을 논하면서 항상 행복을 느끼고 살면 좋겠다고 생각하는 사람이 있습니다. 하지만 불행이라는 골의 깊이를 경험하지 않고, 행복이라는 마루의 높이를 논할 수 없습니다. 능력의 한계, 도전과 실패, 질병이나 상실 등의 고통을 겪어 보지 않은 사람은, 아무리 큰 기쁨이

---

298) *Euthyphro*, Apology, Crito, Phaedo, Plato, Prometheus Books, Amherst, NY, 1988: 84

나 행복이 찾아오더라도 그것의 참맛을 느끼지 못합니다. 각 개인은 단지 자신이 누리고 싶은 파장의 크기를 설정하거나 선택할 뿐입니다.

405-1 존재의 본질

아인스호키: 다시 본론으로 돌아와 대화를 이어나가도록 할게요. 생명체의 구성 요소는 물, 단백질, 핵산, 탄수화물 등이며 폐, 눈, 장 등의 기관과 살, 근육과 뼈로 이루어져 있고, 이것은 세포의 조합으로 이루어지지요. 모든 세포는 유전 정보를 저장하고 있는 DNA와 유전 정보의 전달과 단백질의 합성 과정에 관여하는 RNA를 바탕으로 이루어지고요. 단백질을 포함한 모든 물질은 분자로 구성되어 있고, 그것은 더 작은 원자로 이루어져 있지요. 원자는 핵을 이루는 양성자와 중성자 그리고 전자로 구성되어 있고요. 양성자와 중성자가 마지막 단계가 아니고, 이를 이루는 쿼크 입자가 있고 쿼크 입자를 결합시키는 접착제 역할을 하는 글루온(gluon) 입자가 있어요. 하지만 킴 소장 말에 따르면 2012년 7월에 과학자들에 의해 그 존재가 확인된 신의 입자로 불리는 힉스 보존(Higgs Boson) 입자도 최종 단계라 주장할 수 없겠네요. 무엇인가가 이 입자를 이루고 있을 것이며, 또한 그 무엇인가를 만들어 내는 더 하부의 입자가 있을 거예요. 그 최종이 무유(無有)라고 하는 특이점의 상태가 된다는 것으로 해석할 수 있겠네요. 이런 관점에서 본다면 무유라는 것이 바로 모든 존재를 만들어 내는 신과 같은 상태며 근본 구성 요소가 되는 것이니, 모든 존재가 영원불멸하고 전지전능한 신의 경지에 있는 것이나 진배없겠군요.

두레스킴: 결합된 합성물인 형상은 변화되어 가지만, 그 근본 속성은 영원히 변치 않고 존속합니다. 그것이 원자일 수도 있고 무유일 수도 있지만, 그 상태는 본래의 속성을 유지합니다. 그리고 이 단계에 가면 모든 것은 동등하고 동일합니다. 반대로 합성물은 존재하였다가 사라졌다가 하는 과정을 거치며 변화합니다. 이 변화는 끊임없이 반복됩니다. 탄생과 죽음은 단지 이런 합성물의 결합과 분해가 보여 주는 현상일 뿐이며, 그 핵심 요소는 영원히 불변하며 존속합니다. 그러기 때문에 죽음이 있지만 그것이 진정 죽음이 아니며, 사라짐이 있지만 그것이 진정 사라짐이 아닙니다. 한 줄기 빛이 되고 한 톨의 어둠이 되어 스쳐 지나갈 뿐입니다.스티븐 호킹은 이렇게 말했습니다. "우리는 아주 어린 우주에 존재했던 양자 요동의 산물이다. 신을 믿는 사람이라면 신은 주사위 놀이를 한다고 말할 수 있을 것이다."[299]

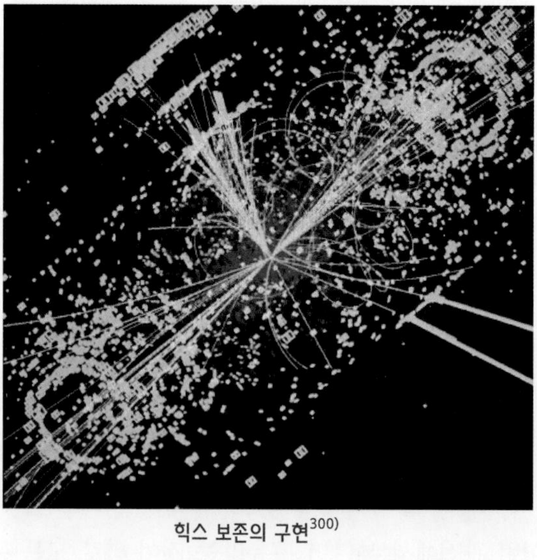

힉스 보존의 구현[300]

---

299) *위대한 설계*, 스티븐 호킹, 까치, 2010: 175

300) *https://blog.daum.net/oracle64/1362*

라바모스: 일정한 형태를 갖고 세대를 이어가는 존재는, 진화를 통해 축적된 정보를 DNA라는 고분자 화합물에 담아 다음 세대에게 전해 준다. 이를 통해 나타나는 것을 전생에서의 기억을 갖는 것으로 착각할 수 있다. 하지만 죽으면 그 개체의 육체와 기억을 포함한 정신적 활동은 모조리 사라지는 것이 정상적이고, 필요한 정보만 DNA에 담겨 전수된다. 여기에 담긴 정보는 한 개체의 육체나 정신적 활동이 아니라, 그 종(種)의 생존을 위해 기본적으로 필요한 요소일 뿐이다. 그리고 이를 동종의 생명체가 공유하고 있다. [왜, 호키 박사! 이 정도는 요즘 고등학생이면 다 아는 것이여, 할 말 있으면 해보셔…]
아인스호키: [랍비들이 열심히 학습한다더니, 모스 랍비도 식견이 대단하시네, 짝, 짝, 짝, 엄지 척] DNA에 저장된 정보는 동종의 생명체의 경우는 거의 100%에 가깝게 공유하지요. 비록 인간이 다른 동물들의 일부와 아주 유사하지만, 인간은 사고하고, 인지하고, 도구를 사용하고, 윤리, 이타심, 종교, 언어, 특성의 고귀함에 있어서 정도의 차이를 보이지요. 하지만 종류의 차이가 나는 것은 아니에요. … 침팬지도 [인간과 마찬가지로] 사고하고, 인지하고, 도구를 사용하고, 헌신하는 행위를 보여요. 침팬지와 인간은 활동적인 유전자의 99.6%(고릴라 경우는 96%)를 공유해요.[301)]
효모에 있는 단백질 중 약 46%는 인간에게도 있어요. … 선충 단백질의 43%, 초파리 단백질의 61%, 복어 단백질의 75%는 인간의 단백질과 뚜렷한 서열 유사성을 보이고 있지요. … 인간의 단백질에 있는 구조 영역들 중 약 90%는 초파리와 선충의 단백질에도 존재해요. 따라서 인간에게만 있는 단백질이라도 실제로는 초파리에서 발견된 단백질들이 뒤섞여서 만들어진 것에 불과할 수도 있어요.[302)]

---

301) *Pale Blue Dot*, Carl Sagan, 1994: 27
302) *DNA: 생명의 비밀*, 제임스 D. 왓슨, 까치글방, 2003: 242-3

킴 소장이 영문으로 저술하고 내가 내용을 감수한 『Nosome(무유, 無有)』이라는 책에 이와 관련된 사례가 많이 나오는데, 나는 여기에서 식물들이 어떻게 서로 정보를 공유하며 돕고 사는가에 대한 사례를 하나만 들도록 할게요.

균사체는 균류(菌類), 식물, 박테리아, 그리고 동물 간의 오래된 협업 관계를 구축해 온 주체로, 드러나지 않게 이들 간의 의사소통과 운송을 담당하고 있는 망(網)이에요. 지구상 모든 목초의 90%는 균사체에 의해 상호 호혜 관계를 맺고 있어요. 이들은 서로 간에 영양분, 메시지와 공감을 교환하고 있는데, 이는 같은 종에 한정되지 않고 모든 생명체를 아우르지요. … 숲에서 나무 하나가 잘려 나가면 다른 나무들이 자기 뿌리 끝을 뻗어 가련한 처지에 놓인 나무에게 접근하여, 생명 유지에 필요한 물질—물, 당, 그리고 다른 영양분—을 균사체를 통해 전달해요. 주변 나무들로부터 지속적으로 공급되는 정맥수혈로 그루터기만 남은 나무는 수십 년 또는 수백 년 동안 생명을 유지하지요.[303] 나무의 뿌리를 통해 전달되는 전기파는 1초에 1/3인치(약 1cm)의 저속으로 전해지지요. 나무들이 왜 이런 전기파를 자신들의 세포를 통해 전달할까요? 그 답은 나무들 간의 의사소통이 필요하고, 전기파는 자신들의 다양한 의사소통 방식 중 하나이기 때문이에요. 나무들은 냄새나 맛을 통해서도 의사소통을 하지요.[304]

독일 삼림감독관인 볼레벤은 자신의 책에서 위의 사례 외에도 나무들이 서로 우정과 사랑을 나누고, 사회 안전망을 구축하고, 나름대로의 에티켓을 갖고 사는데, 단지 그 과정이 천천히 이루어질 뿐이라고 적고 있어요.

바우류당: 벌이나 개미의 경우 여왕벌이나 여왕개미만이 후손을 만들어내는 작업을 하고, 나머지는 주로 일꾼의 역할을 합니다. 그런데도 이들

---

303) *Cosmos*, Ann Druyan, National Geographic, 2020: 204

304) *The Hidden Life of Trees*, Peter Wholleben, Judwig Verlag, 2016: vii

은 불평하지 않습니다. 자신이 낳은 새끼들은 아니지만, 이렇게 태어난 자기와는 2촌 간인 형제자매뻘이 되는 다른 벌이나 개미를 위해 기꺼이 희생을 감수합니다. 이들은 그들과 유전자를 함께한다는 사실을 완벽하게 인지하고 있기 때문에 자기들이 직접 낳지 않았지만 무리의 여왕벌이나 여왕개미가 낳은 새끼들을 마치 제 새끼인 것처럼 건강하고 올바르게 키우기 위해 열심히 봉사합니다.

두레스킴: DNA라는 존재가 있고 이것이 생존에 절대적으로 필요한 정보를 저장하고 있음을 알지 못하던 과거에는, 이런 존재가 하는 활동을 느끼기는 했지만 객관적 실체로 인지할 수 없었습니다. 그래서 이를 육체나 정신과 별개의 존재인 영으로 규정하였습니다. 그리고 영이라는 것을 정신적 활동을 포함하는 존재로 간주하기도 하고, 심지어는 육체에도 영향을 주거나 통제하는 상위의 개념으로 오해하기도 했습니다. 하지만 과학의 발전으로 이런 존재의 실체를 충분히 알 수 있게 된 현대인들에게는 더 이상 신비의 대상이 될 수 없습니다.

아인스호키: 컴퓨터를 구성하는 0과 1이라는 두 요소를 활용한 이진법의 다양한 결합을 통하여 엄청난 양의 정보가 처리되지요. 그 정보 처리 능력이 과거 60년 사이에 엄청나게 늘어난 것을 우리는 경험하고 있어요. 이에 반해 단백질을 형성하여 세포를 만들어 내는 DNA는 A(아데닌), G(구아닌), C(시토신), T(티민)이라는 네 종류의 염기를 활용한 사진법의 결합을 통해 정보를 만들어 내고 이를 서로 공유하니, 그 잠재력은 컴퓨터의 능력을 월등히 상회하지요. 적절한 환경이 갖추어진다면, 이 엄청난 디지털 정보 처리 능력을 갖는 DNA는 언제든 다양한 생명체를 만들어 낼 수 있어요. 거미가 복잡한 거미줄을 치는 것과 새들이 복잡한 둥지를 지어내는 것을 보면, DNA에 기록된 정보가 얼마나 대단한 수준인지 알 수 있을 거예요.

"DNA는 컴퓨터 코드처럼 디지털 코드다. 그리고 DNA는 부모의 디지털 정보를 자식과 그 뒤의 수많은 세대로 전달한다. 하지만 전달되는 그 정보는 청사진이 아니다. 그 정보는 어떤 의미로든 아기의 지도가 아니다. … 그것은 아기를 만드는 방법에 관한 지시 세트로 청사진과는 매우 다른 것이다. 오히려 케이크를 만드는 레시피와 비슷하다."[305] DNA는 네 가지의 염기를 이용하여 다양한 단백질을 만들어 내지요. 이런 과정은 인간에게만 한정되는 것이 아니고, 해초를 비롯한 모든 식물, 초파리를 비롯한 모든 동물, 심지어 박테리아에도 마찬가지로 나타나고 있어요. 이것은 모든 생명체가 단세포 조상으로부터 파생되었다는 사실을 입증하는 거예요.

두레스킴: 인간으로 태어날 때 특정 집안의 자식으로 태어나는 것이 과거의 업보에 따라 정해진다는 것이 합당한 주장인가요? 만약 형상이 변형되지 않고 그대로 부활되거나 윤회된다면 합리적인 주장인 것처럼 보일 수 있습니다. 하지만 형상이 완전히 변형되어 나타나는 것이라면 이 주장은 신뢰성을 상실하게 됩니다.

아인스호키: 자연과학에서 발견한 흥미로운 현상 중 하나는, 전자의 궤도(상태)의 변화에 따라 원자의 에너지도 바뀐다는 것이에요. '수소 선 범위(Hydrogen Line Spectrum) 이론'에 따르면 원자가 이온화의 과정을 통해 자외선 영역의 선들로 바뀌는 것과 같은 변화를 보이지요. 확실히 규명되지는 않았지만, 우리가 긍정적 진동을 갖는 에너지를 서로 많이 교환할 수 있으면 이런 상태로 변화될 수 있을 거에요.

---

305) *신, 만들어진 위험*, 리처드 도킨스, 김명주 옮김, 김영사, 2021: 271

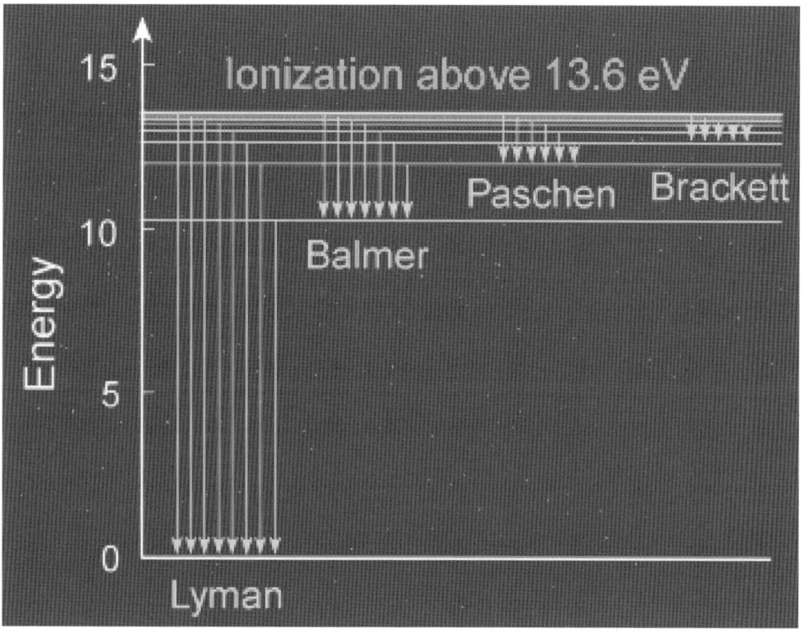

Source: The University of Tennessee, Knoxville[306)]

두레스킴: 매 순간 모든 존재의 형상을 구성하는 수많은 요소가 수명을 다하거나 다른 여러 사유로 떠나게 됩니다. 인간의 경우 10년 정도 지나면, 몸을 구성하는 요소가 전부 바뀐다고 합니다. 10년마다 우리는 새 몸으로 갈아입고 있습니다. 만약 위에서 언급된 자연과학의 흥미로운 현상이 사실이라면, 이렇게 떠난 존재의 본질인 원자나 쿼크 입자가 매 순간 그 존재의 행동에 따른 에너지의 변화에 따라 결정된 상태에서 다른 본질과 결합하여 새로운 형상으로 변형된다고 가정할 수 있습니다. 이렇게 떠난 본질은 순간의 접촉을 통해 전달된 존재의 일부로 변형될 수도 있

306) *http://electron6.phys.utk.edu/phys250/modules/module%203/hydrogen_atom.htm*

고, 경우에 따라서는 먼 거리를 유랑하여 다른 존재와 합쳐져 하나가 될 수도 있을 것입니다. 그 과정에서 그 성분은 식물과 만날 수도 있고, 다른 동물을 만날 수도 있을 것이며, 경우에 따라서는 무생물체와 만나 그것을 구성하는 요소가 될 수도 있습니다.

위와 같이 매 순간 존재를 떠난 본질이 다른 존재와 끊임없이 교류하고 있으며, 다른 존재와의 가벼운 접촉에 의해서도 그 존재들을 둘러싸고 있는 엄청난 양의 미생물을 교환하고 있습니다. 그래서 부처께서 옷깃만 스쳐도 인연이라고 한 것은 자연현상을 너무나 잘 표현한 것이라 할 수 있습니다.

아인스호키: 도킨스 박사가 이를 멋지게 표현한 구절이 있어요. "물질은 여기서 저기로 흐르고, 순간적으로 함께 모여 당신이 된다. 그러므로 당신이 무엇이든 당신을 구성하고 있는 물질은 당신이 아니다. 이 말을 듣고도 목뒤의 머리칼이 쭈뼛 서지 않는다면, 그럴 때까지 다시 읽어라. 중요한 사실이기 때문이다."[307)]

405-2 존재 관련 사례

바우류당: 당신이 음식을 섭취하면 그 음식은 당신의 몸에 흡수되어 당신을 구성하는 형상의 일부가 됩니다. 그 대상인 음식물이 식물이든 동물이든 몸속에 들어가 당신의 일부가 되면 이들의 이전의 형상은 찾아볼 수 없습니다. 하지만 음식의 본질인 단백질과 지방, 그리고 그 이하의 구

---

307) 신, 만들어진 위험, 리처드 도킨스, 김명주 옮김, 김영사, 2021: 331

성 요소로 본다면 기본 속성은 변하지 않고 당신의 일부분을 형성합니다. 당신이 섭취한 음식물은 결국 당신이라는 형상의 일부로 변형됩니다. 이 경우에 섭취된 음식은 사라진 것일까요? 그리고 섭취되고 소화되는 과정을 거쳐 다른 형상으로 변형되어 있는 것을 어떻게 설명할 수 있을까요? 만약 이런 식으로 따진다면 킴 소장님의 주장대로 한 인간의 형상은 수많은 식물과 동물의 부분들로 구성되어 있다고 볼 수 있겠습니다.

아인스호키: 식물은 이산화탄소, 물, 그리고 태양의 빛 에너지를 활용하는 광합성을 통해 포도당을 만들지요. 포도당은 아주 기초적인 자연 요소들의 합성으로 이루어진 것이에요. 그렇다면 그 본질은 무엇이라고 정의하는 것이 정확할까요? 결국 그 본질은 원자나 그 이전 단위의 구성 요소가 될 거예요. 이렇게 만들어진 탄수화물로 이루어진 식물을 섭취한 초식동물을 섭취한 육식동물이나 잡식동물을 인간이 먹어요. 결국 동물을 통해 섭취한 것이 본질적으로는 물이나 이산화탄소 또는 빛 에너지인 것이에요. 어떤 생명체든 죽어서 분해되면, 이런 최초의 단계인 이산화탄소, 물 또는 빛 에너지로 돌아가게 되지요. 결국 이런 기초 단위의 자연 성분을 존재의 본질이라 정의할 수 있지요. 이 과정에서 보여 주는 각각의 존재의 형상의 변화는 일시적인 현상일 뿐이에요.

바우류당: 섭취하는 음식이 변형되어 이를 소화시킨 존재의 일부분이 되는 것과 같이, 같은 식탁에서 같은 음식을 섭취하였다면 이를 공유한 존재들을 구성하는 요소는 같을 수밖에 없습니다. 그래서 오랫동안 삶을 공유하는 사람들은 서로 닮아갑니다. 이것은 인간 사이에만 한정되는 것이 아니고, 함께 사는 반려동물을 포함한 모든 생명체나 미생물체까지 미치는 현상입니다. 식구(食口)라는 말이 가족을 가리키는 단어로 사용되는데 아주 적절한 표현입니다. 같은 음식을 먹으면 서로 닮게 되고 결국 하나가 될 수밖에 없습니다.

아인스호키: 다른 사례를 하나 더 들어볼게요. 물고기를 요리해 여러 사람이 함께 나눠 먹었어요. 그리고 남은 찌꺼기는 하수구에 버렸지요. 과연 이 식사를 위해 잡혀 요리된 물고기는 죽은 것일까요? 물고기 그 자체로 보면 죽었다고 할 수 있지요. 하지만 물고기를 구성하는 요소들이 사람의 몸에 들어가 그의 일부가 됨으로써 되살아나요. 그리고 비록 찌꺼기라고 버려진 것들도, 결국 다른 동식물이나 미생물의 먹이로 섭취되어 그들의 일부가 될 거예요. 그리고 먹이사슬에 의해 지속적으로 그 형태를 변하면서 존속하다가, 사람이 먹이사슬에 놓여 있는 동식물을 흡수하면 다시 그 사람 몸속으로 돌아오게 되겠지요.

이 경우에 물고기 형상을 기준으로 따지면 이 물고기가 잡혀 물 밖에서 숨통이 끊겨 숨을 거두면 죽었다고 할 수 있지요. 하지만 형상이 아닌 물고기의 구성 요소를 기준으로 보면 결코 죽었다고 할 수 없어요. 그 구성 요소인 세포나 분자나 원자, 심지어 무유는 어떤 형태로든 영속적이며 반복적인 변형을 통해 존속하는 거예요. 이런 것이 진정 부활이고 윤회가 아닐까요?

두레스킴: 물은 가해지는 열량이 많아지면 증기로 변하고, 열을 빼앗기면 얼음으로 바뀝니다. 증기를 물이라 할 수 있는가, 얼음을 물이라 할 수 있는가 같은 질문을 던져볼 수 있습니다. 만약 물이 분해되어 수소와 산소 원자로 분리되면 이를 물이라 부를 수 없을 것입니다. 하지만 이들은 원래 물을 구성하고 있었던 요소니, 이 둘이 합쳐지면 다시 물로 변합니다. 만약 이들이 다른 원자와 만나면 다른 형상으로 변하게 될 것입니다.

마찬가지로 물이 몸에 흡수되었을 때 이것이 사라진 것인가 하는 의문이 생길 것입니다. 흡수된 물은 살이나 피의 한 부분을 구성하며 몸속에 남아 있습니다. 일부는 물 분자로 빠져나가 언젠가 다시 우리 몸으로 들어올 수 있고, 다른 사람이나 다른 동물 또는 식물의 일부분을 형성하다가 다시 돌고 돌면서 계속적으로 형상을 바꾸어갈 것입니다. 인간을 구성하는 기본 요소도 이런 방식으로 계속 객체를 바꿔가면서 존속합니다. 죽음은 죽음이 아니고 새로운 삶의 시작일 뿐입니다.

바우류당: 지금까지의 이야기를 종합하자면, 어떤 존재의 변천 과정을 면밀히 따져 보면 모든 존재는 하나일 수밖에 없으며, 모든 존재는 형태의 변화를 통하여 영원히 존속한다는 것입니다. 저는 이번 대화를 통해 많은 것을 깨우치게 되었습니다.

육체로서의 당신은 우주에 존재하는 객체이지만, 깨우친 당신은 우주를 담고 있는 무한한 공터입니다. … 깨우친 당신은 시간 속에 존재하지 않고, 시간이 당신 속에 존재합니다. … 당신의 본성은 다른 사람의 본성과 똑같습니다. 우리는 여럿으로 보이지만 본질적으로는 하나입니다.[308] 그리고 이것은 인간에 한정되는 것이 아니고, 모든 존재에게 통용되는 진리입니다. 단지 정도의 차이만 보일 뿐입니다.

라바모스: 존재의 기초 단위에 대한 이야기를 하니, 재미있는 내용을 소개하고자 한다. 생명의 본질은 우리를 구성하는 원자나 단순한 분자에 있는 게 아니라 이 물질들이 결합되는 방법에 있다. 인체를 구성하는 화학물질의 총 가치는 97센트, 많아 봐야 10달러 정도밖에 되지 않는다는 주장이 있다. 우리 몸이 그 정도의 가치밖에 되지 않는다니 맥 빠질 거다. 그러나 이것은 우리 육체를 단순한 물질로 변환시켰을 때의 예상 가치다. 우리는 주로 물로 이루어져 있고, 탄소는 석탄에도 들어 있고, 뼈의 칼슘은 분필에도 들어 있으며, 단백질의 질소는 공기의 질소와 마찬가지고, 핏속의 철은 녹슨 못에도 들어 있다. 그렇게 본다면 가치가 거의 없다. … 하지만 예일대학교의 생화학자인 해럴드 모로위츠(Harold J. Morowitz)가 인간을 구성하는 분자들을 화공약품 공급 업자로부터 구매

---

308) *The Laughing Jesus*, Timothy Freke & Peter Gandy, Three Rivers Press, 2005: 137-138

한다면 얼마나 돈이 들지 알아봤더니, 그 결과는 기분이 흡족할 수준인 약 천만 달러(120억 원)였다.[309)]

두레스킴: 인간의 가치는 돈으로 헤아릴 수 없을 정도로 큽니다. 모든 존재가 다 소중하고 그 가치는 엄청납니다. 그리고 그런 대접을 받을 만한 가치가 있습니다. 모든 존재는 신과 같은 존재고, 우리 모두가 하나이기 때문입니다.

---

309) *Cosmos*, Carl Sagan, Ballentine Books Trade Paperback Edition, 2013: 134-135

406 모든 존재는 하나임

두레스킴: 모든 존재는 하나입니다. 빅뱅으로 우주가 형성되던 바로 그 특이점(singularity)의 상태는 원자보다도 작은(원자가 깨어진) 상태였습니다. 여기로부터 모든 존재가 형성되었으니, 모든 존재는 하나일 수밖에 없습니다. 그러므로 동물이나 식물, 심지어 미생물체나 무생명체까지 구분할 이유는 어디에도 없습니다. 모든 존재의 근원이 특이점이라는 아주 작은 것으로부터 파생되었다면, 모두가 하나인 것입니다. 우리 모두는 형제자매이고, 모든 존재는 우리의 친척이나 진배없습니다.

아인스호키: 빅뱅이 일어난 후 최초로 형성된 원자는 수소와 헬륨이었으며 여기에서 최초의 별이 나타났고, 그 별의 구성 요소는 헬륨과 수소가 합성된 수소화헬륨이온(HeH+)이에요. 이것으로부터 별의 두 번째 구성 요소인 탄소, 질소, 산소 및 철이 만들어져, 지금의 태양과 같은 별(항성)들과 지구와 같은 행성 등이 만들어졌지요. 수소는 지구에 수없이 많이 분포되어 있는 원자며, 모든 물질에 수소가 포함되어 있다고 할 수 있어요. 수소라는 원자를 통해 모든 존재가 생성되었다고 볼 수 있지요. 이 성분을 모든 존재가 공유한다는 점에서 모든 존재는 하나로 연결되어 있어요.

슈뢰딩거(1887~1961년)는 비주기적인 결정체인 염색체 섬유가 생명의 물리적 매개체라고 주장했어요. … 물 한 잔에 담겨 있는 분자를 표시한 후 바다에 쏟아 붓고, 대양에 고루 퍼지게 바닷물을 잘 휘저은 후 대양 어디에서든 한 잔의 물을 뜨면, 그 안에는 앞서 표시한 분자가 최소 50개에서 최대 150개까지 담겨 있을 거예요.[310] 한 컵에 담긴 물 분자의 수는 약 10^{25}개예요. 지구상에 있는 물의 총 부피는 약 14억km^3로, 겨우 4조

310) *What is life*, Schrodinger, Carl Sagan, 1944: 7

개의 물컵에 담기는 분량이에요. 내가 '겨우'라고 말한 것은 4조(4 X 10^{12})는 10^{25}에 비하면 작은 수이기 때문이지요. 그러므로 물 한 컵에 담긴 물분자의 수는, 전 세계의 물을 담은 물컵의 개수보다 수조 배 많아요. 그러므로 여러분이 물 한 잔을 마실 때마다 율리우스 카이사르의 방광을 통과한 분자를 적어도 한 개는 마실 확률이 높아요.[311)]

초기 단계에서 만들어진 수소 원자 두 개와 산소 원자 한 개가 합쳐진 H^2O가 바로 물이에요. 물을 섭취하지 않는 생명체는 없지요. 그러므로 모든 생명체는 물이라는 공통의 매체를 통해 서로 연결된다고 할 수도 있어요.

두레스킴: 지금 우리를 구성하고 있는 모든 요소들—물, 소금, 탄소, 수소, 황산, 철분 등—은 이미 다른 존재들을 구성하고 있었던 원소들로 이루어져 있습니다. 원자의 단위에서 관찰하면 우리는 무수히 많은 존재들의 일부로 구성되어 있습니다. 앞에서 살펴본 바와 같이 우리 몸의 구성 요소들은 10년이면 모두 바뀝니다. 하지만 이 요소들은 영원불멸의 속성을 갖는 원자로 구성된 것이기 때문에 이들은 결국 다른 물체에 흡수되거나 그런 기회를 갖지 못한 것들은 따로 존속할 것입니다.

그러므로 우리 모두는 하나일 수밖에 없습니다.

라바모스: 같은 종들이 교배를 통해 후손에게 자신들의 특성과 형태를 전달해 존속의 영속성을 확보하는 것 또한 눈여겨볼 만하다. 1촌의 관계에서는 자신의 1/2이 전달되고, 2촌으로 가는 경우는 1/4로, 촌수가 벌어지면서 2의 배수로 희석되지만, 이것들을 통해 비록 한 존재의 삶은 끝나더라도 그 특성은 영속된다.

두레스킴: 모든 생명체의 구성 요소는 탄소로 구성된 생명체 간의 무한한 상호 작용을 통하여 형성된 것이며, 이런 시각으로 보면 우리 모두는

---

311) *신*, 만들어진 위험, 리처드 도킨스, 김명주 옮김, 김영사, 2021: 321

우주에 존재하는 무수히 많은 존재와 마찬가지로 전체의 일부분을 이루고 있습니다. 그리고 모든 생명체를 서로 연결시켜 주는 연결고리 역할을 하고 있습니다.

바우류당: 조상을 따져 보면 우리 모두가 친인척이 됩니다. 정말로 많은 사람들이 당신의 조상이나 친척이 될 수밖에 없으며, 이 사람들 중에 많은 사람은 아마도 다른 사람들의 조상이기도 할 것입니다.

서양 속담에 지구상의 모든 사람은 다섯 단계만 건너면 어느 누구와도 안면을 틀 수 있다는 말이 있고, 한국에 사는 사람들은 세 단계만 건너면 다 아는 사이가 된다고 합니다. 이는 케빈 베이컨의 '6 단계 법칙'과 통합니다. 우리 모두가 100명의 사람을 알고 있다고 가정한다면, 1단계에서는 100명, 2단계에서는 100^2으로 1만 명, 3단계에서는 100^3으로 100만 명, 4단계에서는 100^4으로 1억 명이 되며, 다섯 단계에서는 지구의 인구 수를 상회하는 100억 명이 되므로, 지구상의 모든 사람과 아는 사이가 됩니다.

아인스호키: 이런 사슬의 연결은 궁극적으로 인간이라는 종에서 끝나는 것이 아니라, 인간보다 먼저 존재했던 다른 동물이나 식물의 형태를 갖는 생명체는 물론이고 무생물체까지도 연결되지요. 향후 후손들로 연결되는 것도 이와 마찬가지로, 모든 존재를 이어주는 사슬이 자신과 연결되어 있어요.

라바모스: 우주에 수없이 많은 은하가 있고 그 은하를 구성하는 수없이 많은 항성이 있기 때문에, 지구와 같거나 비슷한 형태의 생명체가 존재할 수 있는 행성은 충분히 존재할 수 있다. 지구만이 생명체가 존재하는 유일한 곳이라는 주장은, 이러한 우주의 속성을 알지 못하기 때문에 나온 가설일 뿐이다. 이제라도 우주의 다른 곳에 존재할지 모르는 생명체의 가능성을 인정하고 이들과의 조우를 고려해 보는 것도 의미가 있을 것이다.

"무한한 우주의 계층 구조가 있다. 그러므로 우주에서의 가장 기초적인 입자인 전자도 그 내부를 들여다보면 완전히 닫힌 우주를 드러내 보인다.

그 내부는 나름대로의 은하들과 그보다 작은 구조물들로 구성되어 있고, 이것을 구성하는 아주 수없이 많은 더 작은 기초 입자는 또한 그 자체로서 더 작은 단계의 우주다. 이 우주 안의 우주라는 계층 구조는 끝없이 아래로 내려간다. 그리고 위로도 끝없이 올라간다. 우리에게 익숙한 은하, 항성, 행성, 사람은 한 단계 위의 우주의 관점에서 보면 하나의 입자에 불과하다. 나는 무한한 우주의 계층 구조라는 것이 힌두교에서 주장하는 영원히 순환하는 우주의 개념을 뛰어넘는 유일한 종교적 대안이라고 생각한다."[312]

두레스킴: 아주 훌륭한 지적입니다. 모든 존재는 그 기초적인 입자의 특성을 따를 수밖에 없습니다. 그렇기 때문에 아무리 커지더라도 근원적인 입자의 형태를 간직하고 있습니다. 결국 만물은 각자가 처한 위치에 따라 약간의 차이점을 보일 수는 있겠지만, 특이점의 기본적인 특성인 무유를 공유하고 있습니다. 이런 관점에서 본다면, 모든 존재는 그 자체가 특이점을 내부에 간직한 하나의 우주인 것입니다. 존재의 속성을 이해한다면, 모든 존재가 신의 특성을 갖고 있다는 것을 알 수 있습니다.

이것을 가장 잘 표현한 유튜브 동영상이 있어서 공유하고자 합니다.

https://www.youtube.com/watch?v=BdWuU-epZ6c

아인스호키: 무어의 법칙에 따라 컴퓨터 처리 능력이 엄청난 속도로 진화하고 있지요. 그리고 조만간 양자컴퓨터가 나오면 이진법이 아니라 DNA의 사진법을 넘어 십진법이나 그 이상의 연산도 가능해질 수 있어요. 과학이 더욱 발전되어, 인간이 인공지능과 양자컴퓨터를 결합하여 나노 이하인 피코나 그 이하 수준의 물질을 자유자재로 만들어 낼 수 있게 된다면, 인간은 신의 영역을 뛰어넘는 능력을 갖게 될 거예요.

모든 생명체는 결국 원자와 그 이전 단계인 무유의 상태에서 나왔기

---

312) *Cosmos*, Carl Sagan, 2013 Ballentine Books Trade Paperback Edition: 283

때문에 만약 우리가 이런 물질을 자유자재로 만들어 낼 수 있다면, 어떤 생명체라도 만들어 낼 수 있지요. 그렇게 되면 어떤 생명체가 존재하기 위해 반드시 신이라는 존재가 필요하다는 주장의 덧없음이 증명될 거예요. 그러면 인간은 신의 창조물이 아니라 진화의 산물이라는 것이 자명해질 것이고, 모든 존재가 서로 연결되어 있음을 알게 되겠지요.

바우류당: 그렇다면 비록 태양이 노후되어 더 이상 빛을 전달할 수 없게 되어 태양계가 사라지더라도 슬퍼할 일이 아닙니다. 모든 존재를 구성하는 기본 구성 요소인 무유는 어떤 형태로든 영원히 존속할 것을 안다면, 이런 상태를 덤덤히 받아들일 수 있습니다. 무덤덤한 상태가 되어 지구 멸망조차도 받아들이는 것이 바로 해탈한 상태입니다 이런 상태가 되면 모든 존재가 나와 다르지 않음을 알기 때문에 구분으로부터 해방될 수 있습니다.

힐기야가 신명기를 성소에서 발견하기 수백 년 전부터 힌두교에서는 이 지구는 멸망되고 다시 재건되며 이런 과정이 영원히 움직이는 바퀴처럼 끊임없이 반복된다고 가르치고 있습니다.[313)]

라바모스: 그러고 보니 신약성경 베드로후서 3:10의 "주의 날이 도둑 같이 오리니 그 날에는 하늘이 큰 소리로 떠나가고 물질이 뜨거운 불에 풀어지고 땅과 그 중에 있는 모든 일이 드러나리라(KJV판은 타지리라, 난하주)"라는 말은 힌두교의 가르침을 그대로 복사하여 써놓은 것이다. 저작권료도 내지 않고 이런 식으로 갖다 붙이면 요즘 같으면 엄청난 위약금을 내야 하고 책도 판매 금지되었을 것이다.

아인스호키: 과학의 급격한 발전으로 많은 자연현상들이 규명되고 있지만, 정신이나 영이라고 하는 영역을 완전히 밝히지 못하고 있는 실정이에요. 하지만 이런 분야도 언젠가는 과학적 관점에서 규명될 거예요. 지금

---

313) *Life and Teachings of Zoroaster*, the Great Persian, Loren H. Whitney, BiblioBazzar, 2009: 256

의 기술은 나노 수준에 머물고 있지만, 언젠가 피코나 펨토 단위의 물질을 다룰 수준이 된다면 더 많은 것이 밝혀질 거예요. 이 단계가 되면 인간이 모든 종류의 생명체를 자유자재로 만들어 낼 수 있겠지요. 천체망원경을 통해 우주에 엄청나게 많은 다른 은하가 존재한다는 것을 밝혀낸 것과 같이, 생명이 자연 발생적으로 생겨났고 진화를 통해 현재의 모습을 갖추게 되었다는 것이 명명백백하게 밝혀지는 날이 올 거예요. 아마 그때쯤 되면 우리 모두는 신이라는 존재에 대해서도 제3자의 설명 없이 인식하게 되겠지요. 이런 단계가 되면 우리는 킴 소장께서 『영과 영』이라는 책에서 언급한 영계(靈界)를 경험할 수 있겠네요.

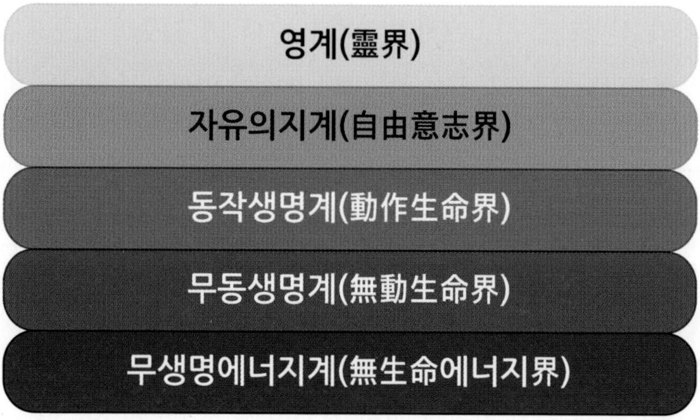

사후세계의 구분[314)]

---

314) 영과 영, 김병윤, ㈜두레스 경영연구소, 2010: 8

초자연적 존재라는 것은 없어요. 단지 그것을 규명할 수준에 도달하지 않아 그렇게 보일 뿐이지요. 우주가 이렇게 광활하다는 것을 알게 된 것은, 그것을 들여다볼 수 있는 천체망원경이 설치되면서 가능해졌어요. 첨단 기술의 발전으로 신의 입자를 들여다볼 정도의 과학기술이 발전된다면, 지금은 초자연적 현상이라고 치부하고 있는 신을 포함한 모든 이해불가의 현상이 그 평범한 치부를 드러내 보일 거예요.

두레스킴: 영계는 사후에 가는 곳이 아니라, 과학이 보다 발전되고 인류가 조금 더 이성적으로 사물을 바라볼 줄 알게 되면 우리가 찾아갈 수 있는 장소입니다. 과거의 종교에서 기적이라고 치부하던 것들은 이제 우리 일상생활의 일부가 되어 있습니다. 지금 우리는 인류 역사상 어느 때보다 전염병의 근본인 병원균, 박테리아와 바이러스에 대해 이해하고 병의 근원을 박멸하고 있습니다. 항체를 형성할 수 있는 예방 접종을 통하여 대부분의 병이 사라졌습니다.

속수무책으로 자연현상에 노출되어 고생하던 시절도 지났으며, 물 위를 걷는 것과 같은 기적을 넘어 엄청난 규모의 선박들이 오대양 육대주를 운항하며 우리 삶에 필요한 물자를 손쉽고 빠르게 전해 주고 있습니다. 수많은 사람이 비행기를 타고 단시간 내에 과거의 사람들이 상상할 수 없는 거리를 오갈 수 있게 되었습니다. 달에는 직접 사람이 다녀왔고, 화성에는 탐사선을 보내 탐사 활동을 벌이고 있습니다.

지금 우리는 성스러운 책이라는 경전에 등장하는 인물들이 보였던 기적보다 더한 기적을 이루어내고, 이를 아무 생각 없이 누리고 있습니다. 향후 기술이 더 발전한다면 지금보다 더한 기적을 우리는 일상적으로 누리게 될 것입니다. 지금까지 어떤 신도 상상하지 못한, 그리고 어떤 신의 능력도 뛰어넘을 수 있는 상태인 영계로 나아가는 것이 우리의 임무며 사명입니다.

바우류당: 힌두 법전인 '마누의 율법'에 천지창조 이야기가 나옵니다. 최초에 우주는 어둠의 형태로 존재하였는데, 성스럽고 스스로 존재할 수 있는 신(브라흐만)이 나타나 어두움을 걷어냅니다. 그는 정신일도(精神一到)하여 물을 창조해 내고, 그 안에 자기 씨(정자)를 넣습니다. 이 씨가 태양과 같은 찬란함을 발휘하는 황금 달걀로 변하는데, 브라흐만이 여기에서 나와 우주의 선조가 됩니다. 그는 황금 달걀 안에서 꼬박 1년을 머물다가 정신이도(精神二到)하여 달걀을 반으로 쪼개고, 이 세상에 그 모습을 드러내면서 하늘과 땅을 만듭니다. 그리고 자신의 모습으로부터 실존하기도 하면서 실존하지 않는 마음(manas)을 끄집어냅니다. 이 마음으로부터 자아를 끌어내어 위대한 존재인 영혼(soul)과 오감(五感)을 만들어 냅니다.[315]

이런 이야기는 한국에서 김알지의 탄생 이야기와 통하고, 킴 소장께서 빅뱅이 이루어진 시점의 특이점의 상태가 '깨어진 달걀 같다'라고 말한 것과 통합니다.

아인스호키: 힌두교에서는 인간의 영혼과 신의 영혼을 구분하지 않고 하나로 보지요. 이와 같은 개념이 불교에도 도입되어, 인간이 해탈되면 신과 같은 경지에 도달할 수 있다는 논리를 보여 주어요. 하지만 구약성경에 기반을 둔 종교들은 인간이 신과 같은 경지에 도달하는 것은 불가능하다고 단정짓고 있어요. 냉정하게 보면 예수도 크리슈나와 별반 차이 없는 인간이었는데 신으로 취급되고, 무함마드도 동일한 대우를 받는 것을 보면 인간과 신을 구분하려는 시도는 설득력이 떨어질 수밖에 없어요. 그리고 신이 무엇이냐는 질문과 연결해서 본다면, 신은 생명체가 나타나기 이전 상태의 존재일 가능성이 높지요. 그리고 그런 상태로부터 모든 생명체가 나왔으니 생명체의 본질 또한 그 신의 상태로부터 온 것이지요. 그렇

315) *Life and Teachings of Zoroaster*, the Great Persian, Loren H. Whitney, BibiioBazzar, 2009: 227-228

기 때문에 모든 존재는 궁극적으로 같은 뿌리인 무유의 상태를 공유한다고 보는 것이 맞아요. 따라서 이 둘을 구분하는 것은 의미가 없어요.

바우류당: 마찬가지로 힌두교에서는 우리 모두가 깨달음을 통해 신이 될 수 있다고 가르칩니다. 모든 존재가 자신 안에 내재하고 있는 본질인 신의 속성을 깨우치면, 삶과 죽음의 구분으로부터 벗어나 모든 존재와의 구분을 그치고 서로 사랑하며, 이승에서 천국과 같은 삶을 살아갈 수 있다는 것이 모든 성현들의 일관된 가르침이었습니다.

아인스호키: 이처럼 간단한 진리를 인정하면 기득권의 독점 체제를 유지할 수 없기 때문에 현존하는 종교는 모든 존재에 내재하고 있는 신성을 부정하고 자신들이 창조한 신의 절대성과 유일성을 강조하고 있었던 거군요. 우리 모두는 신성을—그것이 도교의 도(道), 불교의 불심(佛心), 유교의 성심(聖心), 신약성경의 성령(聖靈)으로 불리든 간에—갖고 있으며, 이를 깨닫게 된다면 이승에서 우리 모두가 하나님과 같은 상태가 되어 서로 존중하며 화목하게 살 수 있겠네요. 우리 모두가 존재하는 궁극적인 목적은 결국 서로 협력하여 모두가 하나님이 되어 구분으로부터 벗어나 모두가 하나임을 이해하고 이승에 천국을 건설하는 것이에요.

그림: 최민주

바우류당: 전통적으로 [법원에 세워져 있는 여신이 눈을 가리고 들고 있는 검과 천칭(天秤)의] 오른쪽에는 자유를 그리고 왼쪽에는 평등을 두고 이 둘을 강조하고 있습니다. 하지만 유명한 혁명적인 슬로건 '자유, 평등, 박애'에 나오는 세 번째 원칙인 박애(또는 친절)는 사랑의 정치인들이 강조해야 할 천칭에 빠져 있는 요소입니다. 서로를 사랑하게 되면 우리는 우리를 자유롭게 놓아둘 수 있게 되고 서로를 동등하게 대접할 수 있게 되기 때문입니다.[316)]
라바모스: 곰곰이 생각해 보니 신약성경에서는 신이라는 존재가 구약성경의 여호와와 달리 직접 훈육하거나 인간사에 개입하는 내용을 거의 볼 수 없다. 예수의 입을 통해 언급되는 경우를 제외하고, 신이 다른 사람에게 나타나 알려주거나 간섭하는 경우가 거의 없다. 이것은 결국 예수가 언급하는 신은 여호와와 같이 따로 외부에 존재하는 별개의 개체가 아니고, 예수의 내부에 존재하며 그와 함께하는 일체인 것이다. 힌두교의 신 아르주나가 인간의 모습으로 나와 전쟁을 지휘하거나 부처가 해탈을 이루어 신의 경지에 이른 것처럼 예수는 그런 경지에 이르렀고 이를 설파하려고 한 것 같다. 그러면서 우리도 깨달음을 얻으면 모두가 하나님의 아들—즉, 신—이 될 수 있으며, 결국 일체가 됨을 강조한 것으로 보인다.
두레스킴: 우리는 여럿으로 구성된 하나입니다. 그리고 우리는 죽어야 하나님의 자식이 되는 것이 아니고, 이승에 살면서 하나님의 자녀가 되어 **'모든 존재가 하나라는 진리를 깨우치고 사랑의 원심력을 키우며'** 살아가야 합니다. 하나임은 신성을 나타내는 것이고 이것은 모든 존재에 대한 사랑을 느낌으로서 시작되고, 그 원심력이 커져나갈수록 더욱 위대한 힘을 발휘합니다. 부처님과 예수께서 보여 주신 사랑과 이분들의 가르

316) *The Laughing Jesus*, Timothy Freke & Peter Gandy, Three Rivers Press, 2005: 212

침이 바로 이것입니다.

"하나님은 죽은 자의 하나님이 아니요 살아 있는 자의 하나님이시라 하나님에게는 모든 사람이 살았[살아있]느니라"(누가복음 20:38).

아인스호키: 그렇게 된다면 결국 모든 존재가 하나임이 되어 이승에서 행복한 삶을 꾸려나가는 것이 우리가 이승에 존재하는 궁극의 목표라고 할 수 있겠네요. 그렇게 되는 것이 삶의 완성을 이루는 길이겠군요. 이렇게 되면 삼위일체가 아니라 억위일체, 조위일체 또는 경위일체가 이루어지겠어요. 우리 모두가 이런 마음가짐을 갖는다면 구분이 없어지고 서로가 키워가는 사랑의 원심력 안에서 모든 존재가 공존하게 될 것이고, 그렇게 변하면 이 세상이 천국으로 변하겠지요. 그리고 그 구성원들은 모두 신과 같은 존재가 되어 나날이 행복하고 풍요로운 삶이 이어지겠지요. 그것이 바로 예수가 주장했던 지상의 천국을 이루는 방법이겠군요.

고린도전서 10:16-17에 "우리가 축복하는 바 축복의 잔은 그리스도의 피에 참여함[피를 구성함]이 아니며 우리가 떼는 떡은 그리스도의 '몸에 참여함'[몸을 구성함]이 아니냐 떡이 하나요 많은 우리가 한 몸이니 이는 우리가 다 한 떡에 참여함이라'라는 대목이 있어요. 이 중 "떡이 하나요" 부터는 "왜냐하면 우리는 숫자가 많지만 하나의 빵—즉 한 몸—이고, 우리 모두가 하나의 빵을 구성하고 있기 때문이다[For we being many are one bread, and one body: for we are all partakers of that one bread]"라고 옮기면 더 이해하기가 쉬워요. 이것은 우리 모두가 따로이지만 본질적으로는 서로 모이면 하나로 연결되어 완벽해진다는 의미예요.

두레스킴: 신은 진리여야 합니다. 진리가 아닌 것은 완벽할 수 없고, 완벽하지 않으면 절대자가 될 수 없습니다. 참이 아닌 것은 진리일 수 없습니다. 형이상학적인 초월적 존재가 신이라고 주장하는 것은 진리일 수가 없습니다. 진리인 자연의 법칙을 뛰어넘는 존재가 있다는 주장은, 공상이나

무지의 소치가 빚어낸 잘못된 인식 속에서나 존재할 수 있는 우화일 뿐 어떠한 설득력도 가질 수 없습니다. 모든 존재나 모든 현상은 자연의 법칙에 따라 일어나고 움직입니다. 그렇기 때문에 초자연적인 힘—기적이나 부활 등—을 빌릴 필요가 없는 상태가 진정한 진리며, 이를 신의 섭리(攝理)라 칭할 수 있습니다. 참다운 진리는 자연법칙이고 그것이 바로 신적 존재입니다. 우리가 자연법칙 속에서 진리를 찾으면, 바로 거기에서 우리와 다를 바 없는 아주 평범한 신을 발견할 수 있습니다.

라바모스: 섭리라는 단어에는 '아프거나 병에 걸린 몸을 잘 조리하다'라는 뜻뿐만 아니라, '자연계를 지배하고 있는 원리와 법칙' 혹은 '우주 삼라만상에 숨어 있는 신의 뜻'이라는 의미도 담고 있다. 여기에서 '섭(攝)'자를 보면 손 하나와 귀 세 개로 구성되어 있다. 신의 섭리는 마음의 손을 치켜 올려 육체에 달린 두 개의 귀가 아니라 오랜 묵상을 통해 하심(下心)한 사람들에게 부여되는 세 번째 귀를 통해 들을 수 있는 영감이다.[317)]

아인스호키: 완벽한 존재가 신이어야 한다면, 신학자들의 당연한 의무는 신의 완벽한 속성을 찾기 위한 연구를 지속하는 것이에요. 이런 활동을 저지하거나 중단하는 것은 잘못이지요. 새로운 지식이나 발견이 이루어지면, 이에 따라 보다 합리적이고 완벽한 상태가 어떤 것인지 다시 묻고 찾는 것이 필요해요. 이를 막고 무조건 자신들의 구시대적인 견해나 논리에 기반을 둔 불완전한 신을 믿도록 강요하는 것은 인류를 위해서도 불행한 일이지요. 이런 연구를 통하여 모든 민족이나 국가 그리고 인간 본위를 초월하는 진정한 신의 개념을 정립하고 이에 따른 교리를 개발해야 해요. 우리는 이것을 충분히 해낼 수 있어요.

바우류당: 기존 종교에서 다루는 신(특히 여호와)은 인간이 만들어 낸 가

---

317) *신의 위대한 질문*, 배철현, 21세기북스, 2015: 272

공의 존재일 뿐입니다. 만약 신이라는 존재를 필요로 한다면 신의 정의 또한 시대에 따라 바뀌어야 합니다. 마치 신약성경의 하느님이 구약성경의 여호와와 다른 특성을 가지고 있고, 새로운 보혜사임을 자처한 무함마드가 소개하는 이슬람교의 알라가 여호와나 하느님과 다르듯이, 시대와 지식의 발전에 따라 신의 개념은 새로 정립되어야 합니다. 무함마드는 예수님을 여호와라는 구약성경의 신의 가르침을 하느님이라는 신약성경의 신의 가르침으로 승격시킨 보혜사(또는 진리의 성령)로 언급하며, 자신은 하느님보다 더 나은 신인 알라의 가르침을 전하는 진전된 보혜사로 자처했습니다.[318] 몰몬교나 통일교가 기독교의 한 분파로 파생될 수 있었던 것도 결국 이런 새로운 가르침을 줄 사람을 보내겠다는 예수님의 약속에 근간을 두고 있습니다.

힌두교에서도 절대신이 크리슈나처럼 인간의 모습으로 바뀌어 이승에 자주 내려와 새로운 가르침을 준다고 주장합니다. 이들은 크리슈나는 20번째, 그리고 부처는 21번째로 환생한 절대자라고 보고 있습니다. 이들은 예수님도 그러한 가르침을 제공한 존재 중의 하나로 보고 있는데, 이것은 마치 무함마드가 예수님과 자신이 보혜사로서 신의 말을 전한다는 주장과 같은 논리입니다.

라바모스: 방법론적 측면에서 우리는 '메시아'라는 용어를 '하나님으로부터 보내어진 왕이나 사제 혹은 다른 특정 인물로서 마지막 시대에 구원의 중개자 역할을 하는 자'라고 정의하고 있다.[319] 구원은 과연 어떤 중개자를 통해 이루어지는 것이 맞는가 하는 질문을 던질 수 있다. 이것은 사회생활을 하면서 왕이나 재판관이 옳고 그름을 최종적으로 판단하는

---

318) 쿠란 61장 6절 요한복음 14-16장

319) *사해사본과 그리스도교의 기원*, 임마누엘 토브 외 12인, 임미영 박사 엮음, 쿰란출판사, 2008: 107

것을 보며 자란 사람들이 이승의 사회 제도와 같은 것이 저승에도 있을 것이라는 생각에서 파생된 개념이다.

아인스호키: 구원을 받기 위해서 신과 같은 존재가 있어야만 하고, 그의 판단을 받아야 한다는 주장은 의미가 없어요. 이것은 궁극적으로 성직자라는 사람들이 신의 대리인으로서 결정한다는 착각을 일으키게 하여 신도들을 지배하기 위한 수단으로 활용되었을 뿐이지요. 다시 한번 강조하지만 그런 과정은 결단코 있을 수 없어요.

내가 존경하는 위대한 과학자인 폴 디렉(Paul Dirac, 1902-1984)이 쓴 책의 내용을 내 나름대로 번역해서 올리니 참조하세요.

'과학자들은 당연히 정직해야 하지만 만약 우리가 정직하다면, 우리는 종교가 실제와 전혀 동떨어진 잘못된 주장들로 뒤범벅되어 있다는 것을 인정해야 한다. 신이라 불리는 존재는 인간 상상의 산물이다. [자연현상에 대한 과학적 지식을 충분히 인식하고 있는] 오늘날의 우리와 달리 막강한 자연의 힘에 고스란히 노출되어 있었던 초기 인간들은 공포와 두려움으로 인해 이러한 힘을 인격화하였다. 하지만 오늘날 우리는 많은 자연현상을 이해하고 있기 때문에, 그런 방식의 해답을 필요로 하지 않게 되었다. 나는 일생 동안 위대한 신을 가정하는 것이 어떤 도움도 되지 않는다는 것을 알 수 있었다. 이런 가정은 왜 신은 자신이 원한다면 충분히 막을 수 있었을 엄청난 비애, 부정, 가진 자들의 갖지 못한 자들의 착취 및 다른 모든 종류의 공포를 허용하였는가라는 비생산적인 질문을 하게 만든다. 종교의 가르침이 지속된다는 것은 그 이론들이 우리를 설득하기 때문이라기보다는 단순히 우리의 누군가가 하급 계층의 입을 다물게 하기 위함이다. 자기주장을 해대거나 불만족을 갖는 계층보다 조용한 계층을 통제하고 착취하기 쉽다. 종교는 국가가 희망하는 꿈을 달성하기 위해 백성을 달래고 국민의 뜻에 반해 저질러진 부당함을 잊게 만드는 마약과 같다. 그러므로 두 축의 거대한 정치 세력인 국가와 교회의 긴밀한 동맹이 필요하다. 이 두 조직은 친절한 신을 내세워, 부당한 처우에 대항하지 않고 자신들에게 부여된 의무를 조용히 그리고 불평 없이 수행한 모든 사람에게 신이 이승에서 어렵다면 저승에서라도 틀림없이 보상해 줄 것이라는 환상을 갖도록 할 필요성을 갖는다. 이런 필요성이 신은 단순한 인간 상상의 산물이라고 솔직하게 주장하는 것을 인간이 지을 수 있는 죄 중에 최악의 것으로 간주하게 되는 배경이 되었다. … 다른 종교의 신화들이 서로 모순된다는 이유 하나만으로도 나는 종교의 신화를 근본적으로 싫어한다. 결국 순수한 우연에 의해 내가 아시아가 아닌 유럽에 태어났다는 것이 무엇이 진리고 무엇을 믿어야 하는가를 판단하는 기준이 될 수는 없을 것이다.'[320]

두레스킴: 사실에 근간을 두지 않거나 자연법칙을 무시하는 내용을 통해 지혜를 얻는다는 것은 불가능한 일입니다. 지금까지 절대자로 불리는 각 종교의 신은 기본이 갖추어지지 않았기 때문에 절대로 절대자가 될 수 없고, 전지전능한 신이라 불릴 수 없습니다. 그나마 보다 많은 지식이 알려진 후에 나타난 이슬람교가 유대교나 기독교보다 조금 나은 것은 사실이지만, 이슬람교도 구약성경에 근거하고 있다는 결정적 문제 때문에 이를 통해 올바른 지혜를 얻을 수 없습니다. 각 종교가 자신들의 신을 창작하던 시대의 한정된 지식이 결국 그들이 만든 신의 유통 기한을 단축시킨 것이 사실입니다.

바우류당: 종교의 유통 기한을 늘리기 위한 종교계와 기득권 세력의 눈물 어린 노력의 성과로 완전한 부패의 산물인 여호와가 아직도 위세를 떨치고 있지만, 이제 우리는 그를 신당의 구석에 모시고 참다운 신을 찾

---

[320] *Physics and Philosophy*, Werner Heisenberg, 2007: 15-16

아 떠나야 합니다.

"바로 이 시점에서 하느님에 관한 논의가 시작되어야 한다. 미래에 그 해답을 얻지 못할지도 모르지만, 그것에 대해서는 아직 우리가 모르고 있다. 그러나 우리가 확실히 알고 있는 것은 그 해답이 과거의 유신론적 하느님 개념 속에는 없다는 사실이다. … 하느님은 하늘에 사는, 인간의 한계가 없는 인간이다. 우리는 이 과정을 감추기 위해 하느님이 인간과 그처럼 비슷한 이유는 인간이 실제로 하느님의 형상으로 만들어졌기 때문이라고 주장한다. 그러나 우리는 이제 그 과정이 반대였음을 알고 있다. 유신론의 하느님은 인간의 창조로 만들어졌다. 그러므로 이 하느님 역시 죽을 수밖에 없으며 지금 죽어가고 있다."[321]

이 여정을 통해 우리는 가장 합당한 신의 모습을 찾을 수 있습니다. 하지만 이렇게 찾은 존재도 과학이 더 발전되어 우리가 인간을 비롯한 모든 존재를 만들어 낼 수 있게 되는 시점이 되거나, 3차원을 뛰어넘는 차원을 찾아 이를 활용할 수 있게 되거나, 우주를 떠나 다중 우주를 확실히 규정할 수 있게 된다면 새로운 신으로 대체되어야 할 것입니다.

---

321) *기독교 변하지 않으면 죽는다*. *존 쉘비 스퐁*, 한국기독교연구소, 2001: 82-83

407 우리 모두가 하나님

두레스킴: 신은 모든 곳에 항상 존재하고 있는데 바로 원자, 분자, 세포, 돌을 포함한 무생명체, 나무를 포함한 식물과 쥐를 포함한 모든 동물을 포함하는 모든 존재에 두루 내재하고 있으며, 우리 인간 또한 이런 요소들로 구성되어 있습니다. 이런 측면에서 보면 모든 존재 하나하나가 신성을 갖고 있습니다. 많은 사람들은 '우리가 바로 신이다'라는 진리를 깨우치지 못하고, 인위적인 신을 가정하고 이를 믿고 따르라는 기존 종교의 교리에 빠져 자신의 본질을 돌아보지 못한 채 살아가고 있습니다.

바우류당: 신성과 관련하여 예수께선 "진실로 진실로 네게 이르노니 거듭나지 아니하면 하나님의 나라를 볼 수 없느니라"(요한복음 3:3)라고 말씀하십니다. '하나님 나라'를 보려면 '다시 태어나야 한다'는 예수의 말은 제한된 시공간 안에서의 경험을 통해 주어진 자아로부터 탈출하여, 내 안의 신의 속성을 발견하고 이를 실천해야 한다는 의미다."[322]

아인스호키: 요한복음 1:1-3에 "태초에 말씀이 계시니라. 이 말씀이 하나님과 함께 계셨으니 이 말씀은 곧 하나님이시니라 그가 태초에 하나님과 같이 계셨고 만물이 그로 말미암아 지은 바 되었으니"라는 표현이 있어요. 이 구절은 킴 소장이 『무유』라는 책에서 주장하는, 진동이 모든 것의 근원이라는 것과 통하지요. 사실 하나님이라는 존재를 인간과 같은 모습을 한 존재로 보는 것은 인간 중심적 사고방식의 산물이에요. 만물을 창조한 존재가 신이라고 한다면, 그 근원을 찾아 들어가면 결국 아주 원초적이고 가장 작고 소박한 존재일 수밖에 없지요. 그것이 바로 특이점(singularity)을 의미하며 이 특이점의 특성은 에너지와 진동이니, 이 진동

---

322) *인간의 위대한 질문*, 배철현 저, 21세기북스, 2015: 233-234

을 말(씀)이라고 해도 무방할 거예요.

같은 장 14절에 '말씀이 육신이 되어 우리 가운데 거한다'라는 말이 있는데, 이것 또한 내가 주장하는 것과 너무나 흡사하더군요. 하나님의 말씀이 우리 가운데 거한다는 것은 바로 모든 존재가 신의 속성을 갖고 있다는 것이지요. 그렇기 때문에 모든 존재는 하나며 우리는 모두 형제자매와 같은 관계를 갖는 거예요. 이것은 인간에 한정되는 것이 아니고 모든 존재에게 적용되는 말이에요.

두레스킴: 호키 박사님이 좋은 지적을 해주셨습니다. 초기 단계의 상태가 신과 가장 가까울 수 있습니다. 원자의 단계 또는 그 이전의 무유(無有)의 상태가 진정한 의미의 신의 모습이라 할 수 있습니다.

요한복음 1:12에 그 이름을 믿는 자들에게는 하나님의 자녀가 되는 권세를 주었다는 표현이 있습니다. 여기에서 복수를 사용한 것은 신의 자녀가 예수님 단 한 분이 아니라는 것을 의미합니다. 모든 존재가 신의 자녀가 될 수 있으며, 이는 다른 말로 하면 모두 신이 될 수 있다는 것입니다. 모든 존재가 그런 의미에서 신의 속성을 내재하고 있으며, 언제든 신이 될 수 있다고 해도 무리가 없을 것입니다. 로마서 8:14에 '무릇 하나님의 영으로 인도함을 받는 사람들은 곧 하나님의 아들들'이라는 표현도 나옵니다.

라바모스: 요한복음 1:1-18은 고도의 찬양 시로, 하나님의 '말씀'에 대해 말하고 있다. 그 말씀은 태초부터 하나님과 함께 있었으며, 그 자신이 하나님이었다. 이 말씀은 예수 그리스도 안에서 "육신이 되었다". 서론 부분은 매우 시적으로 표현되어 있으며, 이와 같은 시적인 표현은 요한복음의 본론에는 두 번 다시 나오지 않는다. 서론 부분의 중심 주제들이 본론에서 다시 반복되기는 하지만, 매우 중요한 개념을 담고 있는 어휘들이

요한복음의 본론에는 나오지 않는다.[323]

아인스호키: 하나님의 아들이 예수 한 명으로 그치는 것이 아니라, 우리 모두가 하나님의 자녀가 될 수 있다는 것이 보다 진실에 가깝겠네요. 하나님의 자녀 됨은 예수나 인간에서 그치는 것이 아니라, 모든 생명체 그리고 무생물체까지도 아우르는 것이어야 해요. 결국 말씀, 즉 진동으로 이루어진 모든 존재는 하나님과 같은 상태로 존재한다는 것이 진리예요. 단지 우리는 스스로 이 진리를 찾고 깨우쳐야 해요.

구분하고 차별하는 것은 불행의 씨앗이 되지요. 자신의 집단에 대한 우월성을 나타내고 그 집단의 이익을 최우선시하는 편협적이고, 이기적이며, 차별을 조장하는 사고는 모든 분열, 갈등 그리고 다툼의 요인이 되어 왔어요. 이는 궁극적으로 보다 행복하고 화목하게 살 수 있는 기회를 박탈하고 이승의 삶을 불행하게 만들고 있어요.

두레스킴: 예수께서는 요한복음 10:30에서 "나와 아버지는 하나이니라"며 자신이 신과 일심동체임을 주장하시며, 10:34에서는 "너희 율법에 기록된 바 내가 너희를 신이라 하였노라 하지 아니하였느냐"라는 질문을 던지십니다. 이는 시편 82:6에 기록된 "내가 말하기를 너희들은 신들이며 다 지존자의 아들들이라"라는 표현을 인용한 것으로 보입니다.

또한, 예수님은 "아버지여, 아버지께서 내 안에, 내가 아버지 안에 있는 것 같이 그들도 다 하나가 되어 우리 안에 있게 하사 세상으로 아버지께서 나를 보내신 것을 믿게 하옵소서"(요한복음17:21)라고 기도하시면서, "내가 아버지 안에, 너희가 내 안에, 내가 너희 안에 있는 것을 너희가 알리라"(요한복음 14:20)라고 말씀하십니다. 예수님이나 그의 제자나 추종자가 아니더라도, 모든 존재가 본인과 같은 상태가 될 수 있음을 강조하고 계십니다.

---

323) *성경 왜곡의 역사*, 바트 어만 지음/민경식 옮김, 성림출판, 2006: 125-126

그림: 최민주

바우류당: 킴 소장님 말씀대로 예수께서는 우리 모두가 하느님의 자녀가 될 수 있다고 주장하셨습니다. 예수께서는 당신이 신의 아들이지만, 모든 사람 또한 당신과 같이 될 수 있음을 확신하셨습니다. 제가 이와 관련된 예수님의 말씀을 정리한 내용이 있는데, 이것을 부록에 올리도록 하겠습니다.[324)]

사실 이 생각은 신과 인간뿐 아니라, 너와 나, 그리고 세상 만물이 동체(同體)임을 강조한다고 더 확대해 볼 수 있습니다. 이 세상에 궁극적으로 독립된 개체는 있을 수 없고, 모든 것이 모든 것에 의존하고, 모든 것이 모든 것과 서로 연관되어 있다는 생각입니다. 신유학(新儒學)에서 주장하는 이른바 만유일체(萬有一體: 모든 존재는 한 몸), 혼연동체(渾然同體: 사람들의 생각이나 행동이 같아짐) 사상입니다. 천도교나 원불교에서 주장하는 동귀일체(同歸一體: 모든 것이 한 몸으로 돌아감)입니다. 불교의 경우 연기(緣起: 인연 따라 생겨남) 사상, 특히 화엄의 법계연기(法界緣起) 사상 … 동학에서 말하는 사인여천(事人如天: 사람을 하늘처럼 섬김)이나 오심여심(吾心汝心: 내 마음이 바로 네 마음)입니다. 사람과 하늘이 하나이기 때문에 사람 섬기기를 하늘 섬기도록 하는 것도 중요하지만, 사실은 사람뿐 아니라 동물, 식물, 광물마저도 다 하나라 보고 아끼고 경외하는 마음을 갖는 것입니다. 자연히 동학에서 전하는 경천(敬天), 경인(敬人), 경물(敬物)의 삼경(三敬) 사상이 나올 수밖에 없습니다.[325)]

두레스킴: 예수님이 이런 주장을 하셨다면, 당신은 결국 모든 인간이 자신과 같은 신의 자식이라는 것을 인정하고 모든 인간이 신이 될 수 있음을 밝히신 것입니다. 이것을 넓혀 생각하면 단지 인간만이 아니라 모든 존재가 성령의 현신이고, 결국 하나님이나 예수님과 같이 모두가 하나 되어 신과 같은 존재로 변하는 것이 가능할 수 있다는 것을 의미합니다. 특히 모든 존재를 구성하는 초기 요소인 무유(無有)가 만물에 공통적으로

---

324) 부록 10: 성경 속의 하나임 관련 말씀 참조

325) *예수는 없다*. 오강남, 현암사, 2017: 359-360

존재하고 있기 때문에 이것은 진리입니다.

라바모스: 모든 인간은 신의 형상으로, 신의 현현으로 창조됐다. 이 형상은 모든 인간이 죄를 지었을지라도 간직하고 있는 인간의 고유한 특징이다. 신의 형상은 인간의 본성 안에 존재한다. 인간이기 때문에 그는 신의 형상이며, 바로 신이다. 인간이 신의 형상으로 만들어졌다는 것은, 인간이 다른 인간에 대한 존엄성의 기초라는 것이다. 인간은 신을 알고 사랑하고 순종할 뿐만 아니라 신의 형상을 지닌 동료 인간들을 신처럼 사랑해야 한다. 바로 이것이 진정한 신에 대한 사랑의 완성이다.[326)]

아인스호키: 예수가 성자로 표현되며 성부인 하나님과 같은 신의 반열에 오르게 된 것은, 4대 복음서에서 예수를 지칭하면서 신의 아들 또는 사람의 아들이라는 표현을 공통으로 썼기 때문에 가능할 수 있었어요. 사람의 자식이 사람이 되듯이 신의 자식이 되어야만 그가 신이 될 수 있다는 것이지요. 이런 식으로 따라 내려가 보면 '사람의 자식', '동물의 자식', '생명체의 자식', '무생물체의 자식' 등등으로 이어가다가 결국 '단백질의 자식', '분자의 자식', '원자의 자식', '무유의 자식'까지 연결될 수 있지요.

두레스킴: 무유를 신이라고 하면, 모든 존재는 신의 자식이라고 할 수 있습니다. 신은 초기 단계의 존재여야 하기 때문에 무유의 상태를 신으로 정의하는 것이 보다 합리적이고 이성적인 추론입니다. 무유는 어떤 형태로든 표출될 수 있는 잠재적인 생명력을 지니고 있기에 더더욱 그렇습니다. 무유는 어떤 형태로든 형상화될 가능성을 갖고 있기 때문에 언제든 어디에서든 어떤 존재로든 나타날 수 있고, 변화무쌍한 모습으로 변할 수 있습니다.

바우류당: 예수께서는 나와 너, 인간과 신, 나와 우주가 하나라고 주장했지만 당시 기성 종교는 이러한 가르침을 더 이상 방치할 수 없었습니다.

---

326) *신의 위대한 질문*, 배철현, 21세기북스, 2015: 484-485

그분의 가르침은 로마 제국의 황제 숭배와 정면으로 배치되는 것이었습니다. 예수께서는 자신이 신의 아들이자 메시아일 뿐만 아니라 우리 사회의 힘없는 약자들, 외국인 노동자들, 과부들, 미혼모들, 가난한 자들이 모두 신적인 존재라고 가르쳤기 때문입니다.[327)]

하나임을 깨우치기 위해서 당신은 먼저 '당신 자신'이 자유 의지를 갖는 별개의 자율적인 존재라는 개념을 버려야 합니다.[328)]

아인스호키: 예수가 강조한 바와 같이 모든 존재가 하나임(Oneness)을 알면 구분에서 벗어날 수 있고, 그들이 바로 나의 분신임을 알게 되기 때문에 사랑을 베풀지 않을 수 없겠군요. 성경에 오직 하나인 존재를 지칭하기 위해 '하나님'이라는 말이 나오는데, 이것은 결국 모든 존재가 하나가 될 수 있는 '하나임'을 강조하는 것으로 해석할 수 있겠어요. 그러면 내가 킴 소장을 '하나임'으로 불러야겠네요. 하나임 킴!

두레스킴: 그럼 저는 호키 박사님을 '하나님'으로 부르도록 하겠습니다. 하나님 호키! 그리고 류당 하나님! 하나님 모스!

우리 모두는 위대한 성스러움의 씨앗을 간직하고 있습니다. 이것을 싹트게 하여 모두가 본래의 모습인 하나님(하나임)으로 승화하는 것이 우리가 이승에 존재하는 이유입니다. 그래서 부처님이 '불심은 진흙 속에 감추어진 다이아몬드와 같은 것이고, 우리 모두가 스스로 그것을 찾을 수 있다'라고 하셨습니다. 마찬가지로 신약성경에서 예수님은 우리가 깨달음을 얻어 새롭게 태어나 어린아이와 같은 상태가 되면, 당신과 같이 우리 모두가 하나님의 자녀가 된다는 점을 강조하셨습니다.

라바모스: 지금 지구는 엄청난 고통을 받고 있다. 생태계의 다양성이 없어지고 지속적인 온난화의 추이가 앞으로 어떤 결과를 가져올지 정확히 예견할

---

327) *인간의 위대한 질문*, 배철현 저, 21세기북스, 2015:, 206

328) *The Laughing Jesus*, Timothy Freke & Peter Gandy, Three Rivers Press, 2005: 172

수 없다. 그리고 이런 문제가 심화되어 자연이 자정 능력을 상실하였을 때, 겪게 될 고통은 상상을 초월할 수준일 것이다. 이제 우리는 이러한 불행을 미연에 방지하고 이승에서의 삶을 천국과 같은 '하나님의 나라'로 만들기 위해 함께 노력해야 한다. 사후에 천당을 찾으려는 망상에서 벗어나, 이승에서의 모든 생명체의 삶을 천국에서의 삶과 같이 만들려는 노력을 기울여야 한다. 우리 모두 자신의 복지와 행복만 따지지 말고, 모든 존재가 하나로 연결된 존재라는 것을 인식하고, 정신적이든 경제적이든 어려움에 처한 모든 존재를 아우르며, 서로가 잘살 수 있는 그런 지구를 만드는 데 기여해야 할 것이다.

두레스킴: 사회적으로 전파되는 행동의 변이는 두 가지 방식으로 진화에 영향을 줍니다: 첫째는 변형된 행동이 진화를 위한 원재료의 추가 요소가 될 수 있다는 것이고, 둘째는 사회 행동이 개인들이 살고, 배우고 번식하는 데 있어서 선택적인 영역의 일부를 형성한다는 것입니다. 그러므로 습관과 전통은 단순히 진화의 산물이 아니라 이것들이 진화의 주요 구성 요소가 된다는 것입니다.[329] 우리가 유념해야 할 것은 어떤 유전자와 어떤 유형의 '문화 DNA'[밈(meme)이라고 부르기도 함]를 자녀와 후손에게 물려주는 것이 좋겠는가 하는 것입니다. 허황된 유대 신화, 폭력적이고 변덕이 심한 그 신화의 주인공 여호와, 여기에 아무 의미 없는 사후세계와 같은 우화를 섞어서 물려줄 것인지 아니면 평등하게 그리고 자유롭게 서로 돕고, 사랑하고, 공존하는 유전자와 밈을 물려줄 것인지는 오롯이 당신의 선택에 달려 있습니다. 현명하고 올바른 판단을 기대합니다.저는 위 문장에서 우리의 행동도 진화에 영향을 줄 수 있다는 말에 담긴 의미를 새겨야 한다고 생각합니다. 이승이 보다 더 좋은 방향으로 나아가기 위해서는 지금까지의 잘못된 관행을 과감하게 떨쳐내는 노력이 필요합니다.

---

329) *Animal Traditions*, Eytan Avital and Eva Jablonka, 2000, Preface

그림: 최민주

끝맺는 말

이상에서 살펴본 바와 같이 진리만을 기록하였다는 성경이나 이슬람 경전은, 그 당시의 인간들에게 알려진 조악한 지식의 범위 내에서 상상할 수 있는 내용을 기술한 것일 뿐입니다. 이후 발전된 과학을 통해 밝혀진 자연법칙과 수많은 사람의 분석을 통해 많은 오류가 밝혀졌음에도 불구하고 기록의 신성함을 고집하고 오류를 감추려 시도하는 것은 잘못입니다.

구약성경은 유대 민족의 우수성을 웅변하고 자신들이 믿는 여호와를 앞장세워 다른 민족은 씨를 말려도 된다는 논리를 정당화시켰고, 그 결과 이 세상은 오랜 고난과 갈등으로 점철된 역사를 써왔습니다. 그런데도 아직 이런 잘못된 관행이 멈출 기미를 보이지 않고 지속되는 것은 그럴 필요성을 느끼는 집단, 그것도 아주 강력한 집단의 의지와 권모술수가 있기 때문이라고 저는 생각합니다.

구약성경의 많은 내용과 예수님의 가르침을 변질시킨 신약성경의 표현을 오해하거나 잘못 해석하는 오류를 범한 관계로 중세기에서 현재에 이르기까지 수없이 많은 사람이 마귀나 마녀 또는 사탄으로 몰려 허무하고 억울하게 죽어 나갔고, 민족들 간에 끊임없이 전쟁이 일어나 대량 살상이 자행되었고, 귀중한 자원이 낭비되었습니다. 그리고 아직도 이런 비이성적이고 몰상식한 관행이 멈추지 않고 있습니다.

종교는 자신들의 교리에 대해서는 따지지도 말고 의문도 품지 말고, 있는 그대로 수용하라고 주장합니다. 내용의 진위나 합리성이나 정당성을 따지는 것은 불경이고, 이럴 경우 사후에 천당에 갈 수 없다고 겁박합니다. 하지만 명백한 교리의 오류를 고치는 노력을 하지 않으면서 그대로 인정하고 믿으라 강요하는 것은 진리에 접근하는 것을 저해합니다.

안식일은 지켜져야 하는가? 살인은 하지 말아야 하는가? 노예는 정당화될 수 있는가? 여성을 사유 재산과 같이 여기는 것이 맞는가? 이런 질문에 대해 진정 합리적이고 일관된 답이 경전에 있는지 찾아보시기 바랍니다. 신의 절대성을 주장하던 시대의 제한된 지식과 사고의 한계에 따른 오류—망상, 과장, 기만, 변명, 비이성적인 주장—가 명백히 드러났음에도 불구하고 경전에 기술된 내용의 절대성을 주장하는 것은 잘못입니다.

또한, 성직자들이 진정 지식인이라면 사후세계의 허황됨을 알 것이며, 자신들이 신봉하는 신이라는 존재가 존재하지 않는다는 것을 인정할 것입니다. 그렇지 않고 다른 말을 한다면 그 사람은 위선자일 수밖에 없습니다.

이런 행위를 멈추지 않고 있는 성직자들도 문제지만, 이런 차별을 강요하는 성직자를 마치 신의 대변인인 것처럼 숭앙하고 이들이 강요하는 모든 희생—경우에 따라서는 모든 재산의 헌금과 종교를 위한 사역과 목회자의 육체적 성욕의 만족까지를 포함하는—을 감내하는 신자들도 문제라 하지 않을 수 없습니다.

그리고 구약성경을 근간으로 하는 종교를 믿고자 하는 사람들은 구약성경이 갖는 한계를 정확히 파악하고 현명한 결정을 내려야 할 것입니다. 모태신앙이라는 명분으로 무조건적으로 구약성경을 자손이나 지인에게 내밀기 전에 다시 한번 내용의 진위와 모순점을 따져 보실 것을 부탁드립니다.

인류에게 주어진 정당한 권리를 신의 이름으로 그토록 오랫동안 외면했던 관행에 대해 죄의식을 느낀다면, 성직자들은 과거의 한정된 지식을 지닌 사람들이 신의 말이라고 기술한 내용의 한계가 있음을 인정하시기 바랍니다. 그리고 신성시하는 경전의 신의 말이 신의 말이 아니었음을 인정하고 올바른 가르침을 찾아 바꿔나가야 합니다. 근본적인 변화를 도모하지 않고 고대 우화에나 나올 이야기로 채워진 경전을 성스러운 책이라고 집착하는 한, 잘못된 관행은 반복될 수밖에 없음을 알고 진정한 개혁을 이루어내야 합니다

당시에 수용 가능한 지식의 깊이와 넓이가 얕고 좁았다는 것을 인정하고, 현대 과학과 발전된 기술로 새롭게 밝혀진 사실에 근거한 새로운 이론을 제시할 줄 알아야 합니다. 과거의 왜곡된 이론에 근거한 내용을 아무리 덮으려 한들 이를 가릴 수가 없고, 오히려 이로 인해 많은 사람이 진실로부터 멀어지고 신이라는 존재에게 다가가기 어렵게 한다는 것을 인정하고 솔직해져야 합니다.
자연법칙 속에 존재하는 신은 이해를 통해 가까워질 수 있는 존재입니다. 그리고 자연법칙을 관장하는 신은 우리에게 신화나 기적이라는 미신에 더 이상 속지 말고 빨리 자신을 찾아오라고 손짓하고 있습니다.

저는 예수께서 구현하고자 하셨던 '이승에 천국이 실현'되는 날이 조만간 도래하리라 굳게 믿습니다. 왜냐하면 구약성경의 문제점을 지적하는 사람들이 점점 늘고 있고, 이들의 목소리는 갈수록 더 커질 것이기 때문입니다. 이를 촉진하려면, 구약성경을 기반으로 하고 있는 개신교, 천주교와 이슬람교의 양심 있는 성직자들이 구약성경의 폐해를 수긍하고, 구약성경이 신약성경이나 쿠란과 함께할 수 없는 교리라는 것을 인정하고, 용기 내어 이와 결별을 선언해야 합니다. 또한, 신자들도 올바르고 이성적인 행동을 취해야 합니다. 종교 지도자들에게 잘못된 것을 지적하고, 함께 바꾸어 나가자고 목소리를 높여 주시기 바랍니다.
우리 모두 동참하여 객관적 사실과 자연법칙에 순응하는 논리를 개발하여 이승에 천국을 만들기 위해 함께 노력합시다. 그리하여 행복한 미래를 소중하고 사랑스러운 후손들에게 물려줍시다.

부록 1: 구약성경과 관련된 열강의 왕 연대기

함무라비 (Hammurabi)	기원전 1728-1686	구바빌로니아 왕국(함무라비법전)
람세스 2세 (Ramesses II)	기원전 1279-1213	이집트왕, 출애굽기가 일어난 시점의 이집트 통치자라는 설이 있음
메르넵타 (Merneptah)	기원전 1213-1203	이집트 왕, 람세스 2세의 아들
시삭 (Shishak)	기원전 935-914	이집트 왕, 기원전 925년 이스라엘을 침공하여 속국으로 만듬
샬마네세르 3세 (Shalmaneser III)	기원전 859-824	아시리아 왕, 사마리아(북이스라엘국)를 속국으로 만듬, 기원전 853년 카르카르 전투
아닷니라리 3세 (Ada-nirari III)	기원전 807-782	아시리아 왕
디글랏빌레셀 3세 (Tiglath-pileser III)	기원전 745-727	아시리아 왕
사르곤 2세 (Sargon II)	기원전 722-705	아시리아 왕, 기원전 722/721년 북이스라엘 멸망
산헤립 (Sennacherib)	기원전 705-681	아시리아 왕, 남유다국을 속국으로 만듬
아르크메니스 (Achemenes)	기원전 705-675	페르시아 왕
테이스페스 (Teispes)	기원전 675-640	페르시아 왕
키루스 1세 (Cyrus I)	기원전 640-600	페르시아 왕
느고 (Neco II)	기원전 609-593	이집트 왕, 기원전 609년 벌어진 므깃도전투에서 요시야 왕을 죽임
네부카드네자르 2세 (Nebukadnessar, 느부갓네살)	기원전 605-562	신바빌로니아 왕, 바빌론 유배(기원전 587-538)

캄비세스 1세 (Cambyses I)	기원전 600–559	페르시아 왕
벨사살 (Belshazzar)	기원전 562–539	신바빌로니아 마지막 섭정왕
키루스 2세 (Cyrus II)	기원전 550–530	신바빌로니아 멸망(기원전 539년) 페르시아의 이스라엘 통치 시작
캄비세스 2세 (Cambyses II)	기원전 530–522	페르시아 왕
다리우스 1세 (Darius I)	기원전 522–486	페르시아 왕
세레세스 (Xerxes)	기원전 486–465	그리스 침공하려다 실패(기원전 480년)
아르타크세르크세스 1세 (아닥사스다, Artaxerxes I)	기원전 465–433	여선지 노아댜(Noadiah)와 다른 선지자들의 훼방(느헤미야 6:14)
		예루살렘 성전 공사가 중단된 시기 (기원전 521–432, 에스라 4:24)
		Artaxerxes왕 재위 때 중상모략으로 진행되던 성전 공사가 중단 (에스라 4장)
다리우스 2세 (다리오, Darius II)	기원전 433–404	페르시아 왕
아르타크세르크세스 2세 (아닥사스다, Artaxerxes II)	기원전 405–358	페르시아 왕
알렉산드로스 3세 (Alexander III)	기원전 336–323	페르시아 침공 (기원전 331년)

부록 2: 에스라 족보

역대상 6:3	에스라 7:2	느헤미야 11:11[4]
1. 레위(levi)		
2. 게르손(Gershon), 그핫(Kohath), 므라리(Merari)		
3. 그핫: 아므람(Amram), 이스할(Izhar), 헤브론(Hebron), 웃시엘(Uzziel)		
4. 아므람: 아론(Aaron), 모세(Moses), 미리암(Miriam)		
5. 아론: 나답(Nadab), 아비후(Abihu), 엘르아살(Eleazar), 이다말(Ithamar)	아론	
6. 엘르아살(Eleazar)	←	
7. 비느하스(Phinehas)	←	
8. 아비수아(Abishua)	←	
9. 북기(Bukki)	←	
10. 웃시(Uzzi)	←	
11. 스라히야(Zerahiah)	←	
12. 므라욧(Meraioth)	←	
없음	아사랴(Azariah)[3]	

역대상 6:3	에스라 7:2	느헤미야 11:11[4]
13. 아마랴(Amariah)	←	
14. 아히둡(Ahitub)6)	←	7) 아히둡(Ahitub)
사독(Zadok)—15. 참조	없음	
아히마아스(Ahimaaz)	없음	
아사랴(Azariah)—주석3) 18. 참조	없음	
요하난(Johanan)	없음	
아사랴(Azariah)[1]	없음	
아마랴(Amariah)—13. 참조	없음	
아히둡(Ahitub)—14. 참조	없음	6) 므라욧(Meraioth) —12. 참조
15. 사독(Zadok)[5]	←	5) 사독(Zadok)
16. 살룸(Shallum)	←	4) 므슬람(Meshullam)
17. 힐기야(Hilkiah)	←	3) 힐기야(Hilkiah)
18. 아사랴(Azariah)	←	없음
19. 스라야(Seraiah)	←	2) 스라야(Seraiah)
20. 여호사닥(Jehozadak)[2]	에스라	1) 에스라(Ezra)

1) 솔로몬이 예루살렘에 세운 성전에서 제사장의 직분을 행한 자(역대상 6:10)

2) 여호와가 느부갓네살(기원전 605~562 재위)의 손으로 유다와 예루살렘 백성을 옮길 때 여호사닥도 감(역대상 6:15)—에스라의 형제일 수 있으나 왜 에스라가 아닌 여호사닥 이름을 넣었는지 이유를 알 수 없음.

3) 열왕기상 4:2: 제사장 사독[Zadok(15.)]의 아들, 4:5에는 나단

(Nathan)의 아들로 지방 관장의 두령, 열왕기하 14:21에는 16세 왕에 오른 사람—이 사람이 웃시아로도 불리는 왕임

4) 느헤미야 11:11에 부실하게 적힌 에스라 가계도, 에스라와 차이가 많음

5) 사무엘하 8:17에 다윗 시절에 활약하던 사독은 아히둡(Ahitub)의 아들이며 그의 아들 아사리아(Azariah)는 솔로몬왕 시절에 제사장을 지낸 사람(열왕기상 4:1)으로 기원전 10세기에 활약하던 사람들인데 역대상 9:11에 힐기야의 할아버지로 나오는 사독은 아히둡의 손자고, 아사랴(Azariah)는 그의 증손자며 힐기야의 아들로 기원전 6세기에 활약한 사람들임, 느헤미야서와 역대상의 아히둡 이후의 족보를 따져보면 스라야까지 5대인데 네 명의 이름이 다르다는 것을 알 수 있음.

6) 사무엘상 14:3에 사울왕 때 활약하던 아히야의 아버지인 아히둡의 아버지는 비느하스, 할아버지는 엘리라고 나옴, 사무엘상 22:9에는 아히둡이 다른 아들 아히멜렉을 두고 있음을 언급함.

부록 3: 이스라엘 12지파

창세기 49장		민수기 1장		요한계시록 7장	
1	르우벤(Reuben, 나의 괴로움) – L1	1	←	2	←
2	시므온(Simeon, 들으심) – L2	2	←	7	←
3	레위(Levi, 연합함) – L3		없음	8	레위
4	유다(Judah, 찬송) – L4	3	←	1	←
5	스불론(Zebulum, 거함) – L6	5	←	10	←
6	잇사갈(Issachar, 값) – L5	4	←	9	←
7	단(Dan, 억울함을 푸심) – B1	9	←		없음
8	갓(Gad, 행운) – Z1	11	←	3	←
9	아셀(Asher, 기쁨) – Z2	10	←	4	←
10	납달리(Naphtali, 내가 언니와 크게 경쟁하여 이겼다) – B2	12	←	5	←
11	요셉[Joseph, 그(여호와)가 더한다] – R1		없음(대신 6과 7)	11	요셉
		6	에브라임(Ephraim)		없음
		7	므낫세(Manasseh)	6	므낫세
12	베냐민(Benjamin, 내 고통의 아들) – R2	8	←	12	←

L(레아, Leah, 야곱의 장인 라반의 첫째 딸, 야곱의 첫 부인, 라헬의 언니)

B(빌하, Bilhah, 라반이 라헬에게 넘긴 여종)

Z(실바, Zilpah, 레아의 여종)

R(라헬, Lachel, 라반의 둘째 딸)

□ 태어난 순서: L1, L2, L3, L4, B1, B2, Z1, Z2, L5, L6, Dinah(딸), R1, R2

□ 야곱은 라헬을 먼저 만났고 라헬을 사랑했다. 마지막에 야곱은 "레아와 함께 잠들고 싶다"고 한다. … 레아, 그는 죽어서 이렇게 남편 야곱에게 한 여자로, 진정한 아내로 인정받았다.[330)]

□ 민수기 6과 7은 요셉이 이집트에서 낳은 아들들임(창세기 46:20)

---

330) *일상적 폭력 폭력적 종교*, 이종록, 쿰란출판사, 2017: 129, 이름 해석도 이 책을 참조함.

부록 4: 신약성경에 나온 예수 가계도

	마태복음		누가복음
		1	아담(Adam) – son of God
		2	셋(Seth)
		3	에노스(Enosh) – Enos
		4	가이난(Kenan) – Cainan
		5	마할랄렐(Mahalalel) Maleleel
		6	야렛(Jared)
		7	에녹(Enoch)
		8	므두셀라(Methuselah) Mathusala
		9	레멕(Lamech)
		10	노아(Noah) – Noe
		11	셈(Shem) – Sem
		12	아박삿(Arphaxad)
		13	가이난(Cainan)
		14	살라(Shellah) – Sala
		15	헤버(Eber) – Heber
		16	벨렉(Peleg) – Phalec
		17	르우(Reu) – Ragau
		18	스룩(Serug) – Saruch
		19	나홀(Nahor) – Nachor
		20	데라(Terah) – Thara
1	아브라함(Abraham)	21	←
2	이삭(Issac)	22	←

	마태복음		누가복음
3	야곱(Jacob)+부인 다말 (Tamar)	23	←
4	유다(Judah)	24	←
5	베레스(Perez)	25	←
6	헤스론(Hezron) – Esrom	26	← Esrom
7	람(Ram) – Aram	27	아니(Arni, NIV판 영문은 Ram KJV 영문은 Aram)
8	아미나답(Amminadab)	28	←
9	나손(Nahshon)	29	←
10	살몬(Salmon)+부인 라합(Rahab)	30	←
11	보아스(Boaz)+부인 룻(Ruth)	31	←
12	오벳(Obed)	32	←
13	이새(Jesse)	33	←
14	다윗(David)+장교 우리야(Uriah)의 아내 밧세바 (Bath-theba)	34	←
15	솔로몬(Solomon)	35	나단(Nathan)
		36	맛다다(Mattatha)
		37	멘나(Menna)
		38	멜레아(Melea)
		39	엘리아김(Eliakim)
		40	요남(Jonam)
		41	요셉(Joseph)
16	르호보암(Rehoboam, 기원전 922-915 재위)	42	유다(Judah)
17	아비야(Abijah, 기원전 915-913 재위)	43	시므온(Simeon)
18	아사(Asa, 기원전 913-873 재위)	44	레위(Levi)
19	여호사밧(Jehoshaphat, 기원전 873-849 재위)	45	맛닷(Matthat)

	마태복음		누가복음
20	요람(Jehoram, 기원전 849–842 재위)–Joram	46	요림(Jorim)
21	웃시야(Uzziah) 기원전 783–742 재위	47	엘리에(Eliezer)
22	요담(Jotham) 기원전 750–735 재위	48	예수(Joshua) – Jose
23	아하스(Ahaz, 기원전 735–715 재위)–Achaz	49	에르(Er)
24	히스기야(Hezekiah) 기원전 715–687/6 재위	50	엘마담(Elmadam)
25	므낫세(Manasseh) 기원전 687/6–642 재위	51	고삼(Cosam)
26	아몬(Amon) 기원전 642–640 재위	52	앗디(Addi)
27	요시야(Josiah) 기원전 640–609 재위	53	멜기(Melki)
28	여고냐(Jeconiah) – Babylon 유배 떠남 (1:11) 기원전 587	54	네리(Neri)
29	스알디엘(Shealtiel) – 바빌론에서 낳음 – 에스라 3:2	55	← Salathiel
30	스룹바벨(Zerubbabel)[331] – Zorobabel 에스라 3:2	56	← Zorobabel
		57	레사(Rhesa)
		58	요아난(Joanan) – Joanna
		59	요다(Joda) – Juda
		60	요섹(Josech) – Joseph
		61	서머인(Semein)
		62	맛다디아(Mattathias)
		63	마앗(Maath)
		64	낙개(Naggai)
		65	에슬리(Esli)
31	아비훗(Abiud)	66	나훔(Nahum)

331) 스룹바벨이 에스라와 마태복음에서는 스알디엘의 아들로 나오는데 역대하에는 스알디엘의 다른 아들 브디야(스룹바벨의 동생)의 아들이라도 함.

	마태복음		누가복음
32	엘리아김(Eliakim)	67	아모스(Amos)
33	아소르(Azor)	68	맛다디아(Mattathias)
34	사독(Zadok) – 에스라 7:2, 느헤미야	69	요셉(Joseph)
35	아킴(Akim)	70	얀나(Jannai)
36	엘리웃(Eliud)	71	멜기(Melchi)
37	엘르아살(Eleazar)	72	레위(Levi)
38	맛단(Matthan)	73	맛닷(Matthat)
39	야곱(Jacob)	74	헬리(Heli)
40	요셉(Joseph) + 부인(Mary)	75	←
41	예수(Jesus) Christ	76	←

□ 마태복음은 노아를 시조로 해서 내려옴. 총 42세대라고 하나 실제로는 41세대만 표기되어 있다. 솔로몬 이후의 족보는 역대상 3:10 이후의 것을 인용하였으나 오류가 많음—역대상 3:10 이후의 족보 자체도 문제점 투성이다.

□ 누가복음 13번의 가이난(Cainan)은 4번의 가이난과 KJV에는 이름이 같았는데 NIV판에는 4번의 영문이름을 게난[Kenan, 개역개정판의 이름은 KJV판을 그대로 따라 가이난으로 번역됨, 역대상 1:2에 가이난(Cainan) 대신 게난(Kenan)이라는 이름이 나와 바꾼 것으로 보임]으로 바꾸었다. 그런데 바꾸려고 했으면 13번의 이름을 바꾸는 것이 그나마 좋았을 텐데 13번은 오리무중의 인물이 되어버렸다. 한편 역대상 1:2의 게난은 구약성경 어디에도 나오지 않는 이름이고 이는 가이난의 오기로 보인다.

□ 누가복음 27번도 어느 것이 맞는지 알 수 없다.

□ 누가복음에서 제사장과 연계시키려고 한 것은 왕권은 로마가 정통성을 잇고 있다는 것을 보이려고 한 것이 아닌지?

□ 또 하나 특이한 것은 마태가 언급한 여성이 네 명 있는데 다말은 유다의 장자 엘의 부인인데 엘이 죽은 후 창녀의 행장을 하고 유다에게 접근하여 쌍둥이를 낳은 여자(창세기 38장)고, 라합은 에리고 성에 파견된 정탐꾼을 숨겨준 기생(여호수아 2장), 룻은 룻기에 나오는 여인인데 남편과 사별 후 남편의 친족이 되는 사람에게 수치심 없이 성적인 매력을 앞세워 접근하여 아이를 낳는다. 그리고 마지막 여인은 다윗 군대의 장교 우리아와 결혼한 상태에서 다윗과 간통한 밧세바(사무엘하 11장)다. 이들의 공통점은 품격이 떨어지는 여성들이고, 구약성경의 상당한 지면을 차지하는 이야기의 주인공들이라는 것이다.—이런 여성들을 배치한 것은 예수의 출생과 관련하여 부정적인 측면을 부각하려는 작가의 의도가 엿보인다.

부록 5: 예수 제자

마태복음 (10:2-4)	마가복음 (3:18-19)	누가복음 (6:14-16)	요한복음	사도행전 (1:13, 1:26)
시몬(Simon, 4:18) 베드로, 요나(Jonah, 16:17) 아들	시몬(1:16)- 베드로(Peter)로 개명(3:16)	시몬(4:38, 5:3/4/5) 시몬 베드로(5:8, 6:14)	베드로, 요나 아들(1:42)—벳세다 출신(1:44)	둘 다 사도행전 1:13
안드레(Andrew, 4:18)	안드레 (1:16)	*안드레, 6:14*	안드레(1:41)가 베드로를 꼬임[332]	
야고보[James, 4:21, 세베데(Zebedee) 아들]	야고보[333](1:19)	야고보(시몬과 동업자, 5:9/10)	없음	요한이 자신을 돋보이기 위해 형 야고보를 지움 둘 다 사도행전 1:13
요한[John, 4:21, 세베대(Zebedee) 아들]	요한(1:19) 세베대 아들	요한(5:10) 세베데 아들	요한(예수가 가장 사랑하는 제자?) –이름은 언급하지 않음	
없음	레위[334] (Levi, 세리, 2:14) 알패오(Alphaeus) 아들	레위 (Levi, 세리, 5:27)	없음	예수가 세리에게 '따르라'는 지시로 제자가 됨 마태는 사도행전 1:13
마태(Matthew 세리, 9:9)[335]	*레위 대신 마태(3:18)*	*레위 대신 마태 (6:15)*	없음	
가룟 유다(Judas Iscariot, 26:14, 27:5에 죽음)	가룟 유다 (3:19)	가룟 유다 (22:3)	가룟 유다, 시몬의 아들 (6:71,12:4)	죽었다고 기록(사도행전 1:18)
빌립(Philip)	*빌립*	*빌립*	빌립(베드로와 같은 벳세다 출신, 1:43)	사도행전 (1:13, 6:2)

---

332) *KJV판에는 세례 요한의 제자 안드레가 베드로를 꼬여 함께 예수의 제자가 되는 것으로 이야기하나,* NIV판에서는 안드레가 예수의 제자인 것으로 바꿈

333) 야고보와 요한에게는 우레의 아들(sons of Thunder) 마가복음 3:17-19에 명단이 나오는데 이것도 어색하고 숫자도 13명이 된다.—마태와 레위가 동일인이면 12명이 됨.

334) 레위가 마태인 것 같은데 이름을 바꿨다는 내용은 없음.

335) 마태복음의 마태는 세리라는 것과 예수가 '따르라'는 말로 제자가 되는 것을 보면 레위와 동일인

마태복음 (10:2-4)	마가복음 (3:18-19)	누가복음 (6:14-16)	요한복음	사도행전 (1:13, 1:26)
바돌로메 (Bartholomew)	*바돌로메*	*바돌로메*	없음	사도행전 1:13
도마 (Thomas)	*도마(3:18)*	*도마*	도마['디두모 (Didymus)'로 불림] 11:16, 21:2	사도행전 1:13
야고보(James, 10:3), 알패오, (Alphaeus) 아들	야고보 [3:18, 작은 야고보 (15:40)], 알패오 아들	*야고보(6:15) 알패오 아들*	없음	사도행전 1:13, 알패오 아들
다대오 (Thaddaeus, 10:3)	*다대오 (3:18)*	없음	없음	없음
시몬[336](Simon, the Zealot, 가나나인,)	*시몬 (가나나인, 3:18)*	*시몬(셀롯, 열성당원)*	시몬(21:15-18, 요한의 아들)[337]	사도행전 1:13
			나다나엘 (Nathanael, 1:45, 21:2), 갈리리 가나 사람	1장과 21:2 부활 후 만남 사도행전 1:13에 누락
		유다(야고보의 아들(?), 6:16)	유다(Judas, 14;22)[338]	사도행전 1:13
				맛디아(Matthias), 사도행전 1:26
				스데반, 빌립, 브로고로, 니가노르, 디몬, 바메나, 니골라(사도행전 6:2)
총 6(+6명)	총 7(+5명)	총 5(+7명)	총 5(+4명)	총 12(+7명, 접대/재정 출납 담당)

336) 요한복음 18:10에 베드로가 제사장 종 말고의 귀를 잘랐다고 하는데 열성당원인 이 사람의 소행이 아닐까 생각한다. 그런데 요한의 아들이라면 이때는 태어나기 전이다.

337) *KJV판에는 Simon*, son of Jonas(요나), NIV판은 John(요한, 요한복음 21:15)—이것은 NIV판이 제대로 봄 그러나 요한의 아들이 이 명단에 들을 만큼 나이가 들었는지는 미지수임, 사도행전 1:13에서는 열성당원이라고 하는데 이것도 의심스럽다.

338) 가룟 유다가 아닌 유다 여기에만 나온다.

부록 6: 예수 행적

	마태복음	마가복음	누가복음	요한복음
출생 통고	이름 모를 천사가 요셉에게		가브리엘이 마리아에게	
임신 주체	성령		신(God)의 은혜	
출생 축하	동방박사		천사들이 목동들에게 알려줌	
출생과 족보	부계로 연결—왕가와 연계	없음	모계로 연결—제사장과 연계	없음
출생연도	기원전 6	없음	기원후 4	없음
출생장소	베들레헴		베들레헴—구유	
어린 시절	출생 후 모세와 같은 행적	없음	12세에 성전에서 담화	없음
마리아와의 관계	귀신 내용 없음	귀신을 쫓은 —부활 삽입하면서	일곱 귀신을 쫓은 (8:2) 부부(? 10:40)	귀신 내용 없음
기름부음 장소	베다니	베다니, 나병환자 시몬 집	갈릴리	베다니, 되살린 나사로 집
기름부은 여성		한 여자	죄를 지은 여인	마리아
지급한 돈		300 데나리온		300 데나리온
날짜	처형 2일 전	처형 2일 전	처형과 무관 —1년 전	처형 6일 전
죽는 장면 목격자	막달라 마리아, 야고보와 요세의 모친 (성모) 마리아, 세베데의 부인	막달라 마리아, [작은 야고보와 요세의 어머니 (성모) 마리아], 살로매+많은 여성	예수 아는 자와 갈릴리로부터 따라온 여자들, 막달라 마리아, 요안나 (헤롯의 청지기 구사의 아내), 야고보의 모친 (성모) 마리아	막달라 마리아, (성모) 마리아, 엘리사벳(세례요한 어머니), 글로바의 아내 마리아+예수가 사랑한 제자 (19:26)
죽을 때 행위	하나님을 원망하며 죽음	덤덤하게 받아들임	죄수와 대화, 용서	사랑하는 제자에게 자기 어머니 모실 것을 부탁

	마태복음	마가복음	누가복음	요한복음
못 받은 시각	확인 불가	제삼시	확인 불가	제육시 이후
죽은 시각	제육시–제구시(12시-오후 3시)에 어둠이 임함	제육시–제구시 제육시 어둠이 임함	제육시–제구시에 어둠이 임함	확인 불가
장례 참석자	아리마대 사람 요셉, 막달라 마리아, 다른 마리아	요셉, 막달라 마리아, 요세 어머니	요셉, 갈릴리로부터 따라온 여자들,	요셉, 유대 통치자 니고데모
안식 후 첫날, 부활 장소 확인	막달라 마리아, 다른 마리아	없음(후에 전체 삽입, 16:9-20) 막달라 마리아, (성모) 마리아, 살로메	막달라 마리아, 요안나, 야고보의 모친[(성모) 마리아] 외 다른 여자들, 베드로가 재확인	막달라 마리아, 베드로와 사랑하는 제자가 재확인
부활 후 만남	당일 2회(두 여인+갈릴리에서 열한 제자)	당일 3회(마리아+제자 2인+열한 제자), 3회	당일 2회(제자 2인[339]+전체), 40일 (사도행전 1:3)	당일 2회 (마리아+제자들), 8일 후 1회[340], 그 후 1회, 총 4회
만난 장소	갈릴리 산 정상	특정하지 않았으나 갈릴리로 예상 (16:7)	엠마오나 예루살렘	첫 3회는 예루살렘으로 추정, 마지막은 디베랴(갈릴리) 호수
승천	없음	후에 삽입 (16:19-20)	후에 삽입, 괄호 처리(24:51), 사도행전 1:11 (올려져 가다)	없음 구두 언급(20:17)

339) *둘[글로바(Cleopas)와 다른 사람]이라는데*, 글로바라는 이름은 신약성경 중 이곳에만 나오니 예수의 제자라고 특정할 수 없음. 그리고 그들이 누구를 지칭하는지도 알 수 없음, 24:12와 24:13 사이의 일부 내용이 삭제되었을 가능성이 있음.

340) 20:24-31 문들이 닫혔는데 혼령과 같이 뚫고 들어와서 제자 도마에게 옆구리에 손을 넣어보라고 함.

부록 7: 신약성경 내 복음 종류

	출전(KJV판)	개역개정판(NIV판)
gospel of Jesus Chris (예수 그리스도 복음)	마가복음 1:1 (gospel of Jesus Christ)	예수 그리스도의 복음
Gospel of Christ (그리스도 복음)	로마서 1:9 (gospel of his Son) 1:16(gospel of Christ) 15:19(gospel of Christ) 15:29(gospel of Christ) 고린도전서 9:12(gospel of Christ) 9:18 (glorious gospel of Christ) 고린도후서 4:4(glorious gospel of Christ) 9:13(gospel of Christ) 10:14(gospel of Christ) 갈라디아서 1:7(gospel of Christ) 빌립보서 1:27(gospel of Christ) 데살로니가전서 3:2(gospel of Christ)	그의 아들의 복음 복음 그리스도의 복음 그리스도의 충만한 복(full measure of the blessing of Christ) 그리스도의 복음 복음 그리스도의 영광의 복음 (gospel of the glory of Christ) 그리스도의 복음 그리스도의 복음 그리스도의 복음 그리스도의 복음 그리스도의 복음
Gospel of Lord Jesus Christ (주 예수 그리스도 복음)	데살로니가후서 1:8 (gospel of our Lord Jesus Christ)	우리 주 예수의 복음 (gospel of our Lord Jesus)

	출전(KJV판)	개역개정판(NIV판)
하나님의 복음(gospel of God)	로마서 1:1 15:16 고린도후서 11:7 데살로니가전서 2:2 2:8 2:9 디모데전서 1:11 (glorious gospel of the blessed God) 베드로전서 4:17	하나님의 복음 하나님의 복음 하나님의 복음 하나님의 복음(his gospel) 하나님의 복음 하나님의 복음 하나님의 영광의 복음 (glorious gospel of the blessed God) 하나님의 복음
gospel of the kingdom of God(하나님의 나라 복음)—지상 천국	마가복음 1:14	하나님의 복음 (good news of God)
gospel of the Kingdom 천당 복음(왕국 복음) —사후 천당	마태복음 4:23 9:35 24:14	천국(당) 복음 (good news of Kingdom) 천국(당) 복음 (good news of Kingdom) 천국(당) 복음 (gospel of the kingdom)
gospel of the grace of God (하나님 은혜 복음)—바울이 설교	사도행전 20:24	하나님의 은혜의 복음 (gospel of God's grace)
gospel of peace(평화 복음)	로마서 10:15 에베소서 6:15	좋은 소식(good news) 평안의 복음
gospel of the uncircumcision (무할례 복음)	갈라디아서 2:7	무할례자에게 복음 (gospel of Gentiles)
gospel of your salvation (당신의 구제 복음)	에베소서 1:13	구원의 복음 (gospel of your salvation)

부록 8: 구약성경의 지옥

	KJV판	NIV판	개역개정판
1. 신명기 32:22	가장 낮은 지옥	죽음의 낮은 영역	스올의 깊은 곳
2. 욥기 26:6	지옥이 벗겨지고	죽음이 벗겨지고	스올도 벗은 몸으로 드러나며
3. 시편 18:5	지옥의 슬픔	죽음의 줄	사망의 줄
4. 시편 139:8	지옥에 침실을 마련	깊은 곳에 침실을 마련	스올에 자리를 폄
5. 잠언 5:5	발은 죽음으로 걸음은 지옥에 도달'	발은 죽음으로 걸음은 무덤으로 인도	발은 사지로 걸음은 스올로
6. 잠언 7:27	집은 죽음의 실내, 지옥으로 가는 길	집은 죽음의 실내, 죽음의 고속도로	그의 집은 스올의 길, 사망의 방으로
7. 잠언 27:20	지옥과 파괴	죽음과 파괴'	스올과 아바돈 [죽음의 자리]
8. 이사야 28:15	죽음과 서약, 지옥과 계약	죽음과 서약, 지옥과 계약	사망과 언약, 스올과 맹약
9. 요나 2:2	지옥의 뱃속	무덤의 깊은 곳	스올의 뱃속

NIV판의 사무엘하 22:6, 욥기 11:8, 시편 9:17, 16:10, 55:15, 86:13, 116:3, 잠언, 10:18, 15:11, 15:24, 23:14, 이사야 5:14, 14:9, 14:15, 57:9, 에스겔 31:16, 31:17, 32:21, 32:27, 아모스 9:2, 하박국 2:5은 KJV판의 '지옥'을 '무덤'으로, 개역개정판은 '스올'로 바꾸었다.

1. 지옥을 무덤 외에 죽음이나 사망으로 번역되는 것을 볼 수 있다. (1, 2, 3, 6, 7)
2. 죽음과 지옥을 함께 표현하는 경우 죽음과 무덤을 구별한다. (5)
3. 이사야 5:14의 경우 영문으로는 지옥을 여성(her)으로, 무덤은 중성(its)으로 표현한다.
4. 이사야 14:15에서 KJV판은 무덤 구덩이 옆을 지옥으로, NIV판은 무덤 구덩이 맨 밑을 무덤으로 표현한다.

부록 9: 원자의 구조

원자는 양성자(Proton)와 중성자(Neutron)가 결합하여 만들어진 원자핵(Nucleus)과 전자(Electron)로 구성되어 있다. 양성자와 중성자는 중(重)입자(Baryon)로, 전자는 경(輕)입자(lepton)로 불린다.

중입자는 쿼크들로 구성되어 있는데, 글루온이 이들을 결합한다. 쿼크에는 위[u(p)]와 아래[d(own)], 기묘[s(trange)]와 맵시[c(harm)], 꼭대기[t(op)]와 바닥[b(ottom)]의 여섯 종류가 규명되었다.

다른 많은 기본 물질 입자들은 쿼크들로 이루어졌고, 쿼크들은 물리학자들이 색(色, color)이라고 명명한 진기한 속성을 지녔다('양자색역학'이라는 명칭도 쿼크의 '색'과 관련이 있다. 그러나 쿼크의 색은 유용한 표찰일 뿐 가시적인 색과 무관하다). 쿼크들의 색은 적색, 녹색, 청색 그렇게 세 가지다. … 세 가지 색[또는 반색(反色)]이 다 모이면, 최종 색은 없어진다. 따라서 각각 다른 색을 지닌 쿼크 세 개가 조합되면 중입자라는 안정된 입자가 형성된다. [반(反)쿼크 세 개가 조합되면 중입자의 반(反)입자가 형성된다. 양성자와 중성자는 중입자며 원자핵의 구성 요소이고 우주에 있는 모든 평범한 물질의 기초다.[341)]

경입자에는 전자와 전자 중성미자(Nutrino), 뮤온(muon)과 뮤온 중성미자, 타우(tau)와 타우 중성미자의 여섯 종류가 있다.

렙톤으로 불리는 여섯 개의 경입자는 가벼운 입자라는 뜻이[지만 타우 렙톤은 전혀 가볍지 않—저자 주]다. 렙톤은 강한 상호 작용을 하지 않기 때문에 쿼크나 글루온과 강한 상호 작용을 통해 상호 작용하지 않는다. 하지만 렙톤은 또 다른 입자인 Z 보존과 W 보존을 통해 약한 상호

341) *위대한 설계*, 스티븐 호킹, 까치, 2010: 138

작용을 하기 때문에 이런 식으로 쿼크와 상호 작용한다고 할 수 있다.[342] 위에서 언급한 중입자를 구성하는 6개의 쿼크와 경입자를 구성하는 6개의 렙톤 입자들은 반정수(1/2) 스핀을 가지며 각각이 페르미온(Fermion)이라 불리는 물질 입자들이다. 이들은 힘(에너지) 전달 입자인 보존(Boson) 입자와 상호 작용하여 원자를 형성한다.

보존 입자에는 강한 핵력(Strong Nuclear Force)을 전달하는 글루온(Gluon), 전자기력(Electromagnetism)을 전달하는 광자(Photon), 약한 핵력(Weak Nuclear Force)을 전달하는 Z 보존과 W 보존이 포함되는 스핀 1을 갖는 게이지(Guage) 보존들과, 스칼라(Scala) 보존이며 스핀(spin)이 없는(0) 힉스(Higgs) 보존이 있다.

각각 반정수(1/2) 스핀을 갖는 쿼크(기본 입자) 3개로 이루어진 양성자나 중성자도 역시 스핀 1/2을 갖는 합성 입자들이며, 쿼크 2개로 이루어진 중간자(meson)들은 스핀이 없는(0) 스칼라 합성 입자들이다. 다만 힉스 보존은 합성 입자가 아닌 기본 입자이다.

3세대 이후의 쿼크와 중성미자를 찾으려는 많은 실험들이 있었지만 아직 발견되지 않았으며, 더 많은 세대의 존재를 반박하는 많은 이론적 논쟁들이 있다. 이 문제는 여전히 결론이 나지 않은 상태다.[343]

---

342) *한 권으로 끝내는 물리*, 폴 지제비츠 지음, 곽영직 옮김, 작은책방(Gbrain), 2016: 411

343) *한 권으로 끝내는 물리*, 폴 지제비츠 지음, 곽영직 옮김, 작은책방(Gbrain), 2016: 413-415

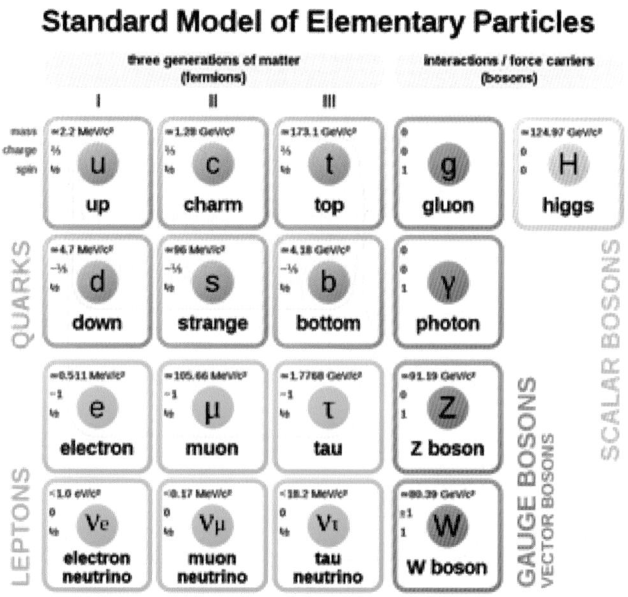

(소립자의 표준 모형)[344]

[344] *Standard Model of Elementary Particles - 물질 - 위키백과*, 우리 모두의 백과사전(wikipedia.org)

부록 10: 성경 속의 하나임

□ 요한복음 10:30 "나와 아버지는 하나이니라"

□ 요한복음 10:34-36 "너희 율법에 기록된바 내가 너희를 신이라 하였노라 하지 아니하였느냐 성경(성서, Scripture)은 폐하지 못하나니 하나님의 말씀을 받은 사람들을 신이라 하셨거든 하물며 아버지께서 거룩하게 하사 세상에 보내신 자가 나는 하나님의 아들이라 하는 것으로 너희가 어찌 신성모독이라 하느냐"

- ◆ 신명기 14:1 "너희는 너희 하나님 여호와의 자녀이니"
- ◆ 시편 82:6 "내가 말하기를 너희는 신들이며 다 지존자의 아들들이라 하였으나"

□ 요한복음 14:20 "내가 아버지 안에, 너희가 내 안에, 내가 너희 안에 있는 것을 너희가 알리라"

□ 요한복음 17:21 "아버지여, 아버지께서 내 안에, 내가 아버지 안에 있는 것 같이 그들도 다 하나가 되어 우리 안에 있게 하사 세상으로 아버지께서 나를 보내신 것을 믿게 하옵소서"

- ◆ 시편 2:7 "너는 내 아들이라 오늘 내가 너를 낳았도다"

□ 갈라디아서 3:26-29 "너희가 다 믿음으로 말미암아 그리스도 예수 안에서 하나님의 아들이 되었으니 … 너희는 유대인이나 헬라인이나, 종이나 자유인이나, 남자나 여자나, 다 그리스도 예수 안에서 하나이니라"

□ 고린도전서 10:16-17 "우리가 축복하는 바 축복의 잔은 그리스도의 피를 구성하고, 우리가 떼는 떡은 그리스도의 몸을 구성한다. 왜냐하면 우리는 숫자가 많지만 하나의 빵—즉 한 몸—이고, 우리 모두가 하나의 빵을 구성하고 있기 때문이다." (저자 직역)

□ 마태복음 5:9 "화평하게 하는 자는 복이 있나니 그들이 하나님의 아

들이라 일컬음을 받을 것임이요." 마태복음 5:44-45 "나는 너희에게 이르노니 너희 원수를 사랑하며 너희를 박해하는 자를 위하여 기도하라 이같이 한즉 하늘에 계신 너희 아버지의 아들이 되리니"

□ 누가복음 6:35-36 "오직 너희는 원수를 사랑하고 선대하며 아무 것도 바라지 말고 꾸어 주라 그리하면 너희 상이 클 것이요 또 지극히 높으신 이의 아들이 되리니 그는 은혜를 모르는 자와 악한 자에게도 인자하시니라 너희 아버지의 자비로우심 같이 너희도 자비로운 자가 되라" 누가복음 20:36 "그들은 다시 죽을 수도 없나니 이는 천사와 동등이요 부활의 자녀로서 하나님의 자녀임이라"

□ 요한복음 1:12-13 "영접하는 자 곧 그 이름을 믿는 자들에게는 하나님의 자녀가 되는 권세를 주셨으니 이는 혈통으로나 육정으로나 사람의 뜻으로 나지 아니하고 오직 하나님께로부터 난 자들이니라"

□ 사도행전 17:28 "우리가 그를 힘입어 살며 기동하며 존재하느니라 너희 시인 중 어떤 사람들의 말과 같이 우리가 그의 소생이라 하니"

□ 로마서 8:14-17 "무릇 하나님의 영으로 인도하심을 받는 사람은 곧 하나님의 아들이라 너는 다시 무서워하는 종의 영을 받지 아니하고 양자의 영을 받았으므로 우리가 아빠 아버지라고 부르짖느니라 성령이 친히 우리의 영과 더불어 우리가 하나님의 자녀인 것을 증언하시나니 자녀이면 또한 상속자 곧 하나님의 상속자요 그리스도와 함께 한 상속자니 우리가 그와 함께 영광을 받기 위하여 고난도 함께 받아야 할 것이니라"

□ 로마서 8:19 "피조물이 고대하는 바는 하나님의 아들들이 나타나는 것이니" 로마서 8:21 "그 바라는 것은 피조물도 썩어짐의 종노릇 한 데서 해방되어 하나님의 자녀들의 영광의 자유에 이르는 것이니라"

□ 고린도후서 6:18 "너희에게 아버지가 되고 너희는 내게 자녀가 되리라 전능하신 주의 말씀이니라"

성령으로 들여다본 신통섭의 솔루션

하나님과의 대화

초판 1쇄 인쇄 2021년 12월 24일
초판 1쇄 발행 2022년 1월 5일

지은이 | 김병윤
펴낸이 | 박정태
편집이사 | 이명수 **감수교정** | 정하경
편집부 | 김동서, 위가연, 전상은
마케팅 | 박명준, 박두리 **온라인마케팅** | 박용대
경영지원 | 최윤숙

펴낸곳 BOOK STAR
출판등록 2006. 9. 8. 제 313-2006-000198 호
주소 파주시 파주출판문화도시 광인사길 161 광문각 B/D 4F
전화 031)955-8787
팩스 031)955-3730
E-mail kwangmk7@hanmail.net
홈페이지 www.kwangmoonkag.co.kr

ISBN 979-11-88768-49-3 03200
가격 28,000원